華厳教学成立論

織田顕祐　著

法藏館

序文

大谷大学名誉教授　鍵主　良敬

華厳教学の至要の課題である法界縁起思想については、すでに優れた論考がなされている。しかしそれに対する現代的意義の確かめを目指しての精気溢れる研究となれば、必ずしも十分とはいえなくなるであろう。

その点でこのたび著者がこの書で試みた斬新な手法は、注目に値すると思われる。とりわけ成立論の名のもとに掘り起こされたさまざまな事象は、背景となっていたために隠されていたのであるが、それが我々の目前に示されることになったからである。

法界縁起に対する賢首法蔵の功績は誰しも認めるところである。しかしその前提となる智儼の教学については比較的にせよ等閑視されたことがなかったわけではない。その点に注目した著者はもっぱら「智儼の法界縁起思想」というところに視座を定める。そして我々の常識的な発想を転換せしめるような論法を駆使して、その全体像を体系的に明らかにしたのである。

なかでも特に評価したいと思うのは、隠れていた背景の一つになる地論教学の種々相について徹底的に解明したことである。天親菩薩の『十地経論』の翻訳によって成立した地論教学についての通説はこれまでにもあった。だが、著者はそれに疑問を呈して、訳者間の軋轢とされる見解の相違はもとより、南北二道の教理の差異についても瞠目すべき見解を示してくれた。真如依持なのか、阿梨耶識依持なのかの論争について、『智度論』を研究することによって解決されるものと見極めたのは、その成果の一つである。

ところで『大乗起信論』をめぐる考察については、第四章として論じられているが、そこでの如来蔵とアーラヤ識にはどのような特徴があるかを明らかにする際の論考は、我々に考え直しを迫るものとなっている。そのなかで特に注意を引かれたのは、「言葉」についての問題である。

著者は「世界的碩学の遺著」として知られる井筒俊彦教授の『意識の形而上学――大乗起信論の哲学――』からヒントをえたのであろう。ゆえに「東洋哲学全体の共時論的構造化」を目指す視座に共感して、近代言語学の祖といわれるソシュールに関心をもち、共時性と通時性の用語をもちいて本書の基調としている。

言語哲学の視点から人間の精神的営為の本質に迫るという方法は、近年各界で注目されている。その視野のもとで論旨をすすめるところに本書の特色があるともいえるのである。したがって、第三章「華厳法界縁起の背景」も第六章「智儼の法界縁起思想」も第七章「法蔵における法界縁起思想の形成過程」にもこの傾向が顕著に現われている。結章の「法界縁起思想の確立」でいわれているところでは、理と事の関係から「個であり全体でもあるような「一」の発見」と見ているが、それこそ大乗であり別教一乗でもある唯心の唯、唯識の唯に呼応する無碍の「一道」であると思われる。

今、振りかえってみるとき、恩師山田亮賢先生に対して私が不肖の弟子であったことを示す事例には、こと欠かない。ところがこのたび本書の序を書くことで気づいたのは、不肖の師などという言葉は聞いたことがないのであるが、現に実在するという実感であった。

本書の重要な主題となっているものは、ほぼ私も関心のあったものである。しかし生来の怠惰と緻密な作業の苦手もあって、すべて中途半端に終わってしまったことである。そのなしえなかったことを著者は見事に乗り越えて大輪の華を咲かせてくれた。しかもそれを完成するについての努力には目を見張るほどのものがある。各種の資料を読みこんでいくひた向きさには、我が弟子ながら敬服した。

しかも著者は早くから近代言語学への関心が高かったために、その視点から思考を深めて優れた成果をなしとげたことである。二十数年前からのことのように思われる。

私の場合は、井筒教授を師と仰ぐ丸山圭三郎教授の著書を読み直す機会に恵まれて、強烈な印象を受けたことから始まったのであるが、それは最近のことである。それだけでも比較にならない先見の明が著者にあったことを証明している。

なお、華厳教学でいう法界縁起の「事事無礙法界」については、井筒教授の「重々無尽に連なる無数の「名」の網目構造である」との指摘からも解るように、十重唯識の第十帝網無礙唯識の説である。因陀羅（帝）の網が重々無尽であることに因んで「言語アラヤ識」という新語を創案されたのであろう。このアラヤ識のもつ驚くべき深みについては著者のこれからの課題になるはずである。

未だ足らざるところが所々に散見することは著者自身もすでに気づいていることと思う。その自覚の力こそ著者の更なる次の成果を生み出すことであろう。そのことを期待してこの序文とする。

二〇一七年一月十五日

華厳教学成立論＊目次

第七章　法蔵における法界縁起思想の形成過程……………………425

凡例

一、本文並びに注における典拠については次のように略記した。

『大正新脩大蔵経』→『大正蔵』『大正』

『大日本続蔵経』→『続蔵』

『大日本仏教全書』→『日仏全』

『日本大蔵経』→『日蔵』

二、引用文はすべて書き下し、常用漢字で表記した。

三、見出しや、内容理解上、特に重要な語などで太字表記としたものがある。

四、短い引用文、文脈上、特に重要な用語などには「　」を付した。

五、内容理解の上で、特に重要な文について傍線を付した箇所がある。

華厳教学成立論

序章　本書の問題意識

中国における華厳教学の成立と展開を理解しようとするとき、第三祖に数えられる賢首大師法蔵（六四三—七一二）の思想を分水嶺として見ることができるように思われる。即ち、年代的な面から言えば北魏に遡る地論学派の成立に源を発して杜順・智儼を経て法蔵に至って大成される、いわば華厳教学の建設期と、法蔵から澄観・宗密へと展開する変容期とも言うべき時代との二面である。それは言い換えれば、様々な先駆的な思想を整理統合して一つの独立した思想を造り上げていく過程と、ひとたび完成されたものが他との関係の中で外見的な様式を変貌させていく過程と言えよう。本書は、そのような華厳教学の歴史において、前者の時代、即ち草創から完成に至る流れの中で何を以て華厳教学の独立となし、仏教思想において華厳教学とは何をどのように明らかにしたのかを解明しようとするものである。一層具体的に言えば、「法蔵によって『華厳経』をよりどころとした華厳教学が大成された」と一般的に言われているが、その内容を吟味してみると、北方では北魏以来一貫して『華厳経』研究は盛んに行われており多くの註釈書が書かれていたのである。従って法蔵が『華厳経』をよりどころにしたということの意味をそれらの『華厳経』研究の直線的な延長上に考えるならば、それは地論教学の尾骶骨とはなっても、本質的な意味では華厳教学の独立ということにはなり得ない。このことを今少し中国の仏教史に則した言い方で表現すれば、次のようになるであろう。「北魏以来一貫して地論学派では『華厳経』を研究し続けてきたが、それらとは本質的に異なった『華厳経』研究の展開がなければ華厳教学の独立はあり得ない」ということである。

このような視点に関心が及ぶとき、法蔵が自著である『華厳経伝記』の中で示す師智儼に対する見方は、正にこうした課題に対する一つの突破口であるように思われる。

> 即ち当寺智正法師下に於いて、此の経を聴受す。旧聞を閲すと雖も、常に新致を懐きて、炎涼亟《と》く改めんとす。未だ所疑を革めざれば、遂に遍く蔵経を覧じて、衆釈を討尋す。光統律師の文疏に伝《およ》びて、稍か殊軫を開く、謂く、別教一乗無尽縁起なり。欣然として賞会し、粗ぼ毛目を知る。後、異僧の来るに遇うに、謂て曰く、汝一乗義を解するを得んと欲すれば、其の十地中の六相の義を慎みて軽んずること勿れ。一両月間、摂して之を静思すべし。当に自ら知るべきのみ、と。言い訖りて忽然として現ぜず。儼、驚惕すること良や久し。因りて則ち陶研して、累朔を盈たずして、焉に大啓す。遂に立教分宗して此の経の疏を製す。時に年二十七なり。
>
> 即於当寺智正法師下、聴受此経。雖閲旧聞、常懐新致、炎涼亟改。未革所疑、遂遍覧蔵経、討尋衆釈。伝光統律師文疏、稍開殊軫、謂別教一乗無尽縁起。欣然賞会、粗知毛目。後遇異僧来、謂曰、汝欲得解一乗義者、其十地中六相之義慎勿軽也。可一両月間、摂静思之。当自知耳。言訖忽然不現。儼驚惕良久。因則陶研、不盈累朔、於焉大啓。遂立教分宗製此経疏。時年二十七。（大正51・一六三c）

傍線部の「此の経の疏」とは、『大方広仏華厳経捜玄分斉通智方軌』（大正35巻所収、通称『捜玄記』）であると考えられているから、法蔵は、師智儼が『捜玄記』を著わしたことを以て「立教分宗」であると捉え、そこに表わされる内容を「別教一乗無尽縁起」であると理解していることになる。これは法蔵の見方であるから、智儼自身の思想がそこまで整理されたものであったかどうかはこれから検討するが、いずれにしても、法蔵は智儼の『捜玄記』執筆をそのようなこととして把握しているのである。法蔵の思想の中において「教」とか「宗」といった言葉が思想的に重要な意味を持つものであることを考慮に入れるならば、この「教を立て宗を分かつ」という表現の背後にある法蔵の意図は推して知るべきである。つまり、法蔵は『捜玄記』を以て華厳教学の出発の書であると考えていたと言えよう。こうした見方は、法蔵が大成したと言われている華厳教学の根本について重大な示唆を与えるものである。何を以て華厳教学の成立となすのかということに明確な視点を持たない限り、華厳教学の独立も大成もありはしないからである。法蔵の智儼に対する見方がこうした質を持つものであるとすると、正しく智儼における『捜玄記』の執筆は、それまでの地論宗・摂論宗との決別であったと見ることができるであろう。別の言い方をすれば、智儼の『捜玄記』には、それ以前の地論宗・摂論宗の教学を様々に受け入れた様子を見ることができるとしても、全体としての主張はそれらと次元を異にするものであるということが成り立っていなければならないのである。

こうした視点に立って智儼の思想を見た場合、隋から初唐における中国の仏教思想の流れの中で、それはどのような位置にあるものなのか、その点を明らかにするのが本書のねらいである。この点について、智儼と同時代にほぼ同じ地域で活躍していた道宣が、杜順の弟子として智儼の名を挙げていること[1]、そして智儼を評して「華厳と摂論、尋常に講説す[2]」と言っていることは、非常に参考になると思われる。本書は、こうした問題点を明確にするために、法蔵が「別教一乗無尽縁起」と表現している『捜玄記』の所説について、便宜的に「別教一乗」という視点と「無尽縁起」という視点から考察を加えていきたい。

初めに、現存する智儼の著作について一言触れておきたい。智儼の著書については、既に先行研究によって充分に考察が加えられているから、本書はそれをよりどころとする[3]。それによれば、諸経録に二十部の名称を見ること

ができるが、現存するものとしては、

㈠　大方広仏華厳経捜玄分斉通智方軌　十巻（略して捜玄記、大正35巻所収）
㈡　華厳一乗十玄門　一巻（承杜順説、大正45巻所収）
㈢　華厳五十要問答　二巻（大正45巻所収）
㈣　華厳経内章門等雑孔目　四巻（略して孔目章、大正45巻所収）
㈤　金剛般若波羅蜜経略疏　二巻（大正33巻所収）

の五部が挙げられる。本書は智儼の思想形成を課題とするので、著作の真偽・製作順序などについて一言触れておきたい。このうち、『一乗十玄門』については、杜順説を疑う意見、智儼撰を疑う意見、全くの偽作であるとする意見等が提出されているが、現在の一般的な意見としては、現存のものを全て智儼の作とすることはできないが、基本的な内容は智儼の思想と考えて差し支えないというものである。[4]また後に触れるように、本書の考究の対象とすべきいくつかの用語及びその思想的背景に関して、『一乗十玄門』と『捜玄記』とは同一の基盤に立つものと考えることができる。従ってこの点からも、その結論を首肯することができる。本書の文脈から言えば、『金剛般若波羅蜜経略疏』を除いた四部について検討を加えるべきであり、それらは互いの引用から、『捜玄記』『十玄門』『五十要問答』『孔目章』の順に撰述されたことは明瞭である。

そこで本書ではまず、第一章と第二章において『華厳経』が別教一乗であると理解された背景と内容について考察する。第一章は、智儼に至る地論教学の教判思想を整理して、『華厳経』が一乗と解された意味を明らかにする。即ち、智儼は教学的な伝統の上では地論南道派と言われる至相寺智正の弟子であるから、まず智儼の思想の背景を明らかにする。第二章では、法蔵が「別教一乗」と称することの原意を尋ねて、これまでの通説の誤解を正したい。

次に、第三章から第五章において、『華厳経』の所説が「無尽縁起」であると言われた意味を明らかにする。第三章は、中国における「縁起」思想の定着と、地論教学において縁起理解が錯綜した原因を明らかにする。第四章は、後の華厳教学、特に法蔵に大きな影響を与えた真諦訳の『大乗起信論』の所説の中心を明らかにして、様々な異義が唱えられている『起信論』に対する本書の見解を明らかにする。第五章は、第四章の検討によって得られた『起信論』の中心思想に基づき、後期地論学派の錯綜した諸教理の問題点を明らかにする。さらに「法界縁起」という用語が後期地論学派においても盛んに用いられたことから、その内容を明らかにして、智儼・法蔵へと展開する画期点を明らかにする。

次に、第六章と第七章において、華厳教学の画期的な思想を「法界縁起」と捉え、それがどのように形成されたかを、智儼・法蔵へと思想史的に明らかにする。第六章は、智儼の『捜玄記』が、世親の『十地経論』に説かれる六相説の探求の結果であることの意味と、法界縁起思想が十地品第六現前地に説かれる意味を明らかにする。第七章は、法蔵の如来蔵理解の進展をたどり、『起信論』がなぜ法蔵にとって大きな意味を持ったのかという点を明らかにする。

最後に、結章は、法蔵の「理」と「事」によって説かれる法界縁起説の形成過程を明らかにして、それが杜順を経た智儼の思想の深化であることを明確にして本書の結論とする。

なお智儼自身の伝記と著作については、既にまとまった先行研究が存在するので、本書においては基本的にそれに従う。また論旨の展開上、不可欠の著作について、名称と概要を次に示す。

一、『大方広仏華厳経捜玄分斉通智方軌』十巻

至相寺智正のもとで修学しているとき、慧光の華厳経疏によって『華厳経』の本質に目覚め、後に『十地経

論』の六相説を研究して「立教分宗」して二十七歳の時に撰述したものと、法蔵が伝える。仏駄跋陀羅訳の六十巻『華厳経』に対する注釈で、経典全体を「聖の機に臨むの徳量の由致を歎ず」「蔵摂の分斉を明かす」「教下に所詮の宗趣と能詮の教体を明かす」「経の題目を釈す」「文を分ちて解釈す」の五門に分けて解釈する。一々の経文に従って全体を解釈する注釈書としては、現存する最古のものである。

二、『華厳一乗十玄門』一巻

智儼が、杜順の思想を継承して撰述したとされる華厳思想の教学書。前半と後半の二部から成り、前半は華厳の縁起論を述べる視点として同体・異体を提示し、それらを「一と多」の関係を中心に論理的に述べる。後半はそれを十の異なる観点から明らかにしている。この十門を「十玄縁起」と後に称する。思想内容については杜順と智儼の関係が明瞭ではないので、智儼の真撰を疑う意見もあるが、思想的には『捜玄記』と重なっている。

三、『華厳五十要問答』二巻

智儼が、『華厳経』の種々の課題を五十三の問答によって明らかにしたもの。教説の受け止めを小乗・三乗・一乗の観点から明らかにし、『華厳経』が一乗教であることの意味を明確にしようとしている。内容は極めて達意的で、玄奘訳の諸経論を用いることに特徴がある。

四、『華厳経内章門等雑孔目』

『五十要問答』を更に発展させた内容を持つ。書名に示されるように、テキストとしての六十巻『華厳経』に示される所説を軸に大乗仏教の思想全体を様々な観点から十分に論じ尽くして、『華厳経』が一乗教として特別な意味を持っていることを明らかにしようとする意図を持つ。この書には、智儼の最終的な思想が表現されていると見ることができる。

註

（1）『続高僧伝』巻第二五法順伝、大正50・六五四a。
（2）大正50・六五四a。
（3）この点については、木村清孝『初期中国華厳思想の研究』（春秋社、一九七七年）三八八〜四〇六頁に詳しい論考がある。
（4）石井公成『華厳思想の研究』（春秋社、一九九六年）第一部第二章第三節「『一乗十玄門』の諸問題」参照。

第一章　華厳一乗思想の背景

第一節　地論宗教判史より見た智儼の教学

一　はじめに

中国における華厳教学が賢首大師法蔵によって大成されたと考えられることは、今日衆目の認めるところである。その法蔵の華厳教学を構成する様々な要因については、今日多方面にわたる研究成果も挙げられているが、それらは大きく言って三類に分けることができる。即ち、一つは、玄奘及び慈恩大師基らによる唯識教学の隆盛に伴う影響の面である。二つ目は、それらの新仏教の影響をまともに受けとめつつ展開した新羅の華厳教学者との交渉である。法蔵が終生、義湘に対して同門の先輩としての礼をとり敬意をはらっていたことは、文献的にも実証されるところであり[1]、新仏教との接触という点で元暁に範を取ることは多かったに相違あるまい[2]。三つ目は、言うまでもなく師智儼の思想の継承と展開という点である。この智儼思想の継承と展開については、序章で述べたように、智儼における立教分宗という問題がある。つまり法蔵は何を華厳教学と考え、それをどのように展開させているか、という問題である。それ故、本章では智儼以前の中国仏教思想がどのように「別教一乗」へとまとめられていったのかという問題を解明するために、智儼以前の中国仏教、特に教判思想に焦点を絞って考察を加えることにする。

中国の仏教思想史の上において最も際だった特徴を見せるのが、隋から唐代にかけてであることは言うまでもない。本書の直接の研究対象である華厳教学も正にそうした時代に生まれてきたものである。しかしながら、そのような特徴ある仏教の中国的思惟が何の下地もない所にある日突然出現してくるはずもない。南北朝時代の仏教研究は、結果として、正にそうした隋唐仏教の下地を整備することになったのである。

東晋から劉宋・蕭斉を経て梁に至る南朝の仏教研究は、その根本に般若学を置きながら維摩・法華・涅槃・華厳といった諸大乗経典の矛盾なき理解をめざし、仏教を総合的に理解する傾向を持った。一方、五胡十六国以降の北朝では異民族による興亡を繰り返しており、仏教教理の体系的研究が進展するような状況ではなかった。そうした時代にあって受容され得るものといえば神僧による奇瑞の類いであり、現に『高僧伝』等によっても北朝では仏教がそのようなものとして受け止められたことを窺うことができる(3)。

北朝におけるそうした異民族の興亡を最終的に統一したのは北魏であり、五世紀後半から六世紀にかけての北方の仏教研究は、あらゆる意味において北魏王朝の勢力の下になされていくことになる。もともと華北の地は、民族宗教として発達した道教に縁の深い地域であり、五胡十六国の時代には、仏図澄や道安などの優れた指導者や、鳩摩羅什などの卓越した翻訳三蔵の活躍もあり、仏教も盛行していた。従って、異民族の支配者としては、仏道二教を融和的に活用する必要があった。こうした中で、仏教教団の膨張や僧侶の生活の乱れなどが原因となって、太武帝による廃仏が断行された（四四六年）。その後、文成帝による復仏（四五二年）などを経て、北魏の社会が真の意味で仏教研究に取り組み始めたのは、孝文帝による洛陽遷都（太和十八年・四九四）以降である。それは漢人の側から言えば、長い間、表向きには単に異民族統治の道具としてしか扱われなかった仏教を、ようやくその本来の意味に戻して正面から研究することを許された、更に言えば公の力を借りてその実行が可能となった、という意味を持っている。

そして、南朝のように東晋以降連綿と続いた般若学を中心とする仏教研究の歴史を有していない北方にあっては、この時代に至ってようやく鳩摩羅什の偉大な業績に注目し始めたのである。このことは孝文帝による羅什の追善の実施といった事実に端的に表われている。(4) もともと玄学や清談といった思考的基盤を持たない北方で羅什の思想を研究することになれば、『般若経』や『法華経』などよりは、『智度論』『十住毘婆沙論』『十住経』などに焦点が定まっていくことは容易に想像される。とりわけ実践修道を重んずる北方の傾向から言って、『十住経』や『十住毘婆沙論』といった菩薩の修道体系を明かす経論が強い関心のもとに研究されたであろうことは想像に難くない。そしてその際に、『十住毘婆沙論』が未完であることは、仏教者たちにとって痛恨の事柄であったに違いない。

このような状況は六世紀初頭に菩提流支・勒那摩提・仏陀扇多といった入洛三蔵を迎えることによって一変する。彼らが、入洛するや真っ先に翻訳に取り組んだものが世親の『十地経論』であり、訳出されるや、たちまちに時代を席巻するかの如き勢いで受け入れられていったのは、正しくそうした北魏仏教界の具体的な状況を物語るものであろう。そして、この時代を代表する仏教者が慧光（光統律師）である。即ち彼は、『十地経論』の翻訳及びそれに連なる地論学派の成立に関して極めて重要な役割りを担った人物である。そして地論学派は、智儼の時代に至るまで少なく見積っても百年以上の間展開を続け、様々に仏教研究がなされ、それなりの成果を得たはずである。にもかかわらず、序章で触れたように、智儼は『華厳経』を理解するにあたって、慧光にまで遡って範としなければならなかったのである。それは一体何故なのであろうか。この点を明らかにすることが本章の目的である。

地論学派の成立及び展開を経て華厳教学へという流れの中には、確認しなければならない要素が多々存在している。しかしながら、地論学派に属した人々の数多くの著作のほとんどが散佚した今日にあって、その流れを一つのテーマで以て一貫して検討するには、あまりにも材料が乏しすぎる。そこで本章では、慧光から智儼に至る間をほぼ一貫して概観することのできる唯一とも言えるテーマによって考察を加えることにした。それは「教相判釈思想の展開」という視点である。その中には厳密な意味では教判と呼ぶことができないものも含んでいるが、要するに仏教観の展開という意味である。教判は、中国の仏教者にとって自らの仏教理解を最も端的に示すものである。従って、後代の仏教者ほどその闡明に際しては慎重であり、過去の諸説をいろいろと並べ挙げ、それらの一々にまず批判を加え、然る後に自らの意見を提出するという構成をとることが多い。それらの中に本章で直接考察の対象とすべき人々の思想のほとんどが紹介されている。それらを拾い集めて地論学派の仏教理解の足跡を吟味し、その中から智儼によって選び取られた事柄の内容とその選択の必然性について明らかにしたい。

二　地論宗の成立に関する諸問題

中国における仏教理解の展開において、南北朝時代は、完成期である隋・唐時代の重要な基礎の役割を果したと言うことができる。なかんずく、北魏の仏教は、天台・華厳・禅・浄土などといった最も中国的な仏教が成り立つための母胎となったことは既に諸先学によって縷々指摘されてきたところである[5]。本章はそれらの成果を踏まえながら、慧光が活躍した時代の状況を改めて整理することに意図がある。それは、慧光という一人の仏教者が北魏仏教においてどのような役割を果したのかという課題を考えるための基礎となるものである。そしてこの点は、華厳教学の成立に関して特に重要な意味を持つ智儼の『捜玄記』が、もっぱら慧光の『華厳経疏』をヒントに書かれたものであると法蔵が伝えていることの意味を考える際には、欠くことのできない視点であると考えられる。

Ⅰ　通説としての地論宗観

北魏仏教の思想的な特徴は、『十地経論』の訳出をきっかけとしてほぼ決定づけられたと言っても過言ではあるまい。その『十地経論』の訳出に際して様々な問題が存在することは他の問題ともからめて後に一括して触れることにして、今ここでは直接触れないことにする。この点について今日の一般的な理解では、それら様々な問題は、結果として地論宗が組織されるに際して南北二派に分裂せしめるという形で収斂されていったとされている。[6] この点について今少し詳しく言えば、『十地経論』の訳出に際して、勒那摩提と菩提流支との間に、(ア)「三界唯心」の理解に関して法性依持・阿梨耶識依持の論争があり、(イ)勒那摩提の思想は慧光に受け継がれて南道派となり、菩提流支の思想は道寵に受け継がれて北道派を形成し、互いに大いに論争したというのである。そしてその両派はその後、南道派は華厳宗に発展解消し、(ウ)北道派は曇遷による『摂大乗論』北地伝播に伴って摂論宗に吸収合併されて、両派ともその思想的使命を終えることになったと言われている。これらの所説の事実性に関しては従来あまり吟味されてこなかったが、それについてはかなり疑わしい諸問題が存することも否めない。そこで、それらの問題について少し考察を加えてみることにしたい。

Ⅱ　通説に関する矛盾点

(1)　(ア)の問題

地論宗の南北分派は、勒那摩提と菩提流支との思想的な相違が原因であると言われているが、果してそうであろうか。これらの説の根拠となっているのは、『十地経論』の訳出に関する『歴代三宝紀』の記述（大正49・八六b）、及び『続高僧伝』の菩提流支伝[7]、道寵伝[8]の記述等である。そこでまず、菩提流支と勒那摩提との関係について吟味を加えることから始めたい。

菩提流支と勒那摩提という出身地を異にする二人のインド三蔵が、北魏の都、洛陽にやって来たのは、奇しくも同じ年、北魏の永平元年（五〇八）のことであった。[9] 時あたかも世宗宣武帝による北魏後半の初めに当たる洛陽文化爛熟期であり、さっそくこの二人に対して新来の経論を訳出するよう要請があり、国家事業としての『十地経論』の訳出が開始された。この後、菩提流支は、北魏の東西分裂を経て東魏の首都鄴に活躍場所を移しながら、東魏孝静帝の天平二年（五三五）まで訳経活動に従事したことが知られるが、没年は不詳である。一方勒那摩提は、『続高僧伝』によれば、宣武帝の命によって『華厳経』を講じつつ卒したことが記されているのであるから、宣武帝の在位中に没したと考えられる。宣武帝の在位は延昌四年（五一五）までであるから、勒那摩提は遅くとも延昌四年までには没していたと考えられる。これに従えば、勒那摩提の訳経活動は、長くとも五〇八年から五一五年の七年間のみであったことになる。

これらのことを踏まえながら、再び『十地経論』の訳出について考えてみよう。今日我々の手にしている『十地経論』が果してどのような曲折を経て現在に至っているかという点については、極めて不明瞭な部分が多い。ちなみに翻訳に関しては、現行の『十地経論』は、大正蔵経などによればその撰号に「天親菩薩造、後魏菩提流支等訳」[10]（傍点筆者）とあって、菩提流支をはじめとする複数の訳者によって翻訳されたことを想像させる。その点については、現在次の三通りの所説が存する。
(一) 勒那摩提・菩提流支・仏陀扇多の三人共訳説……『十地経論』侍中崔光序（大正26・一二三b）
(二) 三人（同右）別訳説……『続高僧伝』巻第一、菩提流支伝（大正50・四二八b）
(三) 勒那摩提・菩提流支の二人別訳説……『続高僧伝』巻第七、道寵伝（大正50・四八二b）

これらのうち別訳説を主張するものは、現行の『十地経論』はそれらいずれかの訳出したものが単独で流布したと考えるか、複数訳本の後人合糅説を取ることになる。従って、その場合は合糅者を誰とするかが大きな問題となる。また、二人もしくは三人別訳と考えることによって、それぞれの翻訳三蔵の思想的基盤の相違が問題とされるに至るのである。しかしながら、これらの三説はいずれも最終的な決定性を欠いている。今ここで問題とすべき菩提流支と勒那摩提の関係についても、『十地経論』の訳出状況及びその内容から解明することは不可能である。既に先学によって指摘されているように[11]、『十地経論』の本文中には自性清浄心という用語も阿梨耶識という用語も散見するのみであって、それらが三界唯心との関連において組織的に述べられるような記述を見ることはできない。従って、『十地経論』自体が訳出当時の時代社会の中で如何に重要な役割を果したかということは別問題としても、この中から菩提流支の思想と勒那摩提の思想とを分けて考察することは不可能である。

そこで次に、訳出時に最も近い経録である『宝唱録』（五一八年）、『李廓録』（五二〇年頃）などの記事を伝える『歴代三宝紀』の所説[12]に従って、仮に勒那摩提と菩提流支の二人が対立し合っていたとすれば、どのような問題が生ずるのか検討してみよう。

崔光の『十地経論』の序によってその訳出を永平四年（五一一）と考えた場合、勒那摩提の没年が遅くとも延昌四年（五一五）を下らないと考えられるわけであるから、この四、五年の間に『究竟一乗宝性論』をはじめとする他の翻訳を完了したと考えなければならない。一方の菩提流支は、『歴代三宝紀』[13]によれば、その間は、

『入楞伽経』十巻、延昌二年（五一三）訳出

『深密解脱経』五巻、延昌三年（五一四）訳出

といった瑜伽唯識学に関する重要な経典の翻訳をなしたことが知られている。この間の菩提流支と勒那摩提の翻訳

経論の対比は、法性依持と阿梨耶識依持との論争があったとする後の見方に極めて有力な資料を提供することになる。つまり、『十地経論』を分水嶺として、勒那摩提は、そこに含まれる問題点を『究竟一乗宝性論』の翻訳という形で明確化し、一方の菩提流支は、『楞伽経』を経て『深密解脱経』の翻訳という形で明らかにした、とする見方である。

確かにこの間の菩提流支の訳経の展開には、一つの方向性があるように思われる。即ち、『十地経』によって「三界虚妄但是一心作」[14]と提示された「一心」の理解は、『十巻楞伽経』に至っては、

寂滅とは名づけて一心と為す、一心とは名づけて如来蔵と為す。

寂滅者名為一心、一心者名為如来蔵。（大正16・五一九a）

と示される。そして、この如来蔵はそのまま第八阿梨耶識の本来性であると考えられる。また『十巻楞伽経』においては、諸々の識は基本的に八種類であるとされるが、[15]その第八の識に関して、

大慧、阿梨耶識とは如来蔵と名づく。而も無明七識と共倶なり。大海の波の常に断絶せざるが如し。身と倶に生ずるが故に無常の過を離れ我の過を離れ自性清浄なり。

大慧、阿梨耶識者名如来蔵。而与無明七識共倶。如大海波常不断絶。身倶生故離無常過離於我過自性清浄。（大正16・五五六b〜c）

と説かれたり、

大慧、如来蔵識は阿梨耶識中に在らず。是の故に七種の識に生有り滅有り、如来蔵識は不生不滅なり。

大慧、如来蔵識不在阿梨耶識中。是故七種識有生有滅、如来蔵識不生不滅。（大正16・五五六c）

と説かれたりするために、これらの所説に触れた人々は統一的な理解に苦しんだようである。これらを受けた人々

の中には、ここに引いた後者の文をよりどころにして阿梨耶識を第八妄識とし、それとは別に如来蔵識を第九識とする九識説なる解釈が生まれたようであるが、果して菩提流支の真意にかなった理解であると言えるであろうか。むしろこうした矛盾を背景に、正しい心識理解を示すために、菩提流支は次いで『深密解脱経』を翻訳したのではなかったのだろうか。また、現行の大正蔵経などでは瞿曇般若流支訳とされている『唯識論』についても、今日では菩提流支訳であるとする見方が有力であるが、こうした『十地経論』以降の訳経活動の流れの延長線上に存するものであったと考えることによって、より一層菩提流支訳説が信憑性を持ったものとなるであろう。このように考えてくると、『十地経論』訳出以後の勒那摩提と菩提流支とは、今日通説として思想的に激しく対立したとされることも首肯できるのである。

では仮に以上のような事態を想像するとして、勒那摩提が、『究竟一乗宝性論』の翻訳に際して対立相手である菩提流支訳の経典をそのまま引用するのは、どのように理解すればよいのであろうか。現在我々が、大正蔵経などによって見ることのできる、勒那摩提訳の『究竟一乗宝性論』は、曇無識の訳による『大集経』[16]や仏駄跋陀羅の翻訳による『華厳経』[17]『大方等如来蔵経』[18]の引用などを含むかなり多くの経論の引用を見ることができる。その中でも特に重要な意味を持っているのが、『聖者勝鬘経』と称されるものと、菩提流支訳と考えられる『不増不減経』の引用文である。このうち、『聖者勝鬘経』と現存する求那跋陀羅訳の『勝鬘経』の関係について詳細に言及することは若干傍論にわたると思われるので省略するが、両者はかなり似通ってはいるものの必ずしも一字も違わず全同であるというわけではない[19]。それに対して『不増不減経』の引用文は、都合九回八文に至り、中にはかなりの長きにわたるものもあるが、いずれも例外なく一字一句違わずに現存の菩提流支訳と全同である。この点に関して宇井伯寿博士は、「翻訳三蔵は梵文を暗唱していたのだから何等不思議なことではない[20]」と一蹴しているが、果してそれで片づく問題であろうか。いかに彼らが超人的な能力を有していたとしても、梵文を中国語に翻訳して相当な量にわたって全く一字も違わないなどということは、具体的に想像することができない。

またこれに加えて、勒那摩提の活躍した時代と『不増不減経』の訳出年次とが全く噛み合わないという奇妙な点も問題となろう。即ち、既述のように勒那摩提が『宝性論』を訳した時期は『十地経論』の訳出後であると考えると、五一一年から五一五年の間であったと考えざるを得ない。一方『不増不減経』は、『歴代三宝紀』によれば正光年間（五二〇―五二四）の訳出とされている。従って、『十地経論』の訳出に際して菩提流支と対立した勒那摩提が、対立相手の未訳経典を一字一句も違わないで『宝性論』に引用するという事実を、どのように理解すべきであろうか。このような事実からは、当時の経典翻訳などの実情から考えても、対立したというよりは、むしろかなり親しい関係を想像しなければ了解できないのである。一方、その問題に関しては、『宝性論』そのものを菩提流支の訳と考えることによって理解しようとする意見も存在する（但し、これは宇井伯寿博士によって一応は否定されている）[21]。仮に『宝性論』が菩提流支の訳であるとすれば、勒那摩提との間に論争が存在したことを主張するための有力な資料を失うことになる。

以上の諸点によって、地論宗南北分派の原因を菩提流支と勒那摩提との思想的相違によってのみ説明しようとすることには、それを肯定するにしても否定するにしても、かなりの問題点を孕んでいることが明らかとなったであろう。

(2) (イ)の問題

勒那摩提と慧光、菩提流支と道寵の師資関係については、現存の資料からは全く疑う余地がない。但し、『続高僧伝』巻第七の道寵伝の記述を検討した結果、道寵の出家の年次に関して、早くとも五二九年以前ではあり得ないとの結論が示されている。[22]加えて流支に『十地経論』を受けること三冬であったこと、それらが北魏分裂（五三四年）後の東魏の都である鄴においてなされたこと、流支の活動が東魏孝静帝の天平二年（五三五）以後は全く知られないこと、などを考え合わせると、道寵が菩提流支に師事したのは流支最晩年の三年間であったと了解される。従って、この頃は勒那摩提の滅後およそ二十年ほどを経た時期であり、この頃までには、おそらく慧光一門によって大いに『十地経論』が講じられていたに相違あるまい。

続いて『続高僧伝』の記述に従えば、道寵の有力な弟子たちは北地四論宗の開祖と言われる道場（道長）の弟子と重複しており、これ以後、北斉の時代（五五〇―五七七）に至って『大智度論』研究が改めて注目され大きな勢力を獲得していく原動力を形成していったのではないかとの指摘がある。[23]つまり、年代的に言って道寵は慧光のかなり後輩であり、慧光とは活躍時期がかなりずれている。そしてまた、道寵の弟子たちが、慧光一門と阿梨耶識依持か法性依持かをめぐって論争しなければならないような必然性も、これらの記述からは想像できない。これらの問題に関しては、道綽の『安楽集』の下巻に出る浄土教の六大徳の説[24]が何らかの新たな視点を提供するかもしれないが、今は、道寵の弟子と慧光の弟子とが一切法の依持をめぐって激しく論争したという通説の矛盾を指摘することのみに留めておこう。

(3) (ウ)の問題

曇遷による『摂大乗論』の北地開講は、隋文帝の開皇七年（五八七）のことであり、[25]これによって阿梨耶識依持を唱えていた北道地論宗が摂論宗に吸収されたとすれば、道寵の菩提流支入門から六十年弱の期間があることになる。一方、その間の南道派の展開については、『続高僧伝』の記述なども比較的整い、師資関係などもある程度は確認することができる。それに対して、南道派と激しく対立したはずの北道派の消息について全く触れられていないのは、一体如何なる理由によるのであろうか。前述の問題との関係をも含めて、誠に奇妙な事実であると言わざるを得ないであろう。

以上の⑴・⑵・⑶によって、今日の通説的な地論宗南北分派に関する説明には数多くの矛盾が含まれていることが明らかになった。

Ⅲ　通説の形成について

では一体どのような理由によって、こうした奇妙な所説が通説となり得たのであろうか。この点について考えておきたい。

この点に関しては、今日の一般的な通説が、おおむね湛然の『法華玄義釈籤』巻第十八の次の所説をよりどころとしていることに所以するようである。

陳梁已前、地論を弘むる師、二処同じからず。相州北道は阿黎耶を計して以て依持と為し、相州南道は真如を計して以て依持と為す、此の二論師、倶に天親を稟けて計する所各おの異なり水火に同じ。加えて復た摂大乗興りて亦た黎耶を計して以て北道を助く。

陳梁已前、弘地論師、二処不同。相州北道計阿黎耶以為依持、相州南道計於真如以為依持、此二論師、倶稟天親而所計各異同於水火。加復摂大乗興亦計黎耶以助北道。（大正33・九四二c）

この所説を基本にして、『続高僧伝』の慧光伝・道寵伝等の記述を重ねるとき、おおむね既述のような地論学派の見方が出来上がると言ってよい。しかしながら、陳代の真諦三蔵の業績や唐代の玄奘三蔵による新訳の紹介、及びそれらによって引き起こされた様々な教理的論争やその他の諸問題などについて、一通り承知していたはずの湛然の眼を通して語られる、阿黎耶識依持と真如依持の両説を、そのままの形で地論学派の南北分派の内容であると単純に理解することはできない[26]。

この点を裏づけるかのように、地論学派とは湛然以上に近い関係にあったはずの智顗は、真如依持と阿梨耶識依持の違いを地論学派内部の論争としては紹介していない。例えば、『摩訶止観』巻第五上（観不思議境）に、

地人云わく、一切の解惑真妄は法性に依持す。法性は真妄を持し、真妄は法性に依るなり。摂大乗に云わく、法性は惑の為に染せられず、真の為に浄められず、故に法性は依持に非ず。依持と言うは阿黎耶是れなり。

地人云、一切解惑真妄依持法性。法性持真妄、真妄依法性也。摂大乗云、法性不為惑所染、不為真所浄、故法性非依持。言依持者阿黎耶是也。（大正46・五四ａ）

と言うのに従えば、法性依持と阿梨耶識依持との別は、地論学派内部の対立ではなく、地論学派と摂論学派との論争であると言える。また前出の『釈籤』所釈の『玄義』の文は、

地論の如きは南北二道有り。加えて復た摂大乗興り、各おの自ら真と謂い互いに相い排斥す。

如地論有南北二道。加復摂大乗興、各自謂真互相排斥。（大正33・七九二ａ）

とあって、地論学派の中に南北二道の論争があったことのみを伝え、その論争の内容が法性依持と阿梨耶識依持であったとまでは言っていない。

従来の解釈では、智顗のこれらの所説を補うものとして『釈籤』の記述を利用したために、地論学派内部の論争があたかも真如依持と阿梨耶識依持の論争であるかのように考えられ、ひいては、それが『宝性論』を訳すような勒那摩提と、『十巻楞伽経』『深密解説経』や『唯識論』を訳すような菩提流支との、思想的基盤の相違に基づくものであると考えられてきたに相違ない。

Ⅳ　地論宗成立に関する新たな視点――(ア)と(イ)をどう考えるか

それでは、既に指摘してきたような諸々の問題を踏まえつつ、なお智顗が言うように、地論宗が南北二道に分かれて論争したということを、どのように理解すればよいであろうか。

菩提流支と勒那摩提との間に思想的な対立があったか無かったかという問題については、いずれとも断定することができない。従って、地論宗成立に関する諸問題については、従来と視点を変えて考察すべき必然性を感ずる。

そこで、それらはいずれにしてもいったん慧光によって止揚されたのであろうと考えられるから、慧光の思想がどのような思想と対立するかという視点で考えることはできないであろうか。この時代、つまり北魏以降の北地における仏教の展開を考えるとき、慧光という仏教者の果した役割は、単に南道地論宗の祖であったという枠を越えて、その後の仏教の展開に決定的な影響力を持った。その慧光の思想を形成せしめたもの、及び彼の思想の問題点について可能な限り明確にし、それを南道派の教学として押える立揚から言えば、どのような思想が鋭く対立するか、という視点で考えてみたい。このような見方に立つとき、道寵が慧光のはるかに後輩であることを考えれば、慧光と対立し得る人物は、いわゆる北道派の中においては、状況的にも菩提流支以外には考えられないのである。今、そうした推論を裏づけるものとして一人の仏教者の紀伝を紹介したい。それは、北地四論宗の開祖と称される道場（道長）である。

北周慧影の『大智度論疏』巻第二十四(27)によれば、道場法師は初め慧光の弟子であったが、その後、菩提流支の講説を聴いて流支の瞋りに触れ、嵩山に入って十年間『智度論』を研究し、以後、鄴都で大いに『智度論』を講じたとされている。更に『続高僧伝』の法上伝(28)や『魏書』釈老志(29)には、慧光・法上と並び称されるほどの人物であったとされている。先の記述は、慧光と菩提流支との間に直接論争があったことまでは伝えていないが、暗にそれを想像させるのに充分である。つまり、菩提流支の論争相手は勒那摩提ではなく慧光であったことが、この記述から充分に窺われ得るのである。そして道場が流支に叱責された後『智度論』を研究したという記述は、道寵の弟子が四論宗の道場の門下へ移っていったこととも符合する。

つまり、何らかの形で菩提流支とつながりのあった人々は、慧光を除いて他はおしなべてその後『智度論』を研究するようになっていくのである。このように考えるとき、流支と慧光との論争の内容が、『智度論』の研究によって解決され得るような質を持つ問題であったと想像することができる。

それは単に依持識の真妄をめぐる問題に留まらず、この時代が中国仏教における一乗三乗を基にした大乗小乗思想の確立期であったことを思えば、大乗仏教の本質にかかわるものであったと考えるのは、考えすぎであろうか。このような視点に立つとき、浄影寺慧遠・基・法蔵らが等しく伝えるところの流支の一音教の思想に注目せざるを得ないのである。そこで次に章を改めて、菩提流支の「一音教」をはじめとする後代の教判資料の所説によって、菩提流支の思想について若干の考察を加えることにしたい。

なお、(ウ)の問題については、地論宗の南北分派が法性依持・阿梨耶識依持をめぐる論争ではなかったということが明確になれば、摂論宗の興起によって北道派が吸収されたという通説には何の意味も無いことが明らかになるであろう。

三　地論教学における教判思想

I　菩提流支の教判思想

地論宗の南北分派が、既述のように仏教の理解に関する根本的な見解の相違であったと仮定して、その相違を慧光と菩提流支との思想の中に見ようとすれば、各々の思想的特徴を明確にしなければならない。それ故、初めに本項では菩提流支の仏教観について考察を加えることにしたい。

それについてまず断わっておかなければならないことがある。それは、菩提流支という一人の翻訳三蔵の思想について吟味を加えようとするのであれば、彼が翻訳した膨大な量の経論を検討すべきことは言うまでもない。また検討に際して考慮に入れるべき様々な問題点もある程度予想することは可能である。しかしながら、本項ではそうした方法ではなしに、後代の教判資料の中に語られる記述によって菩提流支の仏教観を明らかにしようと思う。その理由は、地論宗成立及び南北分派に関する問題を、菩提流支と慧光との両者の仏教観の相違の中で考えてみたいからである。つまり教相判釈という課題は、中国の仏教者にとっては自らの仏教観を最も鮮明な形で表現するものであり、それらの歴史的な展開は直ちに中国における仏教の受容及び理解の足跡を如実に物語るものであるからである。菩提流支を例に挙げて言えば、菩提流支の思想を後代の人々がどのようなものとして受け入れ、それを伝えようとしたかということの中には、それを扱う個人の間で微妙な差異を生ずるかもしれないが、その微妙な差異の中にこそ、菩提流支の思想の最も基本的なものが受け継がれているのではないかと考えられるのである。逆に言えば、現在残っている限られた量の第一次資料を文献的に検討するという直接的な方法によってその人の思想を推察するよりも、間接的な方法ではあるが、事実関係としては一層本質に迫ることができるのではないかとも思われる。しかしながら、それは直接的な方法を否定しようということなのではなく、とりあえずここでは間接的な方法によって菩提流支の思想を検討しておこうということに他ならない。

また厳密に言えば、教相判釈という思想は純粋に中国仏教の独自の課題と言うべきであるから、菩提流支というインドの翻訳三蔵の思想の上には使うべきではないし、更に言えば流支の思想は中国人独特の教判による仏教の理解を否定しようとする意図さえあったのかもしれないが、ここでは便宜的に、そうした議論も省略して扱うことにする。

後代の教判資料の中には処々に菩提流支の思想とされるものを見ることができる。そしてそれらは必ずしも全同というわけではない。それらは、大別すれば次の三種類である。

㈠　一音教………『大乗義章』巻第一（大正44・六四五a～）
　　　　　　　　『大乗法苑義林章』巻第一（大正45・二四七a）
　　　　　　　　『五教章』巻第一（大正45・四八〇b）
　　　　　　　　『探玄記』巻第一（大正35・一一〇c）など

㈡　半満二教………『法華玄義』巻第十上（大正33・八〇一b）
　　　　　　　　『維摩経玄疏』巻第六（大正38・五六一c）
　　　　　　　　『仁王経疏』巻上一（大正33・三一五b～c）
　　　　　　　　『法華玄論』巻第三（大正34・三八四c）など

㈢　漸頓二時教……『義林章』巻第一（大正45・二四七b）

これらのうち第二の半満二教判は、他の教判と相まって小乗大乗思想確立の基礎となったものであり[30]、第三の漸頓二教判は東晋・劉宋以来の南北の仏教界に共通した一大テーマであったことは、智顗も指摘するところである[31]。従って、いずれも、この前後の思想界にあっては重要な思想的課題を形成したものであったことが了解されるであろう。ただしこのうちの漸頓二教判は、特に北地の漸頓説が求那跋陀羅訳の『四巻楞伽経』に基づいたものであったことを考慮に入れれば、『十巻楞伽経』の訳者である菩提流支にこのような思想があったかどうかは甚だ疑わしい。

そこで初めにこの問題から整理していくことにしよう。

(1) 漸頓二教判

菩提流支に漸頓二教判があったと伝えるのは、寡聞にして筆者の知る限り、基の『大乗法苑義林章』巻第一の次の所説のみである。

又菩提流支法師亦二時教を立つ。楞伽経に漸頓を説かば声聞菩薩を問うこと莫し。皆漸次に修行し浅従り深に至るを、名づけて漸と為すなり。頓とは如来能く一時に頓に一切法を説く、之を名づけて頓と為す。

又菩提流支法師亦立二時教。楞伽経説漸頓者莫問声聞菩薩。皆漸次修行従浅至深、名為漸也。頓者如来能一時頓説一切法、名之為頓。(大正45・二四七b)

北魏の仏教界においては全仏教を漸頓二教という視点で捉え、それらをどのように定義づけるかという問題が当面する重要な課題であったようである。そのことは、北魏仏教界の中心的な指導者であった慧光に漸頓円三教判という思想があったと言われていること、またその慧光が、漸頓説の説かれるべき思想的背景を変更せざるを得なくなった後も、それを放棄するどころかその定義づけの変更をしてまで漸頓という名称にこだわり続けたことなどによって知られるところである。それはおそらく、慧光の師が『四巻楞伽経』と『華厳経』とを所依としていた仏陀三蔵であったことと極めて密接な関係があるように思われる。こうした点については第二項において一括して論ずることにするが、これは、後代の教判資料の中で漸頓二教が『楞伽経』によって説かれたものであるとする所説を[32]処々に確認できる所以であろう。従って、ここで基が菩提流支の漸頓二教を紹介するにあたって『楞伽経』の所説によるとしていることは、以上のような背景を持つものと解すべきであろう。

求那跋陀羅訳の『四巻楞伽経』では、自己の心によって現わし出された諸々の世界を還滅する方法に漸と頓とがあるとされる。[33]そしてまた、それぞれに四種を説くことによって四漸四頓と総称されることもある。この部分は菩提流支訳の『十巻楞伽経』では「次第浄・一時[34]」と訳されており、敢えて漸頓という用語を避けたかの如き感さえある。また『楞伽経』のこの部分は修行の階梯における妄法の還滅に関して説かれた箇所であるから、漸教・頓教と言うよりは漸悟・頓悟の問題であると言うべきであろう。従って、この所説を以て漸頓二教のよりどころとする解釈の背景は、仏一代の教説の中での『華厳経』を如何に位置づけるかという課題を扱い続けてきた歴史と重なるものであると考えられる。つまり、『華厳経』と『楞伽経』とをよりどころとしていた仏陀三蔵の思想の流れを汲む者にとっては誠に都合のよい解釈であるが、『楞伽経』自体の課題である頓悟・漸悟という問題を明確にしようとすれば、敢えて漸頓という用語を使わないという積極性を、『十巻楞伽経』の「次第浄・一時」という訳語の中に窺うことができるように思われるのである。このように考えてくれば、菩提流支に漸頓二教があったとする『義林章』の所説は、前提的に言っても極めて疑わしいと言わざるを得ない。

またそこに説かれる漸教と頓教の定義は、浅より深に至る段階的な修行を「漸」と称し、如来の頓説を「頓」とする、というのであるから、仏一代の説法を体系づけようとする論理でもないし、漸悟・頓悟という行者の側の修道の論理体系でもない。即ち仏教を統一的に見ようとする視点からははずれ、甚だ不整合な思想であると言わなければならない。以上の二点によって、『義林章』に紹介されるような漸頓二教説を菩提流支が主張したとは考えられない。従って本項では、菩提流支の思想を考察するに際して漸頓二教説を考察の対象からはずすことにする。

(2) 半満二教判

次に第二の半満二教に関する諸点を整理しておこう。既に触れたように、菩提流支の半満二教判の思想を伝えるものは、智顗及び吉蔵の諸著作である。吉蔵の『仁王般若経疏』巻上一には、今菩提流支に依るに直ちに半満の分教を作す。若し小乗教なれば半字と名づけ、声聞蔵と名づく。大乗なれば満字と名づけ、菩薩蔵と名づく。

今依菩提流支直作半満分教。若小乗教名半字、名声聞蔵。大乗名満字、名菩薩蔵。（大正33・三二五b～c）

と説かれている。このことを以て、菩提流支の半満二教の思想が直ちにこのように整理されたものであったとすることはできないかもしれないが、「小乗・大乗」「声聞蔵・菩薩蔵」といった見方と共通する内容を持ったものであったことは首肯されるであろう。この半満二教判は、『大般涅槃経』如来性品[35]などの所説をよりどころとするものであるから、後代の教判資料の中には、それを『涅槃経』の訳者である曇無讖の思想に帰するものもある[36]。

半満二教が曇無讖の思想であったかどうかは、ここでは直接の問題ではないので関説を避けるが、菩提流支の思想を考えるに際して、それが『涅槃経』との何らかの関係を持ちながら説かれるということは重要な問題である。つまり北魏の仏教界は、大局的な言い方をすれば、『涅槃経』を頂点とするような、いわば『涅槃経』至上主義とでも言うべき仏教観を基本的な姿勢としていたと考えられる。そこへ、『華厳経』を中心とする仏教観や『法華経』を主軸とする仏教観などが興ってきたために、その後、様々な議論が展開したと考えられる。その議論の源として菩提流支の思想を捉えようとするとき、菩提流支が、基本的なところで『涅槃経』思想と無関係ではなかったらしいことは、本項の論旨の展開上極めて重要なので、敢えてその点を確認しておく。また、この半満二教判が、内容的に小乗大乗思想であるということは、智顗の『法華玄義』の次の所説によっても了解されるところであろう。

五には菩提流支、半満教を明かす。十二年の前は皆是れ半字教なり。十二年の後は皆是れ満字教なり。

五者菩提流支、明半満教。十二年前皆是半字教。十二年後皆是満字教。（大正33・八〇一b）

「十二年」という年限を以て半字満字を区別するというところに、この所説の特徴がある。果して菩提流支自身にこのような整理された思想があったかどうかは詳らかではないが、智顗の所説の要点は、仏陀成道後十二年間の説法は三蔵教であるということ、十二年以降の方等・般若・法華・涅槃などの教えと区別すべきであるということなのであろう。従ってここで看過してはならないことは、それが小乗大乗の分判であることは言うまでもないが、その中で十二年以降の大乗経典を更に区別してはいないということである。これは単に区別していないというに留まらず、『維摩経玄疏』巻第六の、

若し是れ流支の半満の明義なれば、此の経即ち是れ満字の説にして、華厳涅槃に異ならず。

若是流支半満明義、此経即是満字之説、不異華厳涅槃。（大正38・五六一c）

という所説などに従えば、積極的に大乗経典の等質性を主張するものと見るべきである。

『維摩経玄疏』のこの所説は、菩提流支が『維摩経』と『華厳経』や『涅槃経』との等質性を主張したということを伝えるのみでなく、見方によっては、それが慧光との論争の根本的な原因であると解することも可能である。何となれば、慧光の四宗判は、後述するように大乗経典を二分して般若経典類を誑相宗とし、『華厳経』『涅槃経』のみを常宗とするものであるから、大乗経典の等質性を主張する立場からは、断じて許すべからざる思想であったに違いないと思われるからである。この点については、慧光の思想を検討した後で一括して触れることにしたい。

ここでは、菩提流支の半満二教判という思想が『涅槃経』に基づく小乗大乗判であり、一面では諸大乗経典の等質性を主張するものであったことを改めて指摘しておきたい。これに加えて、後に触れるように、地論学派の教判思想の最終的なものを浄影寺慧遠や至相寺智正らの声聞蔵菩薩蔵の二蔵判に見るとき、小乗大乗思想の確立という問題は地論学派の終始一貫する最も中心的な教学的営為として位置づけなければならないことも、付言しておきたい。

(3) 一音教

最後に、菩提流支の教判思想の中でも最も重要な役割を果したと思われる、一音教の思想に関する諸問題を整理しておく。

既に触れたように、菩提流支の一音教の思想を紹介するものは、法蔵の『五教章』『探玄記』、基の『義林章』、慧遠の『大乗義章』などである。これらのほかに『法華玄義』にも一音教の思想を見ることができるが、そこでは「北地の禅師」が主張したものとされるのみで、菩提流支との関係は触れていない。また『義林章』が一時教と称するものと法蔵が一音教として紹介するものとは、内容的にほとんど同じであるが、『大乗義章』に一音教として示されるものと法蔵が紹介するそれとでは、内容的に相違がある。この点については既に坂本幸男博士によって指摘されている通りである。[37]

そこで、ここでは坂本博士の指摘に従いながら問題を吟味していくことにしたい。その場合、法蔵の所説は『五教章』と『探玄記』とでは多少の語句の違いを認めることができるし、それらと『義林章』の所説とを比較すれば、やはりかなりの語句の異同がある。しかしながら、それらは内容的には一括りにして「一円音教」であると指摘されているから、それらの代表として『五教章』の所説を取り上げることにする。

『五教章』には、菩提流支の「一音教」は次のように説かれている。

菩提流支に依るに、維摩経等に依りて一音教を立つ。謂わく、一切の聖教皆是れ一音一味一雨にして等しく霔《そそ》ぐ。但だ衆生の根行同じからざるを以て、機に随いて異解し遂に多種有り。其の本を克くすれば唯だ是れ如来の一円音教なるが如し。故に経に云わく、仏一音を以て法を演説したまう、衆生類に随いて各おの解を得る、等是れなり。

依菩提流支、依維摩経等立一音教。謂一切聖教皆是一音一味一雨等霔。但以衆生根行不同、随機異解遂有多種。如克其本唯是如来一円音教。故経云、仏以一音演説法、衆生随類各得解、等是也。（大正45・四八〇b）

この中で「一味」とか「一雨」と言われているのは、『法華経』薬草喩品[38]の所説を受けたもので、仏の教化が等しく三乗に向けられていることを譬えている。また「経云」以下の引用文は『維摩経』仏国品の、

仏一音を以て法を演説したまう　衆生類に随いて各おの解を得る
皆世尊は其の語を同じくすと謂えり　斯れ則ち神力不共法なり
仏以一音演説法　衆生随類各得解　皆謂世尊同其語　斯則神力不共法（大正14・五三八a）

の所説に拠ったものであることは明らかである。これらは要するに、如来の説法は常に一円音であってどのような場合においてもことごとく平等であるが、ただその平等な教えを受ける側に理解の相違があるという思想である。そしてこれを、坂本幸男博士は「一音異解」の一音教と称している。

ここに引かれる教証としての経説がいずれも羅什訳であることは注目すべきである。何となれば、円測の『解深密経疏』には、

有るが説かく一教は、謂わゆる一音なり。羅什等の如し。
有説一教、所謂一音。如羅什等。（卍続一・三四・四・二九八左上）

とあって、このような一音異解の一音教は、もともと鳩摩羅什の思想であるとしているからである。一音異解の一音教の思想が羅什に基づくものか否かを今日吟味することは困難であるが、『法華経』や『維摩経』といった羅什によって翻訳された諸経典全体を羅什の思想表現と考えるとき、羅什にこうした思想があったことは決して否めないであろう。また後世に至って経典研究が進み、衆多の経典を整理した結果として提出された経典相互の優劣論争

に対して（具体的にはそれは般若・法華対華厳・涅槃という関係で示された）、羅什が全ての大乗経典は質的に等しいものであって、その間に優劣を論じたり区別をつけたりすべきではないと主張したことを伝える所説を見ることもできる。[39] このような点から推して、菩提流支の思想とかなりの部分で共通するものを羅什が持っていたと考えてよいと思う。以上のような点を考え合わせれば、菩提流支の一音教の思想は、菩提流支をはじめとする当時の仏教界にとって、大乗思想の理解に関して極めて大きな意味を持っていたに違いあるまい。

以上のような一音異解の一音教に対して、浄影寺慧遠が紹介する菩提流支の一音教は次のようなものである。

又菩提流支、如来一音を宣説し、以て万機に報う。大小並べ陳べ彼の頓漸を以て別つべからず。

又菩提流支、宣説如来一音、以報万機。大小並陳不可以彼頓漸而別。（大正44・四六五a～b）

これは、既に慧遠自身が「大小、並べ陳ぶ」と言うように、大乗・小乗という概念を前提として、それらを一つの教えの中に並含して説いたものを指すのである。従って、坂本博士はこれを「大小並陳」の一音教と呼んで、前述の一音異解の一音教と区別している。そして菩提流支の一音教がいずれであったのかという問題については、最終的な結論を示していない。そこで、本項では少しくこの問題について吟味を加えておきたいと思う。

既に述べたように、後代の教判資料の中には、菩提流支の一音教の思想を伝えるものがいくつかある。その中で流支の一音教が大小並陳の一音教であったとするのは、前出の浄影寺慧遠のみであり、他はおしなべて一音異解の一音教を挙げている。それ故、このことは慧遠の思想的背景を抜きに考えることはできないと思われる。慧遠の思想はこの時代の仏教理解の一つの頂点を示すものと言うことができるように思われるが、その慧遠の教判の中心的なものが声聞蔵・菩薩蔵の二蔵判であるということは、既に識者の指摘するところである。[40] 二蔵判は、言うまでもなく仏一代の教説を小乗と大乗とに分けて考えるものである。とすれば、小乗・大乗の思想は慧遠の時代に至ってようやく確立されたものであると見なければならないであろう。

従って、慧遠の思想に立って、遡って地論教学を捉えるときには、慧光を祖とする地論教学の最も中心的な課題は、この点にあったと考えることができるように思われる。しかし、慧遠の思想を以て小乗・大乗を確立してきた地論学派の教学の結論を示すものと考える観点に立てば、その最初期の慧光の時代において、既にこのような大乗・小乗という概念を前提とする思想があったと考えることは極めて困難である。確かに菩提流支は北インド出身の高僧であるから、インドの仏教界における小乗と大乗との思想的課題を充分承知していたはずである。そうであればこそ、未だに大乗小乗の何たるかを充分理解し得ない当時の中国の仏教界に、大乗小乗を前提とするような思想を示すことはなかったであろう。なぜなら仮にそのような大小並陳の思想を示せば、そのことによって大乗小乗という概念を区別することが一層困難になると思われるからである。このことは既に述べたように、一方では菩提流支が半満二教という大乗小乗判を有していたことをも考え合わせると一層明瞭になるであろう。つまり、「半満二教」という大乗小乗判と「大小並陳」という一音教とは、同一の次元でこれを扱えば矛盾するものとしか受けとめようがないからである。強いてそれらの間に会通点を求めるとすれば、世親が『法華経憂波提舎』で薬草喩品の比喩を釈して言うように[41]、大乗のみに執着して声聞乗や縁覚乗の存在を認めようとしない増上慢の大乗者のためにのみ示されたものと考えざるを得ない。このような状況は、菩提流支が活躍した時期の中国の思想的土壌には存在しなかったに相違ないから、正にインド仏教の課題と言うべきである。もっとも、このすぐ後の時代になると、例えば南岳慧思が自ら「摩訶衍」を講じながら一部の悪取大乗者のために迫害を受けたことなどが知られるから[42]、そうした状況に近似した事態も中国の仏教社会の中に存在した事実は否めない。しかしそれはあくまで、どのような形であれ、いったん中国の仏教者たちの中に「大乗」の自覚が形成された後に問題となるべきことであって、菩提流支のこの時代にそうした問題が存在していたとは考えにくいのである。

前に引用した『大乗義章』における流支の一音教の所説は、「大小並陳」という部分を除けば、他は一音異解の一音教を紹介する法蔵や基らの所説と、内容的に等質のものと見ることができる。従って次のように考えることが可能である。つまり、菩提流支の一音教の内容は一音異解であったが、それを浄影寺慧遠は何らかの必然性によって大小並陳として紹介した、という推察である。仮にそのように考えた場合、慧遠が菩提流支の一音異解の一音教を大小並陳の一音教として取り上げなければならない必然性とは、一体どのようなものなのであろうか。再び前に取り上げた『大乗義章』の文によって考察してみよう。

既に述べたように、この引用文の前半部分は一音異解の一音教を紹介する法蔵・基らの所説と内容的に等しい。従って慧遠に限って特徴的であるといったものではない。そこで「大小並陳」以降の後半部分に注意してみると、(菩提流支の一音教の思想は)仏陀の説法は常に大乗と小乗とを同時に説くものであるからそこに頓漸の区別を立てるべきではない、と言っている。つまり菩提流支の一音教は、頓漸判への批判として主張されたものであると言うのである。この点については、基も『義林章』巻第一で、菩提流支の一音教を紹介した末後に、

維摩経に云わく、仏一音を以て法を演説したまう。衆生類に随いて各おの解を得る。或いは恐怖有り或いは歓喜す、或いは厭離を生じ或いは疑を断ず。故に一教の定《さだ》んで頓定んで漸なること無し。

維摩経云、仏以一音演説法。衆生随類各得解。或有恐怖或歓喜、或生厭離或断疑。故無一教定頓定漸。(大正45・二四七a)

と説いて、特定の経典を頓とか漸に分類すべきではないとする菩提流支の思想を紹介している。つまり、頓漸二教への批判として流支の一音教が立てられたものであることが推察されるのである。菩提流支が頓漸判について批判

的であったということは、本項でも『四巻楞伽経』と『十巻楞伽経』との関係にからめて触れた通りである。仮に、菩提流支の一音教の思想が漸頓二教判に対する批判として主張されたものであるとすると、それは当然のことながら、漸頓円三教判を主張した地論南道派の祖である慧光の思想と衝突することになったであろう。従って慧光の孫弟子に当たる南道派の流れに預る慧遠が、慧光の論敵であった北道派の祖としての菩提流支の思想を紹介するに際して、自らの主張にひきつけてそれを紹介するということは、充分考え得ることである。

つまり、声聞蔵・菩薩蔵という二蔵判を確立して大小乗判を前提としながら、あくまで漸頓二教に執着した慧遠は、菩薩蔵を二分して漸教と頓教とする。その場合の頓教の定義は、「専往大乗」「専習大乗」であるとされる(43)から、漸教は浅（小乗）より深（大乗）に至ると定義せざるを得ないことになるであろう。その場合にも漸教は前提としてはあくまで菩薩蔵（大乗）の枠内で扱わなければならないのであるから、「大乗の中に小乗をも含むもの」という定義にならざるを得ないのである。この「大乗の中に小乗をも含むもの」とは、言い換えれば「大小並陳」ということに他ならない。つまり慧遠は、もともと漸頓二教判への批判として主張されたところの菩提流支の一音教の思想を、「大小並陳」の一音教と定義することによって、自らの教判の中では菩薩蔵中の漸教と等しいものと解したのである。このように見てくると、「大小並陳」の一音教の定義の背景には、大乗小乗と漸教頓教という仏教理解の大枠に関する地論南北両道の論争の跡を窺うことができるように思われる。

以上によって、後代の教判資料に示される菩提流支の思想を概観し得たように思われる。それは半満二教という大乗小乗判と一音教とが結び合ったものである。そして一音教が漸頓二教判に対する批判であり、半満教が大乗経典の等質性を強調するところにその本来の意図があったとすれば、これらの両思想は、いずれも慧光を祖とする学派への強烈な批判であったと考えることができる。従って、地論学派の南北分派が菩提流支と慧光との思想的対立によるものであったとする筆者の仮説に有力な示唆を与えるものと言うことができるが、これらの点については項を改めて論ずることにしたい。

Ⅱ　慧光の教判思想

(1)　漸頓円三教判について

地論宗南道派の祖慧光が漸頓円教という三教判を持っていたことは、法蔵の『五教章』『探玄記』『華厳経伝記』などによって知ることができる。(44)それを『探玄記』によって示せば次の通りである。

三に後魏の光統律師、仏陀三蔵に承習し三種の教を立つ。謂わく漸頓円なり。光師の釈意、一に根未熟の為に先に無常を説き後に乃ち常を説く。先に空後に不空等、是くの如く漸次なるを名づけて漸教と為す。二に根熟の輩の為に一法門に於いて具足して一切の仏法を演説す。謂わく常と無常、空不空等、一切具さに説きて、更に漸に由ること無し、故に名づけて頓と為す。三に上達の分に仏境に階《のぼ》る者の為に如来無礙解脱究竟果徳円極秘密自在法門を説く、故に名づけて円と為す。即ち此の経を以て是れ円頓の摂する所なり。後の光統門下遵統師等も亦皆宗承して此の説に同じくす。

三後魏光統律師、承習仏陀三蔵立三種教。謂漸頓円。光師釈意、一為根未熟先説無常後乃説常。先空後不空等、如是漸次名為漸教。二為根熟之輩於一法門具足演説一切仏法。謂常与無常、空不空等、一切具説、更無由漸、故名為頓。三為於上達分階仏境之者説於如来無礙解脱究竟果徳円極秘密自在法門、故名為円。即以此経是円頓所摂。後光統門下遵統師等亦皆宗承同於此説。（大正35・一一〇c～一一一a）

ここに示されるところの、空・不空及び無常・常における不具説を漸教とし、具説を頓教とする漸頓の定義は、漸頓という名称こそ南朝のそれと似てはいるが、内容的には全く異なるものである。南朝の漸頓説は、大乗不共の見地に立つ『華厳経』と、初転法輪は三乗差別であったとする『法華経』の所説とを、矛盾なく理解するために創案されたものである。従って『華厳経』以外の所説を頓教として枠づけなければならない意味は全くないのである。しかるに慧光の漸頓の定義においては、そのような先行して成立した南朝の頓漸説の影響を見ることは全くできないのである。とすれば、この慧光の漸頓円三教判は、一体どのような思想的背景の中で、どのような意図を持って主張されたものなのであろうか。また慧光には、後述するように四宗判と称される別の教判があり、四宗判は、その後の地論学派の教学展開上に決定的な影響を及ぼしたにもかかわらず、この漸頓円三教判は智儼によって取り上げられるまで、さして大きな影響を及ぼしたとは考えられない。この違いは一体どのような理由によるのであろうか。こうした点が解明されなければならないであろう。

これについてまず問題となることは、慧光の漸頓円三教判が果して法蔵の紹介するようなものであったかどうかということである。これらの思想が説かれたであろう慧光の『華厳経疏』が散佚してしまっている今日においては、この点を積極的に証明することも否定することもできない。しかしながら、後代の『五教章』の末註の処々に引用されている慧光の『華厳経疏』の所説の中には、必ずしも法蔵が紹介するものと一致しないものも存するので、この点について初めに整理しておきたい。

法蔵が紹介している慧光の漸頓円三教が、果して真に慧光が主張したものと同じものであったかどうかを疑う資料としては、高麗の均如（九二三—九七三）の『釈華厳経分記円通鈔』の所説を挙げることができる。『釈華厳経分記円通鈔』は現存する『五教章』の註釈の中では比較的古いものの部類に属し、かつ海東の華厳学の一端を今日に伝えるものとしても貴重なものである。その所説の中には、中国や日本の伝統的な華厳学の中には存在しない所説も多々あって興味深い。均如は、慧光のこの漸頓円の三教判について、『五教章』所説の三教判は慧光のどの書物にも見られない主張であるとして次のように述べている。

三に光統律師に依る等とは、恵光国統なり。四巻疏・十巻疏・広釈義章等現に世に伝わる。多説有りと雖も並びに光師の造なり。問う、光師の釈意の以根未熟先説無常後説常等とは、彼の章疏中に此れ等の言無し。何ぞ並びに光師の所造と云うや。答う、既に光師の釈意と云うは則ち倶に義を引くのみ。文を引くの如くならず、故に此の難無きなり。

三依光統律師等者、恵光国統也。四巻疏十巻疏広釈義章等現伝於世。雖有多説並光師造也。問光師釈意以根未熟先説無常後説常等者、彼章疏中無此等言。何云並光師所造耶。答既云光師釈意則倶義引耳。不如文引、故無此難也。（『均如大師華厳学全書』下巻・八六）

これによれば、均如の時代には慧光の四巻の『華厳経疏』（いわゆる『略疏』）、十巻の『華厳経疏』（いわゆる『広疏』）、『義章』（おそらく『大乗義章』であろう）といった著書が現に伝えられており、それらのいずれの中にも『五教章』に説かれるような形での漸頓円三教の所説が存在していないと述べている。そして、この矛盾に対して均如は、既に『五教章』自身に「光師の釈意」と断ってあるのであるから、これは文章をそのまま引いたものではなく、いずれも意味を取って引用したものであると会通している。

次に、本朝湛睿（一二七一―一三四六）の『五教章纂釈』は、慧光が三教判の中で『華厳経』をどの教の所摂と考えていたのかという問題について、慧光の『華厳経疏』の文を引いて次のように言う。

彼の華厳疏第一に云わく、今此の経は三教の中蓋し是れ頓教の摂める所なり。

彼華厳疏第一云、今此経者三教之中蓋是頓教所摂。（日仏全一一・一八五上）

即ち、慧光の『華厳疏』によれば、『華厳経』はただ頓教の所摂であるとされているとして、『五教章』や『探玄記』の所説との矛盾を正そうとするのである。

三教判における『華厳経』の所摂に関して、『五教章』は円教の詳釈の後に「即此経是也」とあって、円教一教の所摂であると説いていると理解できる。つまり、先に掲げた『探玄記』の「即以此経是円頓所摂」の所説と必ずしも一致しないことになり、法蔵が紹介するものの中でも若干の異同がある。従って、今日我々が知り得る慧光の教判資料の中には、『華厳経』の所摂に関して、

㈠　頓教の所摂とするもの

㈡　円教の所摂とするもの

㈢　頓円二教の所摂とするもの

の三種類の所説があることになる。このことは、実際に慧光の著書を手に取って披覧した均如が、その所説の多様さを以て「多説有り」と称していることと符合していると思われる。しかしながら、一師の教判に多説が存在することを肯ぜない中国・日本の註釈家たちにとっては誠に頭の痛い問題であったようで、彼らの著作の中には様々な方法でこの問題を会通しようとした形跡を認めることができる。それらを要約すればおよそ次のようになろう。

㈠　頓教の所摂としたのは化儀に約して言ったまでで、化法に約するときは当然円教の所摂となるのは言うまでもないので、これを省略したのだとする凝然（一二四〇—一三二一）の『通路記』の説。[45]

㈡　「頓教の所摂」とあるのは、頓の下に「円」の字があったものが脱落したか、「教」の字が実は「円」であったのだとして、写本の誤字であるとする鳳潭（一六五四—一七三八）の『匡真鈔』の説。[46]

この二つの解釈は、いずれも慧光の主張が『華厳経』を頓円二教の所摂であるとするところへ会通しようとしたも

のであり、その点でやや牽強附会的であると言わざるを得ない。従って筆者には、こうした会通では釈然としないものが残るのであるが、この点については本節の主要課題を一通り検討した後、もう一度振り返って触れることにしたい。

湛睿は前述の問題の延長として、更に慧光の疏を引用して頓教に説明を施すのであるが、そこに引かれる慧光の疏の頓教の文は法蔵が紹介するものと全く異なっており、次のようなものである。

頓とは始め道樹に於いて諸の大行の為に、一往直ちに宗本の致を陳ぶ。方広の法輪は其の趣淵玄にして、更に由籍無し。之れを以て頓と為す。

頓者始於道樹為諸大行、一往直陳宗本之致。方広法輪其趣淵玄、更無由籍。以之為頓。（日仏全一一・一八五上）

そしてこの文は、智儼が『捜玄記』の随文解釈段において正しく文に随って釈していこうとする直前に、「教の分斉を料簡する」として一乗教義と三乗教義の分斉の相違を十門に分けて明らかにし、次いで教説における八種の教相と教相における三教の次第を明かす箇所に示される、頓教の解釈を示す文と全く同一なのである。このことによって、『捜玄記』の随文解釈段に示される三教の箇所は、全体が慧光の疏からの引用ではないかと指摘されているのである。[47] 智儼と慧光の疏との深い結びつきについては、法蔵が『華厳経伝記』の中で示す通りであり、また前後の文脈や語調の点からも、この部分はいかにも突出した印象を免れ得ず、先学の指摘の妥当性が肯かれるところである。

そこでやや長きにわたるが、この引用文と思われる部分を抜き出して、慧光の三教判の資料の一つに加えて慧光の思想を考えてみれば、どのような結論が得られるのか、試みてみることにしたい。

三教相成に約すとは、謂わく、

①始め道樹に於いて諸の大行の為に、一往直ちに宗本の致を陳ぶ。方広の法輪は其の趣淵玄にして、更に由籍無し。之を以て頓と為す。

②言う所の漸とは、始習の為に方便を施設して三乗引接の化を開発す。初めは微、後は著にして、浅従り深に至る。次第に相乗して以て彼岸に階《すす》むが故に称して漸と為す。

③言う所の円教とは、上達の分に仏境に階《のぼ》る者の為に、如来解脱の法門を説き、究竟窮宗至極果行もて、仏事を満足す。故に曰いて円と為す。之を窮むるに実を以てせば、趣斉しくして二莫く、等同一味にして、究竟して余無きが如し。何の殊なりか之有らん。但だ対治功用の等しからざるを以て、故に根器に随い、其の浅深を別ち、言いて分ちて三有り。其の次第とは、一乗了義実説に就いて、対治方便に約し、行門の差殊あり。要約するに三有りて、以て次第を明かす。

④一には方便修相対治縁起自類因行に拠りて以て三教を明かす。漸は即ち初に在り、頓は中、円は後なり。三義は漸に従いて説くなり。初めの漸は以て信を生ず、次の頓は以て行を成ず、次の円は以て体用を成ずるのみなり。

⑤若し実際縁起自体因行に約して以て明かす時、頓は初、漸は次、円は後なり。初めに頓を示して以て修せしめ、次に漸を示して物の為なるを彰し、後に円を示して果徳備わるが故なり。

⑥若し窮実法界不増不減無障礙縁起自体甚深秘密果道に約す時、即ち初は円、次は頓、後は漸なり。爾る所以は、正しく沖宗は玄想を遺てず、円道は始門を揀《えら》ばざるを以てなり。是を以て事は近きと雖も遠きに至り、相は著なりと雖も密に至る。浅より極に至り深方に窮むる故なり。初めに円を示して見聞せしめ、次に頓を彰わして随喜せしめ、後に漸を弁じて位に階《のぼ》らしむ。徳を顕わして信行を起こすなり。此れ即ち円に約して以て三

を明すのみなり。然れば教は乃ち爾るべし。其の旨を論ずるなり。正しく如来法身無上菩提は至極円道にして実相に契窮し、徳は海奥に盈ち義は真本より興りて、後際を顕明するを明かす。果を語りて之を無得に彰し、因を論じて之を無発に顕す。故に無相の相其の趣幽微にして、同じく太虚に凝す。旨は名相を絶す。謂いつべし、至道は無言にして玄籍弥いよ布き、真容は無像にして妙相備《つぶ》さに厳《かざ》る。仏慧に入りて仏の所行を具う。徳は殊美を顕わし世を踰越す。故に経首に貫して仏華厳の称を以てするとは、当に以て旨南の説とすべし。宗要茲こに在り。

約三教相成者、謂

①始於道樹為諸大行。一往直陳宗本之致。方広法輪其趣淵玄。更無由藉。以之為頓。

②所言漸者、為於始習施設方便開発三乗引接之化。初微、後著、従浅至深。次第相乗以階彼岸故称為漸。

③所言円教者、為於上達分階仏境者、説於如来解脱法門、究竟窮宗至極果行、満足仏事。故曰為円。如窮之以実、趣斉莫二、等同一味、究竟無余。何殊之有。但以対治功用不等、故随根器、別其浅深、言分有三。其次第者、就於一乗了義実説、約対治方便、行門差殊。要約有三、以明次第。

④一者拠方便修相対治縁起自類因行以明三教。漸即在初、頓中、円後。三義従漸説也。初漸以生信、次頓以成行、次円以成体用耳。

⑤若約実際縁起自体因行以明時、頓初、漸次、円後。初示頓以令修、次示漸彰為物、後示円果徳備故也。

⑥若約窮実法界不増不減無障礙縁起自体甚深秘密果道時、即初円、次頓、後漸也。所以爾者、正以沖宗不遺於玄想、円道不揀於始門。是以事雖近而至遠、相雖著而至密。浅至極深方窮故。初示円令見聞、次彰頓令随喜、後弁漸階位。顕徳起信行也。此即約円以明三耳。然教乃可爾。論其旨也。正明如来法身無上菩提至極円道契窮実相、徳盈海奥義興真本、

顕明後際。語果彰之於無得、論因顕之於無発。故無相之相其趣幽微、凝同太虚。旨絶名相。可謂、至道無言而玄籍弥布、真容無像而妙相備厳。入於仏慧具仏所行。徳顕殊美踰越於世。故経首貫以仏華厳之称者、当以旨南之説。宗要在茲。

（大正35・一五c～一六a）

以上が『捜玄記』の玄談における三教の解釈についての慧光の疏からの引用と考えられる部分である。全体は大きく二つに分けることができる。即ち、三教の定義を述べる①②③の前半部分と、三教の次第を明らかにする後半部分とである。そして先に触れたように、頓漸円の定義を示す①②③の中の頓教に該当する①は、『五教章纂釈』に引用される慧光の『華厳経疏』第一の部分と全く同一なのである。ところがこの部分と次の漸教の定義を示す②の部分は、『探玄記』『五教章』に引かれる慧光の三教判の頓教漸教の所説とほとんど共通性がない。にもかかわらず円教の定義を示す③の部分は、法蔵が紹介するものとほとんど同じであり、また『捜玄記』玄談の蔵摂分斉の中で示される智儼の円教の定義ともほとんど同じものである。この異同は一体如何なる理由によるものであろうか。

この点に関して重要な示唆を与えるものとして、宋朝二水四家の一人である観復の『五教章折薪記』の次の所説を挙げることができる。

師の名は恵光、創めて華厳の広略二疏を述ぶ。広は十巻有り、略は四巻有り。円宗文類に拠るに彼の略疏の叙ぶる所の三教を引きて、初の二に小しく不同有り。今の文は多く是の広疏中の意なり。

師名恵光、創述華厳広略二疏。広有十巻、略有四巻。拠円宗文類引彼略疏所叙三教、初二有小不同。今文多是広疏中意。

（『五教章纂釈』巻第十一の引用文、日仏全一一・一八五上）

『折薪記』は、完本としては現在伝わっていないので、湛睿や鳳潭の引用を通してしか窺うことができない。従ってこの所説がどのような文脈の中で言われたのかは想像する以外にないが、これによれば、観復は、『円宗文類』に載せられている慧光の四巻の『華厳略疏』に説かれている三教の詳細と『五教章』のそれとを比較して、初の二、つまり頓教と漸教の所説に関して若干の相違があることを指摘しているのである。更にその相違が、主に『略疏』の所説と『広疏』の所説との違いに基づくものであるとしているのである。そして頓教と漸教の二教についてのみ相違を指摘していることは、円教については相違がなかったであろうことを想像させる。このことは、先述の問題点と誠によく符合すると言えよう。以上に加えて、鳳潭の『匡真鈔』によれば、『五教章纂釈』が引用する部分と全く同一の文を引くに際して、

光師の華厳疏を検するに本邦の存する所、略本に四巻有り。第一巻に云わく……

検光師華厳疏　本邦所存、略本有四巻。第一巻云……（大正73・三四八b）

と註している。以上に従えば、先に掲げた引用文と考えられる『捜玄記』の箇所は、慧光の『略疏』からの引用であり、それに対して法蔵の紹介するものは『広疏』によったものであるということになるであろう。

そこで次に、慧光の漸頓円三教判の内容について検討を加えていくことにするが、既述の事柄を踏まえて便宜的に『略疏』の三教判と『広疏』の三教判とを分けて考えることにしたい。

初めに『略疏』の三教判について検討を加えていこう。『捜玄記』所引の『略疏』の三教判の解釈が大きく二段に分けられることは先に触れた通りである。このうち前半部分の三教の定義に関する所説で注目を引くのは、頓教釈の冒頭にある、「始め道樹に於いて」の部分と、漸教釈の中の「方便を施設して三乗引接の化を開発す」の部分である。これに従えば『華厳経』以外の経典は頓教の定義から除外されることになる。また漸教は、声聞・縁覚・菩薩の三乗に等しく示された方便の教えを表わすものであると理解される。もともと、三乗一乗の問題、即ち三乗をどのように理解するかという問題は、東晋以来の南北の仏教界が共通して直面してきた課題であった。つまり、

三乗差別を説く『般若経』や『維摩経』と、三乗方便を説く『法華経』を中心としながら、新たに紹介された『涅槃経』及び『華厳経』などの所説を全体として如何に矛盾なく理解するかということが、東晋から劉宋に至る南朝仏教界の主たる課題であった。それに対して北朝では、様々な理由によって、その問題はほとんど展開らしい展開も見せぬままに慧光の時代に至っていると言っても過言ではない。従って、ここで慧光が頓教・漸教という用語に託して主張していることは、南朝系の頓漸説の直接の影響があったか否かは別としても、一乗三乗の問題を離れるものではあり得ない。そして声聞・縁覚・菩薩の三乗にそれぞれ各別に示された三乗教とは全く別に、それらとは共通しないある教えが存在することは、『華厳経』自身が、

若し衆生の下劣にして　其の心厭没せる者には
示すに声聞道を以てし　衆苦より出さしむ
若し復た衆生有りて　諸根小く明利にして
因縁法を楽うには　為に辟支仏を説く
若し人の根明利にして　衆生を饒益し
大慈悲心有るには　為に菩薩道を説く
若し無上心有りて　決定して大事を楽うには
為に仏身を示して　無量仏法を説く

若衆生下劣　其心厭没者　示以声聞道　令出於衆苦　若復有衆生　諸根少明利　楽於因縁法　為説辟支仏　若人根明利　饒益於衆生　有大慈悲心　為説菩薩道　若有無上心　決定楽大事　為示於仏身　説無量仏法（六十巻『華厳経』第二十六・十地品第九地の偈頌。大正9・五六七c）

と示す通りである。ここには教えを聞く側の能力に従って声聞・辟支仏・菩薩道の三乗が説かれることと、それとは別に無量仏法が説かれることを明確に示している。従って、この「無量仏法」なる教えは、三乗を漸教と押える漸頓の枠からは頓教として、三乗一乗の枠からは一乗として位置づけられることになる。ここに至って一乗と頓教の同異を明確にしなければならない必然性が起ってくることになる。この問題は、おそらく慧光の時代においては、法華一乗・勝鬘一乗と頓教としての『華厳経』との関係をどのように見るかという形で問われることになったに違いない。言い換えれば、法華一乗・勝鬘一乗と華厳頓教とを総合するような視点を見出さない限り、例えば『法華経』を頓教とするような解釈の誤りを論理的に訂正することができないのである。

以上のような思想的背景を持って提示された概念が「円教」という思想であったに相違ない。即ち、三乗教と隔別に説かれるもの全体を円教と定義し、その中から『華厳経』のみを頓教として別立てにしたものが、この『略疏』の三教判だったのではなかろうか。従ってこの教判の最も重要な部分は、三乗一乗の中から、『華厳経』のみを頓教として独立させることにあるわけである。このことは、この『略疏』の三教判の後半部分である三門の三教観に端的に見ることができる。即ち、先の引用文のうちの④⑤⑥の部分である。この部分の要旨は、漸頓円の三教が単に化儀や化法といった平面的な、もしくは一義的な側面によっては考えられないことを示している。つまり漸頓円の三教は、単に経典の説示の時間的な順序の面からのみ捉えられるべきものでもなく、経典の内容程度の整理の結果と言うべきものでもないのである。

④の部分は、「自類因行」に約して三教の次第を明らかにする場合は、漸頓円の順序で見るべきことを示している。この段の中心は因から果へ向かうという視点に立つ場合にあるから、三乗から一乗へという展開になるわけである。これと逆の立場を示すのが⑥の部分である。この段落は、慧光自身が「此れ即ち円に約して以て三を明かす

のみ」と明言するように、仏果に約して果から因への展開として三教の次第を見ていこうとする立場である。従って、一乗に基づいて三乗が展開していると見る立場である。これらの所説に従えば、以上の二つの立場は基本的に三乗一乗の問題であり、一乗に所発（⑥の場合）と所帰（④の場合）の二義を認めることによって基本的に説明可能である。従って、漸頓円という概念を改めて持ち出す必要はないと考えられる。それに対し、⑤の頓漸円と次第する「自体因行」に約する見方の基本的立場とは、因から果への展開という面では④と共通であるが、④のように方便に約するものではない。この点で三乗一乗の権実では整理できない面を持っている。更に、漸教の後に示される円教には、当然のことながら三乗を融会するという性格が要求される。加えて、それらに先立って明らかにされる頓教には、「頓初」「頓説」といった性格を抜くことは考えられない。従って、ここで示される頓教と円教には、全く共通する部分がないのである。この点から⑤の頓漸円と次第する場合の三教は、澄観などが言うように、化儀の頓漸二教に化法の円教を加えたものであるという側面を持っていることを否定することはできない[48]。

以上を総合すれば、慧光の『略疏』に説かれる三教判は、化儀の頓漸に化法の円教を加えたという側面を持ちながら、根本的には三乗一乗の課題の中から三乗不共の一乗を円教と定義し、そこから頓教としての『華厳経』を別立てしたものであると言うことができよう。この点では、なぜ『華厳経』を別立てにしなければならなかったのかという問題を明らかにする必要があるが、この点は後述することにする。従って、三教における『華厳経』の所摂の問題に関する『略疏』の立場は、頓教の所摂であるとしなければならないことが明らかである。

次に『広疏』の三教判、つまり法蔵が『五教章』や『探玄記』の中で紹介するものについて検討を加えてみよう。既に触れたように『広疏』の三教判は、『略疏』のそれと比較するとき、漸教・頓教の定義について少なからず相違している。そしてその定義の中心となるものは、空と不空・無常と常などの相対する二つの内容の不具足説と具足説を以て漸・頓の境界とするものである。また円教の定義には何の変更も加えられていないのであるから、『広疏』の漸頓の定義は、『略疏』の三教判の成立過程からみて、三乗教内の枠組に何らかの変化が生じたために変更されたものであるということが、まず推察されるのである。この点に関して、慧光の時代が中国仏教における小乗大乗思想興起の時代であったことを看過することはできないであろう。(49) 慧光自身が『大乗義章』なる著述を著わしたことに象徴的に示されるように、仏教を小乗大乗に分判していくという視点は、大小乗を等閑視して小乗大乗経典の体系的な統一をめざしていた南朝の仏教界においては、見落されていたものである。ある面では、南朝のような般若学の伝統を持っていなかった北朝仏教だからこそ開き得た視点であるとも言い得るのである。そして慧光以後、浄影寺慧遠や至相寺智正に至る間の地論学派の教学展開は、教義の上でもまた教判の上でも、小乗大乗という範疇を抜きにしては考えられないほどの圧倒的な影響を与えていくのである。その点については項を改めて触れることにして、ここではそうした時代的背景を踏まえて、『略疏』と『広疏』の三教判の定義の違いを生ぜしめた事柄について考察を加えてみたいと思う。

既に述べたように『略疏』の三教判は、三乗一乗という枠組から頓教としての『華厳経』を別立てしたものであった。この見方の中に小乗大乗という概念を導入しようとすれば、一体どのようなことになるであろうか。三乗一乗が小乗大乗へと展開するきっかけは、三乗内の菩薩乗の共不共の問題にあったと考えられる。この菩薩乗の共の立場を表わすものは「三乗通教」という概念であり、それに対して菩薩乗の不共の立場を表わすものは「三乗別教」という概念である。この三乗教内の通別という思想は、もともと『大智度論』などに説かれる共不共の般若波羅蜜(50)に基づくものであり、南朝の教相判釈の基礎を作った劉宋の慧観の二教五時判(51)の中にも、また慧光の最初の師であった仏陀三蔵の思想(52)の中にも見られるものである。それ故南北に共通する課題であったと言うことができよう。

『略疏』の三教判が基本的に三乗一乗の展開であることは、正しくこの時代の流れに則るものであると言うことができる。従って、『略疏』の漸頓円三教判の中にもこの三乗の通別の問題は投影されていたはずであるが、表面上はそうした跡を見ることができない。つまり、何らかの外的な要因によってこの三乗の通別の問題が掘り返されたのであろうと考えられる。この点については若干傍論にわたるので改めて論ずることにしたい。今は三乗の通別という問題が、そのまま小乗大乗へと展開する質のものであることを喚起しておきたい。即ち、識者の視点が三乗内の共通性に向けられているときには、三乗一乗の問題は、決してこれ以上の展開を見せることはない。しかしながらその視点がいったん三乗内の差異性に移されたとき、声聞・縁覚の二乗と切り離された菩薩乗は、三乗とは別個に存在していた教え（慧光の場合はそれが一乗円教であり、また頓教であった）と結びつく質的内容を持っているということである。そしてそれらが結びついて大乗という概念が形成されたとき、結果としてその中には、三乗通教と呼んできたものと頓教と呼んできたものと一乗円教と呼んできたものとの三つが含まれることになる。こうした状況の下で従来の漸頓円の三教を主張していこうとすれば、その定義を大幅に変更せざるを得ないことは言うまでもないであろう。

第一に声聞・縁覚の二乗と菩薩乗とを分けなければならないのであるから、旧来の三乗漸教という定義が成り立たない。第二に菩薩乗と頓教・一乗円教とは一つのグループとしなければならないのであるから、従来のような三乗とは別個に頓教・一乗が存在するという論理は使えない。第一の点より言えば、従来の三乗のために説かれた教（三乗教）をそのまま漸教とする定義に加えて、小乗教と大乗教の一部である菩薩乗との違いを明らかにした上でそれらを総合するような定義が示されなければならないということになる。第二の点から言えば、もともと漸頓円三教判は、三乗教とは隔別であるところの一乗教を化儀の頓と化法の円とに分けることによって成り立っていたが、頓教・円教を立てる前提となるべき三乗一乗の枠組が無くなるのであるから、頓教・円教は同じく大乗の一部をも含む漸教に対するものとして定義づけられなくてはならないことになる。ここで留意しなければならないことは、『略疏』と『広疏』との円教の定義が変わっていないという点である。これは結果としてそのようになったのか、それとも意図的に円教を変更しないですむような他教の定義づけを立てたのか、そのいずれによるかは、この教判が説かれる必然性を考える上で大きな問題を孕んでいる。しかし今は、その問題に先んじて漸教・頓教の定義の変化の必然性を明らかにしようと思う。

『五教章』によれば、漸教は次のように示される。

根未熟なるを以て先に無常を説き後に常を説く、先に空を説き後に不空深妙の義を説く。是くの如く漸次して説くが故に漸教と名づく。

以根未熟先説無常後説常、先説空後説不空深妙之義。如是漸次而説故名漸教。(大正45・四八〇b)

『探玄記』に説かれるものは、この所説と若干の字句の相違を見るが、内容的には全く同じものであると言って差し支えあるまい。字句の相違については、既に触れたように法蔵が慧光の釈意を以て示したものであって、慧光疏の文をそのまま引用したものではないと言われている通りであろう。しかし、この部分に関して均如の『円通鈔』が、

光師の釈意の「以根未熟先説無常後説常」等とは、彼の章疏中に此れ等の言無し。

光師釈意以根未熟先説無常後説常等者、彼章疏中無此等言。(『均如大師華厳学全書』下巻・八六)

と言っていることは看過することができない。均如はおそらく実際に慧光の『広疏』を自ら手に取ってこのようなことを述べたのであろうから、仮にこの部分が『広疏』の漸教の定義の中に無かったとすれば、『広疏』の漸教の

定義は単に「始め空を説き、後に不空を説くもの」というものであったと考えられる。空・不空という言い方は、『起信論』の二種真如の所説や『勝鬘経』の二種如来蔵説を連想させる。おそらくそれらの所説に立って、『阿含経』『般若経』から『法華経』『涅槃経』に至る展開をこのように表現したものなのであろう。そしてこの定義に従えば、『広疏』の漸教は、具体的には『般若経』を不空と説く他の大乗経典から切り離すと同時に、『涅槃経』の悉有仏性説の展開に至るまでをも射程に入れるものということになる。更に法蔵によって付加された可能性を持つ部分をも含めて考えると、小乗教から『涅槃経』の如来常住説までをも漸教の範疇として含むことになり、漸教の定義はより一層明確なものとなるわけである。従って『広疏』における漸教の定義が大乗の範囲内で説かれたものであるか、小乗をも含むものであったのかは、判然としない。しかしながら内容的には、従来の漸教が、単に円教としての一乗に対する三乗各別説を表わすのみであったり、あるいは単に化儀の面で頓教に対するものとして定義されていたことから一歩前進して、小乗と大乗の境界を自らの内に持ちつつ化儀の面を払拭したものとなったのである。

このような観点から言えば、二乗不共という立場の積極的表現である小乗・大乗という視点の確立によって、漸教の一部（慧光においてはあるいは全部であったのかもしれない）と頓教の全部とが同じ大乗という枠内に納められなくてはならないことになる。従って頓教が、従来の三乗不共及び化儀という定義から、新たな漸教の定義に相対するものとして定義づけられなければならないことは、比較的了解しやすいであろう。しかも従来からの三乗不共の面（一乗としての面）は、特別に削除せねばならない必然性はないのである。このような背景の下に示されたのが、

根熟の者の為に、一法門に於いて具足して一切の仏法を演説す。常と無常と、空と不空と、同時に倶に説き更に漸次無し。故に頓教と名づく。

為根熟者、於一法門具足演説一切仏法。常与無常、空与不空、同時倶説更無漸次。故名頓教。（大正45・四八〇b）

という『広疏』の頓教の定義である。この定義に従えば、一即一切を明らかにする『華厳経』が頓教の所摂となることは言うまでもないが、他に如来蔵の空不空を説く『勝鬘経』などもそこに含まれることになる。このことは、『華厳経』のみを頓教と考えてきた従来の化儀の頓教観からの大きな飛躍であり、その分だけ『華厳経』を円教に近づけたと言うことができるかもしれない。従って三乗一乗を基盤とした漸頓説は、小乗大乗を基盤とすることによってその化儀性をぬぐい去るという一大転換を遂げることになったのである。このように考えてくれば、一乗円教という化法の立場には何らの変更も必要がないことが充分了解されるであろう。

このようにして『広疏』の三教判は、漸頓円という名称を持ちながら内容的には全く化儀の面を持たないものとなったのである。従ってこのような枠組の中で『華厳経』の所摂を考えれば、頓円二教の所摂ということになるであろう。更に積極的に想像をたくましくすれば、頓教の枠内に『勝鬘経』などが入ってきた分だけ『華厳経』は円教に近づくことになる。また既に頓教の中には化儀性がないのであるから、更に『華厳経』を頓教の所摂であると固執する理由は何もないのである。このような観点に立てば、『華厳経』を円教一教の所摂であるとする『五教章』の所説も肯けるところである。おそらく『広疏』のみを見て『略疏』を見ていなかったと思われる法蔵が、『探玄記』の中で、

光統釈して云わく、此の経仏初めて成道するの説なり。但だ一乗円教の法輪の体を顕わし諸教の本と為す。諸教の益相は此の益の為の故に弁ぜざるなり。

光統釈云、此経仏初成道説。但顕一乗円教法輪体為諸教之本。諸教益相為此益故不弁也。（大正35・一六六b）

という形で『広疏』の華厳経観を引用していることなどによれば、慧光が『華厳経』を以て円教としたことは確実

である。その場合でも同様に「初成道説」という点に注意しているのであるから、頓教とは定義づけないまでも、相変わらず化儀の頓初・頓説といった性格を含めていることが了解される。このような点を考えれば、慧光の華厳経観について、『広疏』によって頓円二教の所摂であるとする『探玄記』の所説と、円教の所摂であるとする『五教章』の所説とは、必ずしも矛盾すると考える必要はないように思われる。従って、鳳潭のように敢えて会通しなければならないような課題を有するものではないことが明らかになるであろう。

以上によって、慧光の漸頓円三教判の主張とその背景がほぼ明らかになったと思われる。それは北朝における仏教研究の濫觴とも言うべき当時の課題を背負ったものであった。三乗一乗から小乗大乗へという視点の変化は、ある意味では中国仏教史上画期的なものであったと言い得る。慧光以後の地論学派の教学が小乗大乗一辺倒になっていくのを見るだけでも、その重要さは肯かれるところであろう。この意味では、本項の中では『略疏』と『広疏』の撰述の前後を一度も問題にしなかったが、明らかに小乗大乗の概念を持った『広疏』の方が後から書かれたものであろう。また四宗判の成立に関しても、この後明らかにするように、小乗大乗の確立が仏陀三蔵の三教判を四宗判へと展開せしめた。この中でもやはり仏陀三蔵の三乗別教・三乗通教という枠組が小乗大乗へと変化せしめられているのである。では三乗一乗から小乗大乗へという転換は、一体どのような理由によってなされたのだろうか。この点については、自己の内面的要求によってのみなされたものと考えるよりも外的な刺激によるものと考えた方が自然であるように思われる。

こうした点に思いを巡らすとき、前節で明らかにしたように菩提流支が「半満二教」という教判を持っていたことは重要な意味を持っている。おそらく、菩提流支や勒那摩提らの入洛とこの問題は無関係ではないと思われる。この点については項を改めて論ずることにする。

⑵　四宗判の成立と仏陀三蔵の思想

既に先学のいくつかの研究によって、地論学派の教相判釈は、いずれもが、慧光の説とされる漸頓円三教判と四宗判との二つを中心として展開していることが指摘されている。そのうちの漸頓円三教判については、先に明らかにした通りである。そこで次に、四宗判に関する諸問題を明らかにしなければならない。

慧光の四宗判は、『法華玄義』に引用される次のようなものである。

仏駄三蔵の学士光統、弁ずる所は四宗もて教を判ず。一に因縁宗、毘曇の六因四縁を指す。二に仮名宗、成論の三仮を指す。三に誑相宗、大品三論を指す。四に常宗、涅槃華厳等の常住仏性本有湛然を指すなり。

仏駄三蔵学士光統、所弁四宗判教。一因縁宗、指毘曇六因四縁。二仮名宗、指成論三仮。三誑相宗、指大品三論。四常宗、指涅槃華厳等常住仏性本有湛然也。（大正33・八〇一b）

慧光以後の地論教学の展開から言えば、漸頓円三教判は智儼の『捜玄記』所説の教判の骨格とはなったものの、地論学派の中で特に重視された形跡を見ることはできない。一方、四宗判は名称が変更されたり、五宗・六宗と展開したりしている。また、浄影寺慧遠の教判の重要な部分を占め、智儼も『捜玄記』の中で用いている。つまり四宗判は、慧光から智儼に至るまで、地論学派の教学の流れの中で一貫して受け継がれてきたものであると言えるのである。それでは、この慧光によって創造されたと考えられる四宗判は、どのような思想的背景を持つものであろうか。

このような点に関心が及ぶとき見逃すことができないのは、『探玄記』『法華玄義』が共通して示しているところの慧光の師としての仏陀三蔵の思想である。この仏陀三蔵については、魏訳の『摂大乗論』を翻訳した仏陀扇多と混同されたこともあるが、それとは別人の仏陀跋陀であることが先学の研究によって明らかにされている。[53]『続高僧伝』によれば仏陀三蔵は慧光の最初の師であり、その出会いは『十地経論』訳出を二十数年も遡っている。[54] 慧光が仏陀三蔵から具体的にどのような教えを受けたのかを明らかにすることは極めて困難であるが、先の漸頓円三教判及び四宗判との関係で言えば、後の新羅の見登が『華厳一乗成仏妙義』の中で引用している仏陀三蔵の思想が注目に値する。

そこでしばらく『成仏妙義』を見てみよう。『成仏妙義』の第三顕教差別門は、智儼の『孔目章』巻第三の十地章の註釈と言ってもよいような内容を持っている。それ故、全体を十地章に従って六に分けて論じている。その中の第三門は、「初廻心教門に約す」と題され、そのほとんどは『般若経』などに説かれる乾慧地を初地とする十地説、いわゆる三乗共の十地説をどのように理解すべきかという点に問題を絞って、論考が進められている。その中にしばしば登場するのが、法標なる人物の思想として紹介される別教三乗・通教・通宗という三教判である。そしてその三教の意味するところは次のように示される。

法標師は仏陀三蔵に依りて師と為す。此の三蔵の立つる所の通宗大乗は如来蔵真心の道理を明かすを極と為す。故に此の中皆楞伽仁王華厳を摂む。別教三乗の六識を以て軌則と為し、成仏を修するに廻して通教に入る。通教は妄識を以て軌則と為し、成仏を修するに通宗に依る。如来蔵真心は位地に依りて更に覚を修せしむ。

法標師依仏陀三蔵為師。此三蔵所立通宗大乗明如来蔵真心道理為極。故此中皆摂楞伽仁王華厳。以別教三乗六識為軌則、修成仏迴入通教。通教以妄識為軌則、修成仏依通宗。如来蔵真心依位地更令修覚。（大正45・七八五c）

即ち、法標の説く三教判は仏陀三蔵のオリジナルであり、あらゆる教えの根底に如来蔵真心を置くものであるというのである。ここで注目すべき点は、仏陀三蔵が、通教と通宗とを判然と区別し、使い分けているという事実である。通教と通宗とはよく似た言い方であるが、その意味するところは全く異なっている。そしてこの通教・通宗という考え方が四宗判の背景になっていることは、『法華玄義』の次の所説によって明瞭である。

彼に云わく、誑相不真宗は即ち是れ通教、常宗は秖だ是れ真宗にして即ち是れ通宗とは、……（中略）……彼は楞伽経を引きて云わく、説通は童蒙に教え、宗通は菩薩に教う、故に真宗を以て通宗と為すなり。

彼云、誑相不真宗即是通教、常宗秖是真宗即是通宗者、……（中略）……彼引楞伽経云、説通教童蒙、宗通教菩薩、故以真宗為通宗也。（大正33・八〇四c）

この部分は、智顗が四宗判の内容に批判を加える箇所であるが、今注目したいのは批判の対象として取り上げられている傍線部分である。これによって通教・通宗が四宗判の後半の二つの原型となったことは明らかである。では次に、仏陀三蔵の通教・通宗とはどのような思想であったのか。この点に示唆を与えるものとして、『成仏妙義』は次のように言う。

仏陀三蔵、楞伽経に説く所の説通大乗・通宗大乗に依るが故に通宗等の教を立つ。

仏陀三蔵、依楞伽経所説説通大乗通宗大乗故立通宗等教。（大正45・七八六a）

つまり仏陀三蔵は、『楞伽経』の説通大乗・通宗大乗の所説によって通教・通宗などの教理を立てたというのである。

そこで次に『楞伽経』を見てみよう。現存の求那跋陀羅訳の『楞伽阿跋多羅宝経』には、説通・宗通という所説を二カ所に見ることができる。初めは、巻第三に、

一切の声聞縁覚菩薩に二種の通相有り。謂わく宗通及び説通なり。……

一切声聞縁覚菩薩有二種通相。謂宗通及説通。……（大正16・四九九b）

と示されるもので、二つ目は同じく巻第三に、

仏、大慧に告げたまわく、三世の如来に二種の法通有り。謂わく説通及び自宗通なり。……

仏告大慧、三世如来有二種法通。謂説通及自宗通。……（大正16・五〇三a）

と示されるものである。両者はいずれも、この標挙の後に説通・宗通を詳釈しているが、その内容は、要するに教法による説示（説通）と言説の相を離れた究極の真実（宗通）を表わす点では類似している。では、この二つは同じ内容を重複して示したにすぎないのであろうか。ちなみに、菩提流支訳の『入楞伽経』の相当箇所は、前者が「建立正法相・説建立正法相[55]」、後者が「建立説法相・建立如実法相[56]」とあって、若干の意味上の相違を予想させる。ここで看過してはならないことは、前者が修行者たる声聞縁覚菩薩の三乗に聞する所説であり、後者が如来、即ち能説の人に関して立てられたものであるという点である。同じく説通・宗通という言葉を用いてはいるが、それが示される立場が異なるのである。このことは、如来によって教法が修行者に示されるという具体的な事柄の中では、際立った対照を見せるはずである。つまり、如来の側に立てられる説通・宗通とは真理のあり方の形式を表わしているいると考えられる。また、『経』が後の偈頌の中で端的に、

我の二種の通　宗通及び言言と謂うは
説は童蒙に授け　宗は修行者の為なり

謂我二種通　宗通及言言　説者授童蒙　宗為修行者（大正16・五〇三a〜b）

と説くように、また宗通は全ての外道や声聞縁覚の知るところではないとすることなどから、如来の側に立てられる説通・宗通は、菩薩のための教えと声聞縁覚のための教えとの別を示すものであると言うことができる。その違いを宗通・説通と言うのであるから、これは言い換えれば大乗小乗の別を表わすものに他ならない。一方、一切の声聞縁覚菩薩の三乗に二種の通相があるとして示される説通・宗通とは、巧方便としての教説と言説文字を離れた

教の内容そのものという意味である。

従って、仏陀三蔵が、これら二種の説通・宗通を総合して通宗・通教・三乗別教という教判を立てたとすれば、この三教の相互関係は単に横一列のものであるとは考えにくい。そこで通教大乗を媒介として、㈠通宗・通教と別教三乗という組み合わせ、即ち通と別という視点に立っての組み合わせと、㈡通宗と通教・別教という組み合わせ、即ち宗と教という視点からの組み合わせの、二つによって考えてみたい。すると後者の宗と教という視点は、声聞縁覚菩薩に等しく示される教えについての説通・宗通に相当することは容易に理解される。それは能詮の教と所詮の宗ということである。これに従えば、前者の通と別とは大乗・小乗の分判を表わしていることになる。しかもその大乗の中に通教と通宗との二つの概念が存在することになるのである。この大乗の中の通教・通宗がそのまま四宗判の後半の二つに相当することは言うまでもない。従って仏陀三蔵の三教は、それらが直線的に並んでいるのではなく、別教・通教という横の関係と、教と宗という縦の関係とが組み合わさったものなのである。

このような視点に立つとき、四宗判が四教判ではないことに注意を払わなければならないであろう。通教を誑相・不真宗と名づけ、通宗を常・真宗と名づけたとする『法華玄義』の四宗判の所説には、仏陀三蔵の三教の論理からの確実な飛躍の跡を認めることができるのである。つまり仏陀三蔵においては、小乗をも含めて全ての教説とそれによって表わされる内容との別を表わすものであった通教・通宗という概念が、四宗判では大乗の中の浅深を表わすものとして用いられているということである。そして正しく四宗判と言いながら教と宗とによって浅深を立てるという点が、智顗によって鋭く批判されることにもなるのである。[57] そこには、仏陀三蔵の通教・通宗の概念を挟んで『楞伽経』の二種の説通・宗通を大乗の浅深という形で把握していった足跡が認められるのである。それは逆に言えば、『楞伽経』の二種の説通・宗通のうち大乗小乗を表わす面は、本来の機能を果していないということになる。

ではこのような論理の展開を可能にしたものは一体何であったのか。その要因として、説通・宗通以外の論理によって既に大乗小乗の分判が明らかとなっているという状況、もしくはそこまで確定的とはなっていないまでも、既にある何らかの思想と説通・宗通とが結びついて小乗大乗が次第に明確になっていく、というような当時の仏教界の思想状況を考えることができる。こうした推論に有力な手がかりを与えてくれるものとして、日本の鎌倉時代の僧である順高の『起信論本疏聴集記』巻第三本に引用される、智正の『華厳経疏』第一の文を挙げることができる[58]。既に触れたように智正は智儼の師であり、その意味では南道地論宗の最後の学匠ということになろう。従って、智正の思想は地論学派で展開した様々なものを受け継ぎ、その最終的なものを示していると考えられる。智正の教判は、序章でも触れたように、如来一代の教法をまず声聞蔵・菩薩蔵に分け、声聞蔵を更に声聞声聞と縁覚声聞の二つに、菩薩蔵を漸教と頓教との二つに分けるものである。この点で、形式上は浄影寺慧遠が『大乗義章』の中で示す二蔵判と全く同じものである[59]。智正は、その声聞蔵・菩薩蔵を釈して次のように言う。

此の二は楞伽経中に二種の通と名づく。謂わく宗通及び説通なり。彼の経に釈して言わく、宗通とは如来自覚の聖趣を謂い、説通とは我れ諸の弟子の為に九部等の教を説くなり。授記・本生・方広の三部を除き余の九部を名づけて説通と為す。此の二は亦大乗・小乗と名づく。半満等の教も、名は改異すと雖も其の義は別無し。

此二楞伽経中名二種通。謂宗通及説通。彼経釈言、宗通者謂如来自覚聖趣、説通者我為諸弟子説九部等教也。除授記本生方広三部余九部名為説通。此二亦名大乗小乗。半満等教、名雖改異其義無別。（日仏全九二・一三四下）

これに従えば、智正に至るまでの地論学派の教学展開の中で、最終的に声聞蔵・菩薩蔵という概念が固定するまでに、それを説通・宗通、大乗小乗、半教満教などの用語を以て扱ってきたことが了解される。ここでもやはり

『楞伽経』の説通・宗通が引用され、それが小乗大乗、半満二教と同義であるとされているのである。智正は通教・通宗という用語を用いないし、四宗判を用いた形跡もないので、慧光以来の四宗判の最終的な形をこの中に窺うことはできない。しかしながら、『楞伽経』の説通・宗通について言えば、それが様々な曲折を経て最終的に小乗大乗として地論学派の思想の中に定着していったことを見て取ることができる。また、ここに引かれる半満二教とは、既に明らかにしたように『涅槃経』の所説に基づく菩提流支の思想である。もともと北朝時代の仏教研究の基盤に『涅槃経』があったことは、従来指摘されているところであり、従って地論学派の教学展開の底流として『涅槃経』の思想を考慮に入れなければならないことは言うまでもない。このことは、四宗判が五宗・六宗と分裂していく過程において『涅槃経』の思想が密接なかかわりを持っていることからも肯くことができよう[60]。そうであるとすれば、この半満二教という考え方が、大乗小乗という形で明確に認識されていたか否かは別としても、当時の識者たちにとっては衆知の思想であったに相違あるまい。従って、ここに引用されている『楞伽経』の取意の文が先ほど考察を加えた二種の説通・宗通のうちの宗と教の関係を明かす文によりながら、その中に小乗大乗の別を見ていくという態度は、比較的容易に理解されるであろう。要するに、二種の説通・宗通のうち小乗大乗を表わす面は半満二教などと同一視されて、あまり注目されなかったのではないか。とすれば、説通・宗通と言えば直ちに能詮の教と所詮の宗を表わすものと考えられ、それが通教・通宗という用語となって定着していったという筋道が考えられる。

こうしたことを踏まえて仏陀三蔵の三教判を振り返ってみれば、別教と通宗・通教は、半満二教の影響を受けて小乗大乗へと展開し、それに伴って通教と通宗は大乗の浅深を表わすものと解されていったのではないかと考えられる。大乗に浅深を立てたことが小乗にも浅深を立てることへ波及し、そして、それら全体を所詮の宗において秩序づけていったという過程が考えられるのである。このように考えてくると、四宗判の成立と展開は『楞伽経』思想及び仏陀三蔵の三教判を基盤としながら、菩提流支の思想を受け入れることによってなされたものであることが了解されるであろう。加えて、慧光のもう一つの教判である漸頓円三教判に関して、北地の漸頓説がやはり『楞伽経』に基づくものであり、『略疏』から『広疏』への展開の背景にも菩提流支の影を見ることができるのであった。また、三教判・四宗判という名称そのものが通教・通宗という用語との関連を予想させる。それ故、この面について、次に項を改めて論ずることにしたい。

Ⅲ　教判より見た菩提流支と慧光の思想的対立

前項、及び前々項によって慧光と菩提流支の教判思想をほぼ概観し得た。そこで本項では更に進んで、両者の教判思想がそれぞれお互いにとってどのような意味を持つものであるかという点について考察を加えていくことにする。もともと本章の意図するところは、地論宗南北分派の根本的原因を、従来のような法性依持と阿梨耶識依持とによって単純に理解するのではなく、それぞれの派祖の思想を吟味した上で、そこに根本的な思想的対立を見ることができないかとの予想の上に進められてきたものであった。この予想を立てさせた要素として、二―Ⅳ（「地論宗成立に関する新たな視点」）では、慧影の『大智度論疏』に北地四論宗の開祖と言われる道場が、初めは慧光門下でありながら、後、菩提流支に会って怒りを受け嵩山に籠もって『大智度論』を研究するようになったと述べられることの中に、菩提流支と慧光との対立を透かし見ることを挙げた(61)。そして、前項、及び前々項によってほぼ明らかとなった菩提流支と慧光の教判思想に関係づけて言うならば、次のような点が更なる疑問となる。例えば菩提流支の一音教が漸頓説批判として主張されたものであったとすれば、慧光の漸頓円三教判と無関係であり得たのであろうか。また菩提流支の半満二教判が諸大乗経典の等質性を主張することに力点があったとすれば、小乗大乗にそれぞれ浅深を立てることによって成立したと考えられる慧光の四宗判と無関係であり得たのであろうか、といった問題である。

この点については、後代の教判資料を調査した結果、一つの特徴的な事実によってもある程度裏づけることができる。それは次のような事実である。即ち、菩提流支や慧光の時代の思想を伝える後代の教判資料の中で、歴史的にも思想的にも最も重要であると考えられるものは、智顗の『法華玄義』[62]と法蔵の『五教章』[63]及び『探玄記』[64]などである。それらはいずれも菩提流支と慧光の両者の思想を取り上げながら、その紹介の仕方が全く対照的である。智顗は菩提流支の思想として半満二教を挙げ、慧光の思想として四宗判を挙げる。一音教については取り上げはするものの、「北地禅師の説」として菩提流支との関係を伏せている。一方法蔵は、菩提流支の思想として一音教を挙げ、慧光の思想として漸頓円三教判を挙げる。四宗判については、取り上げて言及するものの、それは慧光門下の大衍法師の説であるとして慧光との直接の関係を伏せているのである。この事実は、智顗と法蔵における菩提流支・慧光に対する関心の持ち方の相違によるものであると考えられる。むしろそれによって智顗と法蔵との思想的基盤の相違点を浮き彫りにすることも可能であるようにも思われるが、この点はやや傍論にわたると思われるので、今はこれ以上の言及は止めたい。この全く対照的な事実は、智顗及び法蔵が、一音教と漸頓円三教判、半満二教と四宗判を一組のものとして理解し紹介しようとしていることを暗に示しているのではないだろうか。そこで、このような視点に基づきながら、慧光と菩提流支の思想的関係について考察を加えてみたい。

既に明らかにしてきたように、今日、慧光の教判思想を解明しようとするとき、我々は『略疏』の三教判、『広疏』の三教判、四宗判といったものを扱うことができる。では慧光の思想が菩提流支の思想と関係しながら展開したものであると仮定し、それを何らかの形で確かめようとするとき、慧光の思想の出発点をどこに定めればよいのであろうか。言い換えれば、慧光の思想の最も原初的なものは一体どのようなものであったのかを初めに考えておかねばならない。この点について重要な示唆を与えるのは、彼が、勒那摩提や菩提流支の入洛以前に、仏陀三蔵の弟子であったということである。この点については既に前項で四宗判との関連において多少触れた通りである。この他に、慧光の数多くの弟子の中でただ一人『十地経論』訳出以前の弟子である曇遵について、師慧光より受けた教えを「大乗頓教法界心原」であったと道宣が記していることも[65]、大きな示唆を与えると考えられる。なぜなら、慧光の思想を便宜的に『十地経論』訳出によって前後を立てて考えるとすると、既に前期時代の思想の中に、『華厳経』を頓教とする思想と、三乗教に通別を立てる考え方（＝大乗）とが存在していたことが想像されるからである。ところが、『略疏』の三教判の中には、仏陀三蔵の通教・別教という視点からの影響を全く見ることができない。通別という課題は、もともと三乗内の菩薩と声聞・縁覚との共通性と非共通性を問題とするものであるから、三乗という枠の中でこそ機能する視点である。それ故、『略疏』の三教判の中に通別という視点がないのは、三教判の中に三乗という枠組がないか、三乗の中に通別を立てる必然性がないか、のいずれかであると考えられる。ところが既に指摘したように『略疏』の三教判は、一乗三乗思想に基づいて『華厳経』を頓教と定義づけるところに本来の意図があったと考えられるから、『略疏』の三教判の中に三乗という枠組がなかったとは全く考えられない。とすれば三乗の中に通別を立てる必然性がなかったと考えざるを得ないことになるが、ではそうした発想を可能にしたものは一体どのような論理なのであろうか。

　こうした点に思いが及ぶとき、南地において頓漸二教と三乗通別を確立したと言われる道場寺慧観の直面した思想的課題と、それが『勝鬘経』の訳出によって根本的な変更を求められた事実に、ヒントを見出し得るように思われる。つまり、慧観の頓漸二教判は、会三帰一を主題とする『法華経』の一乗思想によって、初転法輪以後『法華経』に至るまでは三乗差別の方便教であるとし、その中を説時によって秩序づけ、その体系に組み込まれ得ない『華厳経』を頓教と規定して、それらとは一緒に論じないという思想であった。しかしながら、その後『勝鬘経』が翻訳されると、そうした体系の矛盾点が露になった。つまり『勝鬘経』は一乗を説きながら『法華経』と一括りにして論ずることができず、説時に従って秩序づけようとすれば『法華経』以前の三乗差別教の中に含めざるを得ないからである。こうした課題を克服するため、頓漸二教判は頓漸不定三教判へと展開したのである。[66] この事実に従えば、慧観のような頓漸二教判では勝鬘一乗と法華一乗とを矛盾なく秩序づけることはできないことが了解されるであろう。一方北地では、『勝鬘経』は『法華経』や『華厳経』とともに当初から非常によく研究されたらしい。[67] このことは北地の教学の上で言えば、法華一乗と勝鬘一乗との問題は当初から課題であったと想像される。つまり北地における一乗の課題は、『法華経』のような三乗の別を前提とするものばかりではなく、三乗とは別個に一乗が立てられなければならないとする視点を当初から含んでいたに相違ない。従って三乗とは別に一乗が立てられれば、既に三乗内の通別を論ずべき必然性がなくなるのは当然である。慧光の『略疏』の三教判が一乗三乗思想を前提として立てられたものであるということの内側の意味は、正にこうした点にあったのである。

若干傍論にわたるが、三乗教とは別個に一乗教が存在しなければならないとする思想は、その後も容易に受け入れられなかったものらしく、智儼の時代に至ってもなお執拗にくり返し主張される通りである。[68] また智儼の弟子の法蔵はそれらを三車・四車の問題として扱っているが、全く同質の問題なのである。[69] 三乗とは別に一乗が存在しなければならないとする主張が『勝鬘経』の一乗思想をよりどころとするものであるとすると、北地において『勝鬘経』の研究を直接促したものとして、勒那摩提の『究竟一乗宝性論』の訳出に大きなきっかけがあったであろうことは推察に難くない。一般的には『宝性論』は如来蔵思想を集大成したものとされているが、如来蔵思想とは、如来と衆生という本来相い矛盾すると考えられる二つの概念について、如来の立場から衆生を定義し、衆生の根元的本来性を明らかにしようとするものであると言うことができる。衆生が如来蔵を具していると言われることは、基本的には如来の立場より見た衆生の存在様式を表わすものであり、衆生の関心の内において取り扱われるべきものではない。如来と衆生を果と因という言葉で以て表わすならば、果において因を説いたものが如来蔵なのである。この点は、『宝性論』が引用する諸々の経論に共通する基本的な立場であると考えられる。曇無讖の『大集経』の中の諸経や『涅槃経』、仏駄跋陀羅訳の『華厳経』性起品や『如来蔵経』、菩提流支訳の『不増不減経』、求那跋陀羅訳の『勝鬘経』などといった経典の中には「如来蔵」という用語を用いないものもあるが、それらに共通する思想は、既述のような「如来の立場」を基本とするものであるという点である。今、仮にこれらの思想を便宜的に「性の哲学」と呼ぶことにすると、この「性の哲学」こそは勒那摩提から慧光に受け継がれたものであったと言うことができよう。おそらく『宝性論』訳出をきっかけとする「性の哲学」の探究は、結果として『勝鬘経』『涅槃経』『華厳経』などの研究を一層促進することになったであろう。そして、このないわば如来の立場の研究は、従来のような三乗内の通とか別といった枠組では全く捉えられないことが自覚され別の枠組を志向した。その結果として見出されたものが、三乗とは別に一乗が存在するという思想であり、それを従来の頓漸思想にからめて組織したものが、慧光の漸頓円三教判なのである。

このように考えてくると、慧光の漸頓円三教判は二重の意味において菩提流支の一音教の思想と対立したであろうと想像される。即ち、第一は既に述べたように一音教がもともと頓漸二教説批判であったと考えられる点である。つまり頓漸二教説は、会三帰一の『法華経』の一乗思想によって初転法輪以降は三乗教でなければならないとする視点からは整理され得ない、『華厳経』の特殊性を頓教と定義づけることによって組織されたものである。これに対して三乗教と言い一乗教と言うも、教えそのものに区別があるのではなく、それを受ける衆生の側に区別があるのみであるとするのが、菩提流支の主張した一音異解の一音教の基本的な立場である。つまり諸仏は常に一乗を説かれるのであって、それを衆生が三乗差別教として理解するということであり、従って三乗差別教なるものはもともと存在しないのであるから、会三帰一の矛盾点の克服として『華厳経』を頓教とする必要性はないことになる。この点は、『華厳経』を頓教と位置づけることに基本的な課題を持つ慧光の三教判と真っ向から対立することになる。

第二は、既に述べたような「性の哲学」の探究の結果として見出された三乗とは別に一乗が存在しなければならないとする主張は、三乗教の存在を基本的に認めない菩提流支の一乗観と対立することになったであろう。つまり、一乗三乗の問題を菩提流支の視点に基づいて解釈すれば、一乗は現実的には三乗差別という形をとっているものを離れては存在しないはずであり、本来的にはその現実的な三乗差別教なるものも存在しないというのが「一音異解」の意味である。従って三乗教の存在を認め、しかもそれとは別に一乗教が存在するという慧光の一乗観は、到底容認することができなかったに違いない。この問題は、同じく一乗を基本的な立場としながら、三乗を前提とする一乗であるか、そうではないかという相違は、後々展開する天台教学と華厳教学の基本的な立場の問題と繋っているように思われる。この点については本項の課題を逸脱するので章を改めて論ずることにしたい。

以上によって、慧光の『略疏』の三教判は、もともと道場寺慧観以来の頓漸二教判を母胎としながら三乗教とは別の一乗教の存在を確認することによって組織されたものであったということは、ほぼ明確になったであろう。

このように考えてくると、法蔵が紹介する『広疏』の三教判が、一乗三乗を背景とする『略疏』の三教判から小乗大乗を背景とするものへの展開の中で、漸・頓の定義を変更したことは、二つの意味で菩提流支の思想の影響を受けた結果であると考えることができる。一つは、『広疏』の三教判における漸教と頓教に関する定義の大幅な変更の結果、部としての『華厳経』を頓教とするような従来の頓教説から明確に脱皮したことである。このことは、慧観の漸頓二教判が経典を特定してそれにある種の価値判断を定めていくような経典観として主張されたことへの批判として、一音教が示されたことを受け入れた結果であると考えることができる。従って『略疏』から『広疏』への教判の展開は、具体的に言えば、部としての『華厳経』を頓教と特定することの中に含まれている差別的な経典観に対する批判に応えるものとして示されたのではないかと考えられるのである。二つ目は、三教判の基盤を一乗三乗から小乗大乗へと変更せざるを得なかったこと自体が、菩提流支の半満二教という小乗大乗思想の影響であると考えられる点である。何となれば、この時代の一つの大きな思想的潮流となった小乗大乗説の確立に関して、例えば『四巻楞伽経』の説通宗通説、『大智度論』や『菩薩地持経』の声聞蔵菩薩蔵説、『涅槃経』の半満二教説などがその根拠となったことは論を俟たないとしても、それらの経典のみによってこのような思想が形成されたとは考えにくいからである。なぜなら、これらの経典は、いずれも五世紀の初めから中頃にかけて既に翻訳されていたにもかかわらず、慧光の時代に至るまでの数十年の間、このような思想が正面から取り上げられ、仏教観の基底をなすものとして扱われることは、ついぞなかったからである。更に慧光に至ってもなお、『略疏』を著わした時期には未だそれらが基底とはなっていないのである。それが『広疏』に至って仏教理解の基底として据えられるようになったという事実は、『広疏』を書いた頃の慧光の時代に至って、ようやく大小乗思想が中国の仏教者の仏教観の基底となり得たことを示している。この事実は、慧光における小乗大乗思想の形成を考えるに際して、既存の経典の整理のみによってそれが形成されたと考えるよりは、何らかの外的な刺激によって新たに開かれた視点であると考える方が理解しやすいであろう。

菩提流支の半満二教判が『涅槃経』に基づくものであるならば、それは殊更新しいものであるとは言えない。この時代の『涅槃経』研究の隆盛ぶりから察すれば、それは慧光にとっては知悉していたはずのものであったに違いない。にもかかわらず、『略疏』の三教判の中には大乗小乗の視点を見ることはできないのである。このようなことを総合的に考えると、改めて菩提流支が半満二教判を主張したことは、当時の仏教界においては極めて重大な意義を有していたと思われるのである。

既に前項において明らかにしたように、慧光の四宗判は、『四巻楞伽経』の二種の説通宗通説によって組み立てられた仏陀三蔵の三教判を母胎としながら、小乗大乗という視点の確立によって説通宗通説を通教・通宗と解することで形成されたものであった。従って、慧光における四宗判の形成においても菩提流支の半満二教判が重大な影響を及ぼしたであろうと推察される。その結果、組織された四宗判がどのような思想であったかといえば、小乗大乗のそれぞれに浅深を立てることによって仏陀の教説を四つに段階づけるものであった。小乗に浅深を立てることは、阿毘曇と『成実論』の比較研究の結果であり、大乗に浅深を立てることは、空を説く般若経典よりも常住を説く『華厳経』や『涅槃経』の方が優れていると解した結果である。こうした見解の中には、北地の伝統的な『涅槃経』研究や『成実論』研究の足跡を見ることができるが、慧光が般若経典を「誑相」または「不真」と解したことは重要な意義を持っている。智顗の指摘によれば、慧光が般若経典の宗旨を誑相であるとしたことは、『大智度論』巻第六の『大品般若経』の十喩の解釈によるものであるとされる。(70) ちなみに『大品般若経』の十喩とは次のようなものである。

諸法は幻の如く焔の如く水中月の如く虚空の如く響の如く犍闥婆城の如く夢の如く影の如く鏡中像の如く化の

如しと解了す。

解了諸法如幻如焰如水中月如虚空如響如犍闥婆城如夢如影如鏡中像如化（大正25・一〇一c）

慧光は般若経典の主張をこの所説の中に見、それは般若の空理が一切諸法の不真実なることを明かすものであると見たのである。このような般若経観は、もともと般若学を基礎として展開した南朝の仏教界においてはほとんど考えられないような見方であると思われる。ところがそうした伝統を有さない北朝では、経典相互の関係を体系的に理解するという方向ではなく、個々の経典の内側でその経典の趣旨の独自性を求めていくという方向に向かっていった。慧光の経典観はそうした北朝の仏教研究の結果であると考えられる。江南では『般若経』をはじめとする諸大乗経典の総合的な理解が仏教者の課題であったのに対し、北朝では部としての個々の経典の宗旨を見定めそれを段階づけるということが課題となったのである。善くも悪くもそうした点にこの時代の北方の仏教理解の特徴があるのであるが、慧光が般若経典を「誑相」と解したことも、こうした背景に則ったものであると言うことができよう。その場合に、誑相と格付けられる般若経典に対するものとして、『涅槃経』や『華厳経』が想定されていることは既に述べた通りである。慧光の場合、順序としてはおそらくこの逆であって、『華厳経』や『涅槃経』の思想に基づいて般若経典を誑相と位置づけたに相違あるまい。直接的なきっかけとしては、既述のような勒那摩提等によって教えられた「性の哲学」に基づくものであったのであろう。しかしながら、「性」をよりどころとして般若をそこから区別するという発想は、般若の真意に契うものではない。『般若経』と『華厳経』『涅槃経』という形で大乗経典に段階を設けて理解しようとする方法は、大乗経典の真意に契うものではない。このような点において、菩提流支は半満二教の思想を以て大乗経典の等質性を改めて主張しなければならなかったのではないだろうか。

このように考えてくると、慧光の四宗判は二重の意味で菩提流支の半満二教判とかかわりを持っていたことが推察される。第一は、慧光において仏陀三蔵の『四巻楞伽経』の説通宗通説に基づく三教判が四宗判へと展開するきっかけとなったものが、大乗小乗判としての菩提流支の半満二教にあったこと。第二は、その結果として組織された四宗判は、大乗の内側に浅深を見ることによって大乗を二分して理解しようとした。また、大乗経典は満字教として質的に全て等しいとする半満二教の主張は、それに対する批判として説かれたものであるということの二点である。

以上によって、教判資料から窺われる慧光と菩提流支との思想的な対立がほぼ明らかになったと思われる。この点について本項の当初の課題に即して言えば、およそ次のように言うことができる。即ち、前に指摘した地論宗南北分派の通説に関する矛盾点は、分派の原因を慧光と菩提流支の大乗観に対する基本的な相違に見るとき比較的容易に了解することができよう。前段で示したような従来の菩提流支と勒那摩提、慧光と道寵を相い対峙させて地論宗南北分派を理解しようとすることの中に含まれる様々な矛盾点は、無理なく理解することができる。即ち、勒那摩提訳と言われる『宝性論』に菩提流支訳の『不増不減経』が引用されていることは、既に勒那摩提と菩提流支の間に論争を想定しない以上、何等の不都合もないであろう。また、道寵の有力な弟子たちが北地四論宗の道場門下となり『智度論』研究者となっていったのではないかとの指摘は、菩提流支の慧光一門への批判がその『般若経』研究の基本姿勢にあったことを想定するならば、むしろ当然と考えられる。従って北道地論宗の消息が道寵以降不明瞭であることも、これによっておよそ推察できるであろう。

このように考えてくると、地論宗の南北分派という問題は、単に一学派内の教理論争に留まるものではない。それは中国の地に大乗なる仏教が根づこうとするにあたっての根本的な課題を示しているように思われるのである。具体的には慧光と菩提流支の論争という形をとりながら、そこで吟味されることになった諸問題は、中国仏教のその後の展開の基礎をなすものとなったのである。後に明らかとなる、中国における仏教研究の二大高峰である天台教学・華厳教学の基本的な課題を、この論争の中に見ることができるように思われる。既に述べたような法蔵と智顗とのこの問題の扱い方の違いは、明確にそのことを表わしているように思われるのである。おそらく慧光においては、三教判と四宗判とは紙の裏表のような関係にあったに相違あるまい。三教判の意味するところは経典相互の関係を明らかにしようとするもの、つまり仏一代の教説を如何に体系化するかという点に課題があり、四宗判は、個々の経典の内側にどのような教えが説かれているか、それを段階的に整理しようとしたものであったはずである。このような点から言えば、四宗判は決して三教判のような経典相互の関係を問題にするものではなかったに違いない。この点は、仏陀三蔵の通教・通宗という視点の中に原初的に含まれた問題であり、その問題の曖昧さについては智顗が厳しく指摘している通りである。この点に関して慧光の四宗判の論理の中に若干未整理の部分があったようで、慧光門下におけるそれらの理解については様々な議論があったようである。そこで次に、これらの思想が最終的にはどのような展開をしていくのかという問題を整理しなければならない。

Ⅳ　後期地論学派における教判思想

次に本項では、既に明らかにしてきたような慧光の四宗判・三教判が、その後の地論教学の中でどのように展開したかという点について吟味を加えることにする。それに先立って本項で関説する仏教者たちの師資関係を示しておきたい。なお『続高僧伝』等によれば次に示す人々以外にも師資関係の明らかな学匠たちは多く存在するが、今は本項の論旨の展開上必要な人のみに限定する。

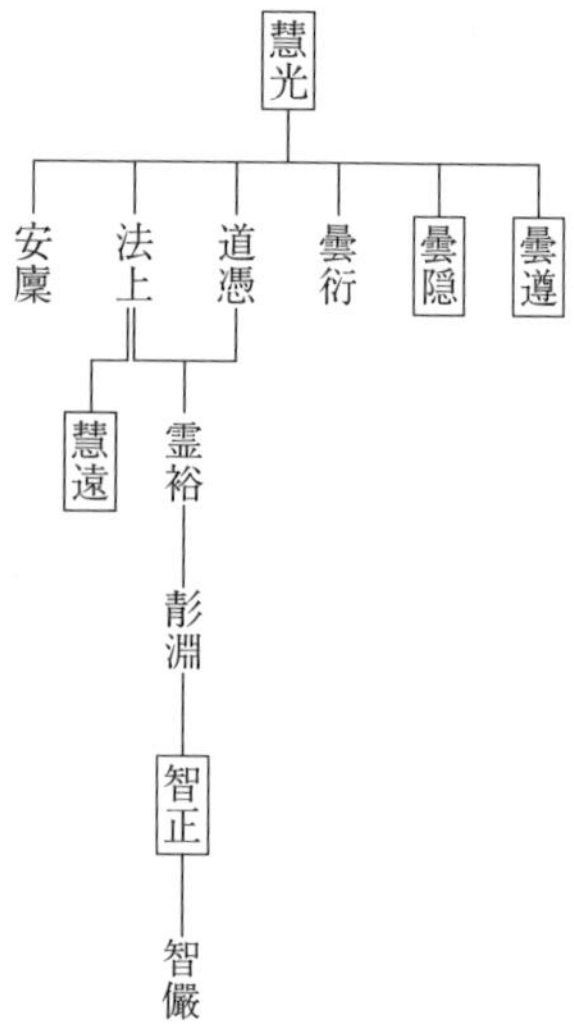

(1) 漸頓円三教判の展開

初めに漸頓円三教判のその後の展開について考察を加えることにしよう。三教判が慧光の弟子たちによって受け継がれたことは、『五教章』及び『探玄記』に、

後の光統門下の遵統師等諸徳、並びに亦宗承して大いに此の説に同じくす。

後光統門下遵統師等諸徳、並亦宗承大同此説。(『五教章』大正45・四八〇b。『探玄記』大正35・一一一aも同内容)

と記される通りである。即ち、「遵統師」などの諸々の弟子がこの三教判を受け継ぎ、その内容はほぼこの『広疏』の説と同じだというのである。ここに示される遵統師が誰を指すかについては二説ある。一つは、『続高僧伝』巻第二十一[71]に紀伝を見ることのできる「洪遵」であるとする凝然の説[72]であり、今一つは、『続高僧伝』巻第八[73]に記す「曇遵」であるとする鳳潭の説[74]である。この点に関しては、近代の学者の間でも意見を異にしており、湯次了栄氏[75]は凝然の意見に、坂本幸男氏[76]は鳳潭の意見に、それぞれ従っている。

この点について現存の『続高僧伝』巻第二十一の洪遵伝を検討してみると、彼は慧光の弟子の道雲と道暉の教えは受けているが、凝然が言うような慧光との直接の関係を見ることはできない。また、『華厳経』を学んだことは記すが、凝然が言うような『華厳疏七巻』の存在は記していない(77)。蓋し現存の『続高僧伝』を基準に考えるならば、凝然が「続高僧伝に曰く、」として示す洪遵の伝記は『続高僧伝』の文をそのまま引用する部分と、取意の文と、凝然によって付加された部分とによって成り立っていると言わざるを得ない。この点について、湯次了栄氏は全く無批判に凝然の主張をそのまま受け入れていることになる。これに対して鳳潭は、洪遵は慧光の孫弟子であるから「光統門下」には該当しないとして凝然の説を斥け、曇遵説を提示する。

この曇遵については、その紀伝が『続高僧伝』巻第八に載せられている。それに従えば二十三歳の時、慧光の門人となり、後七十余歳の時、国都となり、更に国統となったことを伝えている。従って「光統門下」の「遵統師」という表現によく符合すると考えられる。この点を以て坂本幸男氏も曇遵説を支持するわけである。いずれにしても客観的な判断の基準はないのであるが、筆者には鳳潭の意見の方に説得力があるように思われる。そして仮にこの「遵統師」が曇遵であるとすれば、慧光への入門は慧光三十五歳の景明四年（五〇三）であることが指摘されており(78)、『十地経論』翻訳以前では唯一の慧光の最も若い時代の弟子であるということになる。とすれば、この曇遵の学風に関して『続高僧伝』が、

光其の情至を審らかにし即ち度して戒を授く。因従して学を稟け功は一紀を踰ゆ。大乗頓教法界心原並びに義理を披析し時匠を挺超す。

光審其情至即度而授戒。因従稟学功踰一紀。大乗頓教法界心原並披析義理挺超時匠。（大正50・四八四a）

と伝えていることは、法蔵が三教判の相承に関して敢えて「遵統師等諸徳」として、慧光の多くの弟子の中から

「遵統師」の名を挙げていることと全く無関係であるとは考えられない。即ち、慧光以後の地論教学は小乗大乗を基調とする四宗判をその中心としていったと考えられるが、その中において「大乗頓教・法界心原」の理解に関しては多くの学者たちの中でも特に曇遵が抜きん出ていたと言われているのである。このことは三教判の展開を考える上で特別の意味を持っている。つまり、慧光において三教判はかなり早い時期に既に形成されており、それを初期の弟子であった曇遵が受け継いだものと考えられるからである。これに加えて、系譜的に言えば地論学派の最後の学匠とも言うべき智正の『華厳経疏』がやはり漸頓円の三教の概念を用いている事実から推して、三教判は地論南道派の一貫した思想であったと考えることができよう。しかしながら、三教判はもともと三乗一乗という思想的基盤の下でその真価を発揮する性格のものであるから、小乗大乗思想の確立に伴ってその原形を変えざるを得ないわけである。そしてそのきざしが既に慧光自身の中にも存したことは先に指摘した通りであるが、それらの最も端的な例証を、浄影寺慧遠及び智正の教判思想の中に見ることができる。そこで次に、彼らの思想について考察を加えよう。

浄影寺慧遠の教判思想に関しては、既にいくつかの論稿がある。[79] 従ってここでは、本項の論旨の展開上不可欠の部分について触れるに留め、詳細についてはそれらに譲ることにしたい。『大乗義章』巻第一の「衆経教迹義」[80]は、仏一代の教説を大きく頓漸二教に分けて整理する教判の例として劉虬の頓漸五時七階説を取り上げ、その不備を指摘して四阿含や五部の戒律を体系化できないことを説示している。そして自己の主張として、聖教を大きく整理するには、声聞蔵・菩薩蔵という範疇を用いるべきであるとする。声聞蔵・菩薩蔵という用語そのものは『菩薩地持経』[81]などに既に見えるものであり、また、仏の説法に二義があるということは『大智度論』[82]などにも明確に説かれているから殊更新しいものではない。しかしながら既に縷々明らかにしてきたように、仏一代の教説を小乗大乗という概念によって分けることは中国仏教史上画期的なことなのである。ここに三乗一乗を思想的基盤としてきた中国仏教の長い伝統からの完全な脱皮を見ることができるのである。更に慧遠は、声聞蔵を細かく分類して、

声聞蔵中の所教に二有り。一に是れ声聞声聞、二に縁覚声聞なり。

声聞蔵中所教有二。一是声聞声聞、二縁覚声聞。(『維摩義記』巻第一本、大正38・四二一a)

としたり、声聞蔵・菩薩蔵を合わせて、

大小漸頓に随いて分別す。謂わゆる局教漸教頓教なり。

随大小漸頓分別。所謂局教漸教頓教。(『大乗義章』巻第一「三蔵義」、大正44・四六八c)

と言うことなどを総合すると、彼の教法理解の体系はおよそ次のようになるであろう。

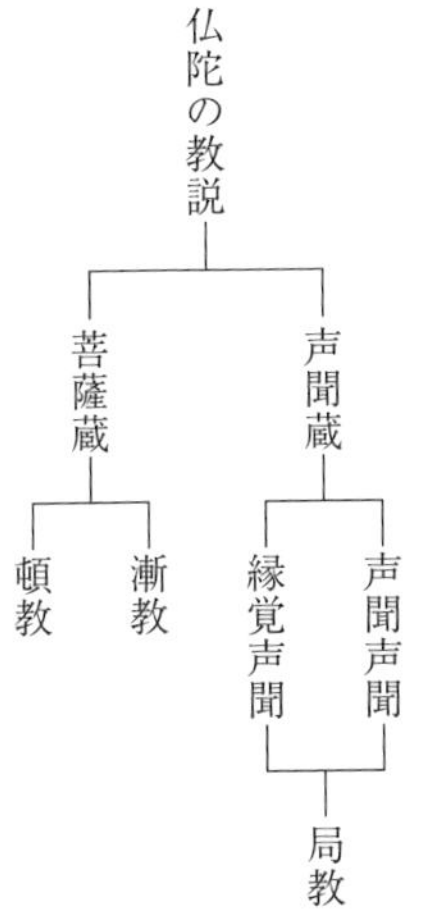

これがいわゆる慧遠の二蔵判と呼ばれるものである。完成された組織の上から眺めると、「声聞声聞」「縁覚声聞」などという奇妙な名称を何故用いなければならないのか、また菩薩蔵を漸教と頓教に分ける必然性はどこにあるのか、といった疑問が浮び上がってくる。この問題に関しては二蔵判の成立の背景を考えてみるとき、比較的容易に

理解されよう。即ち、もともと北地においては、漸頓二教は三乗一乗を前提に成り立っていたのであるから、

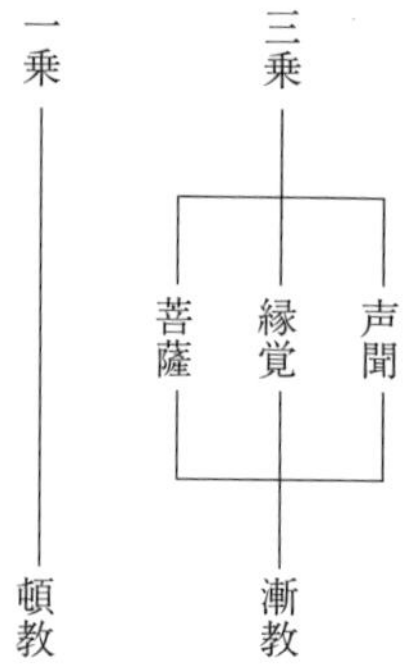

という対応関係があった。これが小乗大乗の確立によって、

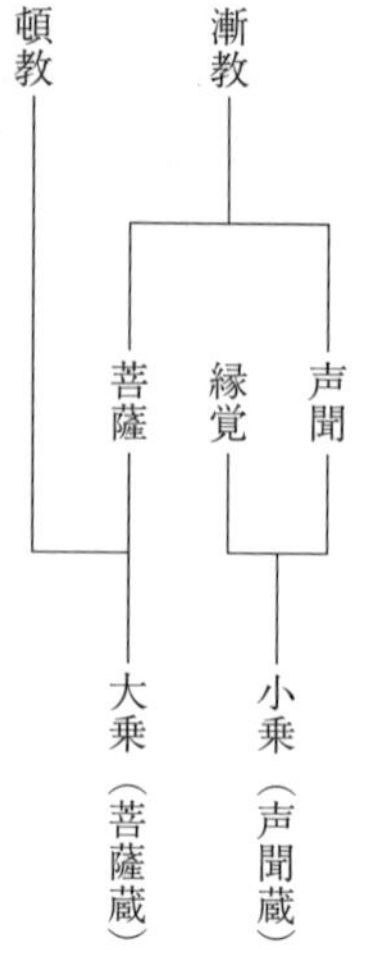

という形で対応関係の枠組に変化が生ずることになる。そしてこの小乗と大乗とをそれぞれ声聞蔵・菩薩蔵という名称で呼ぼうとすれば、声聞蔵の中に声聞と縁覚とがあり、大乗の中には漸教と頓教とが存する理である。頓教と

言ってもその教えを受ける者は菩薩に他ならないから、従ってこの教判の問題点を挙げれば、三乗中の菩薩乗と頓教の所被である菩薩とをどのように明確に区別するか、またその結果を教えの区別としてどのように具体化するかということに尽きるであろう。果して慧遠は、菩薩に漸悟の菩薩と頓悟の菩薩の別があることを認めることになり、次のように言っている。

菩薩蔵中の所教に亦二あり。一に是れ漸入、二に是れ頓悟なり。漸入と言うは、是の人過去に曽って大法を習し、中退して小に住し、後に還りて大に入る。大は小従り来る、之を謂いて漸と為す。……（中略）……頓悟と言うは、諸の衆生有りて大乗相応の善根を久習して今始めて仏を見て即ち能く大に入る。大は小に由らず、之を目して頓と為す。

菩薩蔵中所教亦二。一是漸入、二是頓悟。言漸入者、是人過去曽習大法、中退住小、後還入大。大従小来、謂之為漸。……（中略）……言頓悟者、有諸衆生久習大乗相応善根今始見仏即能入大。大不由小、目之為頓。（『維摩義記』巻第一本、大正38・四二一b）

つまり等しく大乗の教えを受ける菩薩であっても、直ちに理解するものとそうでないものとがあると言うのである。それでは大乗の教えを直ちに理解しない菩薩という概念は二乗と区別できないことになるので、この矛盾を解消するためにかつては大乗を学んでいたのであるが、たまたま今小乗に堕しているにすぎないのであり、専ら小乗を学んできた二乗とは異なると言うのである。このような菩薩観は、三乗一乗を基盤とする漸頓の思想からは全く導き出せない、また出す必要もない考え方である。三乗の内側に小乗と大乗の別を立てながら、従来の漸頓説をも取り込んだことから必然的に起こってくる問題であると言うことができよう。従って、このような二類の菩薩のために説かれる教説は、専ら小乗大乗の関係によって定義づけられなければならないことになるであろう。つまり、頓教は純粋に大乗の教えのみを説くもの、漸教は大乗を説きつつ、それを理解し得ない菩薩のための方便としての小乗をも含むもの、という形である。小乗大乗という枠の中に漸頓という考え方を導入すれば、こうした形にならざるを得ないのはむしろ当然である。従ってこうした漸頓の定義は、慧遠のみでなく、この時代の仏教者に共通して見られるものである[83]。

この共通する問題点を、慧遠の少し後輩である智正の教判思想の中で再確認しておきたい。智正は、事実上の華厳宗の開祖である智儼の師であり、その意味において地論南道派の最後の学匠ということになる。ここで智正の教判思想を明らかにしておくことは、地論学派の漸頓円三教判の展開の結末と、華厳教学成立の背景の両面から誠に重要な意義を持っていると言うことができる。

智正に十巻の『華厳経疏』があったことは、『続高僧伝[84]』及び『華厳経伝記[85]』の等しく伝えるところであるが、現在は散佚して伝わらない。かろうじて順高の『起信論本疏聴集記[86]』巻第三本に、これも現在では散逸して一部しか伝わらない『円宗文類』巻第三からの引用がかなりの長きにわたって載せられており、幸いなことにその断簡が智正の疏の冒頭と考えられる部分（つまり玄談に相当する部分）であることから、彼の教判の組織のおおよそを知ることができる。なお智正の『華厳経疏』の佚文については、次節において『捜玄記』玄談の構成について触れる中で改めて全文を掲げるので（本書一〇六～一〇八頁）、ここでは論旨の展開上、慧遠との比較の上で注目すべき点についてのみ触れておきたい。智正はまず、

如来大聖は道を体して源を窮め眩包無外にして、化用は倫を殊にし普ねく群品を潤す。教は塵沙なりと雖も略して其の要物を挙げれば二種有り。一に声聞蔵、二に菩薩蔵なり。

如来大聖体道窮源眩包無外、化用殊倫普潤群品。教雖塵沙略挙其要物有二種。一声聞蔵、二菩薩蔵。（日仏全九二・一

（三二下）

として、仏陀の教法を声聞蔵と菩薩蔵とに分ける。そして更に、声聞蔵を声聞声聞と縁覚声聞とに、菩薩蔵を漸教と頓教とに分けているから、彼の教判の基本は浄影寺慧遠の二蔵判と同じであると言えよう。内容的な面から見ても、それぞれの項目の定義はほとんど慧遠のそれとの差異を認めることはできないから、この事実から判断すれば、智正が慧遠の思想の影響を強く受けたものか、あるいは、このような二蔵判が後期南道地論学派の一般的な教学であったと推察される。ただ智正の教判は、菩薩蔵の分斉として円教の名称を出していることに慧遠との相違点を見ることができる。即ち、摂教の分斉を明かす部分の最後に、

今此の経は、二蔵の中の菩薩の摂なり。漸頓教中、淳に根熟直入の人の為に説くが故に、是れ頓教法輪の故に。亦円教の摂と名づく。故に経に云わく、円満修多羅を説くなり。

今此経者、二蔵之中菩薩摂。漸頓教中、淳為根熟直入人説故、是頓教法輪故。亦名円教摂。故経云、説円満修多羅也。

（同・一三四下）

として、『華厳経』が頓教と円教の所摂であると言うのである。円教の定義についての詳釈などは一切なく、ただ経に「円満修多羅」とあるから円教の摂とすると言うだけであり、どのような思想的背景があったのかははっきりしない。『華厳経』に円満修多羅を説くというのは、おそらく『六十巻華厳経』巻第五十五の入法界品の第三十九番の善知識である願勇光明守護衆生夜天の段に示される、過去の法輪音声虚空灯如来が衆生の根の熟せるのを知って説いたとされているものを指すのであろう[87]。経典の文脈からは、円満修多羅という用語が部としての『華厳経』全体を表わす名称であるとは理解しがたい。また智正の疏全体の文脈から見てもいかにも唐突であり、木に竹を接ぐの感を免れ得ない。智正の教判が慧遠の二蔵判に加えて更にこのような主張を加えなければならない必然性に関

しては、それが慧遠の場合のように『義章』という形式の書物ではなく、『華厳経疏』において示されたものであるという点を考慮に入れなければならない。『華厳経』を注釈するにあたって、全仏教における『華厳経』の位置を明確にするという重要な課題があるからである。これによって、智正がこのような不整合な形式をとってでも、敢えて『華厳経』が円教の所摂であることを明らかにしなければならないという課題を持っていたことが知られる。従って小乗大乗を大前提とする中後期地論学派の教判において、頓教・円教の概念のみを自らの枠内に導入しようとしても、それは結果として論理的な整合性を失ったものにならざるを得ない。智正の二蔵判は、『華厳経』を頓教もしくは円教の所摂とした慧光の思想を受けて、それを小乗大乗の枠内に単純に導入しようとしたために、結果的にはやや不明瞭なものとなったと考えることができる。

以上によって、地論学派における漸頓円三教判の成立と展開についてほぼ概観し得たように思われる。その中心的な問題を一語で言うとすれば、三教判はもともと三乗一乗を背景として成立したが、小乗大乗という新たな枠組の確立によってその内容を大幅に変更していったということである。しかし、同じように漸教頓教と称しながら、慧光の『略疏』『広疏』と、慧遠及び智正の間では、内容的に異なっている。何故異なった概念を表現するのに同一の用語によるのかということが新たな疑問として浮かび上がってくる。しかしながら、この点について筆者は現段階で明解な答えを持ち得ていない。強いて挙げるとすれば、そこにこそ慧光以来の地論学派の伝統があるのではないかということである。更に言えば、その伝統に縛られて新たな問題点に対処できなかったということなのかもしれない。

このような問題点を背景として智儼の教学が登場してくるのであるが、この点については節を改めて論述することにして、今は問題点の指摘のみに留めることにする。

(2)　四宗判の展開

次に慧光以降の四宗判の展開について検討しよう。既に明らかにしてきたように、慧光の四宗判は、一々の経論の所説をどのようなものとして理解するのかという具体的な問題をきっかけとしながら、小乗大乗のそれぞれの中に浅と深との別を立てることによって成立した。従って四宗判の形成と三教判の内容の変更との間には密接なつながりがあると考えられる。そしてここで見落してならないことは、慧光においては三教判と四宗判とが並行して説かれていることであり、それぞれが別の意図を以て明らかにされているということなのである。この点で、『法華玄義』が慧光の四宗判を紹介するに際して、

仏駄三蔵、学士光統の弁ずる所、四宗もて教を判ず。
仏駄三蔵、学士光統所弁、四宗判教。（大正33・八〇一b）

と言っていることは看過できない。つまり四宗判は、仏陀一代の説教を統一的に見ようとする論理なのではなく、個々の経論の要旨（宗）を整理せんとしたものなのである。三教判が経典相互の関係を問題とするものであるのに対し、四宗判は一つ一つの経論の内容の程度を定めんとしたものなのである。

こうした点に注意する限り、慧光の四宗判が正しく弟子たちに継承されたか否かについては甚だ疑問がある。例えば『五教章』並びに『探玄記』が紹介する大衍法師の思想は、

四に大衍法師等の一時の諸徳に依らば四宗教を立てて以て一代の聖教を通収す。
四依大衍法師等一時諸徳立四宗教以通収一代聖教。（『五教章』巻第一、大正45・四八〇b〜c）

とある。これ以下に示される内容的な面は慧光の四宗判と同じであるにもかかわらず、四宗を「四宗教」とし、こ

れによって仏陀一代の説教の相互関係を明らかにしようとした意図を読み取ることができる。仮に法蔵が事実をそのまま伝えているとすると、大衍法師らは、四宗判を経典相互の関係を表わすものとして用いたと考えられるのである。四宗判をこのような方法で用いようとすれば、当然のこととして、重要な大乗経典の数だけ新たな枠組を立てざるを得ないことになるであろう。それを証明するかのように四宗は五宗・六宗へと展開していくのである。

即ち、智顗及び法蔵が共に紹介する護身寺自軌の五宗教は、大衍法師が『涅槃経』及び『華厳経』は仏性法界真理を明かすものであるから真（実）宗教としたものの中から、『華厳経』のみを法界宗教として独立させたものである。同様に耆闍寺安廩の六宗教は、その中から、更に『法華経』を別立したものなのである。このことから、当時の教学者たちの関心が那辺にあったかを知ることができる。このような作業を繰り返していけば、重要な大乗経典に対する宗趣観の相違によって限りなく枠組を広げなければならないことになるであろう。従って大衍法師以下の四宗教判の展開は、その根本において能詮の教と所詮の宗とを混同するという誤りを犯していたと考えざるを得ない。この点については智顗が『法華玄義』の中で厳しく指摘している通りであろう[88]。このような問題点を受けてか、四宗教判等はその後の地論教学の展開の中では教判としては全く受け入れられていない。即ち、浄影寺慧遠や至相寺智正らの二蔵判の中には、四宗教判は全く反映されていないのである。そればかりか慧遠は、四宗判によって経典相互の関係を整理しようとする思想の誤りを指摘して次のようにさえ言う。

人、四を立て別に部党を配して、言わく、阿毘曇は是れ因縁宗、成実論は是れ仮名宗、大品法華是くの如き等の経は是れ不真宗、華厳涅槃維摩勝鬘是くの如き等の経は是れ其れ真宗なり。前の二は爾るべし。後の二は然らず。是れ等の諸経は乃ち門別すべきも浅深異ならず。若し破相を論ずれば之を遣りて畢竟す。若し其の実を論ずれば皆法界縁起法門を明かす。其の行徳を語らば皆是れ真性縁起の成ずる所なり。但だ所成に就きて行門同じからず、故に此の異なり有り。

人立四別配部党、言阿毘曇是因縁宗、成実論者是仮名宗、大品法華如是等経是不真宗、華厳涅槃維摩勝鬘如是等経是其真宗。前二可爾。後二不然。是等諸経乃可門別浅深不異。若論破相遣之畢竟。若論其実皆明法界縁起法門。語其行徳皆是真性縁起所成。但就所成行門不同、故有此異。（大正44・四八三b）

即ち、諸々の大乗経典はそれぞれ切り口が異なるだけであって、それを浅深という視点によって整理してはならないと言うのである。つまり四宗判は経典相互の優劣関係を問題にするものではなく、小乗大乗のそれぞれの経論には説かれるべき内容の相違が存在するから、それを整理したものだとするのである。四宗判が四教判でなく四宗判である限り、能詮の教と所詮の宗とを明確にしなければならないという慧遠のこの主張は、誠に正鵠を得たものと言うことができる。ここで慧遠によって批判される対象となった「人」が誰であるのか明確ではないが、時代的に言って慧光の直弟子の誰かを指すと思われる。とすれば、この指摘によって慧光の弟子たちの間で既に四宗判の理解に関してかなりの異同があったことを窺い知ることができる。四宗判はもともと小乗大乗という思想的基盤を持ったものであったから、小乗大乗思想の確立期には経典理解の助けになったものと考えられる。しかしながら、後期地論教学において小乗大乗を基礎とする二蔵判が確立されるに至ると、教判としての四宗判はほとんど機能を持たなくなっていったのである。

以上によって、慧光以来智正に至るまでの地論学派における教判思想のおおよそを概観し得た。それは三乗一乗を基盤に持つ思想が小乗大乗思想の確立によって大きく展開した足跡である。この展開の中で三乗一乗をどのように理解するかという課題は、部分的に様々な矛盾を生ずることとなった。同じ大乗という枠の中で、三乗中の菩薩乗と一乗とをどのように理解すればよいのか、逆に三乗中の声聞・縁覚乗と小乗とは同じであるのか違うのか。こうした問題に対する最終的な解答を地論学派の教判の中に見ることはできない。この課題の解決のためには別の新たな視点が要求されたのである。

第二節　智儼における一乗の課題

一　教判史上における『摂大乗論』北地伝播の意義と課題

前節において明らかにしてきたように、地論学派の教判は、慧光・菩提流支の時代にあった様々な問題を、結局のところ声聞蔵・菩薩蔵の二蔵判という形で収斂していった。地論学派の法脈から見て、慧遠及び智正はその最後に位置づけられるべき人々であるから、この二蔵判は地論学派の教判の最終的なスタイルであると言うことができる。従って地論学派の教学は、菩提流支の半満二教判・慧光の四宗判から一貫して小乗大乗思想の確立をめざしてきたと言うことができる。更に慧遠・智正においては、慧光以来の漸頓円三教判をも自らの体系の中に組み込もうとした形跡を認めることができる。もともと慧光の漸頓円三教判は、一乗三乗を基盤として有効に機能する視点であるから、小乗大乗の枠組の中に敢えて取り込もうとすれば、かなりの修正を必要としたことは言うまでもない。慧遠や智正の漸教及び頓教の定義は、そのような背景を反映してかなり込み入ったものとなっているのである。

こうした問題を孕みながらも時代の流れが二蔵判へと落ち着いて行こうとしたとき、曇遷によって真諦訳の『摂大乗論』が北地に初めて紹介されたのである。もともと『摂大乗論』は、菩提流支と同時代の仏陀扇多の訳によるものが北地にも存在していた。しかしそれはいわゆる世親の『釈論』を持たぬ無著の『論本』のみであったためか、ほとんど研究された形跡がない。ところが、そこへ『釈論』を伴った真諦訳の『摂大乗論』が紹介された。当時の仏教界においてこのことが如何に画期的なものであったかということは、直後に摂論宗なるグループが形成され、たちまち地論宗の面目が立たなくなったと伝えられていることなどによって窺われるところである。そのように、曇遷による『摂大乗論』の北地開講がかなりの衝撃を以て受け取られた理由については、様々な点を考えることができる。しかしながら本節の文脈の上から眺めれば、何をおいても、それが「大乗を摂する論」と名づけられたものであることに注意せしめられる。つまり究極の大乗を明らかにするものであるというのであるから、この時代の人々の関心を引かないはずがないであろう。そこで次に検討しなければならないのは、その「大乗を摂する論」に示される一乗という視点である。

一乗という課題は地論教学においてもその出発点に含まれていた。しかし地論教学の全体的な流れとしては、一乗三乗の問題を小乗大乗という枠組の中で再確認するという方向性を持つに至った。その結果として組織されたものが慧遠らの二蔵判であった。大乗という概念の確立が一方では小乗という概念を相対させるような性格を持ったものとして理解されていくとすれば、それは真に「摩訶衍」として示されなければならないことからかなりずれていくことになるであろう。真の大乗は小乗との相対の上に位置づけられるべきものではないからである。仮に地論教学の大乗観がこのようなものに陥っていこうとしていたとすれば、それは新たな視点によって正されなければならないことになる。『摂大乗論』が真実の大乗の意味を一乗として改めて主張しなければならない理由はこうした点にあるのである。

このことは『摂大乗論釈』では次のように示される。

如来の成立せる正法に三種有り。一に小乗を立て、二に大乗を立て、三に一乗を立つ。此の三の中に於いて第三最勝なり。故に善成立と名づく。

如来成立正法有三種。一立小乗、二立大乗、三立一乗。於此三中第三最勝。故名善成立。（大正31・二一二b）

即ち、如来の教法には小乗と大乗と一乗との三種がそれぞれ別個に存在するという考え方である。こうした教法の見方は、二蔵判に落ち着こうとしていた当時の仏教界に全く新たな問題を提起することになったであろう。つまり小乗・大乗とは別個に一乗が存在し、それが最勝であると示されているが、それは一体どのような意味を持つものであるのか。またそのような教説を一体経典のどこに見出すことができるのか。こうした点が、当面する火急の問題となったであろう。

曇遷の『摂大乗論』北地開講は、隋文帝の開皇七年（五八七）のことであり[89]、慧遠にとっては最晩年のことである。従って慧遠にとっては『摂大乗論』を新たな視点とした思想の再構築は全く不完全なままで終わらざるを得なかった[90]。この時代の『摂大乗論』研究については、今日それを知るための資料をほとんど欠いているが、大正蔵の八十五巻に収められる敦煌出土の『摂大乗論』に関する疏抄は、そのための数少ない資料であると言うことができる。

二八〇五　摂大乗論疏巻第五・第七
二八〇六　摂大乗論抄
二八〇七　摂大乗論章巻第一
二八〇八　摂論章巻第一
二八〇九　摂大乗義章巻第四

これらの五書はいずれも著者及び著作年代不詳である。わずかに二八〇八の『摂論章』の末後に、筆写及び校合について仁寿元年（六〇一）八月二十八日の奥付があること[91]。また二八〇六の『摂大乗論抄』の「蔵摂分斉」段が智儼の『捜玄記』巻第一とほぼ同じ内容であること。(92) またその中の用語について浄影寺慧遠と共通性があること。(93) また二八〇九の『摂大乗義章』は地論学派の主要な著作である『大乗義章』の形式を踏まえながら全体を『摂大乗論』の思想で統一しようとしたものであること。加えて、これらの五書のいくつかの用語等に、かなりの共通性があること。(94) 等々の理由によって、おそらく曇遷の『摂大乗論』北地開講から智儼の『捜玄記』執筆（六二八）までのおよそ四十年間に書かれたものであることが推察される。今これらの問題を細かく分析することは本節の文脈から逸脱するので、これ以上の言及は控えることにしたい。ただ、本節の文脈の上で言えば、例えば二八〇五の『摂大乗論疏』巻第七に、

大乗を明すに三乗中の菩薩に通ずるを大と為す。又小を待ちて大を得る。一乗は二三乗無し。唯だ是れ一の故に、相待の乗無く真実勝乗と為すなり。

明大乗通三乗中菩薩為大。又待小得大。一乗者無二三乗。唯是一故、無相待之乗為真実勝乗也。（大正85・九九九b）

と説かれることや、二八〇八の『摂論章』に、

三蔵の教は小乗に居在して大中に在らず。無乗を摩訶衍蔵と名づく。復三の故に一乗と説かず。

三蔵之教居在小乗不在大中。無乗名摩訶衍蔵。復不説三故一乗。（大正85・一〇二三b）

と説かれることは特に注目に値する。何となれば、既に指摘してきたような大乗と一乗との問題が確実に押えられ理解されようとしていることが確認できるからである。

大乗と一乗に関するこのような問題意識は、明らかに、先に挙げたように『摂大乗論』の所説をきっかけに示された課題であると言うことができる。もっとも「一乗」という視点に限って言えば、『摂大乗論』自体よりも、むしろ曇遷その人の思想に依るところが大であったと考えるべき側面が存在する。そこでまずこの点に関する曇遷の

思想について検討を加えておきたい。但し、『続高僧伝』巻第十八の曇遷伝(95)に記される記述全体に関しては既に先学の解説もあるので(96)、屋上屋を架するの煩を避けて、文脈上、看過できない問題に限って論じていくことにする。

曇遷の業績については長安に『摂大乗論』を齎したことが特に有名であるが、それが全くの偶然によってなされたものであるとは到底考えることができない。もっとも北周武帝の廃仏という法難を金陵に避けたことが縁となったことは否定できないが、彼の地で『摂大乗論』を得るような因は既に育まれていたと考えるべきであろう。そのように推測する根拠として、まず曇遷が二十一歳の時に定州賈和寺の曇静について出家した後、もっぱら『勝鬘経』を学んだこと、そして次に師事したのが曇遵法師であり、この曇遵は既に述べたように慧光の漸頓円三教判を受け継いだ学僧として法蔵が紹介していること(97)、及び慧光の最も早い時期の弟子であり師慧光から「大乗頓教法界心原」なる思想を受けたと道宣が記していること、などを挙げることができる(98)。

これらの記述によれば『摂大乗論』を得る以前の曇遷は、『勝鬘経』及び『華厳経』の思想に通暁していたことが窺われる。次いで「華厳・十地・維摩・楞伽・地持・起信」等を研究してことごとく深奥を究め、まさに『唯識論』を研究しようとするに至って心に熱病を感じたと記されている。この『唯識論』はおそらく、現在では菩提流支の訳であると考えられている瞿曇般若流支訳の『唯識論』(99)のことであろう。曇遷はこの後、北周武帝の廃仏に遭って金陵へ行くのであるが、道場寺に着くや直ちに「唯識義を談ず」と記されていることは、曇遷が単に法難を避けて金陵へ行ったと考えるわけにはいかない理由の一つであると考えられる。そしてついに『摂大乗論』を得ることによって今まで唯識を研究してきて停滞していたことが明瞭となった様子を道宣は次のように記している。

桂州刺史蔣君の宅に至り、摂大乗論を獲て以て全き如意珠と為す。先に唯識を講じ薄ぼ通宗を究めると雖も、思いを幽微に搆えるに至りては流滞する所有り。今大部斯こに洞《ひら》き文旨宛然たり。

至桂州刺史蔣君之宅、獲摂大乗論以為全如意珠。雖先講唯識薄究通宗、至於思搆幽微有所流滞。今大部斯洞文旨宛然。

（大正50・五七二a）

この記述で注意すべきは、曇遷が『摂大乗論』を得る以前に、既に唯識の義について「薄ぼ通宗を究め」ていたと記されていることである。この「通宗」という用語は、既に明らかにしてきたように、慧光の師であった仏陀三蔵の三教判にその源を発するものである。そしてそれは『四巻楞伽経』の思想をよりどころとして、仏陀三蔵・慧光を経て地論学派の教学の中で大乗の中心を表現する概念として位置づけられてきたものであった。従って曇遵の弟子である曇遷が「ほぼ通宗を究めていた」と言われる背景には、このような地論学派の伝統を考慮しなければならないことは言うまでもない。このように考えてくると、この「通宗」という概念が曇遷において『摂大乗論』の一乗という用語と直ちに結びつく質を持ったものであることは容易に了解されるところである。つまり真実の大乗は、二乗・三乗の相対の上には捉えることのできない絶対の一乗と同じものであるということである。曇遷は『摂大乗論』を得る以前に、こうしたことをほぼ理解していたとされているわけであるから、彼の唯識研究は地論教学の探究の結果として位置づけられるべきものである。

こうした視点に立つとき、曇遷が『華厳明難品玄解』[100]という書物を著わしていたとされることも極めて重要な意味を持つと考えられる。この書は現在伝わらないので、内容を直接知ることはできないが、おそらく曇遷以後の北地の教学に少なからず影響を及ぼしたものであったに相違あるまい。そのような推測を可能にする例証として智儼の所説を挙げることができる。智儼は『孔目章』巻第一において明難品初立唯識章を著わしているが、これは明難品の所説に唯識の課題を見出したことによって示されたものである。即ち明難品は『六十巻華厳経』の第二普光法堂会六品のうちの第四に相当するが、普光法堂会は『華厳経』全体の構成から言えば「十信品」とでも言うべき性格を持つものである。つまり『華厳経』全体を菩薩道の体系と見た場合、第二普光法堂会の所説は、全体が菩薩道の出発点である「大乗の信心」を明らかにする位地にあると考えられる。そして普光法堂会六品は前三品と後三品とに大別することができ、前者の如来名号品・四諦品・光明覚品の三が信の対象である如来の身・口・意の三業を明かすのに対し、後者の明難品・浄行品・賢首品の三は能信の解・行・証を明らかにするものであると位置づけられている。従って明難品は、大乗の菩薩が行ずべき菩薩道の原点を、行ずる者の立場から明らかにするものであると言うことができる。智儼がこの明難品の所説に唯識の課題を見たのは、次のような所説による。つまり明難品の冒頭で文殊菩薩が覚首菩薩に対して、

仏子よ、心性は是れ一なり。云何んが能く種種の果報を生ずるや。

仏子、心性是一。云何能生種種果報。（大正9・四二七a）

と質問をしたのであるが、その意味を、智儼は阿梨耶識の自性縁生と理解した[101]のである。また明難品の所説は、十の質問とそれに答える十の偈頌とによって成り立っている。それらを智儼や法蔵は「十甚深」と総称しているが[102]、法蔵はそれを曇遷禅師の釈によるものとしている[103]。更に、その十甚深の第九と第十は信心の内容として諸仏の究極的な境界を示したものであり、その中に「一切の諸仏は唯だ一乗を以て生死を出ずることを得[104]」と説かれているのである。このように考えてくると、曇遷の『華厳明難品玄解』は内容こそ直接知られないものの、『華厳経』の一乗の課題と『摂大乗論』の阿梨耶識縁生の課題を一つのものとして明らかにしようとする意図を持つものだったのではないかと想像されるのである。少なくとも、智儼及び法蔵の明難品の理解について、曇遷の思想が大きく吸収されていったことは充分了解されるところであろう。

このこと以外にも、智儼と曇遷との関係を積極的に結びつける材料がいくつか存在する。それらの中で最も広く

知られているのは、智儼が『孔目章』において自らの性起思想を示し終えた後で、曇遷の『亡是非論』の全文をそっくり引用して、「性起に順ずるが故に之れを録附す(105)」としていることである。つまり智儼は、曇遷の「是非を亡ずる」という思想の延長に自らの性起思想を位置づけているのである。この『亡是非論』が仏教の中国的展開の中で重要な役割を持ったものであるとの指摘に従えば(106)、この後、華厳教学の教理の中枢となっていく「性起」思想が正しく仏教の中国的思惟の代表的なものであり、その萌芽を曇遷の思想に見ることができるのである。また『続高僧伝』巻第十四の智正伝によれば、智儼の師の智正は、隋の文帝が南北を統一したのを機に開皇十年（五九〇）に天下に広く英賢を求めた時に、曇遷と共に召されて勝光寺に住したことを記しているから(107)、曇遷の思想は智正を経て智儼に伝えられたものであるのかもしれない。智儼とほとんど同時代の道宣が、智儼を評して、

弟子智儼、名貫は至相なり。幼年に奉敬し雅に余の度に遵う。而も神用は清越にして京皐に振績す。華厳と摂論と尋常に講説し龕所に至り郷川を化導す。故に斯の塵は終わらざるなり。

弟子智儼、名貫至相。幼年奉敬雅遵余度。而神用清越振績京皐。華厳摂論尋常講説至龕所化導郷川。故斯塵不終矣。（大正50・六五四a）

と記していることは、二人がいずれも終南山に居していたことを思えば道宣の直接見聞したところに違いないと思われる。このような点で、「華厳と摂論とを尋常に講説」していた智儼の思想の背景には、色濃く曇遷の教学が存在していたことが想像されるのである。

二　『捜玄記』玄談と地論・摂論教学の関係

以上によって、地論学派の教判思想の大きな流れと、新たに齎された『摂大乗論』の重要性については、ほぼ確

認することができた。序章でも触れたが、智儼の『捜玄記』は華厳教学出発の書とすべきものであるという点を指摘してきた[108]。それに際して、『捜玄記』がそれ以前の地論・摂論学派の研究成果を巧みに取り入れながら、全体としては次元の異なる主張をしているはずであるとの観点に立って問題点を明らかにしてきた。また、その代表的な例として、慧光の『華厳経疏』の引用[109]や、『捜玄記』玄談の「明蔵摂分斉」段が敦煌出土の『摂大乗論抄[110]』の引用によって成り立っていることなども適宜指摘してきた。そこでは立論の文脈を重視したので、具体的な所説については触れないできた。そこで、ここでは『捜玄記』の「明蔵摂分斉」段の成立及び背景に関して、資料的な面での検討を加えることにしたい。

初めに、『捜玄記』第一之上の玄談第二門である「明蔵摂分斉」段と、『摂大乗論抄』の該当箇所を対照したものを掲げることにする。

『捜玄記』巻第一之上

（大正35・一三c〜一四c）

第二明蔵摂分斉者、斯之玄寂豈容言哉。但以大悲垂訓道無私隠故、致随縁之説法門非一。教別塵沙、寧容限目。如約以弁。一化始終教門有三。一曰漸教、二曰頓教、三曰円教。(ア)初門漸内所詮三故、教則為三。約所為二故、教則為二。言其三者、一曰修多羅。此云線亦名経。以線能貫華経能持緯義用相似。但以此方重於経名不貴線称。是以翻訳逐其所重。故廃線名存於経目。譬聖言教能貫穿法相使不差失令法久住。経与線相似。此従譬立名。即詮定教也。二毘那耶、此云滅。以身口意悪焚焼行者義同火然戒能滅之故称滅。此従功能彰目。教従所詮亦名為滅。即詮戒教也。三者阿毘達摩。此云無比法。亦名対法。能破煩悩及分別法相。無分別慧最為殊勝。更無有法能比此者。故曰無比法。此従無他得名。教従所詮亦名無比法。此即詮慧教也。名対法者、即阿毘是能対智、達摩是所対境法。即境用立名。此後二蔵並従所詮得名也。問、若然者、何故摂論云、為説三種修学別立修多羅、為成依戒依心学故立毘那耶。以此文験、即経詮三行、戒詮二行、慧詮一行。答有二義。一剋性門、二兼

『摂大乗論抄』

（大正85・九九九c〜一〇〇〇b）

第二次明蔵摂分斉者、然顕理□□□乃有塵沙。今且拠要而論。

対所詮三故、教則為三。約所為二故、教則為二。言其三者、一曰修多羅。此云綖亦名経。以綖能貫花経能持緯義用相似。但以此方重於経名不貴綖称。是以翻訳家逐其所重。故廃綖名存於経目。譬聖人言教能貫穿法相使不差失令法久住。与経綖相似。従譬立名。即詮定教也。□者、毘那耶、此云滅。以身口意悪□焼行者義同火然戒能滅之故称滅。此従功能彰目。教従所詮亦名為滅。即詮戒行教也。三者阿毘達磨、此云無比法、亦云対法。欲破煩悩□分別法相。無分別慧最為殊勝。更無有法能比此者故曰無比法。此従無他得名。教従所詮亦名無比法。此即詮慧教。若名対法者、即阿毘是能対智、達磨是所対法。即従境用立名。此後二蔵皆従所詮得名也。問、若然者、何故下釈論云、為説三種修学別立修多羅、為成依戒依心学故立毘那耶。以此文験、応修多羅詮三行、毘那耶詮二行也。答、有二義。一相成門。以三

(A)

『維摩義記』 巻第一本

（大正38・四二一a～b）

一是声聞声聞、二縁覚声聞。声聞声聞者是人本来求声聞道常楽観察四真諦法成声聞性。於最後身値仏欲小。如来為説四真諦法

(1)

正門。剋性如前説。兼正門有二義。一本末義経為本教、余二次第末也。二者兼正門。経中定為正、戒慧兼也。律論亦爾。准可知耳。此経即修多羅蔵摂也。

所為二故教即為二者、根有利鈍、法有浅深。故約声聞鈍根、就分別性立於三蔵。成声聞行法故也。

為菩薩利根約無分別等三無性、義立三蔵。為成菩薩行法故也。問、経云為諸縁覚説因縁観法。即縁覚亦有教。何故不立蔵。答、依普曜経、三乗教即立三蔵。今依摂論及地持等、但仮教即入声聞蔵。故不立也。

此以二義明之。一声聞声聞、是人本来求声聞道楽観四諦。今遇仏説四諦法得道。先有種性今復聞声故曰声聞声聞。如経中説、求

(イ)

学行互相助成。能詮之教亦有兼正。此文即是兼詮助□故云説三。成二宗意為成詮定戒也。為別本末故阿毘達磨不論□□理。理実通有也。二剋性門。修多羅中雖説戒慧自属毘那耶阿毘達磨。阿毘達磨中雖説心戒自属余二蔵亦爾。毘婆沙中亦作此二釈也。此論即是阿毘達磨蔵摂。

対所為機二者、以根有利鈍之殊、於法則有浅深之異。□声聞鈍根約分別性立於三蔵。為成声聞行法故。判為声聞蔵。由声聞所立十一種色、十四不相応、四十七心法、及三無為、此七十五法悉是事法故属分別性也。対菩薩利根通約分別依他真実性立於三蔵。為成菩薩行法故。判為菩薩蔵。問、経云、為諸縁覚説因縁観法。即縁覚亦有教。何故不立蔵。答、依普曜経、三乗教即立三蔵。今依此論及地持論。所以不立縁覚蔵者、以似仏為説因縁観者、即是似聞他音而得悟道。与声聞同並判入声聞蔵摂。唯拠上達利根人出在無仏法時無教可聞。宜以思修力故自悟因縁而得道果。即有行故得立乗、無教可聞故不立蔵也。

(B)

而得悟道。本声聞性故今復聞声而得悟道。是故名為声聞声聞。経言、為求声聞者説四真諦。拠斯為論。縁覚声聞者、是人本来求縁覚道常楽観察十二縁法成縁覚性。於最後身値仏為説十二縁法而得悟道。本縁覚性於最後身聞声悟道。是故名為縁覚声聞。経言、為求縁覚者説十二縁法。拠此為言。此二雖殊同期小果、藉教処斉等。以是義故斉号声聞。対斯二人所説之法名声聞蔵。

声聞者如来為説四真諦法。拠此為言。二縁覚声聞者、先求縁覚道。今遇仏説因縁教法。如経中説、求縁覚者如来為説十二縁法。就此為論。初義総相知法、後義別相知法。利鈍雖殊同期小果総為一蔵也。若上利根出無仏世自悟因縁而得道果、有行無教。拠斯廃也。依普曜経、望理教別也。

就声聞中有其二種。謂、初執性教、及順破性等諸部執教。破性教者、分知法空、同依四諦趣於小果故同入声聞蔵也。

二、菩薩蔵内有二。一者先習大法、後退入小、今還進大故。経説言、除先修習学小乗者、我今亦令入是法中名漸入也。二者久習大乗今始見仏則能入頓。故経説言、或有衆生世世已来常受我化、始見我身、聞我所説、即皆信受入如来慧也。此経即入大乗教摂也。

声聞蔵内有二。一立性教門、以其人於和合陰内解無神我、於陰等別法計有定性。如説色色自性、心心自性執。三世一切法皆有定性。以未達法空故也。二破性教門、此人機根稍利亦解無神我、知陰等別法縁集故有本無自性。此即分達法空也。此二人観解雖相有浅深、同似聞他音而悟小果故。総対所為判為声聞蔵也。

菩薩蔵内有二。一是顕示教、此遣分別性内所有諸法。如経説色空乃至涅槃畢竟体空。此即無相大乗、亦名顕示教門。二就依他真実、説如実因縁如如真実無垢等法。此即縁起大乗自性住乗、亦名秘密教門。此二所詮雖相有浅深、同為菩薩利根進成大行而悟大果故。総判為菩薩蔵。此論二教中通二教。若説三無性空等即顕教。若説初相等即是秘密摂也。

(2)

第二頓教摂者、故下経云。若衆生下劣其心厭没者、示以声聞道令出於衆苦。復有衆生、諸根少明利、楽於因縁法為説辟支仏。若人根明利、饒益於衆生有大慈悲心、為説菩薩道。若有無上心決定楽大事、為示於仏身説無量仏法。以此文証知有一乗及頓教、三乗差別。又依真諦摂論、一者一乗、二者三乗、三者小乗也。問、頓悟与一乗何別。答、此亦不定、或不別。或約智与教別。又一浅一深也。一乗蔵即下十蔵也。相摂准之。

(ウ)

(3)

第三言円教者、為於上達分階仏境者、説於解脱究竟法門。満足仏事故名円也。此経即頓及円二教摂。所以知有円教者、如下文云。如因大海有十宝山等准之。問、此経何故上来通三乗分別及摂者。答、為此経宗通有同別二教三乗境見聞及修等故也。如法華経三界之中三車引諸子出宅、露地別授大牛之車。仍此二教同在三界為見聞境。又声聞等為窮子。是其所引。故知、小乗之外別有三乗。互得相引主伴成宗也。蔵摂分斉訖。

(エ)

『捜玄記』は、まず仏陀の生涯の説法教化を統括する視点として(ア)のように言う。これが前節三の第二項で触れた「漸頓円三教判」と称されるもので、これが慧光の思想によるものであることは既に十分に検討した。[11] 続いて漸教・頓教・円教の詳釈を提示する。(1)(2)(3)の部分である。

まず漸教について示された箇所(1)から検討を加えていくことにしよう。ここで最初に注目されるのは、『捜玄記』が漸教を釈すにあたって「所詮の三」と「所為の二」という視点によって教えを経・律・論の三蔵と声聞蔵・菩薩蔵の二蔵とに分けて整理していることである。「所詮」とは文字通り教えによって表わされるものの範疇を表現するものであり、「所為」とは教えが説かれるべき対告衆の違いによって教えに区別を立てようとするものである。経・律・論の三蔵と声聞蔵・菩薩蔵の二蔵という捉え方は殊更新しいものではない。『捜玄記』の特徴は両者を並行して用いているところにある。そしてこの考え方は、真諦訳『摂大乗論釈』巻第一の無等聖教章に、

此の菩薩蔵に凡そ幾種有るや。亦三種有り、謂わく、修多羅、阿毘達磨、毘那耶なり。此の三は上下乗の差別に由るが故に二種を成ず。謂わく、声聞蔵、菩薩蔵なり。

此菩薩蔵凡有幾種。亦有三種、謂修多羅、阿毘達磨、毘那耶。此三由上下乗差別故成二種。謂声聞蔵、菩薩蔵。（大正31・一五四b）

とあるものをよりどころとすることは明瞭である。この『摂大乗論釈』の思想を踏まえた『捜玄記』の主張と全く同じものを敦煌出土の『摂大乗論抄』（前掲資料の下段）と仮題されるものの中にも見ることができる。前掲の資料で『摂大乗論抄』の「所詮の三」に約す部分は(A)である。この部分を上の『捜玄記』の文と一々比べてみると、以上のような思想的基盤の共通性のみならず、一字一句にわたって極めてよく似ていることに驚かされる。ただ両者の間で決定的に異なるのは、結論を示す傍線部分である。『捜玄記』は『華厳経』の註釈であるから、『華厳経』は

三蔵のうちの修多羅蔵に摂められるとし、『摂大乗論抄』は同様にして阿毘達磨蔵に摂められるとしている。この点は当然といえば当然であるが、この部分を除いて他はほとんど全同であるということが、かえって両者の間の特別な関係を想像させるわけである。常識的には、一方が他方をそのまま引用し、自己の主張にとって不都合な部分だけを言い換えたものであると考えるのが自然である。

そこで次に『捜玄記』と『摂大乗論抄』の両者における能所の関係を整理しておきたい。

先にも触れたが、大正蔵の八五巻古逸部には、『摂大乗論抄』を含めて合計五本の『摂大乗論』に関する註釈書の断簡を収録している。

二八〇五　摂大乗論疏巻第五・巻第七

二八〇六　摂大乗論抄

二八〇七　摂大乗論章巻第一

二八〇八　摂論章巻第一

二八〇九　摂大乗義章巻第四

これらの五書は、いずれも大英博物館所蔵の敦煌本もしくはその写本を原本として、編集の際に題号を付したものであり、著者及び著作年代、正式な名称などについては全く明らかでない。しかしながら、これら五書が全て真諦訳の『論本』あるいは『釈論』に関する註釈であり、新訳の経論についての関説が全く見られないこと、及び新訳の訳語を一切用いないという事実、などによって『捜玄記』と『摂大乗論抄』の能所関係を判断することは可能であるように思われる。積極的に両者の関係を証明することはできないとしても、蓋然性の高い判断を下すことはできるように思う。

そこで初めに、諸目録及び高僧伝などによって知ることができる『摂大乗論』の註釈書に関する記述を整理することから始めることにする。今日残された資料の中で、それらを窺い得るものとしては、『東域伝灯目録』[112]（永超録）、『新編諸宗教蔵総録』[113]（義天録）、『注進法相宗章疏』[114]（蔵俊録）、及び『続高僧伝』[115]『宋高僧伝』[116]などの記述を挙げることができる。そしてこれらの記述は、既に先学によって整理されているので、今はその成果を借りて論考を進めていきたい。

『唯識学典籍志』（結城令聞著）の「第二　中国（朝鮮）の部」の『摂大乗論』の項には、中国及び朝鮮で撰述された『摂大乗論』に関する註釈書類に関して、今日残された文献の範囲では可能な限りの資料を網羅して整理がなされている。前出の敦煌本五書はいずれも真諦訳に関するものであったから、今は真諦訳に関するものを中心に考えていくことにする。

『唯識学典籍志』に示される真諦訳の『摂大乗論』に関する註釈は以下の通りである。

摂大乗論義疏	八巻	真諦
摂大乗論疏	二十五巻	真諦・智愷（五六三）
摂大乗論疏	十巻	曇遷（五六三―六〇七）
摂大乗論疏	四巻	曇遷（五六三―六〇七）
摂大乗論疏	六巻	靖嵩（五九〇―六一四）
摂大乗論疏		智凝（五八一―六一七）
摂大乗論章		慧頥（　　―六三六）
摂大乗論章	十巻	道基（五八八―六三七）

摂大乗論章　四巻　道基（五八八―六三七）
摂大乗論抄記　智正（五九〇―六三九）
摂大乗論疏　七巻　弁相（　―貞観末まで）
摂大乗論疏　僧弁（五八一―六四二）
摂大乗論指帰　法護（六〇七―六四三）
摂大乗論義疏　八巻　法常（五八八―六四五）
摂大乗論玄章　五巻　法常（五八八―六四五）
摂大乗論義疏　十三巻　霊潤（大業―唐初）
摂大乗論玄章　三巻　霊潤（大業―唐初）
摂大乗論疏　（恵）景（隋―初唐）
摂大乗論章　三巻　（恵）景（隋―初唐）
摂大乗論疏　四巻　元暁（初唐）
摂大乗論章疏　道因（五九四―六五八）
摂大乗論疏　十五巻
摂大乗論義章　十四巻
摂大乗論疏　七巻　毘跋羅（唐）
摂大乗論料簡　一巻　毘跋羅（唐）
摂大乗論疏　八巻

摂大乗論疏　　二十巻
摂大乗論十種散動疏　一巻
摂大乗論義決　　七巻

この後に、「敦煌出土旧摂論の部」として、これらとは別に前掲の五書を挙げている。但し結城博士は二八〇五の『摂大乗論疏』の巻第五と巻第七とを「先のは尾題に疏といい、今のは義記としているので、今は別本という想定のもとに別出することにした[117]」として六書を挙げている。この点について筆者は、巻第五と巻第七にわたって「論本云」「釈論曰」という使い分けが共通していること、また所釈の論文の取り上げ方及び註釈の形態がよく似ていることなどから、この二篇は同一の著者によるものであると考えている。また巻第七の巻末に「摂大乗論義記第七[118]」とあることから、これら二篇は全体で七巻以上の分量を持つ『摂大乗論疏』もしくは『摂大乗論義記』と呼ばれる著作の一部であるとするのが自然であると考えている。従って本書ではそれらを別扱いしないことにする。また前掲の一欄の中で、高僧伝等によって著者の生卒年代及び当該書の著述年代が限定できるものについては、著者名の下に（　）で示しておいた。

さて前掲の『摂大乗論』に関する註釈の一覧によって『捜玄記』と『摂大乗論抄』との能所関係について吟味を加えてみたい。この場合に前提となることは次の二点である。第一は、既に指摘したように両者の近似性を一方が他方を引用したことに所以すると想定すること。第二は、『華厳経伝記[119]』の記述に従って智儼における『捜玄記』の撰述を智儼二十七歳の時（六二八年）と考えることである。この前提に立って、仮に『摂大乗論抄』が『捜玄記』を引用していると考えた場合、『捜玄記』の撰述以降にそのような著作を為し得る可能性を持った人、つまり『摂大乗論抄』を六二八年以降に著わし得る可能性を持った人々をこの中から取り上げれば、およそ次の通りである。

慧隤　道基　智正　弁相　法護　僧弁　法常　恵景　元暁　道因

これらの人々の中で地論学派及び摂論学派の法脈の上で師資関係が明らかでないのは、慧隤と恵景の二人である。このうち恵景については玄奘と同時代の摂論宗系統の人であったことが推定されている。[120]従って、位置づけが明瞭でないのは慧隤のみである。それ以外の人々は全て、時代的、法脈的に智儼の先輩筋に当たる人々ばかりである。なかんずく、智正・僧弁・法常といった人々は修学期の智儼が直接教えを受けた人々であり、[121]いわば智儼の師匠筋に当たる人々である。これに加えて、『捜玄記』と『摂大乗論抄』の該当箇所を比較すれば明らかなことであるが、『捜玄記』のみにあって、『摂大乗論抄』には存在しない所説（前掲資料(イ)の部分）がある。この部分が後期地論学派の重要な思想であることを念頭に置くならば、智儼の先輩及び師匠筋に当たる人が、『捜玄記』の中からそのような部分を削除して自らの著作の中に引用するといったこと、言い喚えれば、弟子もしくは後輩の著作をわざわざ不完全な形にして引用することは考えがたいことである。

それでは『摂大乗論抄』を智儼の後輩の著作であると考えた場合はどうであろうか。前掲の人々の中でこれに該当するのは元暁一人である。もっとも諸目録によれば、明らかに智儼の後輩と思われる人々がいくつかの『摂大乗論』の註釈を書いているが、[122]それらはいずれも例外なく玄奘訳の『摂大乗論』に関するものばかりであるから、本節で問題としている敦煌本の『摂大乗論』註釈書類とは関係がない。従って、智儼の後輩で真諦訳に註釈を書いたとする記述が残っているのは元暁一人ということになる。ところが『摂大乗論抄』は新訳について一切言及しない。また教判としては、声聞蔵・菩薩蔵の二蔵判という組織を基盤にしている。元暁が『摂大乗論』の註釈を書いて新訳について一切言及しないということは、ほとんど考えられないことであるし、彼は教判の枠組としては「四教判」と称されるものを持っていた。[123] 元暁の四教判は一乗・三乗を基本にそれぞれを分満・通別という視点で二分したものであるから、小乗・大乗を基盤とする二蔵判とは根本的に立場の異なるものである。このような点から『摂大乗論抄』を元暁と結びつけることは無理である。

以上の理由によって、『摂大乗論抄』が『捜玄記』を引用しているという能所関係は、今日残された資料の上からは全く考えられない。従って前述の前提から言えば、『捜玄記』が『摂大乗論抄』を引用していると考えざるを得ないことになる。真諦によって『摂大乗論』が翻訳（五六三年）されて以来、どれだけの数の註釈が書かれたのか、その全てを知ることは今日不可能である。従って本節で問題としている敦煌本の註釈書類が、先に掲げた一覧の中のどれかに相当するものであるか否かは確定できない。しかしながら、様々な蓋然性によって『捜玄記』が『摂大乗論抄』を引用していると考えられることは、この『摂大乗論抄』の素性を知る上でも極めて重要なことである。更に、『摂大乗論』が翻訳された年から『捜玄記』が著わされた年に至る間の河北の仏教界の様子をも、ここから窺い知ることができる。しかしながら、こうした点にまで言及することは本節の文脈をはずれるので、ここでは控えたい。ここでは『捜玄記』と『摂大乗論抄』の能所関係を確認した上で、再び『捜玄記』の「明蔵摂分斉」段の検討に戻ることにしよう。

『捜玄記』の「明蔵摂分斉」段の漸教釈(1)の部分が『摂大乗論抄』の該当箇所を全面的に引用することによって成り立っているとすると、両者の間には決定的に異なる点が二つ存在する。第一は、既に触れたように、『捜玄記』の該当箇所が漸頓円三教の一部である漸教の詳釈として示される点である。『摂大乗論抄』の方では、いわゆる教判に当たる思想は声聞蔵・菩薩蔵の二蔵判であり、そこに盛り切れない視点を「所詮の三」に約している。従って『捜玄記』と『摂大乗論抄』とは、外見的には似ているものの、その思想的基盤においては決定的に異なっていると言わなければならない。第二は、声聞蔵・菩薩蔵の詳釈について『摂大乗論抄』には全く存在しない所説があることである。これは前掲資料の(イ)の部分である。『捜玄記』の当該部分は、声聞蔵を声聞声聞と縁覚声聞の二つに分けることを示しているが、こうした主張は『摂大乗論抄』には存在しない。声聞蔵を声聞声聞と縁覚声聞とに二分する思想は、前節で述べたように後期地論学派の人々に共通するものであり、浄影寺慧遠や智正がそうした思想を持っていた(124)。この思想は後期地論学派の中心思想である二蔵判の内容的な特徴であり、二蔵判の成立過程と深いつながりがある。従って『摂大乗論抄』にこうした思想が存在しないことは、『摂大乗論抄』の素性を知る上で有力な示唆を与えてくれるものと思われるが、今は問題の指摘のみに留めておく。ちなみに『捜玄記』の該当箇所は、浄影寺慧遠の所説と極めてよく似ているので、先の資料に両者を対照しておいた。おそらく智儼が慧遠の所説を引用しているものと考えられる。

次に頓教について明かしている箇所、即ち(2)の部分について検討を加えたい。この部分は一見して明らかなように、経文の引用(ウ)と問答とによって成り立っている。最初に引かれる経文は、『六十巻華厳経』巻第二十六の十地品第九地の冒頭の偈頌(125)である。この偈頌の意味するところは、第九善慧地の菩薩の所修の行である説法教化について、如来が四種の仏道を説いたことを手本として示すことにある。そしてその四種の仏道とは、相手の状況に応じた声聞道・辟支仏道・菩薩道・無量仏法の四を指している。この偈頌は、地論学派の中においても注目されていたらしく、全く同じ箇所を智正が引用している。やや長きにわたるが、資料として示すことにする。

華厳経疏第一上 智正法師述円宗文類第三引之 大方広仏華厳経世間浄眼品第一。此初先明摂教分斉以釈経名。如来大聖体道窮源、曠包無外。化用殊倫、普潤群品。教雖塵沙略挙其要惣有二種。一声聞蔵、二菩薩蔵。云声聞蔵者、如来初成道已第六七日後、往波羅奈国鹿苑之所、為小機人転於有作四諦法輪。如此等教名声聞蔵。就中復二。

謂声聞々々、縁覚声聞。若従先来楽観四諦成声聞種性、於最後身値仏出世。還復為説四諦等法称本器性。故曰声聞々々。是故下経云、[1]若衆生下劣其心厭没者、示以声聞道令出於衆苦也。言縁覚声聞者、是人本来求縁覚道、恒示観察因縁之法成縁覚種性、於最後身値仏出世。還復為説十二因縁称遂本性。以聞声悟道是故名為縁覚声聞。故下経云、[2]若復有衆生諸根小明利、楽於因縁法為説辟支仏。二人雖殊同求小果。以是義故、対斯二人所説者、斉号為声聞蔵也。云菩薩蔵者、如来創始成道第二七日、為大根性人説於大乗究竟法輪等。就中亦有二種之異。一依漸教入菩薩。謂従小入大。或有先曽習於大乗中間学小後還向大。此等皆是漸入菩薩。故余経云、除先修習学小乗、今亦令入是法中。此経亦云、[3]若人根明利有大慈悲者、我心饒益於衆生為説菩薩道。二者依頓教入。有諸衆生久習大乗、唯心真観相応善根、今始見仏即能頓入究竟大乗。故余経云、或有衆生世世已来常受我化、始見我身聞我説法、即皆信受入如来恵。此則頓悟人也。此経亦云、[4]若有無上心決定楽大事、為示於仏身説無尽仏法。斯等則是頓入菩薩也。前偈漸入大対小乗人故云根明利。次後一偈対頓機器決示大事頓説無尽仏法深義。又如大乗宝積論明。菩薩人謗法罪中言、由不誦持頓教修多羅法故謗也。以是義故、如来説此修多羅。又摂論云、令未定根性声聞直修大乗、頓直義一也。智度論中名迂廻人及名直往人。以斯等験故知、漸頓二教義顕然矣。対斯二人説名菩薩蔵。聖教雖衆要不出此。故龍樹菩薩云、仏滅後迦葉阿難、於王舎城結集三蔵為声聞蔵。文殊阿難等、在鉄囲山集摩訶衍為菩薩蔵。地持亦云、仏為声聞菩薩行出苦道説修多羅。結集者為二蔵。以説声聞所行為声聞蔵、説菩薩所行為菩薩蔵。地持復云、十二部経唯方広部是菩薩蔵。余十一部是声聞。摂大乗論聖教章初亦云、由上下乗差別故成二種。謂声聞蔵及菩薩蔵。此二楞伽経中名二種通。謂宗通及説通。彼経釈、言宗通者、謂如来自覚聖趣、説通者、我為諸弟子説九部等教也。除授記本生方広三部、余九部名為説通。此二亦名大乗小乗。半満等教名雖改異其義無別。故知、聖教不出此二。今此経者、二蔵之中菩薩摂。漸頓教中淳、為根熟直入人説故、是頓教法輪故、亦名円教摂。故経云、説円満修多羅也。概知教分斉。次釈経名。今言大方広仏華厳経者、此法喩双挙。所言大者、乗旨包富該羅無外、二乗漸学莫能過之。謂之為大也。唯心真如理正非邪。称之為方。法界法門過於数量故曰為広。所言仏者、此方名覚。明達心源、転依究竟、随眠已尽、塵習永亡、暉光大夜、暁示朦徒、開演正趣、自覚覚他。故名為仏。云云 文(日仏全九二・一三三下～一三五上)

以上が順高の『起信論本疏聴集記』巻第三本に引用されている智正の『華厳経疏』第一上の全文である。このうちの傍線部①②③④が今注目したい部分である。『捜玄記』では四つの偈頌をひとまとまりのものとして引用していたが、智正の『華厳経疏』は一見して明らかなように、二蔵判における声聞声聞・縁覚声聞・漸教・頓教を根拠づける経証として、四つの偈頌がそれぞれ一偈ずつに切り離されて引用されている。この偈頌の本来の意味は、既述のように如来の教説に四種の別があるのを示すことなのであるから、その意味では智正の方が経典の原意に沿った示し方であると言えよう。それに対して『捜玄記』は、それら全体を頓教のための経証としているのであるから、前段の漸教の中に声聞・縁覚・菩薩のための教えが既に含まれているとすると、それらとは別に無量仏法という教えが存在し、それが今ここで言うところの頓教に他ならないという意味の文脈となる。従来の考え方に従えば、三乗教とは別に存在する教えは一乗教と呼ばれていたから、ここで一乗教と頓教との異同を明確にする必然性が生ずる。従って『捜玄記』においてこの直後に置かれている問答は、無量仏法——一乗教と頓教との同異についての疑問を明らかにするためのものなのである。

最後に『捜玄記』の円教についての解釈、即ち(3)について見てみよう。この部分に示される円教の定義(エ)は、法蔵が『五教章』及び『探玄記』などにおいて光統律師の三種教を紹介する中で述べる円教の定義とほとんど同じものである。ちなみにその該当箇所を『探玄記』の記述によって示せば次の通りである。

三に後魏の光統律師、仏陀三蔵に承習して三種教を立つ。謂わく、漸頓円なり。……（中略）……三に上達の分に仏境に階《のぼ》る者の為に、如来無礙解脱究竟果徳円極秘密自在法門を説く、故に名づけて円と為す。即ち此の経を以て是れ円頓の摂する所なり。

三後魏光統律師、承習仏陀三蔵立三種教。謂漸頓円。……（中略）……三為於上達分階仏境之者、説於如来無礙解脱究竟果徳円極秘密自在法門、故名為円。即以此経是円頓所摂。（大正35・一一〇c～一一一a）

慧光の所説が法蔵の紹介するようなものであったとすると、『捜玄記』の解釈はそれをそのまま借用したものであると言うことができる。

以上によって、『捜玄記』玄談の「明蔵摂分斉」段の構造がほぼ明確になった。即ち、『華厳経』についての全体的な視点を慧光の漸頓円三教判によりながら、三教の各々の詳釈に関してはそれ以前の様々な研究成果を巧みに取り入れていると言うことができる。漸教段に引用されている『摂大乗論抄』は、六世紀終わりから七世紀初めの長安を中心とする仏教界においては、おそらく最も新しい仏教研究の成果であったはずである。また浄影寺慧遠や智正の二蔵判は、後期地論学派の教学の中心をなすものであった。このように『捜玄記』の「明蔵摂分斉」段は当時の最先端の研究成果を踏まえたものである。そうであるとすれば、ここで改めて注目すべきことは、このような最新の研究成果を慧光の思想にまで遡って組織しなければならなかったのは何故かということである。つまり慧光以後にも多くの学匠が『華厳経』を研究してそれなりの成果を得たはずであったにもかかわらず、何故遡って慧光の思想をよりどころにしなければならなかったのかということである。そしてそのような組織をかりて『捜玄記』は『華厳経』を頓円二教の所摂であると結論づけることに力点があったとすると、こうした『華厳経』観はそれまでの『華厳経』研究とどのような基本的相違があるのだろうか。

こうした点に注意が及ぶとき、後期地論学派の思想が最終的に二蔵判へ落ちつこうとしていたことを看過することはできない。即ち、後期地論学派の代表的存在である浄影寺慧遠や智正の二蔵判と、智儼がよりどころとした慧光の漸頓円三教判との間には、根本的な立場の相違が存在するのである。この点については智正の二蔵判に関して前節三の第四項で触れた通りである。つまり二蔵判は小乗・大乗判であるから、小乗と大乗との判別に関しては明確な視点を得ることができる。ところが三乗教とは別個に頓教なり円教が存在するという見方を明確に位置づけることができない。つまり二蔵判では、大乗という枠の中に更に一乗という立場があることを明確にすることができないのである。こうした点は、浄影寺慧遠においては一乗という視点が希薄であると指摘されていることともよく符合する。[126]

このように考えてくると、智儼が生涯にわたって『摂大乗論世親釈』の一乗・大乗・小乗の分判[127]を特別な関心を持って見ていることの理由が了解されるであろう。即ち『摂大乗論釈』のこの所説は、真に大乗と呼ばれ得るものは小乗との相対の上に理解されるべきものではないということを、改めて「一乗」という用語で表現し直したものである。そしてこの思想は、『捜玄記』においては一乗・三乗・小乗という形で引用され、三乗教とは別に頓教・円教が存在することの有力な経証とされていた。『捜玄記』は『華厳経』を頓教・円教の所摂であると考えているのであるから、このことは結果として三乗教とは別個に『華厳経』が存在することを意味することになる。三乗とは別に一乗が存在するという思想と、『華厳経』は三乗教とは別個に存在するものとの見方を総合するような『華厳経』観を「華厳一乗」いう言葉で表わすとすると、この「華厳一乗」という視点は、後期地論学派の人々には全く持ち得なかったものである。とすれば、慧光以後いくつもの『華厳経』の註釈が書かれたにもかかわらず、基本的な点で智儼がそれらに依らなかったのは当然のことである。地論教学の展開が基本的な意味で二蔵判完成への歴史であったとすると、智儼のよるべきものはその中には存在しなかったに違いない。このような点を以て智儼は慧光の思想にまで遡らなければならなかったのである。つまり、『捜玄記』は地論教学の伝統を受けながら、漸頓円三教をよりどころにすることによって「華厳一乗」という思想を明らかにしようとしたのである。そしてこの点を以て、法蔵は智儼の『捜玄記』撰述を「立教分宗」であると押え、華厳宗の独立と見たのである。

三　補　説

Ⅰ　敦煌本『摂大乗論抄』について

先に述べたように智儼の『捜玄記』は、それ以前の地論・摂論学派の思想を基盤にして成立したが、その中でも最新の研究成果であった『摂大乗論抄』の所説を大幅に引用しながら成り立っている。そこで、ここではその所引の『摂大乗論抄』について、可能な限りの検討を加えておきたい。

曇遷が、長安の大興善寺において真諦訳『摂大乗論』を講じたのは、隋の開皇七年（五八七）であった[128]。この出来事は、河北の仏教界にかなり大きな衝撃をもたらした。この時代を代表する仏教学者である浄影寺慧遠は、曇遷の講義を直接聞くに至って、没するまでのわずか数年の間に、代表作である『大乗義章』を盛んに訂正、加筆したようである。また、新たに摂論宗が組織され、地論宗と大いに論争したとも伝えられている。そしてこのような情況は玄奘の帰朝まで続いた。玄奘以後は瑜伽唯識系の経論としては玄奘訳のものが主流を占めていくことになり、『成唯識論』が主に研究されるようになるからである。

ここで取り上げようとするところの、大正蔵八十五巻所収の、二八〇六『摂大乗論抄』は、こうした背景の中で成立したものと考えられる。

初めに本書の所説の特徴的なものをいくつか取り上げて吟味を加えることから始めたい。
まず本書は、全体を四つの段落で構成しているが、その名称及び内容は『捜玄記』と共通性がある。その第二「明蔵摂分斉」段は、『釈論』に倣って「所詮の三」と「所為の機の二」によって教えの分斉を示しているが、「所為の機の二」に示される二蔵判は次のように示される。

声聞蔵の内に二有り。一は立性教門。……二は破性教門。……菩薩蔵の内に二有り。一は是れ顕示教。……二は……秘密教門。

声聞蔵内有二。一立性教門。……二破性教門。……菩薩蔵内有二。一是顕示教。……二……秘密教門。（大正85・一〇〇a～b）

このうち声聞蔵の分斉として示される「立性教・破性教」については、後の第三段では「執性宗・破性宗」と言い換えているが、要するに小乗の中を浅深によって二分したものである。この考え方は、北地においては伝統的なものであり、慧光以来の四宗判はこれに基づくものであった。従って本書の思想もそうした伝統によるものと考えることができる。但しここで看過できないのは、「立性（執性）・破性」という用語である。既に述べたように、地論学派の伝統的な四宗判では、小乗の浅深を「因縁宗・仮名宗」と表現していた。現在確認できる資料の上で「立性・破性」という用語を用いるのは、寡聞にして『大乗義章』二諦義の次の所説のみである。

分宗と言うは、宗別ちて四有り、一に立性宗、亦因縁と名づく。二に破性宗、亦仮名と曰う。三に破相宗、亦不真と名づく。四に顕実宗、亦真宗と曰う。

言分宗者、宗別有四、一立性宗、亦名因縁。二破性宗、亦曰仮名。三破相宗、亦名不真。四顕実宗、亦曰真宗。（大正44・四八三a）

この点について高麗の均如は、この「立性・破性」という用語が浄影寺慧遠の創案であることを指摘している[129]。これに従えば、『摂大乗論抄』の「立性（執性）・破性」という用例は、慧遠との何らかの関係を想像させるのである。ところがその逆の事実として、この声聞蔵を立性教と破性教とに分けるという思想は、慧遠や智正の二蔵判とは共通しない側面も有する。地論学派の二蔵判は、声聞蔵を声聞声聞と縁覚声聞とに分けるのが一般的であり、『捜玄記』もそれを踏襲していた。つまり『摂大乗論抄』の二蔵判の声聞蔵の所説は、地論学派の伝統には則さないが、用語的には慧遠と近いということになる。次に菩薩蔵の分斉については、地論学派の二蔵判では漸教・頓教と分類されるのに対し、『摂大乗論抄』では顕示・秘密と分けられており、ここにも地論学派の二蔵判との相違を見ることができる。漸教・頓教という用語は、地論学派においては慧光以来重要な教学的位置を占めてきたものであり、慧遠などは言葉の本来の意味を失するような定義変更を加えてまで漸・頓という用語に固執したことを指摘した。それ故『摂大乗論抄』がこの後にも一切、漸・頓という用語を用いないことは、この書が地論学派の伝統の上にないことを物語るものと言って差し支えないと思う。

次に第三の「教の下、所詮の宗旨を明かす」段において特に注目すべきことは、『摂大乗論』の所説について簡潔に、

下の文意に准ずるに宗旨に二有り。一に二諦に約し、二に仏性に約す。

准下文意宗旨有二。一約二諦、二約仏性。（大正85・一〇〇〇b）

と規定することである。『摂大乗論』の思想を二諦と仏性の二点で総括するという見方は、『摂大乗論』の独自性を心得たものとは言い難いように思われる。しかしながら、逆の見方をすれば、本書の作者の思想的な立場を端的に表わすものと考えることができよう。つまり、『摂大乗論抄』の作者は『摂大乗論』を釈するにあたって、まず二

諦と仏性という概念が念頭に浮かぶような教学的背景を持っていたということであり、『涅槃経』や『般若経』の素養を身につけた人であるということである。この点についても、北方では基礎学としての般若研究の伝統が無かったと思われ、他方南方では、吉蔵に代表されるように仏性・二諦などの研究に専心していたことが窺われる。この点から推して、本書の作者は、江南の仏教研究の学風に近い人であることが想像される。

第四段は、「論の題目を釈す」と名づけられ、初めに「摂大乗論依止勝相衆名第一」を一句ずつ順に釈し、以後は段落の切れ目なしに『論本』と世親の『釈論』の中から適宜項目を取り上げて解説が施されている。その中からいくつかの問題点を取り出してみよう。

五種の蔵義、体名なり。一に体類義、体とは是れ実、類の言は流類なり。一切衆生は体を取ること多しと雖も然れども識は異ならず。体義に従いて名を立つ。二に因義、因とは即ち縁の他とに由るなり。行法を縁と為す。三に生義、生とは即ち是れ能く生長す。二に功能義に従いて名を立つ。但だ因は因と因を作すを取る、生ずれば則ち果に就くなり。四に真実義、此の識は在世に破せず出世に尽きざるを明かす。此れ相形勝義に就いて名を立つ。五に蔵義、此の識の体は恒沙の功徳を聚積するを明かす。勝義に従いて名を立つ。二に体とは、同じく本覚解心如来蔵を用て之を以て性と為す。

五種蔵義、体名。一体類義、体者是実、類之言流類也。一切衆生取体雖多然識不異。従体義立名。二因義、因者即由縁与他也。行法為縁。三生義、生者即是能生長。二従功能義立名。但因取与因作因、生則就果也。四真実義、明此識在世不破出世不尽。此就相形勝義立名。五蔵義、明此識体聚積恒沙功徳。従勝義立名。二体者、同用本覚解心如来蔵以之為性。（大正85・一〇〇三c～一〇〇四a）

この部分は、『摂大乗論』が『大乗阿毘達磨経』の「此界無始時　一切法依止[130]」という偈を引用して阿梨耶識の存在を立論するのを、『釈論』が「界に五義有り(131)」と解釈する箇所の注釈である。つまり、『釈論』が「界有五義」として釈するものを、『摂大乗論抄』は「五種の蔵義」と解釈しているのである。「五種蔵」とは、もともと『勝鬘経』の自性清浄章に、

　世尊よ、如来蔵とは、是れ法界蔵、法身蔵、出世間上上蔵、自性清浄蔵なり。

　世尊、如来蔵者、是法界蔵、法身蔵、出世間上上蔵、自性清浄蔵。（大正12・二二二b）

と説かれるものであって、直接的に『釈論』の「界の五義」と結びつくものではない。ところが真諦訳とされる『仏性論』弁相分には、次のように説かれている。


　言う所の如意功徳相とは、謂わく如来蔵に五種有り。何等を五と為すや。一に如来蔵、自性は是れ其の蔵の義なり。……二には正法蔵、因は是れ其の蔵の義なり。……三には法身蔵、至得は是れ其の蔵の義なり。……四には出世蔵、真実は是れ其の蔵の義なり。……五には自性清浄蔵、以て秘密は是れ其の蔵の義なり。……故に勝鬘経に言わく、世尊よ仏性とは、是れ如来蔵、是れ正法蔵、是れ法身蔵、是れ出世蔵、是れ自性清浄蔵なり。

　所言如意功徳相者、謂如来蔵有五種。何等為五。一如来蔵、自性是其蔵義。……二者正法蔵、因是其蔵義。……三者法身蔵、至得是其蔵義。……四者出世蔵、真実是其蔵義。……五者自性清浄蔵、以秘密是其蔵義。……故勝鬘経言、世尊仏性者、是如来蔵、是正法蔵、是法身蔵、是出世蔵、是自性清浄蔵。（大正31・七九六b）

この『仏性論』の所説は、『勝鬘経』に説かれる「五蔵の義」と、『摂大乗論』に説かれる「界の五義」を会通するものである。ここで注意しなければならないことは、これらがいずれも、二諦説で言えば勝義諦・第一義諦を説明するものであるという点である。この点は『釈論』においても例外ではなく、例えば因の義を釈して次のように言う。

二は因の義、一切の聖人法の四念処等は此の界を縁じて生ずるが故に。

二因義、一切聖人法四念処等縁此界生故。（大正31・一五六c）

これは同じように因と言いながら、有為法としての一切法の因という意味ではない。この点は『仏性論』（大正31・七九六b）も界を性と言い換えているだけで意味は全く同じである。その上で『釈論』は「一切法の依止」については、

一切法の依止と言うは、経に言うが如し、世尊若し如来蔵を了せざるに由ること有るが故に、生死是れ有りと言うべきが故に。

言一切法依止、如経言、世尊若如来蔵有由不了故。可言生死是有故。（大正31・一五七a）

とするのである。あくまで仮に生死を立てることの根拠を指すのみであって、如来蔵が一切法の生因であると言っているわけではないのである。これに対し『摂大乗論抄』では、先に引いたように「因とは即ち縁の他とに由るなり」とか「生とは即ち是れ能く生ずるなり」と釈して、一切法の生滅についての因であると理解しているのである。ここには、後に慧遠が「依持と縁起」という観点によって整理することになる、縁起における因縁生滅と相依相待の混同があると言えよう。このように、初めて『摂大乗論』に触れて、それを如来蔵によって解釈する背景には、次のような思想史的な流れが存在すると解される。

『摂大乗論抄』は、あくまで『摂大乗論』を注釈しようとしたものであり、それ故この所説の所釈は、言うまでもなく「界の五義」であったはずである。従って、これを何の説明もなく「五種の蔵義」と釈するのは、『勝鬘経』を知悉していることが前提となる。『勝鬘経』を基盤としながら『仏性論』を介して『摂大乗論』を見たときに、「界の五義」は何の矛盾もなく「五種の蔵義」と解釈されるのである。この点も『摂大乗論抄』の作者の思想

的立場として看過することのできない点である。

以上の諸点によって本書の思想史的な特徴をまとめるならば、次のように言えるであろう。㈠地論学派の伝統には属さないが、浄影寺慧遠とは近い関係にあると考えられること。㈡著者は特に『涅槃経』『勝鬘経』に精通していること。㈢著者は『摂大乗論』の理解に関して智儼に大いに影響を及ぼし得る人であったと考えられること。以上の三点である。

そこで、次にこれらの視点によって『摂大乗論抄』の著者について推察してみたい。この点に関して最も有力な視点は、智儼の『捜玄記』が本書を引用していることである。『捜玄記』は、法蔵の『華厳経伝記』の記述(132)によって智儼二十七歳の六二八年に書かれたと考えられる。また『華厳経伝記』は修学期の智儼が諸師に『摂大乗論』を学んだことを記している。このような点から言えば、これらの人々の中に『摂大乗論抄』の著者を考えることは、かなり蓋然性が高いと考えられる。そこで『華厳経伝記』の記述に従って智儼と関係があったと思われる人の著作を挙げれば次のようになる。

摂大乗論義疏	八巻	法常
摂大乗論玄章	五巻	法常
摂大乗論章疏		僧弁
摂大乗論抄記		智正

これらの他に、直接の師資関係はないものの思想的に関係を持つ人の著作として、

摂大乗論疏	十巻	曇遷
同	四巻	同

も挙げなければならないかもしれない。曇遷は、『摂大乗論』の北地開講を果した当人であるが、智儼の師である智正が『摂大乗論』を研究するようになったのは、この人の影響であると考えられる。また、智儼が『孔目章』第四巻の性起章に曇遷の『亡是非論』をそっくり引用していることは既によく知られている。このような事実から考えて、智儼が直接間接に曇遷から影響を受けたことは充分に考慮に入れなければならないであろう。以上の四名のうち、智正は、地論学派に属する人で浄影寺慧遠と思想的に近い関係にある。とりわけ二蔵判の組織については慧遠と共通性があり、この意味では『摂大乗論抄』の二蔵判とは相違することが明らかである。そこで智正は最も智儼と近い関係にあるものの、一応除外する。従って、曇遷・法常・僧弁の三人に絞って、その紀伝を通して本節のねらいとのかかわりについて若干考えてみたいと思う。

初めに曇遷についてであるが、彼に関しては既にいくつかの論考もあり、隋代の中国仏教界においてかなり重要な位置を占めた人であることが知られている。従って『続高僧伝』も他の人に比べてかなりの量を以て曇遷の伝記を記しており、その一々について検討を加えることは紙面の都合もあって不可能である。ただ本節との関係で言えば、「摂論疏十巻」を撰したこと、及び、

又楞伽起信唯識如実等の疏、九識四月(明カ)等の章、華厳明難品玄解総て二十余巻を撰す。並びに世に行ぜらる。

又撰楞伽起信唯識如実等疏、九識四月等章、華厳明難品玄解総二十余巻。並行於世。(大正50・五七四b)

と記されることが注目される。このほかにも『続高僧伝』巻第二十五の法沖伝[133]に、曇遷が四巻の摂論疏を撰したことが記されている。いずれにしても、これ以上の詳細は知ることができないので、四巻疏と十巻疏の同異などは不明である。しかしながら、それらがいずれも「疏」とされていることは、『摂大乗論抄』が「義章」のような体裁

で書かれていることと矛盾する。また曇遷が「九識章」を撰したとされることも注目に値する。『摂大乗論抄』は、前掲の引用文でも明らかなように、阿梨耶識を依止としながらも、その体として「本覚解心」とか「如来蔵」「心真如」と言っており、「第九識」とか「阿摩羅識」という用語は用いない。大正蔵八十五巻に収められる他の敦煌本の『摂大乗論』の注釈には、阿摩羅識、第九識という用語を用いるものもあり[134]、『摂大乗論抄』がそれらの用語を用いないことは一つの思想的特徴であると言ってよい。従って「九識章」を撰した曇遷と『摂大乗論抄』とは、この点でも共通性を持っていない。

次に僧弁について考えてみよう。『続高僧伝』巻第十五の僧弁伝によれば、彼は初め「維摩・仁王」の二経を聞き、具足戒を受けた後智凝に師事する。この智凝は彭城の靖嵩の弟子であり、靖嵩の師の法泰は真諦三蔵の直弟子である。道宣は智凝の撰著については具体名を挙げていないが、摂大乗論研究者であったことを記し、特に明及法師なる人に「黎耶識は滅するや不や」と問われて「滅す」と答えたことを記している[135]。このことは一切法の依止として阿梨耶識を理解するに際して重要な意味を持っている。即ち、無漏法が顕現する時には阿梨耶識は消滅するという考え方であり、阿梨耶識は出世間法の依止とはならないという思想である。従って出世間法の依止となるような第九番目の識の存在を主張することとなり、第九識とも阿摩羅識とも呼ばれることになるのである。果して智凝の師の靖嵩には「九識玄義」なる撰述があったことを道宣は記している[136]。このように考えてくると、真諦―法泰―靖嵩―智凝と師資する系統では、一貫して九識説を遵守してきたことが想像される。また『続高僧伝』は僧弁の著作に関して、

其の摂論、中辺、唯識、思塵、仏性、無性論、並びに具さに章疏を出し世に在りて流布す。

其摂論、中辺、唯識、思塵、仏性、無性論、並具出章疏在世流布。（大正50・五四〇c）

とのみ言っているから、彼の学風はもっぱら真諦直系の瑜伽唯識学であったように思われる。従って僧弁を『摂大乗論抄』の作者であると考えることは、種々の点で無理があるように思う。

最後に法常について考えてみよう。『続高僧伝』巻第十五の法常伝によれば、十九歳の時に曇延法師に投じて出家したことが知られる。曇延については、同じく『続高僧伝』巻第八[137]に伝記を見ることができるが、幼い頃より専ら『涅槃経』の研究を志し、その学徳は浄影寺慧遠と並び称されるほどであったことが知られる。次に道宣は、法常が二十二歳の時に、

摂論初めて興る。新法を聞くに随いて、其の弘義を仰ぐ。

摂論初興。随聞新法、仰其弘義。（大正50・五四〇c）

と記している。法常は貞観十九年（六四五）に七十九歳で卒したことが記されているから、逆算してこの年は隋の開皇八年（五八八）となる。曇遷の『摂大乗論』北地開講は、既に触れたように開皇七年と言われているが、正確には徐州に居た曇遷に対して長安で講義するよう勅命が下ったのが開皇七年の秋であるから、実際に講義が行われたのは翌年に入ってからであったのかもしれない。従ってここで道宣が「摂論、初めて興る」と言っているのは、正しく曇遷の開講を指していると考えて間違いない。加えて、師の曇延は開皇八年八月に没している。以上によれば法常は、十九歳より約三年間曇延に師事してもっぱら『涅槃経』を学んだ後、曇延の死と前後して曇遷の『摂大乗論』の講義を聞くに至るわけである。曇延が、同時代の地論学派の人々の教えを受けた形跡はないので、法常にもそうした影響はなかったものと考えられる。その後の法常については、

時に五年を積み名理を鑽覈し、成実毘曇華厳地論に至りて、博く同異を考え皆軌轍と為す。

時積五年鑽覈名理、至於成実毘曇華厳地論、博考同異皆為軌轍。（大正50・五四〇c）

と記され、特に成実と毘曇、華厳と地論の同異について研究を深めたと記されている。『成実論』と阿毘曇の関係は地論宗の四宗判等で考えられてきたテーマであり、『摂大乗論抄』では声聞蔵を立性と破性とに二分していたことが正しくこの問題に相当する。また地論と華厳との同異について考えを深めたとされることは、地論学と華厳学とが切り結ぶ立場にあると考えられる智儼との関係を暗に想像させる。更に法常の生涯については、

初め常、義門を渉詣し妙に行解を崇ぶ。故に衆の推す所の美は摂論に帰し、而も志の尚ぶ所は涅槃を慕う。恒に披講せんと欲するも未だ之れを欣悟せず。遂に衆の請に依りて専ら此の論を弘め理味を陶冶し胸懐を精貫す。

初常、渉詣義門妙崇行解。故衆所推美帰於摂論、而志之所尚慕涅槃。恒欲披講未之欣悟。遂依衆請専弘此論陶冶理味精貫胸懐。（大正50・五四一b）

と言い、著作については、

摂論義疏八巻玄章五巻を著わす。涅槃維摩勝鬘等各おの疏記を垂れ広く世に行わる。

著摂論義疏八巻玄章五巻。涅槃維摩勝鬘等各垂疏記広行於世。（同前）

と記している。この記述に従えば、法常は『摂大乗論』を深く理解しながらも常に『涅槃経』をよりどころとしていたことが知られる。このことは、『摂大乗論抄』が所詮の宗旨を仏性と二諦に要約していたことと通ずるように思われる。また『摂大乗論疏』の他に『摂大乗論玄章』五巻を撰述したとされることは、『摂大乗論抄』が「義章」のような体裁で書かれていることとも符合する。

以上、『摂大乗論抄』の内容の検討と著者の推定を試みた。この範囲の中で言えば、『摂大乗論抄』は法常の『摂大乗論玄章』五巻ではないかと推定されるが、所説の検討が必要であることは言うまでもない。(138)

Ⅱ　道憑の五時判

華厳教学の成立と展開を明らかにするために、智儼の思想的背景となった地論学派の思想を考察してきた。その理由は、第一に智儼の事実上の師であったと考えられる至相寺智正が地論宗南道派の法脈に連なる人であったこと、第二に智儼の思想の出発点とも言うべき『捜玄記』が慧光の思想の下に書かれたものであると指摘されていること[139]、である。華厳教学は、智儼において地論学派の思想を直接の母胎としながらそれを換骨奪胎することによって成立したものであると考えられる。その地論宗の成立と展開について、光統慧光が極めて重要な役割を担ったことは否定することができない。『続高僧伝』の記述などによれば、慧光には光門十哲と称される人々をはじめとして優秀な弟子が数多くいたことが知られる。彼らの教判思想の主なものについては、既に本章第一節三―Ⅳで触れた。北魏から北斉・北周に至る仏教界の主要な動きは、おそらく彼らが握っていたであろう。

このような問題に関心が及ぶとき、智儼から遡って慧光に至る法脈の中で、道憑という人の存在が注目される。即ち、『続高僧伝』の記述には慧光の多くの弟子の中でも法上と道憑の二人が傑出していたと記されており[140]、法上の門下からは浄影寺慧遠を、道憑の門流からは智儼を輩出したからである。また法上と道憑の二人は単に傑出していたばかりではなく、仏教者として対照的な生き方をしたようである。国統としての師慧光の役割を受け継いだのは法上であった。法上は北魏・北斉の仏教界では昭玄大統として数十年間にわたって一大権威であり続けた。一方、道憑はそうした傾向とは全く無縁で、名声を嫌って隠棲していたようである。こうした点を以て地論宗南道派には二つの思想的傾向があったとの指摘がなされている[141]。穿った見方をすれば、そうした法上と道憑の対照的な生き方が慧遠と智儼に投影されているかもしれないのである。以上のような視点から、ここでは慧光と智儼との間に位置する道憑の思想について若干の考察を加えたいと思う。

今日、地論学派に属する人々の思想を直接伝えるものは、浄影寺慧遠の著作を除けば極めて少ない。道憑についても例外ではなく、彼の著作等は一切現存していない。今日、彼の思想の一端を窺い知る材料としては、わずかに北周慧影の『大智度論疏』巻第十七に引用される「五時教義」の語を見るのみであり、その点でこの所説は極めて貴重なものであると言うことができる。

道憑法師、此の経を読み三乗をして同じく波若を学ばしめるを見るを以ての故に五時教義を造り、此の経を以て通教と為す。

道憑法師、読於此経以見令三乗同学波若故造五時教義、以於此経為通教。（卍続一・八七・一二三六左下）

これだけの資料ではあるが、地論学派の教学の流れの中でそれがどのような意味を持つものであるかということを少しく考えてみたい。

後代の教判資料、例えば智顗の『法華玄義』[142]や法蔵の『五教章』[143]『探玄記』[144]などによって知ることのできる地論学派の教判思想といえば、既に述べたように漸頓円三教判と四宗判が中心的なものである。両者はいずれも慧光によって創案されたものであり、その後多少の展開は見せたものの、基本的には慧光の思想がそのまま踏襲されたのである。こうした全体的な流れの中において「五時教義」という思想はかなり異質な感が否めない。「五時教義」という思想は漸頓円三教判とも四宗判とも直接的な形では結びつきにくいのである。手がかりとしては前述のもののみであるから「五時教義」の詳細を知ることはできないが、道憑が慧光の有力な弟子であったとされることから鑑みて、慧光の四宗判及び漸頓円三教判との何らかの関係の中でこうした思想が提出されたとすれば、そこにはどのような事情があったのであろうか。そうした点について四宗判・漸頓円三教判と「五時教義」との関係を考えながら、「五時教義」の内容を類推してみたいと思う。従って本節は、ほとんど資料的な裏づけを持たないので、限られた資料を通して当時の思想的課題を想像するという範囲を越えるものではない。

道憑の「五時教義」において特徴的なことは、彼が『般若経』を以て通教であるとしていることである。通教という考え方は、ある教説が声聞縁覚菩薩の三乗に共通して説かれたものであることを表わすものであるから、三乗の内における声縁二乗と菩薩乗との共不共の関係を踏まえたものである。従って、通教という概念には必ず一方で別教という対概念が存在しなければ意味を持たないことになる。二乗と菩薩乗に対してある教説が共不共関係にあるということは、『大智度論』の共不共般若波羅蜜[145]の思想に源を発するものであるが、それを踏まえて教判の中で三乗に対する教説を通教・別教という概念によって整理したのは、直接的にはおそらく南地劉宋慧観の頓漸二教五時判[146]を嚆矢とするであろう。このような点では、慧観の思想は南朝般若学の一つの結論として示されたものであったと言うことができよう。これに対して、北方でも教判の中で通教という用語を用いていた。それは慧光の師であった仏陀三蔵の通宗大乗・通教・別教三乗という三教判[147]においてである。この三教判は、大乗・小乗の分判を表わす「通と別」という視点と大乗の内の浅深を表わす「教と宗」という視点との重層的な構造によって成り立っており、これが慧光の四宗判の母胎となったものであることは既に論じた通りである。[148]仏陀三蔵の通教・別教という概念は、用語的には南地のそれと無関係ではなかったかもしれないが、南朝の般若学を中心とする仏教理解を受け継いだものではない。ある教説が三乗に対して共通であるか否かという視点のみを譲り受けたものなのである。道憑の通教観が南地の思想を受け入れたものであるのか、それとも仏陀三蔵の三教判を受け継ぐものであるのか、その点については詳かではない。しかしながら、慧光の弟子でありながら改めて『般若経』を以て通教であるとすることに、道憑の思想の特徴があるのである。つまり慧光の四宗判においては『般若経』に対して誑相宗もしくは不真宗という定義づけをしているのであるから、それを改めて通教であるとすることには何らかの必然性がなければならないのである。

そこで慧光の四宗判を少し振り返ってみると、既に述べたように、四宗判は仏陀三蔵の三教判がよりどころとした『四巻楞伽経』の説通・宗通説(149)によって諸大乗経典に浅深を立てることにより成立したものであった。そして、大乗経典に浅深を立てるということの具体的な内容は、智顗や法蔵が紹介するものに従えば『華厳経』及び『涅槃経』と『般若経』との間に一線を画すということであった。つまり『華厳経』及び『涅槃経』は、法界の湛然及び仏性の常住を説くものであり、それに対して『般若経』は諸法の幻有を説くものであるから一段次元の低い教説と見なされ、誑相もしくは不真と位置づけられたのである。これは『般若経』に対する正面からの評価というよりは、むしろ他の大乗経典、なかんずく『華厳経』『法華経』『涅槃経』との比較においてなされたものと言える。部としての特定の経典に対してある評価を定めて次第配列するという研究方法は、経典を厳密に研究すればするほど、対象とする経典の数だけ枠組を設定しなければならなくなるであろう。事実、この点によって四宗判はその後、五宗判・六宗判と分裂していかなければならなかったのである。

従って四宗から六宗に至る展開の中には、この時代の仏教研究の主たる関心が透けて見えるのである。それは、『般若経』と『華厳経』『法華経』『涅槃経』との関係をどのように見るかということが極めて重大な課題であったのである。四宗判は、その問題について経典の内容に優劣をつけることで一定の秩序を立てようとした。経典に対する慧光のこのような研究方法は一方では厳しい批判を浴びたと考えられ、この点は本章第一節三において詳細に論じた通りである。改めてその批判の一例として次の所説を挙げておきたい。

若し是れ流支の半満明義なれば、此の経は即ち是れ満字の説にして、華厳涅槃と異ならず。

若是流支半満明義、此経即是満字之説、不異華厳涅槃。(『維摩経玄疏』巻第六、大正38・五六一c)

これは智顗の『維摩経玄疏』の初めの所説であるが、菩提流支は、『維摩経』は満字教であるから、『華厳経』や『涅槃経』と異なるものではないと主張しているのである。この時代の一般的な理解として、空を説く経典として『維摩経』は『般若経』と等質のものと考えられていたようであるから、菩提流支のこの主張は『般若経』に対しても当てはまる。従ってこの意見は大乗経典の等質性を主張したものであったと考えられる。それ故、大乗経典間に浅深を立てることによって成り立っていた四宗判とは、内容的に全く相容れない考え方なのである。菩提流支と慧光との間に論争があったかどうかは今はしばらく置くとしても、時代的に重なるこの時期において全く相容れない二つの大乗経典観が存在したことは注目に値する。

そこで、道憑が慧光の弟子でありながら師と異なった経典観を持つに至った理由が、仮にこうした主張を認めたことによるものであるとすると、先述の問題はどのような視点で整理され得るであろうか。経典の内容について一切優劣を認めず、『般若経』『華厳経』『法華経』『涅槃経』の各経をある秩序を以て見ようとすれば、それらを経典の説時の違いによって整理するという方法は、きわめて妥当なやり方であるように思われる。道憑の「五時教義」はおそらくこうした背景の下に提出されたものだったのではなかろうか。このような推察からすると、道憑の「五時教義」は、智顗が『法華玄義』等において『法界性論』もしくは『法性論』[150]の説として引用するものと極めて近い内容を持ったものではなかったかと想像される。更にそれが湛然によって「菩提流支、法界性論を出す」[151]と註釈されていることを考え合わせれば、誠に注目すべき所説であると言わなければならない。

菩提流支の『法界性論』については、智顗の引用経論を網羅的に研究する中で少しく触れられたこともあるが[152]、そこでは内容に関する言及はなされていなかった。近年に至って『法界性論』の内容を検討した成果が発表されているので[153]、今はその指摘に従うことにしたい。その中で本節とのかかわりにおいて特に重要な指摘は、「『法界性論』には、華厳・般若・法華・涅槃と次第する教判が存在していた」とされていることである。更に注目すべきことは、『法界性論』は菩提流支の撰述もしくは訳出によるものとは考えがたいとされていること、内容的に見て六世紀前半に慧光の思想と何らかのかかわりを持ったところで書かれたものであるとの推測がなされていることである。『法界性論』自身の問題は本節の論旨からややはずれるのでこれ以上関説することは避けたいが、以上の指摘に従えば、道憑との間に何らかの結びつきを考えることは、さして不自然なこととは思われない。またこの時代は、『法華経』に対する『涅槃経』の優位性を主張した時代であったから、第五時として智顗のように法華・涅槃時というような概念は到底持ち得なかったに相違あるまい。このような点から想像すれば、道憑の「五時教義」とは、

一　華厳
二　三乗別教
三　三乗通教（般若）
四　法華
五　涅槃

と次第する内容を持ったものであったのではないかと考えられるのである。

では次に、道憑の「五時教義」が仮にこのような内容を持ったものであったとすると、この思想はこの時代においてどのような意味を持つことになるであろうか。まず第一点は、既に述べたような四宗判の欠陥、つまり第四の常宗もしくは真宗が華厳・法華・涅槃の各経によって五宗・六宗と分裂していかなければならないような構造を持つものであったことを、全く別の視点によって整理していることである。このことは、あるいは菩提流支の主張を受け入れたことによるものであったかもしれない。第二点は、五時判の中に『華厳経』を組み込むことによって劉

宋慧観以来の「頓漸二教五時」という思想から完全に脱皮しているということである。つまり道憑の「五時教義」は、従来のような頓教漸教という前提を必要とするものではないということである。

もともと頓漸二教判が立てられてきた背景には、大乗は二乗不共であるから、初転法輪は三乗差別の教えであったとする『法華経』の所説に立って、それと明らかに矛盾する『華厳経』の所説を会通しなければならないという必然性があった。要するに仏陀釈尊の生涯の説法を、ある秩序の下に見ようとするにあたって『華厳経』だけが他の経典と関係づけられないものだったのである。そこで『華厳経』を他の経典から別立てするための視点が頓漸二教という概念であった。この考え方は慧観以来しばらくの間、中国仏教界の主流をなしてきた。ところがこのような頓漸二教判に対して、やはり菩提流支が厳しく批判していたとする記述が、『義林章』巻第一の中にある。

後魏に菩提流支法師有り。此こには覚愛と名づく。唯だ一時教を立つ。仏自在を得て、都て心を起こして説不説有らず。但だ衆生に感有りて、一切時に於いて、一切法を説くと謂えり。譬えば天楽の衆生の念に随いて種種の声を出すが如し。亦末尼の意の求むる所に随いて種種の宝を雨らすが如し。花厳経に云わく、如来は一語中に無辺契経海を演出す。維摩経に云わく、仏一音を以て法を演説し、衆生は類に随いて各おの解を得、或いは恐怖し或いは歓喜し、或いは厭離を生じ或いは疑を断ずること有り。故に一教の定めて頓定めて漸無し。

後魏有菩提流支法師。此名覚愛。唯立一時教。仏得自在、都不起心有説不説。但衆生有感、於一切時、謂説一切法。譬如天楽随衆生念出種種声。亦如末尼随意所求雨種種宝。花厳経云、如来一語中演出無辺契経海。維摩経云、仏以一音演説法、衆生随類各得解、或有恐怖或歓喜、或生厭離或断疑。故無一教定頓定漸。（大正45・二四七a）

この指摘に従えば、如来は常に唯一の完全な教えによって説法されるのであって、受け取り方にそれぞれ違いがあるだけである。従って、如来の説法に矛盾があるとして特定の経典を頓教であるとか漸教であるとか区別して理解すべきではない、というのである。実際にこのような指摘を受け入れたことによるのか否かは定かでないが、地論学派においては、慧光以来一貫して頓教・漸教という用語を用いながらも、その内容はずいぶんと変化していくのである。道憑の「五時教義」が頓漸二教を前提としないことの意味は、あるいは菩提流支のこうした指摘を受け入れたことによるものであったのかもしれない。

以上のように考えてくると、道憑の「五時教義」は、慧光の四宗判と従来の五時判とを菩提流支の批判を受け入れながら展開させたものではなかったかと想像される。

ところがこうした道憑の思想は、後期の地論学派の人々に受け入れられた形跡がない。例えば道憑から数えて三代後の至相寺智正の教判は、既に述べたように、

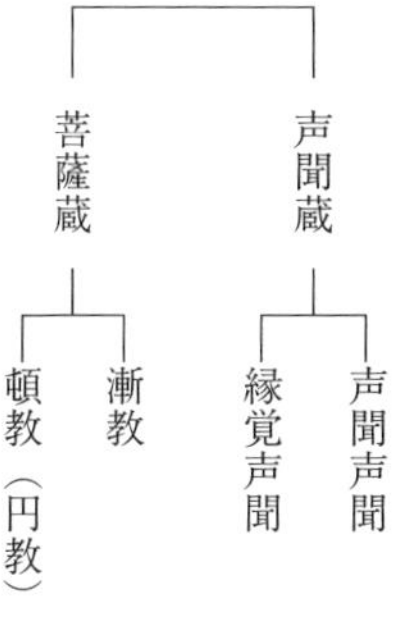

というものであり、浄影寺慧遠の二蔵判とほぼ同じものである。この間の事情をどのように理解すればよいであろうか。おそらくその最も大きな理由の一つと考えられるのは、道憑の「五時教義」の中に、この時代の最も大きな思想的潮流であった小乗大乗の分判という視点がないことである。即ち、地論学派の教学展開を慧光の二つの教判

から慧遠・智正の二教判に至る歴史であると考えると、それは大きく言って小乗大乗思想確立の歴史であった。仏陀の教えを小乗と大乗という視点によって整理すれば、従来のような三乗別教といった見方は全く必要ない。従って三乗別教と対応関係にある三乗通教という概念も用をなさないことになる。このような理由によって、道憑の「五時教義」は、せっかく菩提流支の批判を受け入れながらも、当時の仏教界にあまり大きな発言力を持たなかったのではなかったかと推察されるのである。しかしながら頓漸二教を前提としない五時という考え方は、少なくとも他の大乗経典と『華厳経』とを区別せずに考えるという視点を提供したはずである。そして、こうした視点が後世に至って智顗の五時判を生み出す母胎となったのであろうし、道憑の門流から智儼を生み出していくような背景となったのであろうと想像される。

註

（1）『円宗文類』巻第二二に「賢首国師寄海東書」（卍続一・二・八・四二二右下〜左上）が収められている。これは法蔵が同じ智儼門下の新羅の先輩義湘に対して送った書簡である。それによれば法蔵は自分の著書を義湘に送って自らの華厳学理解に対する験証を求めている。なおこの書簡については、坂本幸男「賢首大師の書簡について」（『大乗仏教の研究』大東出版社、一九八〇年）、神田喜一郎「唐賢首大師真蹟「寄新羅義湘法師書」考」（『神田喜一郎全集』第二巻、同朋舎、一九八三年）等参照。

（2）法蔵の思想形成に果した元暁の役割については、例えば法蔵の『起信論義記』が元暁の『疏』に基づいて著わされたものであることは従来指摘されているところである（吉津宜英「法蔵の四宗判の形成と展開」〈『宗教研究』第五三巻第一輯、一九七九年〉参照）。また元暁の『二障義』が法蔵の『五教章』断惑分斉に影響を与えたとする指摘もある（横超慧日「元暁の二障義について」〈『東方学報』東京第一一冊、一九四〇年〉参照）。この他に『十門和諍論』が『五教章』の空有交徹思想と深い関係があるのではないかとする論考もある（鎌田茂雄「『十門和諍論』の思想史的意義」〈『仏教学』第一一号、一九八一年〉参照）。

（3）その代表的な例を北涼の大翻訳三蔵曇無讖の生涯に見ることができるであろう。曇無讖の果した偉大な業績については、ここで云々する必要もないほど明確であるが、『高僧伝』の曇無讖伝によれば、曇無讖は道術において験あることで世に知られていたようである。北涼王沮渠蒙遜が仏教に帰依したのもそのためであったと言われる。その噂は北魏の太武帝拓跋燾の知るところとなり曇無讖を請じ迎えようとした。そのため陰に陽に加えられる強烈な圧力に耐えかねた蒙遜は、弘法のため西行しようとした曇無讖を暗殺してしまったのである（『高僧伝』巻第二、大正50・三三五c～三三七a）。

（4）『魏書』釈老志、巻一一四に、
（太和）二十一年五月、詔して曰く、羅什法師は、神は五才を出で、志は四行に入ると謂うべき者なり。今も常住せし寺に猶お遺地有り。欽悦して蹤を修め、情、遐遠に深し。旧堂所に於いて、為に三級の浮図を建つべし、と。

二十一年五月、詔曰、羅什法師、可謂神出五才、志入四行者也。今常住寺猶有遺地、欽悦修蹤、情深遐遠。可於旧堂所、為建三級浮図。

とある。

（5）それらの成果の一々については枚挙に暇がないが、総合的な論考の代表的なものとしては、横超慧日編『北魏仏教の研究』（平楽寺書店、一九七〇年）を挙げることができる。

（6）例えば、『中国仏教史辞典』（鎌田茂雄編、東京堂出版、一九八一年）一七七頁の「地論学派」の項などが最も代表的な例である。

（7）『続高僧伝』巻第一（大正50・四二八a～）。

（8）『続高僧伝』巻第七（大正50・四八二b～）。

（9）『続高僧伝』巻第一の菩提流支伝によれば、菩提流支が「永平の初年」に入洛したこと（大正50・四二八a）、及び勒那摩提が「正始五年」に入洛したこと（同・四二九a）を記す。これと同様の記述は『歴代三宝紀』巻第九（大正49・八六b）にもある。また、勒那摩提については、それより約十年早い時期に既に入洛していたとする資料もある。この問題については、牧田諦亮「宝山寺霊裕について」（『東方学報』京都第三六冊、一九六四年）参照。

（10）大正26・一二三b。

（11）鍵主良敬「十地経論における阿梨耶識と自性清浄心――地論宗心識説成立基盤への一考察――」（『大谷学報』第四四巻四号、一九六五年）参照。

（12）『歴代三宝紀』巻第九（大正49・八五c～六b）。

（13）『歴代三宝紀』巻第九（大正49・八五c）。

（14）『十地経論』巻第八（大正26・一六九a）。

（15）例えば、巻第二には、

大慧よ、八種の識有り、略して説くに二種有り。

大慧、有八種識、略説有二種。（大正16・五二一a）

とある。また巻第四には、

大慧、仏に白して言さく、世尊よ、世尊は八種の識を説かざるべきや。仏大慧に告げたまわく、我八種の識を説く。

大慧、白仏言、世尊、世尊可不説八種識耶。仏告大慧、我説八種識。（大正16・五三八b）

とある。

（16）例えば『論』の全般にわたって引用される『陀羅尼自在王経』（大正31・八二一b、八三三a、八四四aなど）は『大集経』の「陀羅尼自在王品」（大正13・五b～）に相当し、『論』の「一切衆生有如来蔵品」に引用される『大海慧菩薩経』（大正31・八三三c～八三四b）は『大集経』の「海慧菩薩品」（大正13・六八b及びa）の引用であり、同じく『論』の巻第三に引用される『宝髻経』（大正31・八三四c、八三六a。大正蔵では宝鬘経に作るが、おそらく誤字であろう）は『大集経』の「宝髻菩薩品」（大正13・一八一a及び一七六a）の引用である。この他の曇無讖訳の引用には『論』巻第四（大正31・八三九c～四〇a）に引用される『涅槃経』（大正12・三七七c～八a）なども挙げることができる。

(17)『論』巻第二（大正31・八二七a～c）に、仏駄跋陀羅訳『華厳経』性起品（大正9・六二三c～四a）の引用がある。

(18) 大正31・八二八b、八三七aなどに『如来蔵経』が引用されている。

(19) その一例として『論』巻第四に引かれる空義隠覆真実章の文を比較してみよう。

・宝性論巻第四（大正31・八四〇a～b）

聖者勝鬘経言

世尊、如来蔵智名為空智。世尊、如来蔵空智者、一切声聞辟支仏等、本所不見、本所不得、本所不証、本所不会。世尊、一切苦滅唯仏得証。壊一切煩悩蔵、修一切滅苦道故。

・勝鬘経（大正12・二二一c）

世尊、如来蔵智是如来空智。世尊、如来蔵者、一切阿羅漢辟支仏大力菩薩、本所不見、本所不得。

これによって知られることは、求那跋陀羅訳の『勝鬘経』の訳文の方が簡潔な表現になっているということである。こうした関係は他の引用文についても同じである。

(20) 宇井伯寿『宝性論研究』（岩波書店、一九五九年）一六頁。

(21) 宇井前掲書、一六頁。

(22) 里道徳雄「地論宗北道派の成立と消長――道寵伝を中心とする一小見――」（『大倉山論集』第一四輯、一九七九年）参照。

(23) 里道前掲論文参照。

(24) 道綽は『安楽集』巻下の冒頭において浄土教の師承について、流支三蔵・慧寵法師・道場法師・曇鸞法師・大海禅師・上統の六名の名前を挙げている（大正47・一四b）。これらの人々の中には本書と直接関係する人も含まれており、菩提流支の思想の相承に関して興味深い点がある。なおこの六大徳の説に関しては既に次のような論考がある。服部仙順「六大徳相承説に就いて」（『浄土学』第八輯、一九三四年）、高雄義堅「道綽禅師とその時代」（『宗学院論輯』第三一号、一九七六年）、佐々木功成「安楽集の六大徳に就て」（『真宗研究』第二号、一九二七年）。

(25) 『続高僧伝』巻第一八、曇遷伝（大正50・五七二b～c）。

(26) 地論宗の南北分派は、これまでもしばしば『大乗起信論』の撰述問題との関係の中で論じられてきた。その中でも望月信亨博士は『起信論』の心識説と地論北道派の心識説の近似性を指摘して、『起信論』の中国撰述説を積極的に主張したのであった。博士はその主張の前提として、地論宗の南北分派の原因をその心識理解の相違に基づくものとして次のように述べる。

地論に南北二道の両派あるは、嘗て記述せし所の如し。就中、北道は、菩提流支、道寵を祖とし、南道は、勒那摩提、慧光を祖とす。北道の一派は、阿梨耶を以て一切法の依持となすに対し、南道の一派は、真如を以て依持とすと説き、互に水火の諍をなせり。（望月信亨著『講述大乗起信論』九二頁）

博士はこの後、『大乗義章』『中論疏』『解深密経疏』『法華玄義』『法華玄論』などの諸文を引用して地論宗の南北両派の心識理解の相違を明らかにしようとしているが、それらの諸文の中には、直接南北両道の名を出して相違を明らかにしているものは存在しない。従ってそこに示される心識理解の相違を地論南北両派の問題であると判断する基準は、先に引用した如きものが前提となってなされるわけである。そしてその前提が『釈籤』によるものであることは明瞭である。従って望月博士の主張する地論宗南北両派の心識理解に関する所説は『釈籤』をよりどころにするものであるということになる。

(27) 卍続一・八七・二六五右上。

(28) 『続高僧伝』巻第八の法上伝に、

時の人語りて曰く、京師の極望たるや、道場と法上なり。斯の言允なり。
　時人語曰、京師極望、道場法上。斯言允矣。（大正50・四八五a）
とある。
(29)『魏書』釈老志、巻一一四に、
　世宗以来、武定の末に至るまで沙門知名の者、恵猛、恵弁、恵深、僧暹、道欽、僧献、道晞、僧深、恵光、恵顕、法栄、道長有り。並びに当世に重んぜらる。

　世宗以来、至武定末沙門知名者、有恵猛、恵弁、恵深、僧暹、道欽、僧献、道晞、僧深、恵光、恵顕、法栄、道長。並見重於当世。

とある。
(30)菩提流支の半満二教判が小乗大乗思想の先駆となったことについては、横超慧日「中国仏教に於ける大乗思想の興起」（『中国仏教の研究　第一』法藏館、一九五八年）等参照。
(31)『法華玄義』巻第十上に、いわゆる南三北七の教相判釈を出して、
　謂わゆる南三北七なり。南北地通じて三種教相を用う。一に頓、二に漸、三に不定なり。
　所謂南三北七。南北地通用三種教相。一頓、二漸、三不定。（大正33・八〇一a）
としている。
(32)例えば法蔵は『五教章』（大正45・四八〇b）において、護法師（あるいは誕法師か）が『楞伽経』によって漸頓二教を立てたことを紹介している。
(33)大正16・四八五c〜六a。
(34)大正16・五二五a。
(35)大正12・三九〇c及び四一四bなど。
(36)その例として、円測の『解深密経疏』（卍続一・三四・二九八左上）及び基の『唯識論料簡』（卍続一・七六・四

六五左下）などの説を挙げることができる。ちなみにこの問題に関しては既に坂本幸男博士の若干の論究がある。坂本幸男『華厳教学の研究』（平楽寺書店、一九五六年）一八二頁以下参照。
(37) 坂本前掲書一五一頁以下参照。
(38) 大正9・一九b及び二〇bなど。
(39) 慧影の『大智度論疏』巻第二四（卍続一・八七・二六二左上）に、『涅槃経』と『法華経』の優劣を論ずるような経典観に対し鳩摩羅什が批判を加えていることを記す。ただ羅什は年代的に見て『涅槃経』を知らなかったであろうから、羅什の主張そのものは大乗経典の等質性ということのみであったかもしれない。
(40) 村田常夫「地論師の教判について」（『大崎学報』第一〇八号、一九五八年）、吉津宜英「浄影寺慧遠の教判論」（『駒澤大学仏教学部研究紀要』第三五号、一九七七年）など参照。
(41) 『法華経憂波提舎』は薬草喩品の譬喩を釈して次のように言う。
三には、大乗一向決定増上慢心、是くの如きの意を起こす。別して声聞辟支仏乗無し。是くの如く倒取す。此れを対治するが故に為に雲雨の譬喩を説く。応に知るべし。

三者、大乗一向決定増上慢心、起如是意。無別声聞辟支仏乗。如是倒取。対治此故為説雲雨譬喩。応知。（菩提流支訳、大正26・八b）
(42) 慧思の『立誓願文』に、
光州城西観邑寺上に在り、又摩訶衍義一遍を講ず。是の時多く衆の悪論師有り、競い来りて悩乱し嫉妬心を生じ、咸く殺害して般若波羅蜜の義を毀壊せんと欲す。
在光州城西観邑寺上、又講摩訶衍義一遍。是時多有衆悪論師、競来悩乱生嫉妬心、咸欲殺害毀壊般若波羅蜜義。（大正46・七八七b）
とある。
(43) 村田常夫「地論師の教判に於ける頓教論」（『印度学仏教学研究』第七巻二号、一九五九年）参照。

(44)　『五教章』巻第一（大正45・四八〇ｂ）。
(45)　『探玄記』巻第一（大正35・一一〇ｃ）。
(46)　『華厳経伝記』巻第二（大正51・一五九ｂ）。
(47)　『五教章通路記』巻第一一（大正72・三六六ｃ）。
(46)　『華厳五教章匡真鈔』巻第二（大正73・三四八ｂ）。
(47)　坂本註(36)前掲書、一九八～一九九頁、及び石井公成「『一乗十玄門』の諸問題」（『華厳思想の研究』〈春秋社、一九九六年〉第一部第二章第三節〈一四八頁〉）参照。
(48)　『演義鈔』巻第六に、慧光の漸頓円三教を挙げて、
別に空不空を説くを、即ち名づけて漸と為す。同時に空不空を説くを、即ち名づけて頓と為す。故に是れ化儀なり。其の第三も亦化法に約す。前の二を揀異す。
別説空不空、即名為漸。同時説空不空、即名為頓。故是化儀。其第三亦約化法。揀異前二。（大正36・四四ｃ）
と釈している。
(49)　横超註(30)前掲論文参照。
(50)　大正25・七五四ｂ。
(51)　慧観の二教五時判については、『三論玄義』（大正45・五ｂ）参照。
(52)　この点は後のⅡの(2)「四宗判の成立と仏陀三蔵の思想」の中で詳しく述べる。
(53)　里道徳雄「慧光伝をめぐる諸問題」（『大倉山論集』第一一輯、一九七四年）参照。
(54)　『続高僧伝』巻第二一の慧光伝（大正50・五五一ｂ～）によれば、十三歳の時に正式に仏陀禅師に入門したことを記している。この年は慧光の生卒年から推して北魏孝文帝の太和四年（四八一）であると考えられるから、『十地経論』の訳出を宣武帝の永平四年（五一一）とするとと三十年前の出来事であるということになる。
(55)　大正16・五四二ｂ。

(56) 大正16・五四七a。

(57) 『法華玄義』巻第十上に、地論宗の四宗判を教と宗の面から批判して、

彼れ、誑相不真宗は即ち是れ通教、常宗は秖だ是れ真宗にして即ち是れ通宗なりと云うは、宗は則ち真不真に通ず。不真に何の意ありて宗を没して教を用うるや。真宗に何意ありて教無くして宗を立つるや。宗若し教無くんば何ぞ真と知るを得ん。真宗若し宗に没して教有らば則ち同じく通教と名づく。若し倶に教に没して宗を留むれば則ち同じく通宗と名づく。若し倶に教に安んずれば則ち同じく通宗教と名づく。

彼云誑相不真宗即是通教、常宗秖是真宗即是通宗者、宗則通真不真。不真何意没宗而用教。真宗何意無教而立宗。宗若無教何得知真。真宗若没宗有教則同名通教。若倶没教留宗則同名通宗。若倶安教則同名通宗教。(大正33・八〇四c)

と言う。

(58) 日仏全九二・一三三下~五上。後の第二節二に全文を挙げているので参照。

(59) この点については後のⅣ「後期地論学派における教判思想」参照。

(60) 法蔵や智顗が等しく伝えるところの、護身寺自軌の五宗判は、慧光が常宗・大衍法師が真(実)宗としたものを『涅槃経』と『華厳経』によってそれぞれ真実宗・法界宗と分けたものである。更に耆闍(廩)法師の六宗判はその中から『法華経』を別立てにしたものである。従ってそれらは『涅槃経』を基本としつつ、そこから『華厳経』『法華経』の課題の独自性を見出していったものであるということができる。

(61) 第一節二―Ⅳ「地論宗成立に関する新たな視点」参照。

(62) 大正33・八〇一a~b。

(63) 大正45・四八〇b~一b。

(64) 大正35・一一〇c~一b。

(65) 『続高僧伝』巻第八曇遵伝(大正50・四八四a)。

(66) 頓漸二教判における『勝鬘経』の受容については、古田和弘「中国仏教における勝鬘経の受容と展開」（『奥田慈応先生喜寿記念　仏教思想論集』平楽寺書店、一九七六年）参照。
(67) 横超慧日「北魏仏教の基本的課題」（横超慧日編『北魏仏教の研究』平楽寺書店、一九七〇年）四五頁の付表参照。
(68) 第二章第一節「智儼における華厳同別二教判の形成」参照。
(69)『五教章』冒頭の「建立一乗」（大正45・四七七a〜）で扱われる様々な問題は全てそれに基づくものである。
(70)『法華玄義』巻第十上（大正33・八〇四b）。
(71) 大正50・六二二a〜。
(72)『五教章通路記』巻第一一（大正72・三六七a）。
(73) 大正50・四八四a〜。
(74)『華厳五教章匡真鈔』巻第二（大正73・三四八c）。
(75) 湯次了栄『華厳五教章講義』（百華苑、一九七五年）一三八頁参照。
(76) 坂本幸男訳『華厳経探玄記』（『国訳一切経』経疏部六、大東出版社、一九三七年）三五頁の注一二参照。
(77) 凝然の『五教章通路記』巻第一一に、

遵統師、花厳は光統に親承し、律蔵は乃ち其の孫弟なり。

遵統師、花厳親承光統、律蔵乃其孫弟也。（大正72・三六七b）

とあって、洪遵が律に関しては慧光の孫弟子であり、華厳に関しては直弟子であるとしているが、洪遵が慧光に親しく華厳を受けたことは『続高僧伝』には記されていない。
(78) 凝然の『五教章通路記』巻第一一に、

遵公は雲暉両師に随い四分律を習学す。鈔五巻本部に開通す。兼ねて華厳に達し講敷弘演す。即ち華厳疏七巻を作る。

遵公随雲暉両師習学四分律。鈔五巻開通本部。兼達華厳講敷弘演。即作華厳疏七巻焉。（大正72・三六七a）

とあるが、この「華厳疏七巻」も『続高僧伝』では確認できない。

(79) 里道徳雄「慧光伝をめぐる諸問題(二)」（『大倉山論集』第一三輯、一九七八年）参照。

(80) 註(40)参照。

(81) 『菩薩地持経』巻第十に、

如来は諸菩薩声聞縁覚の為に出苦道を行じて修多羅を説く。経蔵を結集すとは、以て菩薩行を説きて菩薩蔵を立て、声聞縁覚行を説きて声聞蔵を立つ。

如来為諸菩薩声聞縁覚行出苦道説修多羅。結集経蔵者、以説菩薩行立菩薩蔵、説声聞縁覚行立声聞蔵。（大正30・九五八b～c）

とある。

(82) 例えば『大智度論』巻第一〇〇には、

仏法は皆是れ一種一味なり、謂わゆる苦尽解脱味なり。此の解脱味に二種有り。一には但だ自ら身の為にす、二には兼ねて一切衆生の為にす。倶に一解脱門を求むると雖も而も自利利人の異有り。是の故に大小乗の差別有り。是の二種の人の為の故に、仏口所説は文字語言を以て分かちて二種と為す。三蔵は是れ声聞法、摩訶衍は是れ大乗法なり。

仏法皆是一種一味、所謂苦尽解脱味。此解脱味有二種。一者但自為身、二者兼為一切衆生。雖倶求一解脱門而有自利利人之異。是故有大小乗差別。為是二種人故、仏口所説以文字語言分為二種。三蔵是声聞法、摩訶衍是大乗法。（大正25・七五六b）

とある。

(83) 例えば『探玄記』によれば、真諦三蔵の立てた漸頓二教が「大乗が小乗によりて起こり三乗の差別があることを漸といい、大乗が小乗によらず、ただ菩薩のためにのみ説かれたものであることを頓という」（大正35・一一〇

c）という内容のものであったことや、『五教章』に紹介される護法師（あるいは誕法師か）の漸頓二教が前述の真諦三蔵のそれと全く同じ内容を持ったものとして紹介されていること（大正45・四八〇b）などが参考となろう。この『五教章』に出ずる護法師（あるいは誕法師）については坂本幸男博士の「教判史上の誕法師」（坂本註(1)前掲書）参照。

(84) 大正50・五三六c。
(85) 大正51・一六四c。
(86) 日仏全九二・一三三下〜五上。
(87) 大正9・七四九a。
(88) 註(57)参照。
(89) 『続高僧伝』巻第一八曇遷伝（大正50・五七二b〜c）。
(90) 『続高僧伝』巻第八慧遠伝（大正50・四九一b）によれば、慧遠の没年は開皇十二年（五九二）であり、『摂大乗論』北地開講以来五年目のことである。
(91) 大正85・一〇三六a。
(92) 『摂大乗論抄』の蔵摂分斉段（大正85・九九九c〜一〇〇〇a）が、『捜玄記』の蔵摂分斉段の前半部分（大正35・一三c〜一四a）に引用されていると考えられる。詳細は第二節二「『捜玄記』玄談と地論・摂論教学の関係」参照。
(93) 『摂大乗論抄』には、声聞蔵・菩薩蔵という用語（大正85・一〇〇〇a）の他にも、執性宗・破性宗（大正85・一〇〇〇a・c）といった用語を見ることができる。これは慧遠が慧光以来の四宗判を自身の用語によって示したもので、『大乗義章』巻第一（大正44・四八三a）に出ずるものと同一である。なお執性宗については『大乗義章』では立性宗とあるが、高麗の均如はこれを「遠公所立の執性教」（『均如大師華厳学全書』下巻・九七）としている。また、これらの用語は智儼の『捜玄記』にも執性教、破性教（大正35・一四b）として引用されている。

(94) その一例として、それらのいずれもが、小乗と大乗という用語で以て教理を二分して整理しようとしていること、また『摂大乗論』を釈すにあたって『起信論』の思想を用いているが、それは『起信論』思想を以て『摂大乗論』を会通しようとしたものではなく、両者は初めから一体のものとして扱われていたと考えられること、などを挙げることができる。

(95) 大正50・五七一b〜。

(96) 結城令聞「隋・西京禅定道場釈曇遷の研究——中国仏教形成の一課題として——」(『福井博士頌寿記念　東洋思想論集』福井博士頌寿記念論文集刊行会、一九六〇年)参照。

(97) 『五教章』巻第一(大正45・四八〇b)及び『探玄記』巻第一(大正35・一一〇c)。なお曇遷については第二節三—補説Ⅰ「敦煌本『摂大乗論抄』について」参照。

(98) 『続高僧伝』巻第八曇遵伝(大正50・四八四a)。

(99) 大正蔵経一五八八(大正31所収)。

(100) 『続高僧伝』巻第一八曇遷伝(大正50・五七四b)。

(101) 高峯了洲著『華厳孔目章解説』(南都仏教研究会、一九六四年)三五頁参照。

(102) 『捜玄記』巻第一下(大正35・二八b)。

(103) 『探玄記』巻第四(大正35・一七六c)。

(103) 『探玄記』巻第四に、

遷禅師の釈に依り十甚深義と為す。

依遷禅師釈為十甚深義。(大正35・一七六c)

とある。

(104) 大正9・四二九b。

(105) 大正45・五八一b。

(106) 結城註(96)前掲論文参照。
(107) 大正50・五三六b。
(108) 序章では、法蔵の『華厳経伝記』の記述を手がかりにして、智儼の『捜玄記』撰述を華厳教学の出発であると法蔵が考えたことを明らかにした。本章ではその前提に立って智儼の学系を検討して、『捜玄記』の思想史背景を検討した。
(109) 第一節三―Ⅱ―(1)「漸頓円三教判について」参照。
(110) 大正85巻（九九九b～一〇一一a）所収。
(111) 『華厳五教章』巻第一（大正35・一一〇c）に慧光の漸頓円教判を紹介している。慧光の漸頓円三教判については、第一節三―Ⅱ―(1)「漸頓円三教判について」参照
(112) 大正55・一一五六b～c。
(113) 大正55・一一七六b～c。
(114) 大正55・一一四一c。
(115) 大正50巻所収。
(116) 大正50巻所収。
(117) 結城令聞著『唯識学典籍志』（大蔵出版、一九六二年）二二二頁下段参照。
(118) 大正85・九九九b。
(119) 『華厳経伝記』巻第三の智儼伝に、
遂に教を立て宗を分かち、此の経疏を製す。時に年二十七なり。
遂立教分宗、製此経疏。時年二十七。（大正51・一六三c）
とある「経疏」が、『捜玄記』であると考えられている。
(120) 結城註(96)前掲書二一二頁下段～二一三頁下段、及び江田俊雄『朝鮮仏教史の研究』（国書刊行会、一九七七

年）一九〇～一九三頁等参照。

(121) 修学期の智儼における師承の問題については、木村清孝『初期中国華厳思想の研究』（春秋社、一九七七年）三七六～三八二頁に詳しい論考がある。

(122) 『永超録』（大正55・一一五六b～c）、『義天録』（大正55・一一七六b～c）、『蔵俊録』（大正55・一一四一c）などによれば、神廓・（窺）基・神泰・太賢といった人々が『摂大乗論』の注釈を著わしたことを記しているが、それらは全て玄奘訳に対するものばかりである。なお新訳の『摂大乗論』の注釈については、結城註(96)前掲書二二五～二三四頁参照。

(123) ちなみに、『華厳経探玄記』巻第一によれば、元暁の四教判は次のように紹介されている。

七に、唐朝海東新羅国元暁法師、此の経疏を造る。亦四教を立つ。一に、三乗別教なり。謂わく、四諦教縁起経等の如し。二に、三乗通教なり。謂わく、般若経深密経等の如し。三に、一乗分教なり。瓔珞経及び梵網等の如し。四に、一乗満教なり。謂わく、華厳経普賢教なり。此の四別を釈すること彼の疏中の如し。

七唐朝海東新羅国元暁法師、造此経疏。亦立四教。一三乗別教。謂如四諦教縁起経等。二三乗通教。謂如般若経深密経等。三一乗分教。如瓔珞経及梵網等。四一乗満教。謂華厳経普賢教。釈此四別如彼疏中。（大正35・一一一a～b）

この他にも元暁の四教判を紹介する資料があり、それらについては坂本註(36)前掲書、一二三三～一二三五頁にまとめて述べられている。

(124) 第一節三―Ⅳ―(1)「漸頓円三教判の展開」にまとめて考察を加えたのでそれを参照していただければ幸甚である。

(125) 大正9・五六七c。

(126) 吉津註(40)論文は、「結び」の中で慧遠の教判には一乗という視点がないことを指摘している。

(127) 大正31・二一二b。

(128) 『続高僧伝』巻第一八曇遷伝（大正50・五七二b～c）。

(129)『均如大師華厳学全書』（後楽出版、一九七七年）下巻・九七頁。
(130)大正31・一一四a。
(131)大正31・一五六c。
(132)大正51・一六三c、註(119)参照。
(133)大正50・六六六b。
(134)二八〇七『摂大乗論章』（大正85・一〇一六c）など。
(135)大正50・五〇五a。
(136)大正50・五〇二a。
(137)大正50・四八八a～。
(138)この点については、大竹晋『唯識説を中心とした初期華厳教学の研究――智儼・義湘から法蔵へ――』（大蔵出版、二〇〇七年）第三部第二章「華厳の三性説」において、高麗の均如が『釈華厳教分記円通抄』第六に引用する法常の『摂論疏』第六の三性説の内容と『摂大乗論抄』の所説とが重ならないので著者の推定には再検討が必要であると指摘されている（同書二九一頁注(8)）。
(139)『華厳経伝記』巻第三（大正51・一六三c）、註(119)参照。
(140)『続高僧伝』巻第八道憑伝に、

　憑師の法相、上公の文句は、一代の希宝なり。

　憑師法相、上公文句、一代希宝。（大正50・四八四c）

とある。
(141)成川文雅「地論宗南道派に於ける二系譜」（『印度学仏教学研究』第九巻第一号、一九六〇年）参照。
(142)大正33・八〇一a～b。
(143)大正45・四八〇b～四八一b。

(144) 大正35・一一〇c～一一一b。

(145) 例えば、『大智度論』巻第三四に、

般若波羅蜜に二種有り。一には声聞菩薩諸天の与に共に説く。二には但だ十住具足の菩薩の与に説く。

般若波羅蜜有二種。一者与声聞菩薩諸天共説。二者但与十住具足菩薩説。（大正25・三一〇c）

とある。

(146) 慧観の頓漸二教五時判については、『三論玄義』（大正45・五b）参照。

(147) 『華厳一乗成仏妙義』（大正45・七八五c～七八六a）参照。

(148) 第一節三―Ⅱ―(2)「四宗判の成立と仏陀三蔵の思想」参照。

(149) 大正16・四九九b～c、及び五〇三a。

(150) 大正33・七四五b、及び八〇八a、八〇九bなど。

(151) 『法華玄義釈籤』巻第一三（大正33・九〇九a）。

(152) 加藤勉「天台大師の撰述における引用経論の問題」（『大正大学大学院研究論集』第六号、一九八二年）参照。

(153) 青木隆「天台行位説形成の問題――五十二位説をめぐって――」（『早稲田大学大学院文学研究科紀要』別冊第一二集〔哲学・文学篇〕、一九八六年）参照。

第二章　華厳一乗思想の成立

第一節　智儼における華厳同別二教判の形成

一　はじめに

前章において明らかにしたような、地論・摂論教学の課題の下に登場してくるのが智儼の思想である。つまり智正の門弟であったという点においては、地論学派の中で培われてきた様々な問題を充分に汲み取ることができたであろう。更に智正を通して曇遷の思想をも直接間接に窺い得たかもしれない。また摂論学派の法常・僧弁といった人々に教えを受けたこと[1]は慧遠にはなし得なかった『摂大乗論』の徹底的な研究を可能にしたであろう。事実、『捜玄記』以来『孔目章』に至るまで、『摂大乗論』は智儼の思想の重要な部分を占めている。なかんずく、重要なのは第一章第二節でも取り上げたところの「小乗・大乗・一乗」の分判である。これは智儼の全生涯を通じてその著作の至るところに引用されているものであり、後に至って五教という形で整理される華厳的思惟の基盤となったものである。この『摂大乗論』によって示される小乗大乗とは別に一乗が存在するという視点は、結果としてそのような一乗教の存在を探求させることになったに違いない。法蔵の『華厳経伝記』の記述は、そのあたりの事情に関して「深く経蔵に入って広く書物を検討したが見つからず、ある時気合いを込めてつかんだものがたまたま『華厳経』であった。それ以後智儼は一貫して『華厳経』を研究することになり、智正の門人となって『華厳経』を研究しつつあるとき慧光の『華厳経疏』に出会った[2]」と記している。しかしながら智儼と同時代の道宣が、杜順の弟子として智儼の名を挙げ、その杜順の教えを受けて智儼が書いたとされている華厳学の教理書が「華厳一乗十玄門[3]」という名称を持っていることなどによれば、智儼と『華厳経』とを結びつけた要素が、法蔵の示していることのみであったと考えるわけにはいかないかもしれない。この点はいったん留保しつつ、翻って智儼の中で『華厳経』と一乗という概念が結びついたとき、その理解の規範を過去の先輩の思想の中に尋ねようとした場合に、どのようなものが参考となり得たであろうか。地論学派の歴史が、既に触れてきたように小乗大乗思想の確立の歴史であったとすると、『華厳経』を研究する基本的な立場もそれを踏まえてのものであったと考えられるから、一乗と三乗という視点によって『華厳経』を扱ったものは、唯一慧光の『略疏』のみであったに違いない。『捜玄記』が慧光の『略疏』によって書かれなければならない必然性は正しくここにあるのである。

このようなことに注意を払いながら智儼の一乗観に注目すると、興味深い点に気づかしめられる。それは後に触れるように、『捜玄記』及び『一乗十玄門』では『華厳経』の根本的立場を「通宗」及び「一乗通宗」という用語で押えようとしているのに対し、『五十要問答』では「一乗不共教」、『孔目章』では「一乗別教」といった用語を用いていることである。この事実は、智儼において華厳同別二教判の基礎が組織されていったことを暗示しているように思われる。これらの事実を踏まえて、ここでは智儼における一乗観の展開の足跡を明らかにしたいと考える。

二 『捜玄記』の所説

智儼における『捜玄記』執筆の思想的背景については、既に縷々明らかにしてきた通りである。『捜玄記』の中でそれらを最も鮮明に示すのは、玄談の第二「蔵摂分斉」段である。これは仏教全体の中で自らの華厳経観をどのように位置づけるかを明らかにする部分であるから、智儼の仏教観とその中での華厳経観が示されている。『捜玄記』は仏陀の生涯の説法に関しては、

一化始終の教門に三有り。一に曰く漸教、二に曰く頓教、三に曰く円教なり。

一化始終教門有三。一曰漸教、二曰頓教、三曰円教。（大正35・一三c）

としている。この「漸頓円三教判」が慧光の『略流』の思想に基づくものであることは既に明らかにした。この仏陀の生涯の教化を漸頓円三教に分ける考え方は、同じく漸頓円三教の名称を用いながらもそれを菩薩蔵の分斉として示す師智正の声聞蔵菩薩蔵の二蔵判とは、根本的に立場を異にしている。即ち大局的に言えば、小乗大乗を基盤にする思想から一乗三乗を基盤にする思想への遡行と言えよう。

この後、三教の一々について細かい解釈が施される。まず漸教についての詳釈は、所詮の三に約して教を修多羅・毘那耶・阿毘達摩の三に分け、所為の二に約して声聞蔵・菩薩蔵の二に分ける。これは既に述べたように、敦煌出土の『摂大乗論抄』（大正蔵・二八〇六）の蔵摂分斉段の引用と考えられる。

次に頓教については、「下の経に云く」として、『華厳経』巻第二十六の十地品第九地の冒頭の偈頌を経証としながらその内容を明らかにする。即ち、

若し衆生下劣にして　其の心厭没する者には
示すに声聞道を以てし　衆苦を出でしむ
若し復衆生有りて　諸根少しく明利にして
因縁法を楽わば　為に辟支仏を説く

若し人の根明利にして　衆生を饒益し
大慈悲心有らば　為に菩薩道を説く
若し無上心有り　決定して大事を楽わば
為に仏身を示して　無量の仏法を説く

若衆生下劣　其心厭没者　示以声聞道　令出於衆苦　若復有衆生　諸根少明利　楽於因縁法　為説辟支仏　若人根明利　饒益於衆生　有大慈悲心　為説菩薩道　若有無上心　決定楽大事　為示於仏身　説無量仏法（大正9・五六七c）

というものである。これは経典の課題から言えば、第九地の菩薩の所修の行が説法行であることによって起こってくる必然的な内容を示すものであると理解される。ちなみに『十地経論』では第九地の菩薩の所作の行として法師方便成就の名を挙げている。この偈頌は、順高の『起信論本疏聴集記』に引用される智正の『華厳経疏』第一の中にもそのまま引用されており、この点については、第一章第二節で触れた。ただ智正は、この四偈を一偈ずつ個々のものとして扱っており、全体を一つのまとまりとして扱っているわけではない点に違いがある。これらのことを踏まえながら、『捜玄記』自身のこの部分の解釈を見てみよう。そこでは、この部分は九地の菩薩の身口意三業のうちの口業を明かすとして、

此の文に四有り。声聞縁覚漸頓等を四に分かつ。亦一乗三乗を四に分かつべきなり。

此文有四。声聞縁覚漸頓等分四。亦可一乗三乗分四也。（大正35・七二a）

とする。この前半の「声聞縁覚漸頓等を四に分かつ」の部分は、明らかに先に述べた智正の理解を受け継ぐものであると言えよう。従って後半部分の「亦一乗三乗を四に分かつ」に『捜玄記』本来の主張があると見てよい。果して、蔵摂分斉段の頓教の項はこれら全体を頓教の経証として引用しているのであって、この引用に続く文は、

此の文を以て一乗及び頓教三乗の差別有るを証知す。

以此文証知有一乗及頓教三乗差別。（大正35・一四b）

とするのである。つまり、この経文全体によって、三乗教とは別個に頓教もしくは一乗が存在するということを立証しようとしているのである。これに加えて、直後には例の『摂大乗論』の一大小乗の分判を引用する。

又真諦の摂論に依るに、一には一乗、二には三乗、三には小乗なり。

又依真諦摂論、一者一乗、二者三乗、三者小乗也。（大正35・一四b）

ここで注意すべきは、真諦訳の世親『釈論』には「大乗」とあるものを、智儼は「三乗」と言い換えて引用している事実である。この点について参考までに、法蔵は『探玄記』巻第一で、

三に或は分かちて三と為す。謂く、小乗・三乗・一乗教なり。智論に既に此の経（＝華厳経）を将って二乗と共ならずと為す。故に名づけて不共と為すは即ち是の一乗なり。大品等は三乗同じく観じ得益するに通ずると為すが故に名づけて共と為すは即ち是れ三乗なり。義もて准ずるに四阿含経は既に菩薩と共ならざれば亦不共と名づく。即ち是れ小乗なり。此の三位に依りて梁の摂論第八に云く、如来正法を成立するに三種有り、一は小乗を立つ、二は大乗（有本に三乗の字を作す）を立つ、三は一乗を立つ、第三は最勝なるが故に善成立と名づく、と。

三或分為三。謂小乗三乗一乗教。智論既将此経為不与二乗共。故名為不共即是一乗。大品等為通三乗同観得益故名為共即是三乗。義准四阿含経既不共菩薩亦名不共。即是小乗。依此三位梁摂論第八云、如来成立正法有三種、一立小乗、二立大乗（有本作三乗字）、三立一乗、第三最勝故名善成立。（大正35・一一六a、（ ）は脚註により補う）

と言っている。つまり『般若経』などのように三乗に等しく開かれた共教と三乗とは共通しない小乗（四阿含）と

一乗（『華厳経』）とがあり、それが『摂大乗論』に小乗大乗一乗の別があると説かれているとするのである。大正蔵の底本の「大乗」について、有本には「三乗」とあると挟註するが、法蔵の註なのか底本の註なのかは判然としない。『般若経』を介した大乗経典の通別は従来から一貫した課題であったから、小乗・大乗二教判の伝統の中で、三乗内の不共（四阿含）と、三乗そのものとの不共（一乗）を明確にするためには、『摂大乗論』の小乗大乗一乗を小乗三乗一乗と言い換える方が明確である。おそらく智儼の意図を代弁するものと考えられる。頓教を解説する場面でこの文が引用されることは、結果として三乗教とは別に頓教もしくは一乗が存在するということを立証することになる。従って、この後で次のような問答がなされることになる。

問う、頓悟と一乗とは何の別ありや。答う、此れ亦不定なり。或は不別、或は智と教とに約して別なり。又一浅一深なり。

問頓悟与一乗何別。答此亦不定。或不別、或約智与教別。又一浅一深也。（大正35・一四b）

つまり頓教と一乗との同異に関する問答である。答えの中には、この後で示されるような『華厳経』を頓教として定義づけなければならないような決定的な主張を見ることはできない。

最後に円教については、

第三に円教と言うは、上達の分に仏境に階《のぼ》る者の為に、解脱究竟の法門を説く。仏事を満足するが故に円と名づくるなり。

第三言円教者、為於上達分階仏境者、説於解脱究竟法門。満足仏事故名円也。（大正35・一四b）

と示される。これは既に明らかにしてきたように、慧光において『略疏』『広疏』に共通していたものと内容的には同じものである。

以上の如く漸頓円三教の定義を示し終えた後で、『華厳経』の蔵摂分斉を明して、

此の経は即ち頓及び円二教の摂なり。

此経即頓及円二教摂。（大正35・一四b）

と結論づける。『華厳経』が円教の所摂であるとされることによって、最後に一つの問答が置かれることになる。即ち、

問う、此の経何の故に上来より三乗に通じて分別し及び摂するや。答う、此の経の宗通に同別二教有りて、三乗の境の見聞及び修等と為すが故なり。法華経の三界の中、三車もて諸子を引きて宅より出し露地に別に大牛の車を授くるが如し。仍りて此の二教は同じく三界に在りて見聞の境と為す。又声聞等を窮子と為す。是れ其の引く所なり。故に知りぬ、小乗の外に別に三乗有り。互いに相い引くを得て主伴もて宗を成ずるなり。

問此経何故上来通三乗分別及摂者。答為此経宗通有同別二教、三乗境見聞及修等故也。如法華経三界之中、三車引諸子出宅露地別授大牛之車。仍此二教同在三界為見聞境。又声聞等為窮子。是其所引。故知、小乗之外別有三乗。互得相引主伴成宗也。（大正35・一四b〜c）

というものである。この問答は、『華厳経』を漸頓円三教のうちの頓円二教の所摂であるとすることと、それを三乗に通じて開顕することとは本来的に矛盾するのではないか、ということを主旨とするものである。その中で「同別二教」という用語を用いて『華厳経』が三乗の等しく見聞するところの対象ともなり得ると主張するのである。

この部分は、その所説の中に同別二教という用語があることによって、同別二教判が既に『捜玄記』において明らかにされているという主張の根拠となっているものである(5)。しかしながら簡単にそのように片づけることができるであろうか。答えの内容を吟味してみると、「此の経」つまり『華厳経』の宗通には同教と別教とが存在するか

ら、三乗の境とも、見聞するところとも、修するところとも、なると言っている。そして『法華経』の火宅三車の譬喩を用いて、同教と別教との二教がいずれも三界の中に在るというのであるから、ここに説かれる同別二教を、法蔵が『五教章』の冒頭で示すような一乗教の分斉を表わすものであると考えるわけにはいかない。何となれば、仮にここでの同別二教を一乗教の分斉と考えた場合、一乗の別教が三界の内にあるということになり、『法華経』の譬喩とは合致しないからである。また、この答えの後半を注意深く見ていくと、小乗とは別に三乗が存在するという結論を下しているのであるから、その文脈から推して、ここで言うところの同別二教とは、三乗と小乗との共不共を扱うものであると解されるのである。『華厳経』の宗通は、それらの三乗教を伴としながら成り立っていることによって、自らを主伴具足の円教たらしめていると理解すべきなのである。

ここで注目すべきは、そうした『華厳経』の持つ本質的な意味を「宗通」という言葉で表わしていることである。この「宗通」については、既に第一章第一節三のⅡ⑵「四宗判の成立と仏陀三蔵の思想」において詳しく論じたところである。それは、もともと『四巻楞伽経』によれば、「説通は童蒙に授け、宗通は修行者の為に説いた」とされていたものであった。そして見登の『華厳一乗成仏妙義』によれば、この説通・宗通説をよりどころとして、慧光の師の仏陀三蔵が三乗別教・通教・通宗という三教判を組織したとも言われていたのである。このように考えてくると、『捜玄記』及び『一乗十玄門』[6]における通教・通宗といった用語は、『捜玄記』の成立の背景を考える上で極めて重要な意味を持つ言葉であると言わなければならない。『捜玄記』の中には、通教（大正35・四一b）・一乗通教（同・三四c）・一乗通宗（同・三二a）という用語をそれぞれ一例ずつ見ることができる。いずれも『華厳経』の所説を説明するものであるが、その中でも「一乗通宗」という用語の見える賢首品の末後に注目してみよう。

其の実を究めるが如く、当に是れ一乗通宗の行要なるべし。義興真本にして世を捨てず……

如究其実、当是一乗通宗行要。義興真本而不捨於世……（大正35・三二一a）

これは、賢首品所説の浄信が一切の菩薩道の徳を備えるものであるとされるのに対し、経文が十地の終心に無上菩提を満足すると説くのは矛盾ではないか、との問いに答えたものである。ここに説かれる一乗通宗の行要とは、正にそうした外見的矛盾に見えるものこそがこの経の本質であることを明かすもので、一乗通宗を以て『華厳経』の本質と考えていると言うことができる。この部分は既に、石井公成氏によって、「一乗通宗」という用語をも含めて全体が慧光の『華厳経疏』からの引用ではないかと推察されている箇所である。[7]『捜玄記』と慧光との深いつながりについては、第一章以来一貫して明らかにしてきたことであり、この部分もその延長線上に理解することが充分可能である。従って『捜玄記』が、処々に慧光の『疏』を引用することは比較的容易に考えられる。

そこで次に、慧光との関係が注目されている『一乗十玄門』の通別説と比較してみたいと思う。『一乗十玄門』は、まず十門の名称を列ねた後、それらの十門の各々が、更に教義・理事・解行等の相対する十の法門を具して、合計一百の法門が存することを説く。その中の第一の「教義」相対では、

言う所の教義とは、教は即ち是れ通相別相三乗五乗の教なり。即ち別教を以て以て別義を論ず。所以に理を得て教を忘る。若し此の通宗に入らば而も教は即ち義、同時相応を以ての故なり。

所言教義者、教即是通相別相三乗五乗之教。即以別教以論別義。所以得理而忘教。若入此通宗而教即義、以同時相応故也。（大正45・五一五c）

と言う。また第三の「解行」相対では、

第三に解行とは、三乗の説の如きは解にして行に非ず。人の名字を説くに而も其の人を識らざるが如し。若し通宗の説なれば、即ち行じ即ち解す。其の面を看て其の名を説かざるも而も自ら識るが如きなり。

第三解行者、如三乗説解而非行。如説人名字而不識其人。若通宗説者、即行即解。如看其面不説其名而自識也。（大正45・五一五c）

と言う。この二つの文によって、通宗とは三乗教に対する一乗教の立場を表現するものであり、通相・別相・別教といった用語は三乗教内の共不共の関係を表わすものであることが理解されよう。この点に関して坂本幸男博士は、新羅の見登の『華厳一乗成仏妙義』の所説によってこれらの用語が仏陀三蔵の創説したものであると指摘されている。[8] 確かに『華厳一乗成仏妙義』の顕教差別の第三約初廻心教門[9]では、三乗別教・通教・通宗大乗といった用語が盛んに使用されているのを見ることができる。但しここで看過してはならない点は、仏陀三蔵及びその弟子法標が、通教と通宗とを全く区別して使用しているという事実である。この点は前章でも強調してきたことである。加えて見逃すことができないのは、仏陀三蔵が『楞伽経』によって立てた通宗大乗を、智儼は一乗通宗として『華厳経』に充当せしめたという『成仏妙義』の記述である。このことは今まで検討してきた『捜玄記』及び『一乗十玄門』の所説とよく符合する。つまり、『捜玄記』及び『一乗十玄門』における「通宗」の概念とは、三乗教とは別に存在する『華厳経』の本質的なものを表わさんとするものであり、その直接のよりどころはおそらく慧光の思想にあったと考えられる。この「通宗」という用語は、慧光においては小乗大乗思想を背景とすることによって四宗判へと展開していったのであるが、今智儼においては、一乗三乗を基盤に置くことによって、そのまま一乗を表わすものとなったのである。従って、ここで言う通教・別教はあくまで三乗教の分斉であって、それらに対して通宗が立てられているという点を決して看過してはならないのである。即ち、『一乗十玄門』の通相別相説が、仏陀三蔵の言う通教別教の内容の延長にあるとすれば、あくまで三乗教の分斉を説明するものである。それに対して一乗教としての通宗には、別宗といったものを考えているわけではない。従って、坂本博士の言われるように、一乗通宗という思想がそのまま一乗教の同別へと展開していくとは考え難いのである。それ故、前出の蔵摂分斉段に出ずる「同別二教」とは、別教・同教・宗通と次第するものの一部分なのであり、仏陀三蔵の言う三乗別教・通教と内容的に等しいものと考えるべきである。現に智儼は「通と同とは義において違いはない[10]」とはっきり言っており、この点でも、同別二教の名称のみによって『捜玄記』に華厳教学独自の同別二教判があったとすることはできないと考えられる。

以上によって、『捜玄記』及び『一乗十玄門』の思想的課題が、一乗通宗――『華厳経』の本質を一乗と見る見方――の確立にあることが明らかになったであろう。

三　一乗教の共不共という視点

『捜玄記』において確立されたところの『華厳経』の本質を一乗通宗と見る思想は、おそらく法蔵が師智儼の『捜玄記』撰述を「立教分宗」と見た所以であったに相違あるまい。そしてそうした基本的視点は『一乗十玄門』にも相い通ずるものであったが、『五十要問答』及び『孔目章』になると新たな展開を見せるのである。

『五十要問答』初巻の「一乗分斉義」では、一乗の教義について次のような問答をしている。

問う、一乗教義の分斉は云何ん。答う、一乗教に二種有り。一に共教、二に不共教なり。円教一乗の明かす所の諸義文文句に皆一切を具す、此れは是れ不共教なり。広くは華厳経に説くが如し。二に共教とは即ち小乗三乗教なり。名字は同じと雖も意は皆別異なり。諸大乗経中に広説するが如し。

問、一乗教義分斉云何。答、一乗教有二種。一共教、二不共教。円教一乗所明諸義文文句皆具一切、此是不共教。広如華厳経説。二共教者即小乗三乗教。名字雖同意皆別異。如諸大乗経中広説。（大正45・五二二b）

つまり一乗教には二種類あって、一乗不共教は文文句句に一切を備えるものであり『華厳経』の所説がそれに相当するとされるのに対し、一乗共教は教えの具体相としては小乗教及び三乗教であって、共教と同じく一括りにされているが、それぞれに異なるものであり、諸々の大乗経典に広く説かれるものであるとする。共不共の思想については、その用語の淵源が『大智度論』の処々に見られるもの[11]に端を発していることは既に指摘した通りである。そこで問題とされていることは、「般若波羅蜜」が声聞縁覚菩薩の三乗のうち声聞縁覚にも共通して示されたものであるのか否かということであった。従って、このような理由から三乗教に通教と別教とが立てられるに至ったのであるが、今『五十要問答』はその共不共という概念を一乗教の分斉として用いているのである。このことの背景には一乗教という概念の確立があることは論を俟たないが、一乗教を二種に分けなければならない必然性とは、一体どのようなことだったのであろうか。

こうした点に思いが及ぶとき、地論教学の展開の中でただ一つのある期間に限って一乗に関する論争があったと考えられることを看過できない。つまりそれは第一章第一節三のⅢで明らかにしたような、慧光と菩提流支との一乗を巡る論争である。慧光の漸頓円三教判における一乗観は、三乗とは別に頓教もしくは円教（一乗）が存在するというものであった。一方、菩提流支の一音教の思想は「事」としての小乗三乗教そのものの深奥に「理」としての一乗が顕わされているという理の面に立って、如来の説法は常に一乗であるとするものである。この菩提流支と慧光との一乗観の相違は、小乗大乗思想の確立というその後の地論教学の中では全く問題となり得ない質を持ったものであると言うことができよう。従って智儼に至るまで、そうした問題は全く未整理のまま温存されたに相違あるまい。そして智儼において、慧光の思想をよりどころとして『華厳経』を一乗通宗とするような思想が確立したとき、その裏側では、全く同時に菩提流支の「一音教」によって示されるような一乗教の課題を取り込むことになったのであろう。『捜玄記』及び『一乗十玄門』においては、一乗通宗の確立ということに当面の課題があったために、こうした問題にまで言及し得なかったのであろう。このように考えてくると、『五十要問答』に示される一乗の共教・不共教という課題は、正しく智儼における新しい展開であると見ることができよう。

一乗不共教という用語について、「文文句句に皆な一切を具す」から不共教であると説いているが、これは若干了解しがたい解釈であると言わざるを得ない。一々に一切を具することを「不共」という言葉で表現しなければならない意図があまり明確ではないからである。一方、共教については小乗教三乗教の本来的な意味を表わすものであるとされるのみであるから、こちらの方は比較的理解しやすい。これらの定義は一体どのような意図によるものなのであろうか。この点については、一乗不共教に相当するものとして『華厳経』のみが特定されていることに注意せしめられる。要するに、全ての大乗経典の中から『華厳経』のみを抜き出すための論法なのであって、それ以外の意味を持っていないのではなかろうか。このような推察を裏づけるものとして、同じく『五十要問答』の「諸経部類差別義」の一連の文を挙げることができる。

> 問う、諸経の部類の差別は云何ん。……華厳一部は是れ一乗不共教なり。余経は是れ共教なり。一乗は三乗小乗共に依るが故なり。又華厳は是れ主、余経は是れ眷属なり。……法華経の如きは宗義は是れ一乗経なり。三乗は三界内に在りて其の行を成ずるが故なり。一乗は三界の外にして三界の与《ため》に見聞と為るが故なり。
>
> 問、諸経部類差別云何。……華厳一部是一乗不共教。余経是共教。一乗三乗小乗共依故。又華厳是主、余経是眷属。……如法華経宗義是一乗経也。三乗在三界内成其行故。一乗三界外与三界為見聞故。（大正45・五二三a～b）

これに従えば、一乗不共たる『華厳経』を主とし、他の全ての諸経を眷属とするものであることは明らかである。即ち小乗及び三乗に仮託されて説かれたものであるか否かが、一乗の分斉を共と不共とに分ける場合の境目となるのである。従ってこのような観点からは、『法華経』の一乗思想は共とも不共ともいずれか一方には分類できないことになる。逆の言い方をすれば、会三帰一の『法華経』の一乗思想によって小乗三乗教が共教としての一乗に他ならないことが了解され得るのであるし、『法華経』によって指示された三界の外にある一乗教の内容が『華厳経』に他ならないことが了解されるからである。華厳教学独自の同別二教判の本質的な意味は、以上のような構造を持つものと言える。

それは智儼においては、『孔目章』巻第四の「融会三乗決顕明一乗之妙趣」に以下のように示されている。そこではまず、

夫れ円通の法は具徳を以て宗と為す。縁起の理は実にして二門を用て取会す。其の二門とは、謂わゆる同別二教なり。

夫円通之法以具徳為宗。縁起理実用二門取会。其二門者、所謂同別二教也。（大正45・五八五c）

として、同別二教の拠って立つ所を定義する。その後、別教を説明して、

別教とは、三乗を別つが故なり。法華経に云わく、三界の外に別に大牛の車を索むるが故なり。

別教者、別於三乗故。法華経云、三界外別索大牛之車故也。（大正45・五八五c～五八六a）

と言う。これに従えば、「別教」という用語が直ちに三乗教とは別の一乗教を指すものとなり、三乗内の共不共の関係を問題とするものではないことが明らかとなる。次に同教を解釈して、

同教とは、経に三を会して一に帰すと云う。故に同と知るなり。

同教者、経云会三帰一。故知同也。（大正45・五八六a）

と言う。従って、同教とは三乗と一乗との関係性において捉えられた三乗教を意味するものであることが了解され

る。そして別教も同教も『法華経』の所説を借りて説明されている点が極めて重要であると考えられる。この点については先に述べた通りである。更に同教を説明して、

又同と言うは、衆多の別義あるも一言通目するが故に同と言う。又義を会して多種法門と同じからず。別に随いて一を取り、義余は別相無し、故に同と言うのみなり。言う所の同とは、三乗を一乗に同ずるが故なり。又同と言うは、小乗を一乗に同ずるが故なり。又同と言うは、小乗を三乗に同ずるが故なり。

又言同者、衆多別義一言通目故言同。又会義不同多種法門。随別取一、義余無別相、故言同耳。所言同者、三乗同一乗故。又言同者、小乗同一乗故。又言同者、小乗同三乗故。（大正45・五八六ａ）

とすることに拠れば、単に一乗と三乗との関係というだけでなく、小乗・三乗・一乗というそれぞれ別であるところの機と教における共通性の問題と定義してよいと思う。ここで特に注意しなければならない点は、智儼が最後の箇所で「小乗を三乗に同ずる」立場をも認めていることである。この「小乗を三乗に同ずる」立場の教えということになれば、それは三乗同教という概念になるであろう。智儼の同教の概念の中には、一乗同教のみでなく三乗同教という概念をも含んでいる点が、後の法蔵以降の同別判との関係において注意されるべきである。法蔵も『探玄記』の中で、三乗通教[12]・三乗別教[13]・同教三乗[14]といった用語を用いているが、三乗同教という用例は見ることができない。従って、後の一乗教義の同別という観点からは無視されやすいところの三乗同教という立場を同教に認めることは、智儼の同別判の本質を知る上で極めて重要な事柄である。しかしながら、智儼の著作の中においても三乗同教という用語例を多く見ることはできない[15]。つまり智儼においては、三乗同教という立場を認めながらも、同教と言えば小乗・三乗を一乗に同ずるとする一乗同教を意味する場合が多いのである。おそらくは、この点が後の同別判の方向性を決定づけることになったと考えられるのである。ここに至って、『捜玄記』以来の『華厳経』を一

乗教とする思想は、それ以前の様々な問題を全て克服しながら一つのまとまった体系となり得たことを確認することができる。

そして智儼によってここまで整理された「華厳一乗」という概念は、更に法蔵によって一層精練され、完成されたものとなっていく。即ち法蔵が『華厳五教章』の冒頭で明示する、次のものである。

今将に釈迦仏海印三昧一乗教義を開かんとするに略して十門を作す。……初めに建立一乗を明かすとは、然るに此の一乗教義分斉は開きて二門と為す。一に別教、二に同教なり。

今将開釈迦仏海印三昧一乗教義略作十門。……初明建立一乗者、然此一乗教義分斉開為二門。一別教、二同教。(大正45・四七七a)

釈迦仏の海印三昧中において明らかにされた華厳一乗の教義を別教と同教とに二分することによって、まず一乗教義の分斉を明確にする。続いて別教の中を更に性海果分と縁起因分に、同教の中を更に分諸乗と融本末とにそれぞれ分けて、各々の中を具体的に解釈していくのである。そしてこの同別判の解釈をめぐっては、その後様々な意見が展開されるに至る。例えば、清涼澄観が『演義鈔』等で示すところの法華同教一乗説、高麗の均如による該摂門同教説、宋代二水四家の論争、本朝江戸時代における鳳潭と普寂の論争など、数え上げれば枚挙にいとまがない。しかしながら、それらの議論は本質的には同教一乗を如何に理解すべきかという点をめぐっての論争であると言うことができる。何故そのようにかまびすしい議論がなされたのかといえば、同別二教判が五教判と並んで華厳教学の中枢を占める思想であるからに他ならないからであるが、澄観以降の天台との交渉の中で同別判が法華一乗と華厳一乗との問題として把握されていったからである。しかしながら、同別二教判を華厳一乗と法華一乗との問題として捉えることは、今まで述べてきたような華厳一乗思想の展開としての同別二教という面からは、本旨を逸脱するものであると言わざるを得ない。即ち、同別二教判はあくまでも華厳一乗の問題として理解すべきであり、法蔵が「立教分宗[16]」と考えた根拠は、この華厳一乗という点にあったのである。

第二節　華厳同別二教判の本質的意味
――『捜玄記』に華厳同別二教判は存在するか――

一　問題の所在

前節によって、法蔵が『捜玄記』に華厳宗独立の意味を見た理由が明確になったと思う。「華厳一乗」という概念は、『捜玄記』において結実し、更に発展して晩年の『孔目章』に至って、後に法蔵が同別二教判として『五教章』の冒頭に提示するものの原型が整備されたのである。こうした展開はほぼ明確であると思われるが、前節でも触れたように『捜玄記』の中に「同別二教」という用語があるために、『捜玄記』に「いわゆる華厳同別二教判が存在する」との誤解が根強くある。そこで本節では、改めてこの問題に絞って、華厳一乗思想における同別二教判とはどのようなことなのか、その本質について述べておきたい。

部としての『華厳経』、つまり一つのまとまりを持ったテキストとしての経典という意味での『華厳経』を、釈尊一代の教説としてどのように見るかという問題は、中国の仏教者にとってはかなり大きな課題であった。なぜなら、全ての経典をまず歴史上の釈尊その人が説いたものであると考えたとき、『華厳経』が仏陀成道の真最中を説教の時所とすることは、初転法輪によって教えが説かれ始めたとする常識と根本的に矛盾するからである[17]。初転法輪以前に説かれたとする経典が存在すること自体が、一つの大きな矛盾なのである。もっとはっきり言えば、未だ仏弟子は地上に存在しないはずなのに経典の中には声聞の比丘が登場するということを、歴史的な事実として理解しようとすると、それは全く矛盾そのものであり理解のしようがないのである。

ところで、中国仏教の一つの大きな特徴が、教相判釈と言われる仏教観の創造にあることは周知の事実である。もともと教相判釈は、様々に説かれた教えの全てを仏説として全体的に理解するための筋道を見つけ出すという点にその生命があった。この点において、全ての経典を釈尊一代の教説と考え、それら全体の関係を明らかにして教相判釈を立てようとしたとき、部としての『華厳経』をどのように見るかということは、非常な苦心を要する問題であったと考えられる。

中国仏教史上、最初の体系的な教相判釈として有名な道場寺慧観の頓漸二教五時判の中に、そのような苦心の跡を読み取ることができる。[18] 慧観は廬山の慧遠の弟子として長安の鳩摩羅什の訳場に参加し、[19]『般若経』『維摩経』『法華経』などの翻訳に関係し、長安を追われた仏駄跋陀羅を廬山の慧遠のもとに導いて『六十巻華厳経』の翻訳の手助けをし、更に曇無讖の『涅槃経』が江南に伝わると、慧厳・謝霊運らと共に『六巻泥洹経』との共通部分を校合して『南本涅槃経』を編集した。これらの経典は、今日的な視点から見ても大乗仏教を理解する上で欠くことのできないものであり、いずれも極めて重要なものである。そしてこれらの経典は、当時においていずれも相次いで重訳されたものばかりであり、その重要性が人々の意識に上っていたことは容易に想像できる。このような背景の中で、慧観はこれらの主要な大乗経典相互の関係を総合的に把握しなければならないことになったのであろう。

頓漸二教五時判は、吉蔵の『三論玄義』に紹介されているが、それが『涅槃経』の序に説かれていたとされることは、[20] この教判の基本的な性格をよく表わしていると思われる。つまり、慧観は、仏一代の説教の帰結は『涅槃経』にあるのであり、『涅槃経』こそが仏の最高の真実を明らかにするものと考えたのである。このことは、その後の江南の仏教研究が『涅槃経』一色と言っても過言でないような状況となっていくことによく表われている。[21] そして、五時の次第を立てる中で、成道後第二七日の説であると考えられた『華厳経』を、その枠組の中に取り込まなかったことは、『華厳経』がその他の経典と同じ次元では扱うことができないものであったことを物語っている。そして、この点を会通する論理として頓教・漸教という概念を創作したのであるから、『華厳経』が頓教であるということは、単なる説時の問題ではないと考えるべきである。この点を横超慧日博士は「華厳を頓教としたのは、華厳が大乗不共の見地に立つから、初転法輪は三乗差別であったとする法華経の説との相違を会通するため[22]」と指摘している。つまり、頓漸二教判は、初転法輪に始まり『法華経』『涅槃経』に完結していく釈尊の一連の教説と初転法輪以前の成道直後の教説という、本来一つにならないものを一つの体系として見ようとする仏教史観であったと言うことができる。

二　漸頓円三教判の背景

このような仏教観を出発点として、『華厳経』を頓教とする華厳経観が南北の仏教界に定着していった[23]。しかし、一応それで統一的な仏教観ができたとしても、相変わらず『華厳経』を他の諸経典と並列には見ていないという点は否めない。相変わらず『華厳経』は、それ以外の経典と同じ基準では論じられていないのである。このような事情は、天台大師智顗のいわゆる五時八教の教判の成立によって基本的な解決を見ることになったと考えられるが[24]、それ以前にも様々な試みがなされたはずである。北方での思想的指導者であった光統慧光の漸頓円三教判も、このような背景の中から生まれてきたものに違いない[25]。そうであるとすると、その三教の関係は、それぞれが横一列のものではなくて、

というものであったに違いない。ところが第一章で述べたように、その後の地論教学の展開の中で、この教判が重要視された形跡はない。それに取って代わるかのようにして注目されていくのが、声聞蔵・菩薩蔵の二蔵判であった。それは、基本的に、

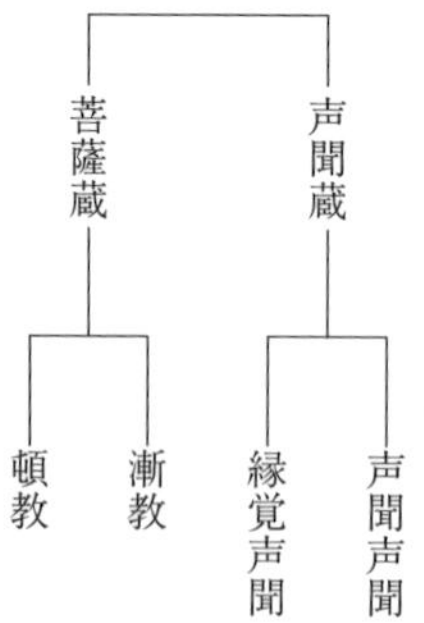

という構造を持つものである。そして浄影寺慧遠や至相寺智正らの思想がこれに当たる。[26] しかしこの見方の中にも充分でない部分がある。それは、この二蔵判が仏一代の教説を二分するものであるが故に、声聞蔵・菩薩蔵全体を統括するような視点がないことである。このような時代的な流れの中で、改めて注目されたのが慧光による円教という概念であったに違いない。しかし、この円教という概念によって全仏教を見ていこうとすると、慧光の漸頓円

三教判には、当然のことながら声聞蔵・菩薩蔵という、いわゆる小乗・大乗の視点がないのである。それ故、この時代の仏教者は、小乗・大乗という視点を持ちながら、それらを統括するような枠組を求めていたに違いない。智儼の時代にそれを提供したのが、『摂大乗論』の一乗・大乗・小乗の枠組であった。[27]『摂大乗論』の中では、大乗非仏説を背景にして、小大相対の大乗は本来の大乗でも本来の小乗でもないという点が、「一乗」と示されるのであるから、大乗と一乗とは本来同じものを指している。しかし、智儼が求めたのは、声聞蔵と菩薩蔵とを統括するような概念であったので、「一乗・大乗・小乗」とは言わずに「一乗・三乗・小乗」という形で用いていくのである。

この枠組を図示すれば次のようになるであろう。

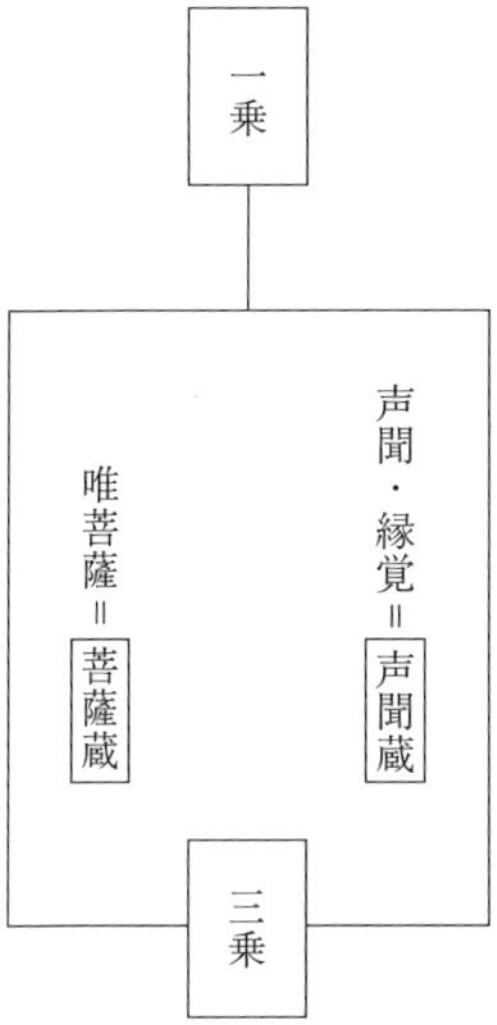

三　『捜玄記』三教判の円教段の思想

このような点を踏まえながら、改めて智儼の『捜玄記』の教判について検討を加えてみたい。なお、その基本的な内容は第一章第二節二、及び前節において明らかにしたように、(28)『捜玄記』の同別二教判は、法蔵が主張するような華厳同別二教判とは異なるものとするのが本書の理解であるが、依然として両者を混同する意見があるので、(29)改めて所解を具体的に明らかにしておきたい。

『捜玄記』の該当箇所は次のようなものである。

①問う、此の経は何が故に上来、三乗に通じて分別し及び摂するや。(30)

問、此経何故上来、通三乗分別及摂者。

②答う、此の経の宗通に同別二教有りて、三乗の境、見聞と及び修等と為るが故なり。

答、為此経宗通有同別二教、三乗境、見聞及修等故也。

③法華経の、三界の中に三車もて諸子を引きて宅より出だし、露地に別して大牛の車を授くるが如し。仍りて此の二教は同じく三界に在りて、見聞境と為る。

如法華経、三界之中三車引諸子出宅、露地別授大牛之車。仍此二教同在三界、為見聞境。

④又、声聞等を窮子と為す。是れ其の所引なり。

又声聞等為窮子。是其所引。

⑤故に知んぬ、小乗の外に別して三乗有りて、互いに相い引くことを得て主伴もて宗を成ずるなり。

故知、小乗之外別有三乗、互得相引主伴成宗也。（大正35・一四b～c）

この問答は、漸頓円三教のうちの円教を明かす段落にある。それ故、全体で『華厳経』が円教であることを明かしているものと見ることができる。

まず、①の問いの意味は、前述したように『華厳経』は一乗不共の立場に立つものであって、本来声聞・辟支仏には開かれていない教えであるのに、声聞・辟支仏に関しても経の分斉が示されるのは何故か、というものである。これは、円教以前の、漸教・頓教を明かす段落で一乗・三乗・小乗の関係が示され、それについて『華厳経』の経文が経証として示されていることに関して確認しているのである。この部分の理解については、吉津宜英博士の理解と基本的に同じである。

この質問に対する答えが、②である。（『華厳経』は円教であり、）『華厳経』の「宗通」には同別二教があって、三乗にも共通するということを明らかにしているわけである。この「宗通」を、吉津博士は「宗は通にして」[31]と読んでおられるが、「宗通」は、慧光の師であった仏陀三蔵の時代から用いられていた言葉で、地論教学の重要な教理用語である。[32]今は、この言葉が大きな背景を持つものであることだけを指摘しておき、智儼においてはどのような意味を持つものであったかを明らかにするために、『捜玄記』の他の用例を参考にして考察を進めることにしたい。

（この賢首品の教説は）蓋し、是れ外凡の始めて起こすところの発心の行なり。然るに経文の弁ずる所は乃し云く、十地の終わりにして仏境界無上菩提に入りて、仏事を満足するなり。言状は矛盾せり。其の故は何なるやとならば、其の実を究めるが如し。当に是れ一乗通宗の行要なり。

蓋是外凡始起発心之行。然経文所弁乃云、十地終于入仏境界無上菩提、満足仏事。言状矛盾。其故何也、如究其実。当是一乗通宗行要。（大正35・三二a）

この部分[33]は、賢首品は初発心菩薩の功徳である「信」を説いているが、この点に限って言えば、外凡の者が仏教に帰することを説いていると解すべきである。それにもかかわらず、そこには、仏教の究極、仏の無上菩提の境界まで説かれているように見えるのはどのような理由によるのか、という疑問に答えた箇所である。そして、そのような分別的な理解では、一件矛盾としか言いようのないことこそが、『華厳経』の「一乗通宗の行要」であると言うのである。従って「一乗通宗」とは、『華厳経』の本質あるいは最も重要な内容を表わす言葉であると了解される。それでは、その「宗通」に同別二教があって、三乗のものの対象ともなりうるとは、どのようなことを表わしているのだろうか。吉津博士は、「同別二教」の内容の検討なしに、用語的に共通することを以て、これを直ちに、法蔵が『五教章』の冒頭で明らかにするような意味での華厳同別二教判と解釈していかれるのであるが、この点は吟味を要する問題である。そこでまず、「三乗人の見聞の内容とも修行の対象ともなる」とあることをどのように理解すべきかについて、『捜玄記』の他の用例を参考にしながら考えておきたい。

問う、何が故に一諦に依らずして四諦に依りて則を設くるや。通じて下の三乗人の与めに見聞境と作り、後、信を起こして道に入るの縁を成さんが為の故なり。又亦、此れ有作無作に通ずるは是れ一乗共教と為すべきが故に。

問、何故不依一諦而依四諦設則者。為通与下三乗人作見聞境、成後起信入道縁故。又亦、可此通有作無作為是一乗共教故。(大正35・二六b)

この部分は、四諦品の教説について、『華厳経』が一乗を明らかにしたいのであれば、『勝鬘経』[35]のように一諦を明らかにすべきであるのに、声聞のための教えと共通するような四諦の教えを説くのは何故か、という疑問に答えたものである。答えの部分に明らかなように、三乗の者たちが真の仏道に入るための縁となるためにこのような立場に立って教えが示されているというのである。更に「有作無作に通ずるは是れ一乗共教と為すべし」とあるのは、声聞のための四諦の教えは「有作の四諦」、一乗の四諦は「無作の四諦」であり、そして有作無作を説く立場は、声聞の立場に準拠しながら一乗を説くものであるということを表わしており、この『華厳経』に説かれる四諦は無作の四諦であるというのである。この所説から、「三乗人の見聞の内容とも修行の対象ともなる」ということは、

『華厳経』の所説の中に三乗をも対象とするものが現に説かれていることを表わしていると理解することができる。そしてこの点を、『華厳経』の「宗通」が「同別二教」を持っていることで説明するわけである。つまり、『華厳経』は、全体としては一乗という立場を明らかにするものであり、直接声聞・辟支仏に対して説かれたものではないが、経の表面上の文言（教）には、声聞・辟支仏という小乗に対して説かれたものと共通するものがあるので、これを「同別二教がある」と言い、三乗に共通すると言うのである。この場合、「同別二教」の同別には一応次の二通りの意味が考えられる。

ア、三乗の内側において声聞・辟支仏という小乗が大乗の菩薩とは共通しないことを「別」という。この場合、「同」の意味は三乗に共通するということになる。

イ、三乗の外の一乗との関係の中で、『華厳経』には同教と別教があり、三乗の見聞とも境ともなることを「同教」と言う。この場合は、三乗とは共通しないことを「別教」とすることになる。

吉津博士はこのイの立場に立って解釈されるわけであり、このことが根拠となって様々な問題が派生していくのであるが、この点について更に本書の考えを述べていきたい。

この問題についての理解の方向性を示唆するのが、③以下の部分である。

③では『法華経』譬喩品の火宅三車の譬喩を用いて、三界の内において三車を示し、界外の露地で大白牛車を与えたことから、同別二教が同じく三界の中にあって等しく三乗の者たちの見聞の対象であることがわかる、と述べている。それ故、ここでの「同別二教」は宅内の三車を指していることになる。従って、同別二教は露地の大白牛車とは直接関係しないと見るべきである。この部分の理解に関して、吉津博士は「大白牛車である別教も三車である同教も共に三界の火宅の中で既に三乗人たちの見聞するところとなるのである」[36]と解釈しておられるが、『法華

経』の譬喩品を読む限り、諸子は火宅を出た後に約束したところの三車を求めたところ、大白牛車を与えられて「未曽有なるを得ること、本の所望にあらざるが若し」[37]と譬喩を結ぶのであるから、どのように読んでも、諸子が火宅の中で大白牛車を見聞していたとは理解できない。要するにこの段落の要旨は、三乗の声聞・辟支仏・菩薩のいずれもが、仏陀によって三界から引出されなければならない対象であることを示しているのみである。

次に④では『法華経』信解品の長者窮子の譬喩[38]を用いて、声聞が窮子に当たることを示している。『法華経』の文脈に従えば、長者窮子の譬喩は火宅三車の譬喩を通して仏陀の本当の心を知った須菩提などの四人の声聞が、自らの理解を披瀝して釈尊にその当否を尋ねるというものである。これは、方便品で示された三乗方便一乗真実の教えを舎利弗が理解したことにより、譬喩品に至って成仏の授記が与えられ、この声聞の成仏が明らかにされたことを更に敷衍する意味を持つものである。それ故、ここで声聞が窮子であり、それが「所引」であると改めて主張しなければならない背景には、三乗のものが等しく一乗に帰入することだけでなく、改めて声聞（小乗）の成仏を主張しなければならないということがあるのである。

このような諸点を明らかにした上で、全体の結論として、⑤において小乗とは別に三乗があると言うのであるから、これらが②の文を結論づけるものであるならば、②の文における同別二教とは三乗と小乗の関係を表わすものと見なければならない。

小乗とは別に三乗が存在することを改めて言わなければならないのは、『華厳経』が経文の上では声聞を対象としていないことによる。つまり、『華厳経』は、声聞を直接の対象とはしていないが、小乗は三乗教の所引であり、三乗は宗通（一乗）の所引であることによって、『華厳経』が全ての衆生に対して開かれたものであることを主張するという意味があるのである。それを表わしているのが、「互いに相い引くことを得て主伴もて宗を成ずるなり」という文である。また、仮にイのようなことが言いたいのであれば、「同別二教があって」と言う必要はないのであって「同教があって」とのみ言う方が適切である。また、吉津博士は、「智儼においてはそのように簡単に同別二教と一乗とを結びつけてはいけない[39]」としながら、「別教一乗或いは一乗別教の用例も多い[40]し」として、暗に、それらの用語の存在によって『捜玄記』に同別二教判が存在すると読み取れるような表現をされているのであるが、このような言い回しはどのように理解すればよいのか、真意が読み取りがたい。

『捜玄記』の「別教一乗」「一乗別教」という言葉については、吉津博士も指摘しておられるように「別教＝一乗」という意味であって、一乗教に「別教」があると言っているのではない。この点は次の迴向品の用例などによって明らかである。

若し、一乗別教に約して弁ずれば、即ち、或いは治或いは不治等准思して摂すべし。

若約一乗別教弁者、即或治或不治等可准思摂。（大正35・四二c）

ここでは、「迴向」について、「所治」「成徳」などのように修行者の修すべき内容について言及したのであるが、これは三乗に約して述べたまでのことであり、一乗の立場では治と不治を超えているということを表わしている。つまり、三乗とは異なる一乗の立場を「一乗別教」と表現しているのである。従って、ここでの「別」という言葉は、「三乗教とは別に」ということを表わしているのである。

以上、様々な観点から『捜玄記』の漸頓円三教判の円教の段落に説かれる教説に吟味を加えてきたのであるが、この段落は、「円教」が三乗を該摂するものであることを明かす段落と考えるべきであり、この部分に説かれる「同別二教」は、法蔵が『五教章』の冒頭で明らかにするような意味での「華厳同別二教判」ではないと言わねばならないのである。

このような点が明らかになると、以上のような『捜玄記』の円教段における同別二教の記述は、内容的に地論学派の伝統的な三乗別教・通教・通宗の「三教宗判」（この呼称については検討の必要がある）をほぼ祖述したものであることが明らかになるであろう。

四　『捜玄記』の円教理解の背景

この地論学派の三教宗判については第一章第一節三—Ⅱで触れたが[41]、古くは新羅の見登が『華厳一乗成仏妙義』の中で仏陀三蔵の思想として簡単に紹介したのを初めとして[42]、数少ない資料を通してではあるが、初期地論学派の中心的な教判であったことが知られる。近年、それを記述する重要な文献が複数翻刻されるなど[43]、その重要性が改めて認識されているものであり、その背景などが次第に明らかになってきたものである。見登は、仏陀三蔵が『楞伽経』の所説に基づいてこのような教判を立てたことを記している。先に論じたように『楞伽経』の宗通・説通説は、本来、一乗・三乗の関係を表わすものであるが、それが小乗・大乗の枠組の中に取り込まれることによって、このような教判ができたと考えられる。この点は、翻刻された仏陀三蔵の『華厳両巻旨帰』や、『法界図』の記述の中にはっきりと確認することができる。『捜玄記』の記述をより正確に理解するために、これらの記述を併記して検討してみたい。

このうち『法界図』は、資料を翻刻した青木隆氏によって智顗とほぼ同時代の成立であることが推定されている[44]。また『華厳両巻旨帰』は、上下二巻のうちの上巻の内容から仏陀三蔵の時代の成立とは考えにくいという指摘がされてはいるが[45]、今はこの点をしばらくおいておき、一応、仏陀三蔵の撰述として考察していきたい。すると、この三書は『華厳両巻旨帰』『法界図』『捜玄記』の順序で著わされたと考えることができる。

『華厳両巻旨帰』[＊1]	通宗大乗	漸教大乗（通教大乗）	漸教二乗
『法界図』[＊2]	通宗大乗	通教大乗	三乗別教
『捜玄記』[＊3]	通宗	同教	別教

＊1　石井公成『華厳思想の研究』（春秋社、一九九六年）第三部「資料篇　三蔵仏陀『華厳両巻旨帰』校注」五三七頁より。

＊2　青木隆「敦煌出土地論宗文献『法界図』について——資料の紹介と翻刻——」（『東洋の思想と宗教』第一三号、一九九六年）より。

＊3　大正35・一四b。

『華厳両巻旨帰』が三乗教を分けて漸教大乗と漸教二乗としたのは、初転法輪以降の説教を大乗（菩薩のための教え）と小乗（声聞・辟支仏のための教え）とに分ける必要からである。従ってここでは、漸教三乗では都合が悪いのである。一方『法界図』では、同様のことを三乗教の中の通と別という概念で表わそうとしているので、「三乗別教」という言い方になる。しかし、この言い方では三乗教とは別個に二乗のための教え（小乗）が存在するのか、三乗教の中の菩薩乗とは共通しないものを言うのかが、明らかでない。これらはいずれも、一乗・三乗と大乗・小乗の関係を一つのものの二つの側面とは見ずに、一方へ他方を取り込もうとしたために結果したものである。それでは、『捜玄記』がこれらを同教・別教と表現したのはどのような理由によるのであろうか。この点を明らかにするために、これら三宗教判の骨組を図示しながら考えを進めていきたい。

次頁の図から明らかなように、三宗教判が、大乗・小乗と一乗・三乗を総合したものであることは前述した通りである。そしてこの中には、「教」という視点からは通（大乗）と別（小乗）という課題があり、それが三乗（通

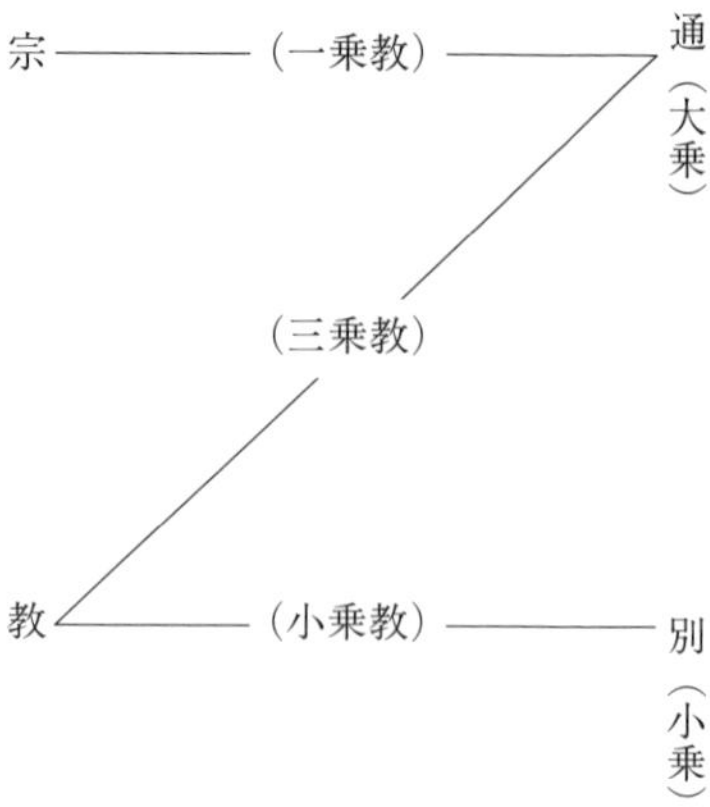

教）と小乗（三乗別教）であること、「通」という視点からは宗と教（『楞伽経』では「説」「言言」と表現されている）[46]という課題があることが了解できる。宗と教の課題とは、言い換えれば能詮の教と所詮の宗ということである。そしてその所詮の宗に対する能詮の教という立場は、どのような教説であっても根本的には全て言語であるということを表わしている。この関係の中で、宗と教の立場を明確に区別するために、ここでは通教という言い方を避けたのであろう。伝統的に「通」と「同」、「別」と「異」とは同義とされてきた歴史があり、[47]加えて、智儼は晩年に至っても、この両者は同義であると考えていた。[48]このような理由によって、ここでは「同教」と表現したのであろうが、もともと明確な区別があるわけでもないので、他の箇所では「通教」という用語を用いている場合もある。[49]

このように考えてくると、『捜玄記』で漸頓円三教判が示される前提そのものが、

一化始終の教門に三有り。

一化始終教門有三。（大正35・一三c）

と言われるように、仏一代の教説を横に並べて体系化することに発想の基本があることを、改めて注目しなければならない。これに対し、後の時代の『五十要問答』や『孔目章』などは、その『華厳五十要問答』『華厳経内章門等雑孔目』という題号に示されるように、『華厳経』の内側に仏の教説の様々な課題のすべてを含ませて見ていこうとする視点に変わっている。このような視野が開かれたとき初めて、『華厳経』を本とし、他の経を末とするよ

うな教判が必要となるのであり、それが、法蔵が言う「華厳同別二教判」という思想の本質なのである。このような点を確認するならば、その用語的な背景は『捜玄記』にあるとしても、教学的必然性は未だ『捜玄記』においては熟成しておらず、法蔵が課題としたような華厳同別二教判は『捜玄記』中には表われていないと見るべきである。

註

（1）『華厳経伝記』巻第三（大正51・一六三c）。智儼の伝記については、木村清孝『初期中国華厳思想の研究』（春秋社、一九七七年）三七三～八二頁参照。
（2）『華厳経伝記』巻第三（大正51・一六三c）。
（3）大正蔵・一八六八（大正45所収）。
（4）大正26・一八六a。
（5）吉津宜英「華厳教判論の展開――均如の主張する頓円一乗をめぐって――」（『駒澤大学仏教学部研究紀要』第三九号、一九八一年）参照。
（6）大正45・五一五cなどに説かれる。この点は後に触れる。
（7）石井公成『華厳思想の研究』第一部第二章第三節「三　慧光の影響」（春秋社、一九九六年）一四五頁以下参照。
（8）坂本幸男「華厳同別二教判の起源について」（『大乗仏教の研究』大東出版社、一九八〇年）参照。なお、新羅見登の『成仏妙義』は、日本寿霊の『五教章指事』（大正72・二四五a）の文をそのまま引用して所説を述べる箇所（大正45・七七六b）が存在する。見登や寿霊は、新羅と日本の華厳思想の展開に重要な役割を担った人たちであると考えられるが、二人とも生涯などは不詳である。従って日・韓の仏教研究者によって様々な角度からの考察がなされている。詳細は、崔鉛植「新羅見登の活動について」（『印度学仏教学研究』第五〇巻第二号、二〇〇二年）参照。

(9) 大正四五・七八五c。

(10) 『孔目章』巻第四に、

前徳已に通別二教を述ぶ。而るに未だ釈相を見ず。今、理を以て求むるに、通は之れ同と義に別趣無きなり。

前徳已述通別二教。而未見釈相。今以理求、通之与同義無別趣也。(大正四五・五八六a)

とある。

(11) 例えば『大智度論』巻第三四に、

般若波羅蜜に二種有り。一には声聞菩薩諸天の与に共に説く。二には但だ十住具足菩薩の与に説く。

般若波羅蜜有二種。一者与声聞菩薩諸天共説。二者但与十住具足菩薩説。(大正25・三一〇c)

とある。これと同様の所説は、巻第四一(三五七c)、巻第七二(五六四a)、巻第一〇〇(七五四b)などにもある。

(12) 大正35・一一一a。

(13) 同前。

(14) 大正35・一一六a。

(15) 筆者の知る限りでは、『孔目章』巻第三(大正45・五五三a)の一例のみである。

(16) 『華厳経伝記』巻第三(大正51・一六三c)。この点については序章を参照。

(17) 『華厳経』の説時については様々な議論があった。その根拠となった事柄は、『十地経論』に、

成道して未だ久しからざる第二七日

成道未久第二七日(大正26・一二三b)

と説かれることと、第八会の入法界品に祇園精舎や舎利弗など声聞に関する記述があることである。この二つをよりどころとして、前五会を初七日とし、それ以降を第二七日とする意見や、第八会のみは後時の説であるとする意見などがあった。こうした常識的な『華厳経』理解に対して、智儼は「法界に摂せられるという点から見れば何ら

矛盾はない」（大正35・八八ｂ）と言って斥けている。
(18) 慧観の頓漸二教五時判は、吉蔵の『三論玄義』（大正45・五ｂ）に紹介されている。
(19) 以下の慧観の紀伝については『高僧伝』巻第七慧観伝（大正50・三六八ｂ〜）、『高僧伝』巻第二仏駄跋陀羅伝（大正五〇・三三五ｂ）、『高僧伝』巻第二曇無讖伝（大正50・三三七ａ）などを参照。
(20) 『三論玄義』には、

昔、涅槃の初めて江左に度るに、宋道場寺沙門慧観、仍て経序を製して略して仏教を判ずるに凡そ二科有り。

昔涅槃初度江左、宋道場寺沙門慧観、仍製経序略判仏教凡有二科。（大正45・五ｂ）

とある。
(21) この点については、横超慧日「教相判釈の原始形態」（『中国仏教の研究　第二』法藏館、一九七一年）一六一頁など参照。
(22) 横超前掲書、一六〇頁。
(23) 例えば木村註(1)前掲書、七五〜七六頁では、南北朝時代以前の教相判釈を網羅的に言及している。それによって、慧観以後南北共通して頓教・漸教という概念を用いていたことが知られる。
(24) 智顗の教判の本質については、安藤俊雄『天台学——根本思想とその展開——』（平楽寺書店、一九六八年）第四章「天台の教判」などを参照。特に南三北七の教判に対する智顗の批判の中に、智顗の『華厳経』に対する独創的な領解を知ることができる（同書、六五〜六九頁）。
(25) 第一章第一節三—Ⅱ「慧光の教判思想」参照。
(26) 第一章第一節三—Ⅳ「後期地論学派における教判思想」参照。
(27) 『摂大乗論世親釈』巻第九に、

如来の成立せる正法に三種有り。一に小乗を立つ、二に大乗を立つ、三に一乗を立つ。此の三の中に於て第三は最勝なり。故に善成立と名づく。

如来成立正法有三種。一立小乘、二立大乘、三立一乘。於此三中第三最勝。故名善成立。（大正31・二一二b）とあるを指す。

(28) それは大きな流れから見れば、小乘・大乘を基本とした後期地論学派の思想が、『摂大乘論釈』の一乘の所説を得て、華厳一乘思想へと展開した足跡であると言える。

(29) 吉津宜英『華厳一乘思想の研究』（大東出版社、一九九一年）第一章第四節「同別二教論の成立」（四七～五三頁）参照。

(30) 『捜玄記』巻第一上に「文義を分判するに五門を以て分別す」とある中の、第二門「蔵摂の分斉を明す」段に説かれる。

(31) 吉津註(5)前掲論文五一頁。

(32) 第一章第一節三―Ⅱ(2)「四宗判の成立と仏陀三蔵の思想」参照。

(33) この引用文は、吉津註(5)前掲論文五五頁註(19)にも関説されている。

(34) この引用文は、吉津註(5)前掲論文五五頁にも関説されている。

(35) 『勝鬘経』は法身章において如来所説の四聖諦について作聖諦義と無作聖諦義を示し（大正12・二二一b）、無作聖諦の全てを知るのは如来のみであり、有無相対の中に示された四聖諦の教えの中では滅諦のみが第一義諦である（一諦章、一依章、同二二一c～二二二a）と言う。

(36) 吉津註(5)前掲論文五二頁。

(37) 『法華経』巻第二譬喩品（大正9・一三a）。

(38) 『法華経』巻第四信解品（大正9・一六b～）。

(39) 吉津註(5)前掲論文五二頁。

(40) 吉津註(5)前掲論文五二頁。

(41) 特に第一章第一節三―Ⅱ(2)「四宗判の成立と仏陀三蔵の思想」参照。

（42）大正45・七八六a。
（43）まず石井公成博士によって金沢文庫に保存されていた仏陀三蔵の『華厳両巻旨帰』が公にされた（石井註（7）前掲書第三部「資料篇　三蔵仏陀『華厳両巻旨帰』校注」五一九頁以下）。次いで青木隆氏によって敦煌文書の中の『法界図』が翻刻された（「敦煌出土地論宗文献『法界図』について――資料の紹介と翻刻――」〈『東洋の思想と宗教』第一三号、一九九六年〉）。
（44）青木註（43）前掲論文参照。
（45）石井註（7）前掲書、五四四頁の註（3）参照。
（46）『楞伽阿跋多羅宝経』巻第三（大正16・四九九b、五〇二a～b）。
（47）例えば智顗は『法華玄義』の冒頭で、
此の五章を釈するに通有り、別有り。通は是れ同の義、別は是れ異の義なり。
釈此五章有通、有別。通是同義、別是異義。（大正33・六八二a）
と言っている。
（48）その例として『孔目章』巻第四の、
前徳已に通別二教を述す。而るに未だ釈相を見ず。今、理を以て求むるに、通は之れ同と義に別趣無きなり。
前徳已述通別二教。而未見釈相。今以理求、通之与同義無別趣也。（大正45・五八六a）
の文を挙げることができる。
（49）大正35・四一bなど。

第三章　華厳法界縁起の背景

第一節　中国仏教における「縁起」思想の理解
――「縁起」と「縁集」をめぐって――

序章で述べたように、智儼の『捜玄記』撰述を法蔵は「別教一乗無尽縁起」と理解し、そこに華厳教学の出発を見た。第一章・第二章において「別教一乗」の検討を終えたので、本章以降は、後の「無尽縁起」の内容について考察を加えていきたい。

智儼は、『華厳一乗十玄門』の冒頭において、自己のよりどころを「一乗縁起自体法界義[1]」と称し、「此の華厳一部経の宗通は、法界縁起を明す」と述べている。また、法蔵は、『五教章』義理分斉において十玄縁起を明かすに際し「夫れ法界縁起は乃ち自在無窮なり[2]」と述べている。これらはいずれも『華厳経』の中心思想に言及するものであるから、『華厳経伝記』において「無尽縁起」と称されたものと質的に同じものを指していると解することができる。そこで、いったん華厳教学の中心を「法界縁起」と押えてみると、この用語は、後期地論学派の浄影寺慧遠[3]・智儼・法蔵のいずれもが用いる用語であることに気づかしめられる。更に、智儼は法界縁起を詳釈する中で「縁集」という概念をも用いており、これも後期地論学派との関係が注目される概念である。それ故、ここでは智儼・法蔵の華厳法界縁起説と慧遠の法界縁起説の内容の違いを明らかにするための前提として、「縁起説」そのものの中国仏教への定着について吟味しておきたい。その上で、慧遠の法界縁起説→智儼の華厳法界縁起説→法蔵による大成の順で考察していくのが順当であると考えられる。このような意味において、本章では、縁起説の受容から慧遠に至るまでの主要な問題を考察し整理することを目的とする。

一　問題の所在

釈尊の教えの中心問題に関して、一九二〇年代に木村泰賢・宇井伯寿・和辻哲郎・赤沼智善らによって論争があった。それは縁起説をどのように理解するかという点と、縁起説と輪廻説の関係をどのように考えるかを中心としたものであった[4]。諸氏の理解の検証は本章の直接の課題ではないので、この点は措くが、「縁起（pratītya-samutpāda）」を釈尊の中心教理であるとする点については異論がなかった。

当時の議論を含めて、今日、我々が文字で書かれた文献をよりどころとして思想史を研究する場合、そこには決して見過ごすことのできない大きな問題が存在する。それは、その文献が書かれた時代のコンテキストと、後の時代の異なったコンテキストとが、文字を通して簡単に結びついてしまうということである。ある文字が読まれるときには、いつも時代の先端において読まれるわけである。従って、その時には、それが書かれた時代から読まれるときまでのコンテキストの変化を含んで読まれるわけである。書かれた文字の方は固定して動かないので、我々がそれを読む場合に、それが書かれた時から比べて、新たに明らかになった点をも含んで読んでしまうことになる。つまり、我々は書かれた当時よりも文献を読みすぎてしまう危険をいつも持っているということである。

釈尊の根本教説が「縁起」であったということを否定しようというのではないが、この pratītya-samutpāda という仏教の中心思想が常に「縁起」という用語で表現されてきたかといえば、決してそうではないのである。「縁起」は、言うまでもなく漢訳語であり、教理がこの文字に固定するまでには、文字面からはたどることのできない様々な問題があったのである。こうした問題関心から、まず諸事情を整理し、次にその理由を考えて、中国における「縁起」理解の歴史を考察したい。このことは、「縁起」思想の根源的な意味と、本章以降の課題である華厳法界縁起思想の成立の背景に関する研究とに資するものであると言うことができる。

二　『了本生死経』異訳各種における「縁起」の訳例

中国における「縁起」の訳例として最も古いものに、呉の支謙の翻訳があることは、既に先学の指摘するところである[5]。そこでまず、支謙訳の『了本生死経』の検討から始めたい。『了本生死経』は、一般に「縁起を見るものは法を見る、法を見るものは仏を見る」という一文がよく知られる初期大乗経典であり、異訳が四種あることも、本章の文脈上好都合である。

①　仏、是れを説きたもう。若し比丘、縁起を見るは法を見ると為す。已に法を見るは我を見ると為す。

仏説是。若比丘、見縁起為見法。已見法為見我。（『了本生死経』、大正16・八一五b）

この文は経の冒頭に相当する。従って経は、仏の根本は「縁起」にあると言っているのである。この箇所に相当する他の異訳経典を見てみよう。

②　今日世尊、稲芊を観見して是の説を作したもう。汝等比丘よ、十二因縁を見れば即ち是れ法を見、即ち是れ仏を見る。

今日世尊、観見稲芊而作是説。汝等比丘、見十二因縁即是見法、即是見仏。（『仏説稲芊経』、欠訳附東晋録、大正16・八一六c）

③　今日世尊、稲幹を観見して諸の苾蒭に告げて是の語を説きたもう。汝等苾蒭よ、若し縁生を見れば即ち是れ法を見、若し法を見れば即ち仏を見る。

今日世尊、観見稲幹告諸苾芻而説是語。汝等苾芻、若見縁生即是見法、若見法即見仏。（『慈氏菩薩所説大乗縁生稲幹喩経』、不空訳、大正16・八一九ａ）

④　爾の時世尊、舎黎娑担摩を観じ已りて諸の苾蒭に告げて言わく、若し苾蒭有りて十二縁生に於いて能く見了せば是を法を見ると名づく。是の法を見已れば、即ち仏を見ると名づく。

爾時世尊、観舎黎娑担摩已告諸苾芻言、若有苾芻於十二縁生而能見了是名見法。見是法已、即名見仏。（『大乗舎黎娑担摩経』、北宋施護訳、大正16・八二一ｂ）

⑤　今日世尊、稲芋を観見して諸の比丘に告げて、是の如き説を作したまわく、諸比丘よ、若し因縁を見れば、彼は即ち法を見る。若し法を見れば、即ち能く仏を見る。

今日世尊、観見稲芋告諸比丘、作如是説、諸比丘、若見因縁、彼即見法。若見於法、即能見仏。（『仏説大乗稲芋経』、失訳、大正16・八二三ｂ）

傍線で示したように、五訳とも全て「縁起」に関する訳語が異なっている。これらの中には十世紀後半の翻訳も含まれており、「縁起」という用語が決して一貫して用いられていたわけではないことが知られる。『了本生死経』は、この後、縁起について外縁起（種から根を生ずるような一般的な縁起）と内縁起（十二支縁起を内容とした人間存在の解明）に分け、それぞれを因相縛（外縁起で言えば、種が実に至る一連の運動）と縁相縛（外縁起で言えば、地水火風空などの条件）に分けて解説する。そして、この外縁起を理解するにあたって、次の五つの観点を見失ってはならないとする。**非常**（根が生じたときには既に種は存在しない）、**不断**（根が生じたといっても、種と分断されたものではない）、**不蹃歩**（種と根は異なるものであって、種が根に至るのではない）、**種不敗亡**（一つの種から多くの実がなるが、種がなくなるわけではない）、**相象非**（種と根は姿形が同じではない）の五つである。[6]

次に、『了本生死経』の十二支縁起を中心とする内縁起についての経説を他の経典と比較してみよう。

①　因縁起の故に、縁是れ法を生ず。

因縁起故、縁是生法。（『了本生死経』、大正16・八一五c）

②　云何が十二因縁と名づくや。弥勒答えて言わく、有因・有縁是を因縁法と名づく。此れは是れ仏略して因縁相を説きたもう。此の因を以て能く是の果を生ず。

云何名十二因縁。弥勒答言、有因有縁是名因縁法。此是仏略説因縁相。以此因能生是果。（『仏説稲芉経』、大正16・八一七a）

③　又問う、縁生とは是れ何れの義なるや。答えて言く、有因・有縁なり。無因縁に非ざるを名づけて縁生と為す。而して此の中に如来略して縁生の相を説きたもう。是の因に由りての故に能く是の果を生ず。

又問、縁生者是何義。答言、有因有縁。非無因縁名為縁生。而於此中如来略説縁生之相。由是因故能生是果。（『慈氏菩薩所説大乗縁生稲䕲喩経』、大正16・八一九b）

④　何を以ての故に名づけて十二縁と為すや。菩薩告げて言く、有因・有縁を以て十二縁と名づく。舎利子よ、是の法は亦、因に非ず、縁に非ず、亦因縁ならざるに非ず。又縁に従りて有り。子よ、今は略して其の相を説く。

以何故名為十二縁。菩薩告言、以有因有縁名十二縁。舎利子、是法亦、非因、非縁。亦非不因縁。又従縁有。子今略説其相。（『大乗舍黎娑担摩経』、大正16・八二一c）

⑤　何が故に因縁と名づくや。答えて曰く、有因・有縁を名づけて因縁と為す。無因・無縁に非ざるが故に。是の故に名づけて因縁の法と為す。世尊略して因縁の相を説きたもう。彼の縁生は果なり。
何故名因縁。答曰、有因有縁名為因縁。非無因無縁故。是故名為因縁之法。世尊略説因縁之相。彼縁生果。（『仏説大乗稲芋経』、大正16・八二三c～八二四a）

傍線のように、やはり五訳とも訳語が異なっている。そして、『了本生死経』では、縁起と縁生法とを厳密に区別して「縁起不縁生法（無明によりて行あり）・縁生法不縁起（無明などの十二支の支分）・縁起縁生法（因と果とを不断の関係で見ること）・不縁起不縁生法（外道の因果論）」[7]と言うが、こうした経説は他の経典には見られない。経典の文脈から見てもやや異質であり、訳者の覚書のようなものが本文に挿入されているのかもしれない。いずれにしても、「縁起」は諸縁によって新しい存在が生ずること、「縁生法」は言語化された諸存在を表わしており、両者を明確に区別して翻訳しているのである。支謙は『貝多樹下思惟十二因縁経』[8]という名称の経典も訳しており、「縁起」思想の翻訳にずいぶん苦労している事実を認めることができる。

このような翻訳における訳語の不統一は、初期仏教の「縁起」の教説からある程度は想像することができる。釈尊の根本教説の理解に関しては、既に触れたように近代日本における仏教学研究の大きな問題であったわけだが、「縁起」思想をどのように了解するかはともかくとして、問題点の整理は進んでいる。[9]そうした最近の「縁起」思想研究によれば、pratītya-samutpāda には、もともと**論理的な相依関係**と**時間的な因果関係**の二面が含まれていたことが明らかにされている。[10]論理的な相依関係とは、例えば親と子のような関係のことであり、二つ以上の存在の関係が相依関係にあることを指して縁起と言うのである。これは、十二支縁起の中では識と名色の関係などがそれに当たる。[11]一方、時間的な因果関係とは、例えば種子と芽のような関係のことであり、それが種である時にはまだ芽の存在はなく、それが芽である時には既に種の存在はなくなっているのである。

このような関係は、十二支縁起の中では生と老・死の関係などがそれに相当する。[12] この両者の事実は、言語表現の中では断絶（種子と芽は同じではない）と連続（種子と芽は別のものでもない）の重層性として表現せざるを得ないが、阿含に常套的に用いられる「此れある時彼有り、此れ生ずる時彼生じ、此れ無きとき彼無く、此れ滅する時彼滅す」という縁起の定型句は、こうした背景によるものなのである。[13] この点を筆者は、縁起の両面として論理的相依関係（有る・無いの関係、日本語の「～である・～でない」に相当する。ソシュールの言う共時的関係）と時間的因果関係（生ずる・滅するの関係、日本語の「～になる」に相当する。ソシュールの言う通時的関係）と称して、区別して考えるべきであることを主張したい。[14] 運動変化を言語によって表現するときには、こうした両面として説かざるを得ないのである。この点は、前出の『了本生死経』が、外縁起の五点として更に詳しく語っていた通りである。このような「種子が芽となる」関係において、芽を成り立たせる無数の条件・力を「縁」と呼び、その「縁」に含まれる果を生ずる力について、初期仏教では「縁」と称する立場と「縁起」と称する立場との二つがあったことも既に指摘されている。[15] その立場の違いが、「縁起」「縁生」「因縁」といった訳語の違いとなって表われていると理解することができる。

三　鳩摩羅什は「縁起」という訳語を用いない

このような状況の中で、初期の中国仏教の方向性をほぼ決定付けた鳩摩羅什は、この問題についてどのような態度をとっているであろうか。これについては、既に先学の指摘があり、鳩摩羅什には、ごく一部を除いてほとんど「縁起」という用例の無いことが明らかにされている。[16] また、鳩摩羅什の訳した経論によって天台学を確立した智頭にも、「縁起」の用例が無いことが既に指摘されている。[17] この事実は一体どのような理由によるのであろうか。初期の大乗仏教をめぐる興味深い問題である。

鳩摩羅什訳『中論』青目釈冒頭の帰敬偈の、造論の意趣を解説する箇所には、この考察に際して見逃すことのできない点が記されている。

問うて曰く、何が故に此の論を造るや。答えて曰く、有人言く、万物は大自在天より生ず。……仏、是の如きの等の諸邪見を断じて仏法を知らしめんと欲するが故に、先に声聞法中に於いて十二因縁を説きたもう。又、已に習行して大心有りて深法を受くるに堪うる者の為に大乗法を以て因縁相を説きたもう。所謂、一切法は不生不滅・不一不異等、畢竟空にして所有無きなり。般若波羅蜜中に説けるが如し。

問曰、何故造此論。答曰、有人言、万物従大自在天生。……仏欲断如是等諸邪見令知仏法故、先於声聞法中説十二因縁。又為已習行有大心堪受深法者以大乗法説因縁相。所謂、一切法不生不滅不一不異等、畢竟空無所有。如般若波羅蜜中説。

(大正30・一b)

つまり、外道の様々な邪見を断ずるために十二因縁を説いたが、大乗においては、それを『般若経』に不生不滅と説いたと言うのである。さらに続けて次のように言う。

仏滅度の後、後の五百歳像法中、人根転た鈍にして深く諸法に著《じゃく》し十二因縁・五陰・十二入・十八界等の決定相を求む。仏意を知らずして但だ文字に著《じゃく》す。大乗法中に畢竟空を説くを聞きて、何の因縁の故に空なるかを知らずして、即ち疑見を生ず。

仏滅度後、後五百歳像法中、人根転鈍深著諸法求十二因縁五陰十二入十八界等決定相。不知仏意但著文字。聞大乗法中説畢竟空、不知何因縁故空、即生疑見。(同c)

つまり、この『中論』は、仏所説の十二因縁等を「法の有」と解した人々と、それが「不可得空」であることの真意を知らない人々に対して説かれたものであると言うのである。「法の有」という思想それ自体の吟味はここでは省くが、説一切有部等のアビダルマ教学を対象としたものであろう。そして「法の有」が説かれる根拠は、阿含の次のような経説にあったと考えられる。

爾の時世尊、諸比丘に告げたまわく、五受陰有り。何等をか五と為すや。色受陰受想行識受陰なり。

爾時世尊、告諸比丘、有五受陰。何等為五。色受陰受想行識受陰。（『雑阿含経』巻第三、大正2、一九c）

ここには、「無我」を明らかにするためとはいえ、一応「五陰」の存在が「有」と説かれている。また、次のように十二因縁を説く経説も存在する。

彼の如来自ら覚知せられて、等正覚を成じ、人の為に演説して開示し顕発せしむ。謂く、無明に縁りて行有り。乃至、生に縁りて老死有り。

彼如来自所覚知、成等正覚、為人演説開示顕発。謂縁無明有行。乃至、縁生有老死。（『雑阿含経』巻第十二、大正2、八四b）

このように、「〜有り」と説かれたことが、その真意を抜きにして、表現された文字に従って理解されたとすれば、その理解が文字に忠実であればあるほど、結果的には真意から遠ざかっていくことになるであろう。『般若経』が、五陰をはじめとして一切の法を延々と「不可得空」であると説いていくのは、こうした事情によるものと考えられる。いったん「有」と誤解された事柄は「無我」の主張では超えられない。このことは経典翻訳の上でどのようなこととして表われるのかと言えば、『般若経』が十二因縁を決して有的には表現しないということである。諸法が不可得空であることは、主に『大品般若経』の説くところであるが、鳩摩羅什以前の『放光般若』『光讃般若』にもこの点は共通する[18]。

『中論』観因縁品では「諸法は四縁より生ずる」という阿毘曇人に対して、どのような意味においても因縁より諸法が生ずることはないとして、

諸法は、……但だ衆縁和合するが故に名字を得るのみ。

諸法、……但衆縁和合故得名字。（大正30・二b）

と言う。従って、鳩摩羅什は、特定の経典を除いて、存在としての「縁生法」や構造としての「縁起」という概念を単独で用ることはないのである[19]。「縁起」という用例は全て例外なく「因縁起法」という文字列の中に存在するのみである。一例を挙げておきたい。

一切諸法中、定性不可得。但従和合因縁起法故有名字諸法。（『摩訶般若波羅蜜経』、大正8・四〇七c）

この文中の、「但従和合因縁起法故」は、「但だ因縁の和合するに従りて法の起るが故に」と訓ずるべきであろう。また「縁集」「縁生」などの用語も、熟語としてではなく、例外なく「～因縁の集す」「～因縁もて～を生ず」という文脈で用いられているのである。しかし、鳩摩羅什が全く「縁起」という概念を用いなかったわけでもない。例えば鳩摩羅什門下の僧肇が、『肇論』に次のように言うことによっても推察される[20]。

中観に云わく、物は因縁に従るが故に有ならず。縁起の故に無ならず。

中観云、物従因縁故不有。縁起故不無。（大正45・一五二b～c）

僧肇は、諸法の不可得をこのように述べるのである。縁起によって非無を説くという思想が僧肇独自のものか否かは、今ここで判断することはできないが、「因縁」と「縁起」を使い分けている点が注目されるのである[21]。この点からも、鳩摩羅什の翻訳が一貫して「因縁」を用いることによって「法の有」を破することにあったことが明瞭と

なるのである。

四　菩提流支訳『十地経論』の「因縁集」と「十二因縁」

アビダルマ仏教が「法の有」を説いたことに対して、『般若経』などが法の不可得を説いて縁起の真実を明らかにしようとした点は上述の通りであるが、この点を全く異なった観点から明らかにしようとする初期大乗経典が存在する。『十地経』がそれである。『十地経』の第六現前地は、世俗世間の十平等を明らかにして順忍を得ることを説くが、その中に「三界虚妄但是一心作、十二因縁分皆依一心[22]」と説かれており、唯識思想の一つの根拠となっていることはよく知られている。この経にも数種の異訳があるので、初めに諸訳を比較してみたい。

経は初めに、世間の生滅を観じ終わった後に「世間のあらゆる受身・生所の差別」は我に貪著することが原因であるとして、いわゆる「十二因縁」を提示する[23]。「世間のあらゆる受身・生所の差別」とは、具体的な世間的存在の諸相ということであり、『般若経』が法の不可得を明らかにするために十二因縁も空であると言うのとは、基本的に立場が異なっている。そして『十地経』のこうした観点は、初期経典が人間存在の根源を明らかにしようとして十二因縁を説いたことと共通する観点であると思われる。まず、訳語の比較のために、その結論の部分を比較してみよう。

①　菩薩も是の如し、柔順を楽いて十二縁を観ず。

菩薩如是、楽于柔順観十二縁。（『漸備一切智徳経』、西晋竺法護訳、大正10・四七六a）

②　是の十二因縁、集者有ること無くして自然に集り、散者有ること無くして自然に散ず。因縁合すれば則ち有り、因縁散ずれば則ち無きなり。

是十二因縁、無有集者自然而集、無有散者自然而散。因縁合則有、因縁散則無。（『十住経』、姚秦鳩摩羅什訳、大正10・五一四c）

③是の十二因縁、集者有ること無し、散者有ること無し。縁合すれば則ち有り、縁散ずれば則ち無きなり。

是十二因縁、無有集者、無有散者。縁合則有、縁散則無。（『六十巻華厳経』、東晋仏駄跋陀羅訳、大正9・五五八b）

④是の因縁集、集者有ること無くして自然に集り、滅者有ること無くして自然に滅す。

是因縁集、無有集者自然而集、無有滅者自然而滅。（『十地経論』所釈の十地経、後魏菩提流支訳、大正26・一六八b）

このように諸訳によって訳語が異なり、ここでも「縁起」という訳語は用いられていない。『十地経論』は、この④の文の後、「此の因縁集に三種の観門有り」として、成答相差別・第一義諦差別・世諦差別を挙げて、第一義諦差別の中で「十二因縁分」という用語を用いているから、全体を括る概念としては「十二因縁」を用いなかったものと考えられる。この④に説かれる「因縁集」という概念を根拠にして、後に地論学派の教理が展開していくのである。

そこでこの『十地経論』とその所釈の経文を検討して、『十地経』が何故ここで「十二因縁」を詳細に言及するのかという点を考察しておきたい。

「此の因縁集に三種の観門有り」の最初に示される「成答相差別」とは、およそ次のような意味である。

成差別――我に執着することによって世間の生が有り、著我を離れればそれがそのまま第一義諦であることを表わす。

答差別――著我というが、存在しないものにどうして執著することが成り立つのか、という点を自問自答して、無明と有愛を根本として、邪念にしたがって邪道を行じて様々な染法を集起するからであることを示す。

相差別――著我の構造を明らかにするために十二因縁を示す。

この後、第一義諦は説明せずに、以上のことが証されれば、それが解脱であり第一義諦である、とのみ言って、世諦差別に言及していくのである。その世諦差別を表わす最初の経文が、よく知られた、

三界虚妄但是一心作、十二因縁分皆依一心（大正26・一六九ａ）

なのである。経はこの後、

所以は何ん。随事の貪欲の心と共に生ずるは即ち是れ識なり。事は即ち是れ行なり。行、心を誑すが故に無明と名づく。無明、心と共に生ずるを名色と名づく。

所以者何。随事貪欲共心生即是識。事即是行。行誑心故名無明。無明共心生名名色。（同右）

と詳説していく。この経説は、「一心」がどのような仕組みによって、あたかも主体と客体であるかのような虚構を成り立たせていくのかを具体的に示している。つまり、十二因縁において、「識」が成り立つときには既に無明によって色づけがなされており、そのときには同時に名色が成り立っているというのである。つまり、『十地経』は、我に執著する世間というあり方を、『般若経』のように不可得と言うのではなく、「一心」の内容として構造的に解明しようとするのである。『十地経論』所釈の『十地経』は、こうした点を明らかにするために「因縁集」という用語を用いるのであろう。

五　浄影寺慧遠の縁起観

ここに説かれる「因縁集」を根拠として、地論学派は種々の縁集説を展開した。この点は既に先学によって指摘されている通りである。[24] ここではその中心的存在である浄影寺慧遠の縁集説を吟味しておきたい。すでに触れてきたように、『十地経』は、第六地の教説の中で十二因縁を「一心」の構造として展開する。従って、おそらく慧遠も自己の縁集説を第六地において展開したに違いない。[25] 慧遠の『十地経論義記』は、第三地の途中までしか現存しないので、この点から言えば、彼の教理の全貌は明らかではない。しかしながら、幸いに『十地経論義記』は、経が冒頭で第二七日の説であることを『十地経論』が釈して「因縁行を行ずるを思惟す」とする箇所に詳細な解説をつけている。この部分は『十地経』の根本課題に触れる部分なので、慧遠が『十地経論』を如何に解したかを知る上では最適の箇所であると言うこともできる。慧遠は、『十地経論』が「因縁行を行ず」と言うことを、

法を籌慮するを名づけて思惟と曰う。思心、境に渉るが故に名づけて行と為す。所行の境界の体は定性に非ず。諸法同体にして互いに相い縁集するが故に因縁と曰う。因縁集起するを之を目づけて行と為す。此の因縁を行ずるが故に初に説かず。

籌慮於法名曰思惟。思心、渉境故名為行。所行境界体非定性。諸法同体互相縁集故曰因縁。因縁集起目之為行。行此因縁故初不説。（続蔵一・七十一・二・一四五右下）

と解釈する。ここで「思心」と言われるのは、認識主体のことである。認識主体が対象を取ることを「行」と言い、対象は、後で述べるように全て「如来蔵」という自体において成り立っているのであるから、「定性には非ず」して「同体」である。このことが「縁集」であり、「因縁」であると言うのである。そして、この「因縁」の集起が

行であると言うのである。ここでは縁起という用語は使われていないが、「因縁」と言われることとは別のこととして「行」を理解している。つまり慧遠は「因縁」の中に法を生ぜしめる力を見ずに、「行」においてそれを見ているのである。このことは、言い換えれば「因縁の行」という言葉が、即ち「縁起」を表しているのである。

『十地経論』が、第二七日の説であることを、「因縁」ではなく、「因縁の行」を思惟していたためであるとすることには、これまで見てきたような『般若経』などの流れを踏まえるとき、言語表現と第一義諦・世俗諦についての大きな問題があると言わねばならない。慧遠は、果してそうした『十地経論』の基本的立場を十分によく理解していたであろうか。慧遠は、さらに「因縁」のみを取り上げて次のように言う。

因縁の義、経中には亦縁起・縁集と名づく。因に仮り縁に託して諸法有り。故に因縁と曰う。法の起きるは縁に籍る。故に縁起と称す。法は縁より集まる。故に縁集と名づく。

因縁之義、経中亦名縁起縁集。仮因託縁而有諸法。故曰因縁。法起藉縁。故称縁起。法従縁集。故名縁集。（続蔵一・七十一・二・一四五左上）

この所説は、慧遠が学んだ多くの経論をまとめたものであり、一応、この時代の標準的な見解であったと思われる。つまりこの時代に至っても、未だ「縁起」という用語が仏教の中心概念として用いられているわけではないのである。そして慧遠は、この後『十地経』第六地の「因縁集」の概念によって、「有為縁集・無為縁集・自体縁集」を主張する。

有為と言うは、生死の法体に無常生滅の所為有るが故に有為と名づく。業煩悩の因縁に従いて有るが故に因縁と名づく。無為と言うは所謂涅槃の体は生滅に非ざるを名づけて無為と曰う。道を籍りて有るが故に因縁と曰う。

言有為者、生死之法体有無常生滅所為故名有為。従業煩悩因縁而有故名因縁。言無為者所謂涅槃体非生滅名曰無為。藉道而有故曰因縁。（同前）

ここで言う無為法としての涅槃とは、大乗の『涅槃経』などが主張する有為・無為を超えた第一義諦としての涅槃でないことは明らかである。こうした理解の背景には、『維摩経』や『勝鬘経』が批判の対象としたアビダルマの法理解が影響を与えていると考えられる。(26) そして、自体縁集については次のように言う。

自体と言うは、即ち前の生死涅槃の法の当法の自性は皆是の縁起なり。其の相、云何とならば、生死本性即ち是れ如来之蔵なりと説くが如し。如来蔵中に一切恒沙の仏法を具足す。

言自体者、即前生死涅槃之法当法自性皆是縁起。其相云何、如説生死本性即是如来之蔵。如来蔵中具足一切恒沙仏法。（同前）

つまり自体縁集とは、如来蔵であると言うのである。そして更にこの「如来蔵」に有為如来蔵と無為如来蔵があるとまで言うのである。傍線の文は、『勝鬘経』と『起信論』の所説を合わせたものと考えられるが、(27)『勝鬘経』の如来蔵説は、「如来蔵は有為相を離る」(28) とか「如来蔵は是れ如来の境界なり」(29) と言われるように、第一義諦を言語世界において表現したものであり、凡夫はおろか阿羅漢・声聞・大力菩薩でさえも決して見ることはできないと繰り返し説かれている。従って、慧遠のこうした主張は、少なくとも『勝鬘経』の所説を逸脱するものと言わねばならない。しかしながら、諸経論によって様々に説かれた「因縁」「縁起」「縁集」といった概念を一応区別した上で集大成しようとした主張であることは認められよう。「縁起」は、「前因より後果を集起す」と言われ、その前因を「因縁」と称し、諸縁の中に法の形成力を見る場合には「縁集」と言う。そして、それらが自体としての「如来蔵」において成り立つことを基本的な立場とするのである。

このように慧遠の「三種縁集説」は、『維摩経』や『勝鬘経』『楞伽経』『起信論』などの大乗の重要な経論の所説を『十地経』の「一心」において会通しようとした結果であると言える。本来、第一義諦において説かれた如来蔵を『十地経』の「一心」の内容と見て、結果的に世俗諦の中に位置づけたのである。従って、この点において慧遠の教学は大きな矛盾を抱えることになった。[30]

『十地経論』が明らかにしようとした世俗諦に立っての諸法の解明は、その後、『摂大乗論』などが紹介されて一層発展することになった。『摂大乗論』は、第二章の「所知依分」（玄奘訳）において、この問題を真正面から取り上げているからである。そこで現存する四訳の該当部分を比較してみよう。

甚微最細因縁（後魏仏陀扇多訳、大正31・九八c）

此縁生於大乗最微細甚深（陳真諦訳、同一一五a）

此縁生於大乗中微細甚深（隋笈多訳、同二七七a）

諸法顕現如是縁起、於大乗中極細甚深（唐玄奘訳、同一三四c）

以上の通りである。この段階に至っても訳語は一貫しておらず、積極的に唯識思想が理解されるに従って、ようやく玄奘の時代に至り「縁起」という訳語が定着していったと推察されるのである。ちなみに、『般若経』において鳩摩羅什が「因縁」と訳する箇所を、玄奘はことごとく「縁起」と訳している。

小結

仏教の根本思想が、pratītya-samutpāda であることは否定できない。しかし、それをどのような訳語で表現するかということについては、少なくとも以上に述べたような多くの紆余曲折を経ているのである。この点から言えば、大乗仏教の二大思想である中観と唯識に関して、前者を「縁起」思想と呼ぶことはなかったのである。従って、「仏教は常に縁起を説いてきた」という言い方は、言葉の上では中観思想を後の思想の用語によって解釈していることになるのである。既に述べたように、初期仏教における「縁起」表現の中には、時間的な因果関係と論理的な相依関係を同時に含んでいた。しかし、中国においては北伝仏教が大乗中心であったという地理的な関係や、自国における老荘思想の隆盛などと関係して、大乗仏教の般若思想の理解が仏教受容の始まりとなったために、pratītya-samutpāda の、第一義諦を表わす面（僧肇の言い方で言えば「不有」の面）の理解が進んだのである。しかしその後、それほど時間を隔てないで「不無」を説く中期大乗仏教に触れたために、慧遠のような矛盾を抱えることになったのであろう。

玄奘は、『倶舎論』において因果を定義して次のように言う。

此の中の意は正しく説く。因は起、果は已生なることを。論じて曰く、諸支の因分を説きて縁起と名づく。此れを縁と為して能く果を起こすに由るが故なり。諸支の果分を縁已生と説く。此れ皆縁に従りて生ぜらるるに由るが故に。

此中意正説。因起、果已生。論曰、諸支因分説名縁起。由此為縁能起果故。諸支果分説縁已生。由此皆従縁所生故。

（大正二九・四九c）

ここに至って、「十二因縁」における各支分と「縁起」の関係は明瞭にされたのである。しかし、翻ってみれば、こうした点は、既に支謙の『了本生死経』に示されていたことである。従ってその間、「縁起」という世俗諦を表現することに主眼のある用語が定着しなかったことは、ひとえに中国仏教が般若思想の理解から始まったことに原因すると考えられる。この意味では、『勝鬘経』の「如来蔵」も、本来、第一義諦を表現するものであり、この点を混同することによって慧遠の矛盾は惹起したのであるが、玄奘の思想と深い関係を持って成立し展開した華厳思想は、この点をどのように見ているのであろうか。智儼の「法界縁起」説や法蔵の「如来蔵縁起」思想の解明が課題となるのであるが、この点は章を改めることにして、今はもう少し慧遠の抱えた矛盾の背景に関する整理を進めたい。

第二節　アーラヤ識思想と如来蔵思想の基本的相違

前節では、pratītya-samutpāda という概念が因縁・縁集・縁起といった用語によって中国仏教に定着していく過程を概観した。中国仏教の思索展開は、インド仏教のような対話と止揚によるものではなく、たまたまもたらされた外来思想を如何に漢語によって理解するかということが本質的な課題であった。それ故、インドではアビダルマ仏教の法有説との対話の中から展開した「空」の思想を、対話の結果であることを知り得ないまま、言語を通して理解するより他なかったのである。『般若経』に従えば、言語それ自身が勝義諦ではないもの、般若波羅蜜は言語を離れたものと説かれているから、その本質を言語を通して理解することは、容易なことではなかったはずである。そうした般若空観を理解する過程で、『阿含経』に、そしてあまり時間を経る間もなく唯識思想・如来蔵思想に、中国の仏教者たちは触れることになるのである。地論学派の思想は、そうした葛藤の足跡であると言えよう。前節ではその中の代表的人物である浄影寺慧遠の矛盾点について若干触れた。その矛盾は、大乗仏教の思想史から言えば、如来蔵とアーラヤ識を混同したことに原因すると言えるが、それはあくまで後の時代から振り返って見たときの批判であって、慧遠当時においては最も優れた会通的解釈だったはずである。そのような慧遠の抱えた問題を解明するために、ここでは『般若経』のよって来たる理由と、それが如来蔵、アーラヤ識へと展開したことの有する意味について整理し、地論学派の縁起理解を解明するための基盤としたい。なお本節以降、アーラヤ識、阿梨（黎）耶識、阿頼耶識の語を用いるが、文脈によって新訳（阿頼耶識）、旧訳（阿梨耶識）を使い分け、総体的に言う場合はアーラヤ識と表記する。

人間の自然な認識を分析して、認識するものと認識されるものとを発見し、認識されたものによって自己と世界とが成り立っていると考えたとすると、そこに何が存在し何が存在しないかを認識するものは、世界の外にあるもの、もしくは自己の内にあって自己ではないものでなければならない。自己の身体や性格といったものは、認識するものではなくて認識された内容に他ならないから、それらを認識するものは、身体や性格の他に存在しなければならない。このようにして身体からも完全に切り離された純粋な認識主体を、通常我々は「我（アートマン・主観）」と称し、それが自己の根本的な本体であると考えている。だから何らかの認識が存在する限り、認識の対象は様々に疑い得ても、認識主体自体は決して疑い得ないわけである。

釈尊を生んだ当時のインドの思想状況もこれと似ていたようである。というよりも、人間の思考様式そのものが普遍的であると考えた方がよいのかもしれない。われが存在し、外界が存在する。その全てをどのような形式で一般化し抽象化することができるか。こうした疑問に対する分析は、デカルト以降の近代哲学の展開に先んじて、釈尊当時のインドにおいて盛んに議論された課題なのである。それらの中には一元論・二元論・唯物論・唯心論など様々な考え方があったようである。その中に釈尊が出現されたことは、それらの諸々の立場に新たに別の立場が付け加えられたという意味ではない。何故なら、釈尊が明らかにしたことは、そのような存在についての諸々の解釈ではないからである。存在を認識し様々に解釈する人間の能力を仮に知性と呼ぶなら、知性は確かに人間の固有の特性であり、それによって人間は多くのものを築き上げてきたと言い得る。しかし一方では、その知性の故に人間は「我《われ》」なる存在を創り出し、その創り出したものが破壊すると考えて、様々に苦しみ悩む存在なのである。人間ゴータマの出家の理由が、そのような人間存在の根本的な苦を見つめた結果であることは、四門出遊の故事に象徴的に示されている。従って仏陀の成道はそうした根本的人間苦からの解放であったはずである。その人間解放の原理として、仏陀が「無我」と教えることは、単純な自我存在の否定でもなければ、全ては虚無であると言っているのでもない。真に主体でないものを主体として、それに縛られる知性の構造を剔出しているのである。言い換えれば何故「無我」なのかを説明する論理が「五蘊仮和合」「縁起」という考え方なのである。従って内なる構造としての縁起に支えられる無我が表わす内容は、われが存在し外界が存在することの否定でもなければ、全てが存在しないということでもない。

しかしながら、無我という表現自体が「我」の否定という形式をとるために、それは何らかの存在の否定であると受け止められるに至る。このようにして釈尊の無我説は、ある時には「人無我法有」と解されて、人間の無我のみを意味するものと理解されるに至る。これが法の探求としてのアビダルマ仏教の基本的立場であろう。このようにしていったん誤解されると、もはや元の無我という表現によっては、本来の意味を回復することができない。大乗仏教は正しくこうした課題を背負って現われたものと言うことができよう。『般若経』が一切法の不可得・無所得を説かねばならなかったのは、正にこうした事情を背景としてのことであったに相違ない。しかしその『般若経』も不可得を説くことによって人間の自然的認識を一応は否定するから、先ほどと同じ論法によって一切法の存在を否定するものとの誤解を受けたようである。その誤解を正すものとして更なる大乗経典が現われるが、それは虚無論を救うために有的な表現を持つことによって、無我を根本とする釈尊の教えに矛盾するものであるとの誤解を受ける場合が少なくない。ここでは、そのような仏教の展開の中で、中期大乗経典の有的な表現が、一体どのような理由で、何を表わそうとしているか、ということを一通り整理しておきたい。

一　『般若経』の如

『般若経』が一切法の不可得・無所得を説くことは既に述べた通りである。では一切法が不可得であるとは、どういうことなのであろうか。「これこれである」と表現すれば、それは既に不可得ではないことになる。従ってここでは、『般若経』がどのような論理でそれを明らかにしているかということに焦点を絞って考えていきたい。

人間の自然的認識の中では、あらゆる存在物は、我々がそれを認識することにおいて存在することが確認される。つまり、わたしが机を見ることにおいて机が存在すると言われるのである。このことを逆に見れば、机が存在するから我々において机という認識が成り立つのだということになる。哲学的に言えば、前者が認識論、後者が存在論の立場に相当しよう。また、認識の内容を「机がある」という場合と「机である」という場合とでは、「机」という言葉が表わしている内容は微妙に異なるし、「ある」と言われていることの内容にもずいぶんと隔りがある。「机がある」と言う場合の「机」は、個々にそれぞれ色・形などの違いのある具体的な現実存在を表わしている。これを通常は「個物」とか「個体」と呼ぶ。一方「机である」という場合の「机」は、それが決して眼前に存在していない場合でも話題の対象となり得る。従って、それが椅子や鉛筆とは区別される、ある性質を持つものを表わしていると考えられる。これを通常は「机一般」とか机の「本質」と称する。

「机がある」という認識が成り立つためには、あらかじめ本質としての机が了解されていなければならない。つまり単に個物Aとして視覚等の対象となって「これこれ」と指示されるにすぎないようなものは、定義することもできなければ理解することもできないからである。この点から言えば、認識理解が成り立つのは、個物の上にある、それがそれである所以の本質が存在するからであると言わなければならない。個物の認識をこのように考えるならば、そのような本質こそが真の存在であり普遍であるということになるであろう。しかし見方を変えて、それがそれである所以は、それがそれ以外のものと単に区別されるにすぎないと考えれば、どうであろうか。つまり、それが机であるのは、単に机以外のものから区別されているにすぎないと了解するのである。このように見たとき、机は本質を持って存在しているものなどではなく、かえってそれ以外のものなしには存在し得ないものとなる。そして机同様、椅子が、鉛筆が、……全ての存在が、それ以外のあらゆるものから切り離されて区別されるとき、それであると認識されるという関係となる。

この見方の中で、全体から個を切り離すのは言葉の機能である。つまり個物Aは、言語化されることによってそれ以外の全ての物から切り離されて認識理解されるのである。つまり、個物の上に本質が存在するからそれはそれであるというのではなく、個物も本質も、それが言語化されることによってそれ以外の全てから切り離されて、あたかもそれ自体で存在するかの如く理解されるというわけである。

『般若経』が前半で繰り返し巻き返し一切法の不可得を力説するのは、このような我々の認識（分別）の構造を明らかにしようとするものであろう。具体的に経文を挙げてみよう。

色と色相とは空なり。

色色相空。（大正8・二五九c）

ここで色と色相と言われているのは、一般的存在＝色と個物的存在＝色相とを表わしていると見ることができる。そして、一般的存在の方は、それ以外の存在と区別されて初めて意味を持つという点で、他によって成り立っているのであり、個物的存在は因縁によって生滅するという点で、いずれも空であると言われているのである。ここでひとまず、仮に言語化された世界を全て「世間」と称するとすると、空という言葉をも含めて、これらは全て世間内の事柄であると言うことができる。しかし、色と色相をよりどころとする認識とそれらを空であるとする理解とは区別されるべきであるから、それらは世間の世俗（色と色相）と世間の勝義（空）の関係と言うことができるであろう。

内空は内空の性として空なり。乃至無法有法空は無法有法空の性として空なり。
内空内空性空。乃至無法有法空無法有法空性空。（大正８・二六〇ａ）

ここでは更に、言語化された「空」の本質とも言うべき出世間としての空性が語られているのであり、この関係は勝義の中の区別として「勝義の世俗（空）」と「勝義の勝義（空性）」と呼ぶことができよう。先ほどの色・色相との関係も含めて言えば、次のようにまとめることができる。

① 色と色相……世間世俗
② 空……………世間勝義（勝義世俗）
③ 空性………（出世間）勝義

本節の立論の上でこの関係は特に重要である。そこでこの三者の重層関係を、㈠言語化という視点で世間（①＋②）と出世間（③）の関係、㈡虚妄性という視点で虚妄（①）と真実（②＋③）の関係と仮称することにする。

『般若経』の後半は、前半で否定的に表わされていたことが肯定的に表現されている。つまり言語化によって意味づけられ全体から分節された具体的な個々の存在を、言語化以前として表わそうとしているかのようである。この点は、更なる言語化によって対立を止揚していく哲学的方法と混同されがちなので特に注意を要する。言語化以前ということは区別される前ということであるから、存在の全体ということである。

色の如相と薩婆若の如相とは是れ一如にして二無く別無し。

色如相薩婆若如相是一如無二無別。（大正8・三三四c）

ここで如とか一如と言われることが、その全体を表わすものである。そしてこの世界は無分別智を獲得した仏のみの境界であり、それ故、仏は初成道の時に説法しようとは願わなかったことが、この文の直後に改めて記されている。[31]また別の箇所では、この一如の世界を得るものを「如来」と名づけることが明示されている。[32]『般若経』では既に「一如」と言うのであるから一如と如来との同異を問うことは蛇足である。

以上によって、仏陀が「無我」と「縁起」によって表わそうとしたことが、色と色相の「空」として表現されていること、更に、「空」によって表わされる真実そのものが、一如＝仏陀＝如来に他ならないことが明らかにされた。

二　「悉く仏性有り」の意味

『般若経』によって明らかにされた「仏陀は如来である」という結論は、前章の分析に従って言えば、歴史的な一人格としての仏陀釈尊の上に、ある本質・普遍性を見出したことに他ならない。しかしながら、人間はあくまでも世間的分別に執着するものであり、個物の有無しか知らぬものであるから、その普遍性を一人格を通してしか理解することができない。人間のこうした本質的な誤りを明らかにして真実を知らせるためには、その個物の消滅を通して普遍性を教えるのが最も適切な方法であると考えられる。大乗の『大般涅槃経』が仏陀釈尊の入滅という場面を通して如来という普遍性を明らかにしようとするのは、正にこのような理由によるのである。

本節の論旨の上では、結論的に「仏性有り」と言われることが特に注目される。それがどのような意味を表わすのかという点について、序品から大衆所問品までを範囲として考察してみたい。なおそのように範囲を限った理由は、厖大な『涅槃経』の全編にわたって検討を加えることが紙面の都合上不可能なことと、序品から大衆所問品までは原初的な『涅槃経』に相当すると考えられるからである。[33]

『涅槃経』が仏陀釈尊の入滅を舞台に借りて説かれるために、何よりもまず、釈尊の入涅槃が人格的一個人の死没であると考える者に対して、涅槃の本意が明らかにされなければならない。この課題を負っているのは長寿品である。そこでは釈尊が如来であることを前提として、如来の寿命は無量であることが、

当に知るべし、如来は是れ常住法なり、不変易法なり。

当知、如来是常住法、不変易法。（南本、大正12・六二一c）

と示される。ここでは『般若経』に見られたような「如」の論証や「如来」の定義づけなどは全く省略されている。このことは『涅槃経』が『般若経』を前提としながら次の議論を展開していることを意味すると考えられる。何となれば、如来が常住であることは、それが『般若経』の言う出世間法としての一如に他ならないことを抜きにしては考えられないからである。ところで真の涅槃を明かそうとするにあたって、まず「如来は常住である」ことが明されなければならない理由はどこにあるのだろうか。おそらく一人格としての仏陀の身上に起こったところの煩悩からの解脱ということと、涅槃との等質性を、人々が誤解したためであると思われる。つまり肉体が存続する限り、煩悩からは脱却していても真の涅槃ではないとする見方によれば、灰身滅智した無余涅槃こそが真の涅槃であり、解脱とは区別されるべきであるとの結論に至る。こうした誤解を改めるためには、仏陀の本質が肉体の有無とは無関係であることを最初に示す必要があるわけである。そこで最初に『般若経』の一如を背景とした如来観が示され

たのである。もともと一如とは言語化以前の存在全体を表わすものであったから、それ自体は不増不滅の不変易法である。そしてそれが言語化を経て人間に向かうときに、様々な具体相をとるのである。しかし、それらが本質的に等質であることは、既に純陀品においては二種施食の平等[34]によって、哀歎品においては伊字の三点の譬喩[35]によって、明らかにされている通りである。それらは本質的に等質なのであるから、どの局面においても同様にその等質性を示すことができるのであるが、それを表わすにあたっては、仏陀の全生涯を見通すことのできる入滅の場面が最もふさわしいのである。以上のような理由によって、まず「如来常住」が示された後、それを前提として涅槃の本質が明らかにされる。その最も端的な例は、

善男子よ、涅槃の義とは即ち是れ諸仏の法性なり。

善男子、涅槃義者即是諸仏之法性也。（南本、大正12・六二一a）

の文であろう。ここで「法性」と言われていることは、『般若経』が「空性」と言っていたことと同じ内容であると考えられる。つまり、一如と称される全存在のあり方が一々の具体的個物を通して顕現している様子を表わす言葉であると考えられる。そこで次に課題となるのは、そのような関係は一人一人の人間の上にはどのようなこととして表われているのかという点である。この点を明らかにするのが如来性品の課題である。如来性品は、迦葉菩薩の「二十五有に我あるや不や[36]」との問いを受けて、仏陀が、

善男子よ、我とは即ち是れ如来蔵の義なり。一切衆生に悉く仏性有りとは即ち是れ我の義なり。

善男子、我者即是如来蔵義。一切衆生悉有仏性即是我義。（南本、大正12・六四八b）

と答えることから始まる。この文章は、微妙な言いまわしによって重要なことを表現しているので、細心の注意を払って読まなければならない。ここで「如来蔵の義」「我の義」と言われるのは、「法と義」「法と有法」といった

用語で表わされるところの「存在と意味」の意味の方である。それ故、真の実在は如来蔵の義に対する「如来蔵」であるが、これは一般的に如来蔵思想として説かれるものとは異なり、『涅槃経』では如来秘蔵の大般涅槃を指している。そこで、存在としての「我」とその意味との関係は次のように整理することができる。

我	我の義
＝	＝
如来蔵の義	一切衆生悉有仏性

この関係は、先に考察した「がある」と「である」の関係に相当するから、「悉有仏性」は、「我であること」の内容を表わすことになる。一方、「我がある」ことを表わすのは「如来蔵の義」がそれに相当するということになる。仏性の「性」とは、既に空性・法性として用いられてきたところであるが、いずれの場合も「である」ことを表わす言葉であって、「がある」を表わすものではなかった。この点に従うならば、「仏性有り」とは、従来の見方のように可能性としての仏性があると読むよりも、衆生は仏性という在り方をしていると読むべきである。それでは、衆生のあり方としての「仏性有り」とはどういうことを指すのであろうか。

善知識に親近するを知らざるが故に無我を修学す。また無我の処を知らず。なお自ら無我の真性を知らず、況んやまた能く我の真性有るを知らんや。善男子よ、如来は是くの如く諸の衆生に皆仏性有りと説くなり。
不知親近善知識故修学無我。亦復不知無我之処。尚自不知無我真性、況復能知有我真性。善男子、如来如是説諸衆生皆有仏性。（南本、大正12・六四九b）

ここで初めて用いられる「真性」とは、既に触れてきた空性・法性に他ならない。しかしこの言葉は、単に諸法のあり方を表わすというのでなしに、ある方向性を持ってそれを表わす言葉である。その方向性とは、仏と衆生の関係で言えば、明らかに仏へ向かう方向性である。諸法の真実のあり方は、衆生の分別とは本来関係がないから、それを有と説いても無と説いても真実にはならない。ただ、衆生の分別を否定するために「無我」と説いたことに執着して、ある者は断見に陥ってしまったために、それを救わんとして「仏性有り」と説いたというのである。つまり有るとも無いとも言うことのできない法性のあり方を、衆生の論理に従って表現したのが「衆生に仏性有り」ということなのである。従って「衆生に仏性有り」ということ全体を、法性のあり方の表現として理解しなければならないのである。

その上、『涅槃経』は更に、無我と我が不二であることのほかに、無常と常が不二であることをも説くのである。如来性品に説かれる「乳の五味の譬え」によれば、乳は酪→生酥→熟酥→醍醐と変化するから無常であるが、乳が酪になるということは、乳と酪とが不一不異でなければ成り立たない。同様にして乳と醍醐も不一不異のものであるから、そこに乳から醍醐に一貫する真実在が認められる。この一貫性を「性」と言い、性における位の異なりを言語化したものが五味なのである。従って、ここには前節で若干触れたところの「～になる」に相当する縁起の概念も含まれている点が、『般若経』からの新展開であると言える。「仏性有り」とは、変化・運動するものを言葉というスタティックな方法によって表現した場合の一貫する本質（但し、色や形のあるものではない）を意味するものなのである。

三　「如来蔵有り」とはどういうことか

前節の『涅槃経』の引用文の中で「我とは即ち是れ如来蔵の義なり」と示された如来蔵は、『涅槃経』においては如来秘蔵の大般涅槃を表わすものである。従って、一般に如来蔵思想と概括されるものとは異なる意味を持つが、言葉が同一なので注意が必要である。一般に「如来蔵思想」と称されるものを、最も原初的な形で説くものは、おそらく『勝鬘経』であろう。その『勝鬘経』に説かれる如来蔵の本質的な意味については、論旨の展開上、第五章に譲り、[37]ここでは『勝鬘経』に説かれる如来蔵が如来のあり方として説かれていることを指摘しておきたい。つまり『般若経』に基づく一如とその尊格的表現である如来を基盤として、煩悩とかかわることにおいて負の存在と考えられる衆生を、如来のあり方として表現しようとしているということである。このことは結果的に、「衆生に仏性有り」と言われることと「如来蔵」と言われることとが、それを表わそうとする立場の上で逆の関係にあることを意味する。言い換えれば、衆生における仏の本質が「仏性」であったのに対し、如来における客塵煩悩的あり方を「如来蔵」と称するのである。[38]原初的な意味では、如来蔵と仏性とは決して全同の内容を持つものではないことが了解されるであろう。『勝鬘経』の如来蔵説が如来のあり方を示すものであるという理由によって、『勝鬘経』では衆生のあり方がこれ以上に説明されることはない。『勝鬘経』によれば、衆生とは非本来的な如来のあり方ということに他ならないからである。この点を最も端的に示すのは、自性清浄章の冒頭の次の文である。

世尊よ、生死は如来蔵に依るなり。如来蔵を以ての故に本際は知るべからずと説く。世尊よ、如来蔵有るが故に生死を説く。是れを善説と名づく。

世尊、生死者依如来蔵。以如来蔵故説本際不可知。世尊、有如来蔵故説生死。是名善説。（大正12・二二二b）

傍点を付したように、ここでは如来蔵を根拠としてそこにおいて生死を説くのみであると説かれている。この論理構造は、この直後で「世間の言説には死と生とが有るが如来蔵には生も死もない(39)」と言われることを重ね合わせれば一層明瞭となるであろう。つまりここで「有る」と規定される如来蔵は、世間における有無の論理とは全く異なる論理の中で「有る」と言われているのである。更に「如来蔵有り」と表現されていることは、本節の主な文脈の上で言うならば「である」ことよりも「がある」ことを表わすものである。従ってここでは、如来のあり方として本来「である」の論理に属すべき内容が、名詞化されて「がある」の論理において表現されるに至ったと見ることができる。このような『勝鬘経』の如来蔵説は、仮に全体の構造を離れてこの言葉だけが一人歩きし始めると、有無の論理に引き込まれて誤解されやすい危険性を持っている。こうした理由によって、本経の如来蔵は、中国の仏教者にとってかなり理解しにくいものであったに違いない。

次に同じく如来蔵系経典に属し、『勝鬘経』よりも後代の成立と見なされる『不増不減経』の所説を見てみよう。『不増不減経』では、一法界における法身と衆生界の関係が如来蔵と説かれる(40)。つまり『勝鬘経』では如来法身と如来蔵という言葉で示されていた内容が、一法界における法身と衆生界という言葉で説かれているのである。そして更に本経は、この法身の様々なあり方が衆生・菩薩・如来と名づけられるとする(41)のであるから、とりあえず法身よりも一法界の方がより普遍的な概念として定義されている。そしてこの一法界の概念が『般若経』の一如と同じ内容を持つことは言うまでもない。あらゆる存在の根拠を表わすという点において、「一法界」という中立的な表現は、如来・如来法身といった身体的なニュアンスを持った言葉よりも一層ふさわしいと言えるであろう。『不増不減経』では、如来蔵という言葉についてはこれ以上の解説はなされていない。即ち関係性を表わすという意味で、本経の如来蔵は「である」の論理に属するものと解される。従って「がある」の文脈の中で説かれるものは、如来蔵ではなく、次の文に示されるように一法界の両面としての衆生界と法身とである。

衆生界を離れずして法身有り。法身を離れずして衆生界有り。衆生界は即ち法身なり。法身は即ち衆生界なり。

不離衆生界有法身。不離法身有衆生界。衆生界即法身。法身即衆生界。（大正16・四六七b）

ここでは、法身と衆生界のいずれもが「がある」として示されている。この文で特に注意すべき点は、本来一であるべきものが両側面を持つこと自体が既に非本来性の顕現なのであるから、「法身有り」と言われていることは一応世間の論理に従うものであり、出世間という意味での一法界が有ると説いているのではないことである。

以上によって、『勝鬘経』が「如来蔵有り」というのは出世間の意味においてであること、そして、そのような如来蔵説の理解しにくさを補って、後代の『不増不減経』は『勝鬘経』のような論理では如来蔵を説かないことが明らかとなった。

四 「唯だ識のみ有り」について

今まで触れてきたような仏性や如来蔵の思想は、『般若経』を出発点とする大乗仏教の中期的展開を示す有力な例証である。そしてこの視点からどうしても見逃すことができないのは唯識思想である。特に本節の文脈の上では「ただ識のみ有り」と言われるアーラヤ識説が注目される。そこでまず、「界の五義」について『勝鬘経』との関連[42]がしばしば問題となる真諦訳の『摂大乗論』と世親の『釈論』について考えてみたい。当該の箇所は『大乗阿毘達磨経』からの引用とされる次の偈頌である。

此界無始時　一切法依止
若有諸道有　及有得涅槃　（大正31・一五六c）

この偈頌は、二行目の意味が了解しがたい。ちなみに、長尾雅人博士はチベット訳から、

　これがあるからこそ、あらゆる〔迷いの〕生の境位があり、また涅槃のさとりがある。

との国訳を示されている。(43) これに従えば、二行目は「若し有れば諸道有り、及び涅槃を得ること有り」と読むべきであろう。ただ長尾訳にしても、「迷いの生」と「涅槃のさとり」とが並列的に「がある」と言われていることから、この「界」を有為法と無為法の共通する因と考えていることが了解される。ところが真諦訳では「涅槃有り」とは言っていない。あくまで「涅槃を得ること有り」と言うのであって、諸道と涅槃とが単純に並列しているわけではない。両者の関係を『般若経』で明らかにされた一如の視点から問題にするならば、それが一如でないことを「煩悩（諸道）」と称し、それが一如であることを「涅槃」と称するのであって、一如の中に煩悩と涅槃とが並列するというのではなかった。従って、仮にここで「界」が諸道と涅槃の共通の因であるというのであれば、涅槃を、無為法としてではなく単に無漏法と位置づけるべきである。その上で有漏法と無漏法の因としての「界」の存在を主張するというのであれば、一応理解することができる。しかしながら、真諦訳はそういう関係を主張しているのではなさそうである。この点は、後の玄奘訳になると訳語の上で一層明瞭に表現されている。この偈頌は玄奘訳では、

　　無始時来界　一切法等依
　由此有諸趣　及涅槃証得　（大正31・三二四ａ）

となっている。真諦訳との大きな違いは、まず一行目の真諦訳が「此の界は依止である」という文脈であったものを、玄奘は「第八識が界（＝因）であり、依止である」という文脈に改めていることである。第八識が界であるということは、この識が諸法の因であるという意味であり、現行している諸法を執持していることが依止であると

いう意味である。つまり第八識は、芽を生ずるための種として因であると同時にそれらを支える大地でもあるような存在であるということになる。

更に、この偈頌は『成唯識論』にも引用され種々に解釈されてきたのであるが、今日それらの成果を『新導本』によって知ることができる。そこでは二行目を解釈するにあたって、「有」を二重に読んで「此に依りて有りとは」と「諸趣有りとは」という注釈を加えている。このことによって、この箇所は「此の識有るに由りて善悪趣有り[44]」という意味になる。下句については「涅槃という言は所証の滅を顕わし、後の証得という言は能得の道を顕わす[45]」と解釈している。この解釈は、涅槃は有為法ではないから識の存在とは無関係であり、従って、「有る」とすべきものは、それを得るための道であるとする見解（無性の説と註釈される）や、涅槃や道は有為法ではないので、それら「がある」とは言えないから「涅槃を証得することがある」と言うべきだとする見解（世親の説と註釈される）を、いずれも斥けている。これらの諸点によって二行目を論理的に読もうとすると、多少複雑な工夫を凝らさなければならないことになる。今この点を『新導本』に従って示すならば、次の通りである。

① 此れいい、諸趣と及び涅槃を証得するものと有るによりて有り。

② 此れいい、諸趣と及び涅槃と証得と有るによりて有り。

③ 此れいい、諸趣と及び涅槃証得すること有るによりて有り。[46]

①は第八識が全ての有為法の因であるという論理で全体を解釈したものであり、②は第八識が執持識であるとの論理で全体を解釈したものであり、③は両者を合して解釈したものであると言えよう。①の読み方では涅槃はあくまでも無為法であるという原則が守られている。②の読み方では涅槃を無漏法と解することによって、第八識が一切法の依止であるという原則が貫かれている。③はそれらについて決して厳密ではないが、原則に抵触しないものと

なっているわけである。しかしこのような解釈は、結果として本来無為法であるべき涅槃の定義の拡大につながる(47)から、その意味では涅槃とは異なる言葉によって無為法を言語化しなければならないことになる。このような意味において、『成唯識論』に説かれる真如は一切の識の活動の外側で説かれるものとなるのである。

以上の諸点を含みながら再び真諦訳の偈頌を見てみよう。二句目の「若し有れば諸道有り」とは、先に述べたようにアーラヤ識を因として衆生の生死「がある」という意味となろう。ここでの識と生死の関係は更互因果であり、従って両者「がある」と言われる意味は同じ論理の上においてである。一方「涅槃を得ること有り」とはアーラヤ識をよりどころとするから還滅法の持続が可能なのであり、最終的に涅槃に至り得るという意味であって、決してアーラヤ識と涅槃が更互因果であることを表わしているのではない。従って、「諸道あり」と言われることと「涅槃を得ることがある」と言われることでは、同じように「がある」と言われるにもかかわらず同じ論理の中で用いられているのではないのである。

『摂大乗論』では、これ以上の表現で「識の有」を主張することはないのであるが、『成唯識論』に至ると、積極的に「識の有」が主張される。そしてこの点において、『成唯識論』の所説は誤解を受けやすいのである。それでは、そこにおける「識の有」とはどのような意味であろうか。これを具体的に表わしているのは次のような文である。

境は内識に依りて仮立するが故に唯だ世俗のみに有り。識は是れ仮の境の所依の事なるが故に亦た勝義にも有り。

境依内識而仮立故唯世俗有。識是仮境所依事故亦勝義有。（大正31・一b）

ここでは境と識とがいずれも「有り」とされることの意味の違いを明らかにしている。境が世俗の立場においてのみ有とされるという意味は了解しやすい。それに対して識が勝義において有であるとされることには注意を必要とする。『成唯識論述記』[48]には、ここで勝義と言っているのは「世間勝義」を意味するものと註釈されている。つまり同じように勝義と言われているが、ここでは、『般若経』が「空性」という言葉で表わそうとしていた出世間という意味の勝義ではなく、識の有は境の有に比べて一段真理に近いということを表わしているにすぎないというのである。境は世間世俗においてのみ、つまり人間の日常的認識の世界の中においてのみ「有り」とされるものであって、実体的に存在するものではない。その意味では、境は世間の勝義においては「空」と言われるべきものである。これに対して識は日常的認識を生み出す主体であるから、認識そのものが存在する限りにおいて「有り」とされるべきであり、この点を世間の勝義と言うのである。従って、識の有と境の空とは表現の上で表裏の関係にあるものの、同じ内容を表わそうとしたものであることが了解される。つまり識の有とは、一切法の空を肯定的に表現したものであり、これを出世間の勝義と混同してはならないのである。ちなみに『成唯識論』では、四真一俗として勝義に四種の段階を説く[49]のであり、世間勝義はその中の最も低いところに位置づけられている。

小結

以上で、釈尊によって縁起・無我と表現されたことが、『般若経』を経て中期大乗仏教の中でどのように「有」的に表現されているかを概観し得たように思う。

『般若経』においては、どのような位層においても何事かを「有」と表現することはない。しかし中期の大乗仏教では、いくつかの文脈で「有」が説かれている。表現の上で共通するからといって、これらを全て人間の日常的な有無の常識によって理解しようとすることは大いなる誤りであり、各経典の展開の必然性を無視することになる。

『涅槃経』が「悉有仏性」と言うことは、出世間的真実を空性→法性→仏性と表現してきた歴史を考慮に入れるならば、全ての衆生の本来的あり方を示すものと解すべきである。また『勝鬘経』が「如来蔵有り」と言うのは、衆生と如来との本来的同一を如来のあり方として示すものである。従って、これらはいずれも出世間そのものを言語化したものと言うべきである。これに対して、如来蔵を説く経典の中でも後期に属すると考えられる『不増不減経』では、出世間そのものではなしに、その具体性が「有」と説かれている。更に唯識教学では、「識の有」を説くのみに留まらず、文脈によっては日常的な認識の中での「有」に至ることまでが言及されている。

このように中期大乗仏教の中には、出世間に関説する場面で用いられる「有」と世間の範囲の中で説かれる「有」とが混在しているのである。そして、これらの「有」がいずれもある真実性を表現しているのであるから、それらによって表現される真実とは、単に一般的認識の非真実性を明すのみのものから出世間の究極的真実を表わすものまでを含むことになる。このことは、出世間のみを勝義とする立場から見れば、それ以外は全て世間に属することであるから世俗または世俗諦であるとすることと同じ意味である。つまり、勝義と世俗とをどこで区別するかという問題である。

この点について『成唯識論述記』は次のように述べる。即ち、『成唯識論』は四真一俗を説き、『瑜伽論』は四俗一真を説くとして[50]、この問題を見事に整理している。

その関係を一覧表にして示せば、次頁のようになるであろう。

表の下半分は本節で扱った経論の中に説かれる諸概念が四真一俗及び四俗一真のいずれに該当するかを示している。これによってそれぞれの経論が限られた文脈の中でのみ「有」を説くことが明瞭になると思う。つまり『瑜伽論』の勝義に相当するものを有と説く経論の中では、それ以外を有と説くことは決してないのであり、『成唯識

瑜伽論	成唯識論	（般若経）	涅槃経	勝鬘経	不増不減経	摂大乗論	成唯識論
世間世俗（宅舎軍林など）		（色・色相）			衆生界	諸趣	境
道理世俗（蘊処界など）	世間勝義					界	識
証得世俗（苦集滅道など）	道理勝義						
勝義世俗（勝義を安立することば）	証得勝義	（空性・如）	仏性	如来蔵	法身（法界）	（涅槃）	（真如）
	勝義勝義（所詮の真如）						

論』は『瑜伽論』が世俗とするものを勝義としていることが明らかである。要するに、両者の間では、世俗と勝義に関する定義づけが異なっているのである。

それでは如来蔵とアーラヤ識とを同時に説くもの、例えば『起信論』などでは、この点はどうなっているのであろうか。そこに注意しながらいくつかの例文を挙げてみよう。

① 如来蔵に依るが故に生滅心有り。

依如来蔵故有生滅心。（大正32・五七六b）

②　自ら己身に真如法有りと信じて発心修行す。

自信己身有真如法発心修行。（大正32・五七八b）

③　修多羅に如来蔵に依るが故に生死有り、如来蔵に依るが故に涅槃を得、と説くを聞きて……。

聞修多羅説依如来蔵故有生死、依如来蔵故得涅槃……。（大正32・五八〇a）

①の文では生滅心が、②の文では真如が、それぞれ「有り」と言われている。『起信論』所説の生滅心は先の表の中では世間世俗に相当するから、『起信論』は先の両群の用法を兼ね備えていることになる。また③の文の「修多羅」とは具体的に『勝鬘経』を指していると考えられる。それ故、この文を『勝鬘経』の先の引用文と重ねて理解するのが一般的である。しかしながら、ここでは特に言葉遣いに注意しなければならない。つまり、『勝鬘経』では、

如来蔵有るが故に生死を説く。

有如来蔵故説生死。（大正12・二二二b）

とあることである。両者は表現の上ではよく似ているが、「有る」と言われる立場が全く逆である。この点に注意を怠ると、両者が共に「如来蔵有るが故に生死有り」と説いているとの誤解に陥るのである。[51]そしてこのように誤解された如来蔵は、「若し有れば諸道有り」と言われるアーラヤ識と、表現の上で全く重なってしまうのである。この意味で、『起信論』は極めて誤解を受けやすい表現を持つ論書であると言えよう。

本節は、初めに触れたように、広範な中期大乗仏教の経論について精密な論証を積み重ねたものではない。当初「無我」と説かれた仏教の真理が、どのような背景から、アーラヤ識・如来蔵の「有」と説かれるに至ったのか。また両者の「有」は同じ地平に立つものなのか、という点の整理を試みたものである。それぞれの教法に説かれた

有的表現は、それが表現されたものであるが故に、人間の日常的な関心によって理解されやすい。初期経典から『般若経』へ、更に『般若経』から中期大乗経典へと展開した仏教の歩みは、正にそうした言葉による表現をめぐる葛藤の歴史と考えることができよう。それ故、このアーラヤ識と如来蔵がいずれも有と説かれることは、言葉の理解を通して仏教を学んでいった中国人にとっては極めて困難な問題であり、地論学派の様々な教学的葛藤は正にここに基因するのである。

第三節　如来蔵思想における求那跋陀羅訳と菩提流支訳の相違

一　問題の所在

前節で明らかにしたような、アーラヤ識思想と如来蔵思想との言語表現における位層の違いを正しく理解することは、地論学派の人々にとって極めて重大な課題であった。それは、地論学派の濫觴から既に含まれていた問題であったが、その困難に更に新たな要素が加わったと考えられる。それは、菩提流支によって訳出された経典における如来蔵の語法が、如来蔵思想の原初と見られる『勝鬘経』と異なっている点である。これは一つの思想表現の展開に属する問題であるが、用語が共通するために全体的な理解をより困難にしたであろう。今日でも如来蔵思想をめぐっては立場の異なる理解が存在する。[52]それ故、ここでは後期地論学派の縁起説理解を整理するための基盤として、改めてこの問題に言及しておきたい。

前節で若干触れたが、『勝鬘経』と『不増不減経』では同じように如来蔵が説かれていても全同ではない。しかしこうした問題は全く等閑に付されている。その理由を考えてみると、今日なされている議論の多くが「如来蔵」

という用語を『楞伽経』あるいは『宝性論』の梵本をよりどころとしていったんタターガタガルバ（tathāgata-garbha）というサンスクリット語に還元し、その言葉の持つ意味を終始変わらないものと想定した上で、タターガタガルバについての周辺の事柄が議論されているからである。(53)このような方法では、今日梵本を失っている『勝鬘経』をはじめとする大多数の経論は、これらの議論には直接参加することができない。「如来蔵」を説く経論の中には、そのような文脈で読んで差し支えないと思われるものが少なくない。しかしながら、その言葉を産み出した思想的背景や、用語上の共通性を越えた文脈全体によって表現される思想の展開変化などは、こうした方法では決して明らかにすることができない。

今、仮に、「如来蔵」を説く経論の間に思想的な展開があるとすると、その展開の出発点に当たるのは求那跋陀羅訳『勝鬘経』に説かれるものであると考えられる。つまり、『般若経』を中心とする初期大乗経典が、しかるべき理由によって中期大乗経典へと外見的な変貌を遂げていった過程の中で、「如来蔵」をその中期大乗経典の主要な教説と見るとすると、その結節点に『勝鬘経』が位置しているという意味である。

『勝鬘経』は一巻の極めて小部の経典であるが、その中に十五もの章を持ち、およそ表現の上からも他の大乗経典に比べて異質な雰囲気を持つ経である。全体が細かく章立てされていることは、この組織そのものが一つの主張であると考えることもできる。この点を「如来蔵」という言葉を手がかりに考えてみたい。経の中で「如来蔵」が直接的な形で説かれるのは法身章以降の後半においてである。その際に注目すべきことは、「如来蔵」が如来法身との関係において示されるという点である。このことによって、「如来蔵」が説かれるためにはまず「如来法身」が明確に示されていなければならないのである。果して経の前半の中心的な部分は「一乗章」と題され、まず二乗が涅槃を得るという教えは仏の方便であることが示され、真の一乗の内容が「阿耨多羅三藐三菩提」という言葉で示された後、それが涅槃であり如来法身に他ならないことが明らかにされている。ここには明らかに『法華経』を踏まえた展開を見ることができるし、その課題性は『涅槃経』と共通することが知られる。『勝鬘経』においては、まず如来法身が示された後、それを前提として、如来法身との関係を通して「如来蔵」が主張されるという構成をとっているのである。この点が『勝鬘経』の如来蔵説を理解するにあたって特に重要な点である。

二　菩提流支訳経論に説かれる如来蔵の概念

この点を踏まえながら菩提流支によって翻訳された経論に説かれる「如来蔵」の概念について、若干の考察を加えてみよう。

菩提流支は、求那跋陀羅よりも時代的にはずいぶん後に活躍した訳経者である[54]。彼は中国に初めて世親の仏教を伝えたという点で特に重要な役割を果したのであるが、これに加えて、『十地経論』の訳出に際して対立したとされる一方の勒那摩提が『宝性論』の訳者であることを考慮に入れるならば、本節の文脈上注意しなければならない点がいくつも存在すると考えられる。菩提流支の訳経活動については、今日、多少明瞭を欠く点が存在している。しかしながら今はこの問題に言及することが本意ではないので、従来の理解に従って論を進めていきたい。

高崎直道博士の指摘[55]によれば、菩提流支が訳出した経論の中で「如来蔵」の語を見ることができるのは次の四点である。

二七二　大薩遮尼乾子所説経（十巻）
六六八　不増不減経（一巻）
六七一　入楞伽経（十巻）

そこで、この四について順に検討を加えていきたいと思う。

一五一九　妙法蓮華経憂波提舎（二巻）

『大薩遮尼乾子所説経』

全体で十巻十二品から成り、内容から大きく二つに分けることができる。序品から一乗品までの三品は、文殊師利と仏陀との問答を軸として構成されている。後半の詣厳熾王品から末後までは、厳熾王と大薩遮尼乾子との問答を借りて如来とは何かを明らかにしていると見ることができよう。本節の文脈の上では、前半の一乗品の最後に一乗の根拠として、

法界性は無差別の故に。

法界性無差別故。（大正9・三二六a）

と説かれることが注目されよう。つまりここでは、一切法の根拠として「法界性」という概念を提出しているわけである。更に後半の主要な箇所である如来無過功徳品では、沙門瞿曇が如来の三十二相・八十種好・大慈・大悲・三念処・三不護業・一切種智・十自在・三十七道品・十種智力・四無所畏・不共之法を成就していることを示した後に、

大師よ、此の如き法身は、当に何れの法に依りて是くの如きの観を作すべきや。

大師、如此法身、当依何法作如是観。（大正9・三五九a）

との質問を出す。この問いの意味は、一人の歴史的な人格であると考えられるゴータマが、普遍的あるいは非歴史的な法身如来に他ならないことは、どのようにすれば了解できるのかということであろう。この問いは、大乗仏教が仏説であることとの意味を問う根本的なものである。その問いに答える形で示される経説の中に、注目すべき表現

が見られるのである。やや長きにわたるので要点のみを抜き出してみよう。

㋐ 当に一切衆生の煩悩身に依りて観ずべし。……此の身は即ち是れ如来蔵の故に。

当依一切衆生煩悩身観。……此身即是如来蔵故。（大正9・三五九a）

㋑ 大王よ、当に知るべし、一切の煩悩諸垢蔵中に如来性有りて湛然として満足せり。

大王、当知、一切煩悩諸垢蔵中有如来性湛然満足。（同右）

㋒ 是の故に我言く、煩悩身中に如来蔵有り、と。

是故我言、煩悩身中有如来蔵。（同三五九b）

この三つの文は連続する一文ではないが、㋑は㋐を受け、㋒は㋑を受ける構造で説かれている。ここで注目すべき点は、如来性と如来蔵とが明らかに区別されて用いられていることである。そしてこの点を明確にするために、経では㋑と㋒との間に十の譬喩を挙げている。その中から「乳中酪[56]」と言われる譬喩を取り上げて、この点を考えてみよう。

この如来性・如来蔵、乳中酪の譬喩は、明らかに『涅槃経』の如来性品を下敷きにしたものである[57]。乳中酪において、乳と酪との両者はどんな場合においても絶対に同時には存在しない。つまり、それが乳である時にはどこにも酪の存在はなく、それが酪である時には既に乳は存在していない。とすれば、この「乳中酪」という譬喩は、どこまでも両者の関係もしくは構造として考えなければならないことになる。つまり同時には存在し得ない乳と酪とを結びつけ得るような基盤をよりどころとして、㈠酪を乳の存在の仕方として問題にするか、㈡乳を酪の存在の仕方として問題にするか、のいずれかによらなければ、この両者を同時に表現することはできないわけである。㈠の立場に従えば、「酪は乳の別なる存在形式である」ということになるであろう。この関係は、乳の側から表現すれば乳中に酪性があるという言い方になる。また㈡の立場に従えば、乳は酪の別なるあり方をとるものであり、酪中に乳性があるということになるわけである。そこで、この乳と酪とはもともと煩悩身と如来性とを譬えたものであったから、この譬喩に従って、

㈠　如来性を煩悩身のあり方として問題にする。

㈡　煩悩身を如来性のあり方として問題にする。

という二つの見方によらなければならないことになる。そして前者によれば「煩悩身中に如来性がある」と表現され、後者によれば「煩悩身は如来性の別なるあり方である」と言われることになる。更にこの「如来性の別なるあり方」を如来蔵と呼ぶとすると、先の引用文㋐がこの見方を表現するものであることが明らかとなるであろう。また、このように考えてくると、先の引用文㋒の「煩悩身中に如来蔵有り」という言い方が、これら二つの見方を総合する視点を持つものであることが明瞭となるであろう。そして、このような表現は『勝鬘経』には見られなかったものであり、この点で本経の如来蔵説は『勝鬘経』のそれを一歩進めたものであることが了解されるのである。要約して言えば、『勝鬘経』が「煩悩身は如来蔵である」と論証したことを前提として、本経は更に「煩悩身中に如来蔵有り」と表現するに至ったのである。

『不増不減経』

この経については、前節で『勝鬘経』との論理構造の違いのみを指摘した。ここでは一連の菩提流支訳の経典群の中で、論理展開を捉え直してみたい。

一切の愚痴の凡夫は実の如く一法界を知らざるが故に、実の如く一法界を見ざるが故に邪見心を起こす。

一切愚痴凡夫不如実知一法界故、不如実見一法界故起邪見心。（大正16・四六六b）

と切り出して「一法界」という概念を提出する。この点は先の『大薩遮尼乾子所説経』が「法界性」と言っていたことと共通するものである。そして、この「一法界」を如実に知見しないことから起こる邪見心とは衆生界に増減を見ることであるとし、一法界を如実に知見することが甚深の義であるとして、

甚深の義とは即ち是れ第一義諦なり。第一義諦とは即ち是れ衆生界なり。衆生界とは即ち是れ如来蔵なり。如来蔵とは即ち是れ法身なり。

甚深義者即是第一義諦。第一義諦者即是衆生界。衆生界者即是如来蔵。如来蔵者即是法身。（大正16・四六七a）

と言うのである。これに従えば、衆生界と法身とが如来蔵を仲立ちとして即の関係で結ばれていることになる。ここでは法身という概念を導き出すために如来蔵が用いられているのであり、『勝鬘経』などのような如来のあり方として如来蔵を論ずる方法とは逆になっている。このことは、『勝鬘経』が苦心して定義づけたものを本経は最初から前提としていることを意味する。そのようにして法身の概念を導き出した上で、本経はこの法身のあり方として衆生・菩薩・如来応正遍知のそれぞれを定義する。つまりこの法身が煩悩にまとわれて世間に随順し生死に往来していることを「衆生」と称し、生死を厭離して菩提行を修することを「菩薩」と称し、それらを究竟して一切法において自在を得ることを「如来」と称すると言うのである[58]。

ここで注意しなければならないことは、この法身のあり方として如来を定義するという表現は、これまで吟味してきた『勝鬘経』や『大薩遮尼乾子所説経』には決して見ることのできなかったものであるという点である。それらの経典の中では、如来蔵を定義するに先立って根拠として示される事柄はいずれも「如来法身[59]」と表現されており、法身を如来と切り離して用いるという発想は見られない。それではこのような用語上の変化は、一体どのような理由によって生じたものなのか。その点を考えるために、もう少し経文を見てみよう。衆生・菩薩・如来応正遍

知を法身のあり方として定義した直後、更に、

衆生界を離れずして法身有り。法身を離れずして衆生界有り。衆生界は即ち法身なり。法身は即ち衆生界なり。舎利弗よ、此の二法は義一にして名異なるのみなり。

不離衆生界有法身。不離法身有衆生界。衆生界即法身。法身即衆生界。舎利弗、此二法者義一名異（大正16・四六七b）

と言う。この文は先の引用文を更に説明するものと見ることもできるし、この文の直後に「復次」[60]と言っていることから、そこまでの結論を示すものと見ることもできる。ここで「義一」と言われていることは冒頭の「一法界」を意味すると考えられるから、法身と衆生界とは一法界の両側面ということになる。本来一であるべきことが二つの側面を持つこと自体が非本来性の顕現なのであるから、ここでは一応「一法界」の方が法身よりも上位の概念であると考えられる。

このように考えてくると、ここで「法身」と言われている概念は、『勝鬘経』などに如来蔵の根拠として示された如来法身の内容と全同ではないことが了解される。つまり、『勝鬘経』や『大薩遮尼乾子所説経』などでは如来（性）と如来蔵という関係で示されていた事柄が、一法界と衆生界・法身という関係で表わされているわけである。既に明らかなように、本経では『勝鬘経』のように如来のあり方として如来蔵が示されるということはない。それどころか、むしろ積極的な如来蔵に関する定義づけは見られないと言った方が事実に近い。敢えて言えば、それは一法界の具体性としての衆生界と法身の即不離の関係を表わすものということになる。このことによって「如来蔵」という言葉の持つ意味が大きく変化したということにはならない。しかしながら、如来法身・如来性・如来蔵などといった、用語的に近似することで誤解を受けやすかった言葉が、かなり整理された形で提供されることになったのは確かである。こうした点で、本経の如来蔵説は『勝鬘経』のそれに比べて明らかに一歩前進したものと見

るべきである。

『入楞伽経』

この経の如来蔵説を考察するにあたっては、二つの点に注意しなければならない。第一点は、本経の異訳である求那跋陀羅訳の『楞伽阿跋多羅宝経』（以下『四巻楞伽経』と略す）との関係である。『四巻楞伽経』の如来蔵説は、求那跋陀羅の他の如来蔵を説く経典に対して特異な面がある。[61] その要点は、『四巻楞伽経』が如来蔵を諸法の因として取り上げていることである。この点はこの経の独創であったが、反面、大きな矛盾を抱え込むことにもなった。何となれば、既に縷々論じてきたように、如来蔵は本来因縁生滅における因として説かれてきたものではないからである。仮に如来蔵に諸法の因としての面を認めるとすれば、それは縁起法の必然として更互因果の関係を持つものとなり、如来蔵は諸法の中の一という位置づけとなる。このような位置づけは、如来蔵を出世間・第一義諦・如来性との関係において明らかにしようとしてきた文脈とは明らかに一致しない。これはそもそも縁起の両義性、つまり「依りてある」関係（如来蔵）と「依りて生ずる」関係（種子識としての第八識）の混同である。このような見方からすれば『四巻楞伽経』の如来蔵説は、「如来蔵」という名称を持つのみで、内容的には一切法が「依りて生ずる」関係を説明するものである。『四巻楞伽経』において、如来蔵は「依りてある」関係としては説かれていないのである。こうした『四巻楞伽経』の基本的な性格は『入楞伽経』においてもそのまま踏襲されていると考えられる。ところが、多少この点を補正しようとしたのではないかと考えられる所説も存在するので、その点について触れておきたい。

①『四巻楞伽経』

仏、大慧に告げたまわく、如来の蔵は是れ善不善の因なり。能く遍く一切の趣生を興造す。譬えば伎児の諸趣を変現するが如し。

仏告大慧、如来之蔵是善不善因。能遍興造一切趣生。譬如伎児変現諸趣。（大正16・五一〇b）

②『入楞伽経』

仏、大慧に告げたまわく、如来の蔵は是れ善不善の因なるが故に。能く六道の与めに生死の因縁を作す。譬えば伎児の種種の伎を出だすが如し。衆生は如来蔵に依るが故に五道に生死す。

仏告大慧、如来之蔵是善不善因故。能与六道作生死因縁。譬如伎児出種種伎。衆生依於如来蔵故五道生死。（大正16・五五六b）

この部分は、『楞伽経』の中で諸法の因としての如来蔵の定義が最も明確に示される箇所である。『入楞伽経』の傍線部は現行の梵本にも相当する文が見られないことから、[62]訳者によって付加されたのではないかと考えられる文である。『四巻楞伽経』では一貫して諸法の因としての如来蔵が説かれている。一方『入楞伽経』は、多少の訳語の相違はあるものの『四巻楞伽経』とほぼ一致する内容を述べた後で、付け足しのように如来蔵が生死のよりどころである点に言及している。仮にこの部分が訳者による付加であるとすると、本経の訳者はかなり明確な意図を持って『楞伽経』の如来蔵説を補正しようとしていると見ることができる。しかしながら、もともと『楞伽経』に説かれる諸法の因としての如来蔵という考え方自体が非如来蔵的なのであるから、こうした補正は、ますますその矛盾を拡大していくことに他ならないわけである。

このほかにも『四巻楞伽経』では、如来蔵・如来蔵識蔵・蔵識と使い分けられていた概念が、如来蔵・如来蔵阿梨耶識・阿梨耶識と訳されることによって、より積極的にアーラヤ識と如来蔵との同化がなされていると見ることができる箇所が散見される。[63]このような理由から、『四巻楞伽経』に比して本経は、諸概念の定義が細かくなることによって、読む者にとっては一層理解しにくいものとなったのではないかと考えられる。

『妙法蓮華経憂波提舎』（以下、『法華経論』と略す）

最後に本論における如来蔵の用例を見てみよう。

実相と言うは、謂く如来蔵法身の体不変の義の故に。

言実相者、謂如来蔵法身之体不変義故。（大正26・六a）

三は法仏の菩提を示現す。謂く如来蔵、性浄涅槃、常恒清涼にして不変なり。

三者示現法仏菩提。謂如来蔵、性浄涅槃、常恒清涼不変。（大正26・九b）

この二つの文は、実相及び法身仏の菩提の内容を表わす一つとして「如来蔵」という語が用いられている例である。ここには如来のあり方として如来性と如来蔵とを区別するといった視点は見られない。むしろ如来蔵と法身の体・性浄涅槃といった概念とが並行して述べられていることからすれば、ここで如来蔵と言っているのは如来性そのものを意味していると考えるべきであるかもしれない。この点は次の、

三界の相とは、謂く衆生界は即ち涅槃界なり。衆生界を離れずして如来蔵有り。

三界相者、謂衆生界即涅槃界。不離衆生界有如来蔵。（大正26・九b）

の文によって一層明瞭となるであろう。この文の後半の如来蔵を説明する箇所は、既に触れた『不増不減経』の三番目の引用文の冒頭と相似している。『不増不減経』では「衆生界を離れずして法身有り」と言い、法身と衆生界の本来的な一元性を如来蔵と定義していたのに対し、ここでは、その法身に当たる部分に如来蔵という言葉がはめ込まれている。この点から、本論の「如来蔵」は、如来のあり方ではなく第一義諦としての如来性そのものを表わすものであると考えられる。本論に用いられる「如来蔵」という用語が第一義諦そのものを表わすことは、次のよ

うな熟語によっても一層明確となるであろう。

如来蔵真如の体は、衆生界に即せず、衆生界を離れざるが故に。

如来蔵真如之体、不即衆生界、不離衆生界故。（大正26・九b）

言うまでもなく、ここでは如来蔵と真如とが同義語として熟語を形成している。こうした用例は、今まで吟味してきたいずれの経典とも共通性を持たぬものであり、本論が世親の所造であることを考慮に入れるとき、様々な問題を惹起するであろう。

小　結

以上、菩提流支によって訳された経論における如来蔵の用例を一通り検討し得た。仮に『勝鬘経』に示される如来蔵説を原初的なものとすると、菩提流支によって訳された経論中に説かれるものは、内容的にずいぶん変化したものであることが明瞭となったであろう。そして同じように菩提流支によって訳された経論の中でも、「如来蔵」という用語を使いながらも内容には彼此の異なりがあることが明らかとなったであろう。こうした事実は、用語の内容は文脈によらねばならないことを意味しており、訳語の共通性・非共通性だけで思想を判断することの危険性を示していると言える。このような点が、正に地論学派の人々にとっては大きな課題だったのである。

註

（1）　大正45・五一四a。

（2）　大正45・五〇三a。

(3) この点は、第五章において詳細に論ずる。

(4) この点については、小谷信千代「和辻博士の縁起説理解を問う――釈尊の輪廻説と縁起説――」(『仏教学セミナー』第七六号、二〇〇二年)に詳しく論じられている。

(5) 吉津宜英「「縁起」の用例と法蔵の法界縁起説」(『駒澤大学仏教学部研究紀要』第四〇号、一九八二年)の「二訳語としての「縁起」」に関説されている。

(6) 大正16・八一五b。

(7) 大正16・八一五c。

(8) 大正16所収、七一三。

(9) こうした研究成果の代表的なものとして、平川彰『法と縁起』(『平川彰著作集』第一巻、春秋社、一九八八年)を挙げることができる。

(10) 小谷註(4)前掲論文及び平川前掲書の第五章三―(三)「有無中道と縁起・般若の智慧の意味」、第五章六―(三)「イダパッチャヤターとしての縁起」、第五章六―(四)「縁と起」などを参照。

(11) 平川註(9)前掲書の第五章六―(三)―(2)「因果同時と識・名色」の項などを参照。

(12) 平川註(9)前掲書の第五章六―(四)―(2)「相依性」の項などを参照。

(13) 平川註(9)前掲書の第五章六―(四)―(4)「此れ有るとき彼れ有り」の項などを参照。

(14) 拙稿「『起信論』の縁起説」(『大谷学報』第七三巻四号。本書第四章第一節に該当)ではこの点を「共時的論理関係・通時的相続関係」として論じ、拙稿「『起信論』の如来蔵説と法蔵の如来蔵縁起宗」(『仏教学セミナー』第七〇号。本書第七章第三節二に該当)では「依持(依りて有る)と縁起(依りて生ずる)」という視点から関説し、同様に拙稿「『起信論』中国撰述説否定論」(『南都仏教』第八一号。本書第四章第二節に該当)では「~である」と「~になる」の違い、及び「共時性と通時性」として論じているので適宜参照していただきたい。

(15) 平川註(9)前掲書、三二三頁参照。

(16)　註(5)参照。

(17)　新田雅章「天台教学と縁起の思想」(『平川彰博士古稀記念論集　仏教思想の諸問題』春秋社、一九八五年)を参照。

(18)　例えば『放光般若経』(西晋無羅叉訳)巻第一には、

此の十二因縁も亦空と合す。

此十二因縁亦与空合。(大正8・五c)

とあり、『光讃経』(西晋竺法護訳)巻第三には、

十二因縁生死の原は空に異ること有ること無く、住に異ること有ること無し。其の十二因縁老病死とは此れ則ち空と為す。生老病死十二因縁は自然にして空と為す。

十二因縁生死之原無有異空、無有異住。其十二因縁老病死者此則為空。生老病死十二因縁自然為空。(大正8・一六八c)

とある。

(19)　『維摩経』に例外的使用例を見ることができる(大正14・五三七a、五四二c、五四五c)が、『維摩経』でも多くは「因縁」が用いられている。吉津註(5)前掲論文参照。

(20)　この箇所について『肇論疏』(唐元康撰)は、

中論に云くとは、此れ通じて中論の意を引くなり。亦、是れ四諦品の偈なるべし。

中論云者、此通引中論意也。亦可是四諦品偈。(大正45・一七三b)

とする。つまり全体的には『中論』の取意であるが、強いて論拠を挙げるとすれば四諦品の偈であろうか、と言って具体的に偈文を挙げる。しかし『中論』の偈には、当然ながら「縁起の故に無ならず」といった表現は存在しない。

(21)　この点を取り上げて、梶山雄一博士は「中観哲学自体からすれば般若波羅蜜の超越性の変改である」(「僧肇に於

ける中観哲学の形態」〈『肇論研究』第二篇研究篇、法藏館、一九七二年〉二二五頁）とするが、『般若経』が表わされねばならなかった背景を考慮に入れるならば、果してそう言えるであろうか。筆者はこの梶山説に与することはできない。

(22) 『十地経論』巻第八（大正26・一六九ａ）、『六十巻華厳経』は巻第二十五（大正9・五五八ｃ）に相当。

(23) 同前。

(24) 青木隆「中国地論宗における縁集説の展開」（『フィロソフィア』第七五号、一九八八年）、同「天台大師と地論宗教学」（『天台大師研究』祖師讃仰大法会事務局天台学会、一九九七年）、同「地論宗の融即論と縁起説」（荒牧典俊編著『北朝隋唐　中国仏教思想史』法藏館、二〇〇〇年）など参照。

(25) ちなみに慧遠に大きな影響を受けた智儼は、『華厳経』の十地品第六地において「法界縁起」説を展開している（『捜玄記』巻第三下、大正35・六二ｃ〜六三ｂ）。この点については、第六章第二節で詳述する。

(26) 例えば『維摩経』は、

無為法を見て正位に入る者は、終に復た能く仏法を生ぜず。

見無為法入正位者、終不復能生於仏法。（「仏道品」大正14・五四九ｂ）

と説き、『勝鬘経』は、

有量の四聖諦を説く。何を以ての故に。他に因りて能く一切苦を知り、一切集を断じ、一切滅を証し、一切道を修するに非ずとす。是の故に世尊よ、有為生死・無為生死有り、涅槃も亦是の如く有余と及び無余となり。

説有量四聖諦。何以故。非因他能知一切苦、断一切集、証一切滅、修一切道。是故世尊、有有為生死無為生死、涅槃亦如是有余及無余。（「法身章」大正12・二二一ｂ）

と説く。

(27) ちなみに、『勝鬘経』には、

世尊よ、不空如来蔵は恒沙を過ぎて不思議仏法を離れず、脱せず、異ならざるなり。

世尊、不空如来蔵過於恒沙不離不脱不異不思議仏法。（『空義隠覆真実章』大正12・二二一c）

とあり、『起信論』には、

二は相大、謂く如来蔵に無量性功徳を具足するが故に。

二者相大、謂如来蔵具足無量性功徳故。（大正32・五七五c）

真如法身自体不空なるを明すとは、無量性功徳を具足するが故に。

明真如法身自体不空、具足無量性功徳故。（大正32・五八〇a）

とある。慧遠の所説はこれらを合わせたものであろう。

(28)「自性清浄章」（大正12・二二二b）。

(29)「如来蔵章」（大正12・二二一b）。

(30)第一義諦を世俗諦において理解したことにより、慧遠は「真性縁起」「仏性縁起」といった教説を展開した。こうした慧遠の教学に関しては、吉津宜英「慧遠の仏性縁起説」（『駒澤大学仏教学部研究紀要』第三三号、一九七七年）参照。慧遠はまた、その矛盾を会通しようとして「依持と縁起」という視点を立てて教説を把握しようとした。この点については、第五章において詳説する。

(31)大正8・三三五a。

(32)大正8・三三五c。

(33)拙著『大般涅槃経序説』（東本願寺出版部、二〇一〇年）第一章「大乗『涅槃経』構造論」参照。

(34)南本、大正12・六一一b〜c。

(35)南本、大正12・六一六b。

(36)南本、大正12・六四八b。

(37)第五章第一節において詳述する。

(38)この点については、拙稿「「因中説果」と「因中有果」の違い――『起信論』理解の中心点――」（『東アジア仏教学術論集』第四号、二〇一六年）で詳細に論じた。

(39) ちなみに『勝鬘経』の本文には、

世尊よ、死生とは此の二法は是れ如来蔵なり。世間の言説の故に死有り生有り。死とは謂く根の壊するなり。生とは新たに諸根の起るなり。如来蔵に生有り死有るには非ざるなり。

世尊、死生者此二法是如来蔵。世間言説故有死有生。死者謂根壊。生者新諸根起。非如来蔵有生有死。（大正12・二二二b）

とある。

(40) ちなみに『不増不減経』には、

一切愚痴の凡夫は実の如く一法界を知らざるが故に、実の如く一法界を見ざるが故に邪見心を起す。

一切愚痴凡夫不如実知一法界故、不如実見一法界故起邪見心。（大正16・四六六b）

とある。この点は次節で詳しく述べる。

(41) 大正16・四六七b。

(42) 例えば、両者の関係を否定的に紹介するものとしては長尾雅人『摂大乗論　和訳と注解　上』（講談社、一九八二年）七八頁の注(3)、また両者を積極的に重ねてみていこうとするものとしては高崎直道「真諦訳・摂大乗論世親釈における如来蔵説――宝性論との関連――」（『結城教授頌寿記念　仏教思想史論集』〈大蔵出版、一九六四年〉二四一～二六四頁）などがある。

(43) 長尾前掲書七五～六頁。

(44) 『成唯識論』巻第三には、

此に由りて有りとは、此の識有るに由るなり。諸趣有りとは、善悪趣有るなり。

由此有者、由有此識。有諸趣者、有善悪趣。（大正31・一四a）

とある。

(45)　大正31・一四b。
(46)　『新導成唯識論』巻第三、一七（一一三）頁。
(47)　ちなみに『成唯識論』巻第十（大正31・五五b）では、本来自性清浄涅槃・有余依涅槃・無余依涅槃・無住処涅槃の四種涅槃を説く。
(48)　大正43・二四三c。
(49)　『成唯識論』巻第九（大正31・四八a）。
(50)　『瑜伽師地論』巻第六四（大正30・六五三c～四a）。
(51)　その典型的な例を平川彰『大乗起信論』（仏典講座22、大蔵出版、一九七三年）の九七頁一行目などに見ることができる。
(52)　議論の端緒は、松本史朗「如来蔵思想は仏教にあらず」（『印度学仏教学研究』第三五巻第一号、一九八六年）であった。そこでは、松本氏は如来蔵思想を基体説であると理解し、無我を説く仏教と根本的に相容れないものとした。その後も松本氏は、「『涅槃経』とアートマン」（『前田専学先生還暦記念論集〈我〉の思想』、一九九一年）でも、同じ論法で『涅槃経』の仏性思想をアートマンと同視した。こうした言語的同一性を根拠とするレベルの批判に対しては、同じ次元での反論は成り立たないので、本章第一節、第二節などのような思想史的考察が必要であると考えている。
(53)　この点については、如来蔵思想研究がもともとそういう方向性を持っていた。即ち、この研究の開拓者である高崎直道氏は、その著『如来蔵思想の形成』（春秋社、一九七四年）序論において、「〈如来蔵思想〉とは『宝性論』がその目的をもって書かれたところの所釈の教理内容をさす名である」（序論九頁）と定義し、それを作業仮説であるとしながら、如来蔵系経典の三部作の検討から始めて、それ以前には遡ることはない。こうした方法では、三部経典と般若経、龍樹の思想との関係などは全く問題にならないことは言うまでもない。
(54)　『歴代三宝紀』によれば、菩提流支の訳経活動は、永平元（五〇八）年から天平二（五三五）年であったことが知られる。ちなみに『勝鬘経』は元嘉十三年（四三六）に翻訳されている。

(55) 高崎註(53)前掲書所収の附表1「如来蔵説に関連する漢訳経論」参照。

(56) 大正9・三五九b。

(57) この点については拙著『大般涅槃経序説』（東本願寺出版部、二〇一〇年）第二章、五〇～五三頁参照。

(58) 大正16・四六七b。

(59) ちなみに『勝鬘経』には、

世尊よ、是の如き如来法身の煩悩蔵を離れざるを如来蔵と名づく。

世尊、如是如来法身不離煩悩蔵名如来蔵。（大正12・二二一c）

とある。『大薩遮尼乾子所説経』については如来無過功徳品の趣意による。

(60) 大正16・四六七b。

(61) 詳細は、浄影寺慧遠の思想的矛盾を明らかにする場面、第五章第一節で論じることにする。

(62) ちなみに、漢訳両本とサンスクリット本の所説を対照すれば左の通りであり、『十巻楞伽経』の当該個所は、『四巻楞伽経』、サンスクリット本共に相当する文がない。

『四巻楞伽経』（大正16・五一〇b）	『十巻楞伽経』（大正16・五五六b）	『梵文和訳入楞伽経』（安井訳、一九七六年、法藏館、二〇〇頁）
仏、大慧に告げたまわく、如来の蔵は是れ善・不善の因なり。能く遍く一切趣の生を興造すること、譬えば伎児の諸趣を変現するが如し。（仏告大慧、如来之蔵是善不善因。能遍興造一切趣生、譬如伎児変現諸趣。）	仏、大慧に告げたまわく、如来の蔵は是れ善・不善の因なるが故に、能く六道の与に生死の因縁と作る。譬えば伎児の種種の伎を出すが如し。（仏告大慧、如来之蔵是善不善因故、能与六道作生死因縁。譬如伎児出種種伎。）	マハーマティよ、如来蔵は善と不善の因となり、一切の生（三世）と趣（六趣）との作者となり、舞人の如くに危難の趣に生起（流転）するけれど、

我・我所を離る。彼を覚らざるが故に、三縁和合して方便して生ず。外道は覚らずして作者を計著す。 （離我我所。不覚彼故、三縁和合方便而生。外道不覚計著作者。）	衆生は如来蔵に依るが故に、五道に生死す。 （衆生依於如来蔵故、五道生死。） 大慧よ、而るに如来蔵は我・我所を離る。諸の外道等は知らず覚らず。是の故に三界に生死して因縁断ぜざるなり。 （大慧、而如来蔵離我我所。諸外道等不知不覚。是故三界生死因縁不断。）	我・我所をはなれている。〔無知と愛と業との〕三和合の縁の作用と結びついた〔輪廻〕が生起するのは、このようなことを了解しないからである。もろもろの外教は〔これを〕了解せず、〔アートマンという〕因の執着に没頭する。

(63)　この点について、両訳を対照すれば、およそ次の通りである。

『四巻楞伽経』	『十巻楞伽経』
①無始の虚偽悪習の為に薫ぜられて、名づけて識蔵と為す。無明住地を生じて七識と倶なり。 為無始虚偽悪習所薫、名為識蔵。生無明住地与七識倶。 （大正16・五一〇b）	（仏性品） 大慧よ、阿梨耶識は如来蔵と名づけ、無明七識と共に倶なり。 大慧、阿梨耶識者名如来蔵、而与無明七識共倶。（大正16・五五六b～c）
②離せず転ぜざるを如来蔵識蔵と名づく。七識流転するも滅せざるなり。 不離不転名如来蔵識蔵。七識流転不滅。（同右）	（仏性品） 大慧よ、如来蔵識は阿梨耶識中には在らず。是の故に七種識は生有り滅有るも、如来蔵識は不生不滅なり。 大慧、如来蔵識不在阿梨耶識中。是故七種識有生有滅、如来蔵識不生不滅。（同c）

③是の故に大慧よ、菩薩摩訶薩は、勝進を求めんと欲すれば、当に如来蔵と及び識蔵の名を浄むべし。

大慧よ、若し識蔵の名無くば、如来蔵は則ち生滅無きなり。

是故大慧、菩薩摩訶薩、欲求勝進者、当浄如来蔵及蔵識(明本・宮本「識蔵」)名。

大慧、若無識蔵名、如来蔵者則無生滅。(同右)

④復た次に大慧よ、愚夫は七識身の滅に依りて断見を起す。識蔵を覚らざるが故に常見を起す。

復次大慧、愚夫依七識身滅起断見。不覚識蔵故起常見。

(大正13・五一三b)

(仏性品)

是の故に大慧よ、諸菩薩摩訶薩は、勝法如来蔵阿梨耶識を証せんと欲せば、応当に修行すべし。清浄ならしむるが故に。

大慧よ、若し如来蔵阿梨耶識の名、無しと為さば、阿梨耶識を離れて生無く滅無きなり。

是故大慧、諸菩薩摩訶薩、欲証勝法如来蔵阿梨耶識者、応当修行。令清浄故。

大慧、若如来蔵阿梨耶識名、為無者、離阿梨耶識無生無滅。

(大正16・五五六c)

(化品)

復た次に大慧よ、一切凡夫外道声聞辟支仏等は、六識の滅を見て断見に堕す。阿梨耶識を見ざれば常見に堕す。

復次大慧、一切凡夫外道声聞辟支仏等、見六識滅堕於断見。不見阿梨耶識堕於常見。(大正16・五六一a)

これらのうち、①～③の用例は、『十巻楞伽経』の仏性品に相当する。『四巻楞伽経』では本来無為法である如来蔵が現実的には有為法のよりどころとなっている面を「名づけて識蔵と為す」としている。これは②の用例も同様で、「識蔵と名づける」側面がなければ、有為法の根拠がないとしている。これに対し、『十巻楞伽経』は、①の用例において有為法である阿梨耶識と無為法である如来蔵を重ね、②の用例において一応無為法は有為法の中には存在しないとするものの、③の用例では「如来蔵阿梨耶識」という重層的な概念によって両者を止揚しようとしているのである。また④の用例では、『四巻楞伽経』の識蔵という概念は『十巻楞伽経』では阿梨耶識に対応していることを読み取ることができる。

第四章　『大乗起信論』をめぐる問題

第一節　縁起思想の展開から見た『起信論』の縁起説

本章では、『大乗起信論』（以下、『起信論』と略す）に関する、本書の基本的態度についてまとめておきたい。『起信論』は、わずか一巻、大正蔵経で八頁余りの極めて小部の論書である。それにもかかわらず中国・朝鮮・日本の仏教の展開の中で常に注目され、現在に至っても様々な議論の対象となっている。本章の主題との関連で言えば、智儼は『起信論』を特別重視したような形跡はないのであるが、法蔵に至ると極めて大きな影響を受けている。その理由は一体どこにあるのか。智儼と法蔵との本論に対する関心の中心がどこにあるかが極めて重要な問題である。また『起信論』には、撰述の真偽と翻訳について、古くから疑義が持たれている。こうした点も等閑に付したままにしておくわけにはいかない。そこで本章では、本書の主要な課題である縁起思想の展開において、『起信論』の如来蔵説・アーラヤ識説はどのような特徴があるか、また翻訳に関する疑義が生じた理由や、内容に対する真偽を明らかにしたい。

『起信論』がそうした問題を含みながらも、出現以降、中国・朝鮮・日本の仏教の展開の中では非常に大きな役割を持った事実は否定できない。それは一体何故なのだろうか。『起信論』が、その少ない紙幅の中に大乗仏教の本質を凝縮しているからなのであろうか。あるいは、人間が物事を理解するときには常に陥りやすい落とし穴があって、その落とし穴を備えた書物は、いつの時代の人間にも受け入れやすいことになり、『起信論』はそのよう背景によって読まれ続けてきたのであろうか。そして『起信論』をめぐる様々な問題については、ずいぶんと多くの論考が積み重ねられてきている(1)。

本章は、それらの議論の一つ一つを踏まえた上で更なる見解を提供しようとするものではない。そうではなくて『起信論』の所説の意味を、我々の認識と我々を取り囲む「物」的世界という点から考えてみようとするものである。別の言い方をすれば、『起信論』はインドで成立したのか、中国で成立したのか、といった議論や、如来蔵説とアーラヤ識説を一緒に説くのはいずれの正系からもはずれているといった議論はいったん棚上げにして、その所説はそもそもどのようなものであり、それは仏教の歴史においてどのような意味を持つものであるかという点を明らかにしたい。もちろん、前述したような『起信論』をめぐる諸問題は見逃すことのできないものばかりには違いない。しかしながら、それらの議論の中に方向性を見出していくためには、より根本的なところで『起信論』の所説の意味を押えていなければならないはずである。そうであれば『起信論』が用いる教理用語を他の文献と比較するのみでなく、表現の元にある意味、あるいは表現化される背景といったことが、論全体の文脈の中で、まず明確にされなければならないことは言を俟たないであろう。

例えば、「机」という表現は、いったん表現の形式をとると何らかの内容を我々に伝えるのであるが、それがいつでも、どこでも、誰にでも、全く同じ内容を伝えるかというと、決してそうではない。今、話し手が話題としているこの「机」は、全世界中にただ一つしか存在しないものであり、色も形も材質も他の机とは異なっている。しかしそれが、「机」という形でいったん表現されると、その「机」という言葉は、話し手の状況とは全く離れて理解されるのである。形あるものでさえこの通りであるから、形のないものの場合においては、それ以上に困難な課題を孕むであろう。

このような点で、我々は、『起信論』の如来蔵説が正当的なものではないと言う前に、それがどのようなことを表現しているのかをまず把握しなければならない。仮に如来蔵ということを問題にするのであれば、それぞれの文献の文脈に沿ってその意味が根本的に明らかにされたところで、それらの同異が問題となるのであり、言葉の共通性のみを根拠に何らかの判断をなすときには、言葉はある種の普遍性を表現するものであるとの暗黙の前提があることになる。このような点も視野に入れながら、『起信論』の根本主張を尋ねていきたいと思う。

一　分別の問題

『起信論』は、その帰敬頌の直後で明かすように、衆生が大乗の信根を起こすことを根本の課題として説かれたものである。[2]それ故、なぜ衆生は大乗の信根を起こさなければならないのか、また大乗の信根を起こすとは一体どのようなことなのか、といったことがまず明らかにならなければならない。これらは『起信論』がその全体の構成によって最終的に明らかにすることなので、ここで直ちにその全体を問題にするわけにはいかない。しかしながら、『起信論』の根本主張について吟味を加えようとするのであるから、その問題提起がどこにあるのかということは最初に触れておきたい。

『起信論』において「衆生」とは、そもそも如何なる存在を言うのか。そして、衆生が衆生であることの課題性とはどのようなことなのか。こうした点に関心が及ぶとき『起信論』が立義分の冒頭において立論の根拠を「衆生心」とすることには特別な注意を払わなければならないであろう。[3]これから論を進めていこうとするにあたって

「衆生心」を出発点としようというわけである。その立論の根拠としての「衆生心」とは、一体どのようなことを表現しようとするものなのであろうか。

ところで、『起信論』の言う衆生とは、後でわかるように六趣をそれぞれに意味する総合的なものを指すのではなく、様々に思惟することによって苦悩する具体的な人間のことである。その人間の「心」を一切の議論の出発点とするというのである。これはどのような理由によるのであろうか。通常、心とは人間の認識・感覚・記憶などの一切の知的活動を総称するものである。そして『起信論』では、この「衆生心」を提示するのに特別な定義づけをしていない。従ってここでは様々に思慮分別する具体的な人間の在り方を意味するものと考えてよいように思う。それでは、人間の様々な知的活動は何を根拠として成り立っているのであろうか。この点を我々の日常的な認識の範囲の中で少し考えてみよう。

我々の日常的な認識は哲学的な解明を待つまでもなく、主体と客体によって成り立っている。何かを認識するとは、我々の内なる認識主体が我々の外側を取り囲む客体としての物事の意味を把握することであると、一応言うことができる。この関係は、認識がいわゆる自己の外側に向かっている間は、主体（＝自己）と客体（＝外側）という関係で見ることができる。ところがその認識が自己の内側に向けられることがしばしばある。この時には、我々の内なる認識主体は、我々自身をその認識の対象とするのであるから、単純に自己が認識主体であると言うわけにはいかない。なぜなら「わたし」が「わたし」を考えるということは、主体＝わたし・客体＝わたしという関係だからである。この関係の中における主体としての「わたし」は、どこまで延長しても純粋な意味で「考えるもの」であって、「考えられているもの」ではない。このような意味では純粋な主体は絶対に認識の対象とはならないから、この文脈に従えば、真の主体は一般的な認識の範囲を越えていることになる。それ故、真の主体は超越論的主体と言うべきだとする立場が立てられることになる。

このように我々のごく一般的な認識を少し考えるだけでも、その中にある矛盾が明らかとなる。しかしながら人間は、通常この矛盾を矛盾とは自覚していない。この点で、人間の通常の認識活動は、真実なるものであるとは言えないのである。そこで主体と客体に分裂したものを総合的に全体化しようとする営みが行われることになる。この営みを代表するのが、いわゆる弁証法という科学なのであろう。これは言葉を変えれば、認識を越える認識を見出していくということである。これは人間の認識を前提としてそこに存在する矛盾を越えていこうとする営みであると言うことができよう。その一方で、全く別の視点からこの矛盾を見ていこうとする立場が成り立つ。それは認識の出発点そのものを問題にするような立場である。つまり、眼前の主体と客体に別れて見えるような我々の現実を前提とはしないという立場である。

この点を仏陀の根本教説に則して考えてみよう。改めて言うまでもなく、仏陀は縁起の法を悟ることによって仏陀となられた。その教説は、十二支縁起として整理されたというが、原初は、識と名色との相依関係によるものであったと言われている。[4] 識と名色との相依関係とは、今ここで問題にしているところの主観と客観という概念に相当する。それが相依関係にあるとすることが主観を原初とする考え方とは根本的に異なっているのであるが、人間の根本的な問題の解決の糸口を一般的な認識の中に見出している点では共通性がある。『起信論』が立論の根拠を「衆生心」とすることは、このように認識することによって様々な課題を惹起する人間存在そのものをよりどころとしていることを意味している。この点で、如来法身や一法界をよりどころとするいわゆる如来蔵思想とは立場を異にしている。このような『起信論』の所説は、仏教の展開の中でどのような意味を持つものなのであろうか。完成された縁起説と考えられる相依相待の縁起説について考察を進めていくことを通して、『起信論』の根本的立場を明らかにしていきたい。

二　『起信論』所説の「縁起」の構造

一般に「縁起の型」と言われる縁起説は次のような定型句を以て示される。

これあるときかれあり、これ生ずるよりかれ生じ、
これなきときかれなく、これ滅するよりかれ滅す。[5]

この中には、「これ」と「かれ」の関係が、有無と生滅の二つの視点から見つめられている。「これ」と「かれ」の関係が有無によって説明される状況とは、その関係がどのようなものであるかはしばらく措くとしても、両者が同一時間上にあることが前提である。これに対し、「これ」と「かれ」の関係を生滅変化によって説明するためには、時間的なずれが必要である。このことによって「縁起」には、「縁って起こること」という時間的な継続状況を説明する立場と、「縁って起っていること」という同一時間上の論理的な構造を説明する立場との、二つの視点があることが明らかになる。[6] この点については、第三章第一節で既に論じたように「縁起」ということの本来の意味は後者にあったようであるが、[7] 今ここではその細かい吟味は当面の課題ではないので、先に進むことにする。従って「縁って起こること」と「縁って起っていること」とは、日本語としても意味が異なっている。後者のみにある「いる」という語は、文法的に言えば、「人・動物が存在する事を表す自動詞である」[8] が「動詞の連用形＋「て」を受けて動作結果の現存を表す」[9] と言われる通り、物事が同一時間上に現存していることを表わしている。従って「縁って起っていること」とは「縁る」ということを介して能依と所依の両者が同一時間上に存在し、その両者の論理的関係を表わしているのである。そこでこの縁起の定型句にある両面の違いを明確にするために、ここでは便

宜上、「縁って起っていること」を「能依と所依の共時的論理関係（前章では論理的な相依関係と称した）」と呼び、「縁って起こること」を「能依と所依の通時的相続関係（前章では時間的な因果関係と称した）」と呼ぶことにする。そこで次に、この視点によって『起信論』の様々な所説を整理してみたい。

三　『起信論』における共時的論理関係を表わす所説

人間における分別と世界の構造を「縁起」という概念によって考えようとするとき、『起信論』で差し当たってその材料となるのは解釈分であろう。解釈分は、顕示正義・対治邪執・分別発趣道相の三章によって成り立っている。そして、その中心を占めるのは顕示正義である。この章節は、前段の立義分において提示された衆生心の二相[10]を様々な角度から明らかにすることにその狙いがある。そこではまず立義分の二相が、

一心法に依りて二種の門有り。云何んが二と為すや。一は心真如門、二は心生滅門なり。

依一心法有二種門。云何為二。一者心真如門、二者心生滅門。（大正32・五七六a）

として、一心法の二門と示される。『起信論』全体の文脈の中で、「一」あるいは「一心」という言葉は、極めて重要な意味を持っている。それ故立義分の衆生心を解釈分で「一心の法」と言い換えることには重要な意味があるように思われるが、この点については最後に考えることとしたい。ここで言う心真如と心生滅とは、「如来」と「衆生」との関係に相当すると考えられるが、ここにも「これあるときかれあり」の関係で二門が示されていることに注目しなければならない。

さて、心真如門の基本的な主張は、

心真如とは、即ち是れ一法界大総相法門の体なり。所謂、心性は不生不滅なり。

心真如者、即是一法界大総相法門体。所謂、心性不生不滅。（大正32・五七六a）

と言われることに尽きると思われるが、この表現の本当の意味を正確に摑むことは難しい。「一」「大」「総」といった言葉で表現しようとしていることは、個々別々という分別・区別のない、比較を絶した、全体そのものということである。人間の根源的平等一・本来性を言うものである。しかしこのような人間の本来性は、現実的には露となっていない。この表現を通して明らかになってくる人間の具体相とは、様々な姿をとった、相対的な比較の中の、各別な在り方である。心真如門は、そのような人間の本来的な在り方を明らかにすることに狙いがあるので、人間の具体的な在り方がどのような構造を持っているのかという点については言及しない。しかしながら、人間の本来性と具体相がどのようにずれているのかを表わすために次のように言う。

一切の諸法は唯だ妄念に依りて差別有り。若し妄念を離るれば則ち一切境界の相無し。是の故に、一切法は本よりこのかた言説の相を離れ、名字の相を離れ、心縁の相を離る。

一切諸法唯依妄念而有差別。若離妄念則無一切境界之相。是故、一切法従本已来離言説相、離名字相、離心縁相。（大正32・五七六a）

ここで言う「一切の諸法」もしくは「一切境界の相」は、人間の一般的な認識における、その認識の対象を表わすから、我々にとっての「世界」という概念に置き換えることができる。つまり、この一文によれば、世界を成り立たせるものは「妄念」であり、その妄念とは、人間の言説であり、文字であり、表象作用を内容とする、ということになるわけである。

そこで次に、人間の具体的な在り方が妄念であると言われることはどのような内実を持っているのか、この点を詳しく見ていきたい。『起信論』においてそれを明かすのは心生滅門である。心生滅門は、『起信論』の中心をなすと考えられる解釈分の六割ほどの分量を有することからも推察されるように、『起信論』における最も重要な部分である。ここでは、既に述べたような心真如を背景として、それが具体的には種々相をとるかのごとく立ち現われている構造が明らかにされていく。つまり、衆生心を根拠として、本来的には全体一であるはずのものが具体的には種々相をとる、その構造が解明されていくのである。この具体性において心生滅門の衆生心は、心真如門のように本来的な意味での一心とは語られない。それは、一心の種々なる具体相として「生滅心」と称され、その生滅心が本来的な意味での一心と別なものではないことが、「如来蔵」と称される。心生滅門が、冒頭に如来蔵を提示するのは、このような背景によるものである。

如来蔵に依るが故に生滅心有り。所謂、不生不滅と生滅と和合して一に非ず、異に非ざるを名づけて阿梨耶識と為す。

依如来蔵故有生滅心。所謂、不生不滅与生滅和合非一、非異名為阿梨耶識。（大正32・五七六ｂ）

ここでも特に注意しなければならないことは、「如来蔵に依るが故に生滅心有り」と言われる両者の関係についてである。この点については、本書においてもしばしば「依りてある」ことと「依りて生ずる」こととの根本的相違としてまとめてきた通りである。要点は、如来蔵は「依りてある」ことを表現するものであって、決して「依りて生ずる」文脈の中で読んではならないということである。[11] ここでは、それが文字通り表現されていると見ることができる。このような「依りてある」ことを表現する重要な文章は、このほかにもいくつかの例を見ることができる。

①　一心法に依りて二種の門有り。

依一心法有二種門。（大正32・五七六ａ）

② 阿梨耶識に依るを以て無明有りと説く。
以依阿梨耶識説有無明。（大正32・五七七b）
③ 真如法に依るを以ての故に無明有り。
以依真如法故有於無明。（大正32・五七八a）

①の文は、既に引用したように、根拠としての衆生心に本来的な側面と具体的な側面を見ることを表わす解釈分の冒頭の文である。②と③はいずれも、心生滅門において非本来性としての具体相がなぜあるのかを説明する箇所の中の一文である。このうち②の文は、既に述べたような人間の具体相としての「生滅心」が、本来性としての心真如と異なって存在している在り方の全体を「阿梨耶識」と言うのである。それ故、本来性としての心真如と具体相としての「阿梨耶識」との間には、現実としてずれがあることになり、この現にずれているのは「無明が存在するから」であると言うのである。即ち、「阿梨耶識に依る」と言うのは、「現に今、具体的には本来性が顕現していない在り方をしているが、その在り方において」という意味である。また、③の文も同様に、染法がどのように存在するのかという構造を明らかにする箇所であるが、染法と真如法とのずれの原因を「無明」と名づけ、その無明を理由として一切の染法が現に成り立っていることを説明しているのである。「真如法に依るを以ての故」とは、染法は真如法との関係においてその意味が明確となるのであり、本来真如であるものが具体的には染法として存在しているという関係を言うのである。

このように、②と③の文によれば、人間の具体的な様々な認識を「生滅心」と言い、それが本来的には真如と別なものではないことを「如来蔵」と言うのであり、それは根拠としての衆生心の現実的な一側面である。その在り方は、「衆生」と呼ばれるのであるが、それは単に衆生という在り方で存在するのみではなく、本来性としての一心＝如来と別なるものでもないので、それを「如来蔵」と言うのである。従って、如来蔵とは、如来と衆生とが切り結ぶことを表すものと解することができる。つまり、如来蔵とは非本来的な現実の在り方を本来性に立って言うものであり、その如来蔵を衆生の側から見た場合の全体的な在り方を「阿梨耶識」と言うのである。それでは、その非本来的な現実の在り方は、どのような構造を持って眼前の世界として立ち現われてくるのか、この点を見ていこう。

四　『起信論』における通時的相続関係を表わす所説

「非本来的な現実の在り方」という言い方は、心真如門を踏まえて心生滅門を見たときに見えてくる視座なのであるが、言うまでもなく人間の現実という意味である。それ故、心生滅門の中に説かれる人間の現実とは、一心である全体からどのようにして各別の世界が立ち現われてくるのかという、人間の分別心の構造を明らかにすることに主題がある。人間が如来と本質的に一つでありながら現実には異なった存在であることを、『起信論』では「不覚」と表現する。覚者に対して不覚者という意味である。

不覚に依るが故に三種の相を生ず。彼の不覚と相応して離れず。云何んが三と為すや。一には無明業相なり。不覚に依るを以ての故に心動ずるを説きて名づけて業と為す。……二には能見相なり。動ずるに依るを以ての故に能見あり。……三には境界相なり。能見に依るを以ての故に境界妄りに現ず。……

依不覚故生三種相。与彼不覚相応不離。云何為三。一者無明業相。以依不覚故心動説名為業。……二者能見相。以依動故能見。……三者境界相。以依能見故境界妄現。……（大正32・五七七a）

ここには、不覚者の世界がどのようにして顕現してくるのか、あるいは、どのように顕現しているのか、その構造と次第が明らかにされている。ここに言う「能見相」と「境界相」とは、人間の一般的認識における主観と客観に相当する。それ故、主観と客観に分かれて認識が成り立つこと自体が、人間における具体相であると同時に不覚相であるということになる。それでは、何故このような現実が現われてくるのかといえば、この点を、この文では「無明業相」によると言っている。「無明業相」という表現は、「無明」とそれによる「業」とが結び付いた、人間の実存の最も基底にある在り方を言うものである。

それでは人間の最も根本的な在り方である「無明業相」とはどのようなことを言うのか。それを表わしているのが、「動ずる」という概念である。そこで、『起信論』の本文の中から「動ずる」という表現を抜き出してみると次のようなものがある。

① 一には名づけて業識と為す。謂く、無明力もて不覚心動ずるが故に。

一者名為業識。謂無明力不覚心動故。（大正32・五七七b）

② 大海水の風に因りて波動するが如し。

如大海水因風波動。（大正32・五七六c）

③ 衆生の自性清浄心は無明の風に因りて動ず。

衆生自性清浄心因無明風動。（大正32・五七六c）

このうち、①の文は、生滅の因縁、つまり人間の具体的な分別心がどのような構造によって成り立つのかを説明する箇所の最初の文である。また、②と③の文は、『起信論』の特徴的な所説として注目すべき「海波の譬喩」の中の文である。先の引用文とこの①の文とを重ねて考えれば、不覚者の世界の構造とそれが立ち現われてくる根源は、無明が活動して、認識が作用することであると了解することができる。それ故、ここに明らかにされる無明業相・業識とは、不覚者の世界の出発点を表すものと考えられる。全体としての一心・一法界においてそれを分別するものが出現することを、このように「動ずる」という言葉で表現しているのである。それ故既に分別しているものにとっては、どのような理由によってそのようになっているのかはわからないが、気がついてみるとそのようになっているとしか言いようがない。このことを「無明」という言葉で説明するのである。即ち、一切の認識世界の成り立ちの原因を「無明」とすることは、現に今、どのようなことになっているのかを本来的な立場から見た時に、そこにある現実態と本来性との間のずれを表わしているのである。そのことを最も端的に表現しているのは次の文であろう。

本よりこのかた念念相続して未だ曽て念を離れざるを以ての故に無始無明と説けり。
以従本来念念相続未曽離念故説無始無明。（大正32・五七六c）

ここで、「念念相続して」いると言われていることが、現に今ここに分別する人間として存在している在り方を時間的に表現しているのである。それ故、このような在り方は一体いつから始まったのか、また、どのような理由によって始まったのかということを考え尽くすことはできない。気がついたときには既にこうなっていた、としか言いようがないのである。このことを「無始」と言うのである。それ故、この引用文中の「無始無明と説けり」の「説けり」が特に重要な意味を持っている。繰り返して言うなら、この論理においては「無明というものが有る」と言っているのではなく、本来性と現実態のずれを「無明」と説明しているのである。従って、一切法の原因として「無始無明」が説かれるといっても、このような構造によって言葉化された理由を実体的に考えることは意味がないばかりでなく、『起信論』の所説を誤解する原因にもなる。

以上のような意味で、一切法は「無明」を因として説かれるのである。そして、このことは、『起信論』には次のように表現されている。

①当に知るべし。無明は能く一切染法を生ず。

当知。無明能生一切染法。（大正32・五七七a）

②一切法は皆な心より起こり、妄念にして生ず。

一切法皆従心起、妄念而生。（大正32・五七七b）

③一切煩悩は無明に依りて起こるところなり。

一切煩悩依於無明所起。（大正32・五七八c）

特に、②の文の中で「心」と言われているのは妄心＝業識のことであり、この文によって明らかになることは、分別存在としての人間の原初態である業識によって引き起こされる一切の妄念・妄法は、いずれの場合も「生ず」とか「起こる」と表現されていることである。これらの表現は、「生ずるのである」とも「生じているのである」とも読むことができるので、縁起の理における縁已生法として通時的にも共時的にも理解することができる。

小結

以上のように、『起信論』の縁起説を共時的論理関係と通時的相続関係という観点によって整理してみた。そこで最後に、このような吟味を経て明らかになった諸点を通して、『起信論』を読んでいくために欠くことのできないいくつかの視点をまとめておきたい。

『起信論』の所説には、縁起における共時的な側面と通時的な側面とが交錯して説かれている。このことによって、その所説は「右に揺れ左に揺れ戻りつつ展開する[12]」ように見える。しかしそのような見方は、人間の思惟＝分別を読む側の前提として、『起信論』に言語化されていることを固定的に受け入れようとする態度によって引き起こされた混乱である。例えば、真如とか無明という言葉は、それをいったん自分の分別の中に入れて、その上でそれらの形而上的な意味を見出そうとする方法によっては、ついにその言葉の本当の意味を見出すことができない。なぜなら、分別することとそれ自体が既に人間における非本来的な在り方だからである。その意味では、真如とか無明などの言葉が文の主語となっている箇所においても、こうした注意を怠ることはできない。その言葉を前提にして、次の何事かを考えていくのではなくて、その言葉自体を考えていかなければならないのである。この意味で、『起信論』が立論の根拠を「衆生心」とすることに改めて注目しなければならない。既に述べてきたように、『起信論』の主張は、主観と客観の対立を如何にして止揚していくかという哲学的な課題とは全く視線が異なっている。それは、弁証法的な主客の合一を課題とするのではなく、人間の本質を主客の分裂以前に見ようとすることにある。そのような人間の原点を「如」とか「真如」と言うのであり、それが全体であることを『起信論』では「一心」と言うのである。

「如来」と「衆生」という言葉は、それによって二つの存在を表わすというよりは、一つの存在の二つの側面を表わしていると言った方が適切である。如来と衆生を一つの存在の二つの側面と見ていくためには、それが本来一つであるということを表わす立場と、現実的にはその本来性が顕現していないことによって非如来的在り方（＝衆生）をとっていることを明らかにする立場という、この二つの立場を同時に成り立たせるような根拠とが必要である。『起信論』が衆生心を立論の出発点にするのはこのような意味での根拠を提示するものである。それ故、この衆生心を共通の立脚地として、その本来的な在り方が心真如と言われるのであり、現実的にはその本来性が顕現していない状況を心生滅と言うのである。そして、「無明」とは、現に今ここに存在する非如来としての衆生と、その本来性としての如来との間のずれを説明するために言語化されたものなのであり、そのずれをいったん言語化した上でその言葉に基づいて、遡って分別世界の生起の次第を明らかにしようとするところに、心生滅門の狙いがある。それ故、「無明が有る」という言い方は、共時的論理関係の中でのみ意味を持つのであり、一切法の生起の次第を明らかにするために通時的相続関係の中で用いられる場合には、必ず「無明に依る」と表現されている。この違いに気づかず「無明」という言葉のみを手がかりに読んでいけば、『起信論』は真如と無明の二元論を説くものと見えるであろう。また、「真如」という言葉は、『起信論』の文脈の上では、衆生心の本来的な在り方を言うものであり、具体的な人間の本来的な在り方を表わすものである。

これらのことを離れずに「染浄熏習[13]」を考えるとき、そこには具体的な人間が如何に非本来的であるかということと、その具体性から何故脱却できるのか、あるいは脱却せねばならないのか、ということが述べられているのであり、一般論としての諸法の生滅の道理が示されているのではない。つまり、諸法を生ずるような人間の現実を課題としていると見るべきなのである。具体的人間が非本来的であるのは、その妄念＝分別＝認識に依因する。それ故、『起信論』は衆生心を議論の出発点とする。そして、現にどのようであるのかという点と、それはなぜそのようになっているのかという点を繰り返し重層的に明らかにしていくのである。このような理由によって、どのような場面においても「無明を生ず」とか「真如を生ず」という言い方は成り立たない。この点は、『起信論』の所説の中には真如と無明を主語にして何事かを定義づけする箇所がないことに表われている。つまり、真如も無明も言葉としては有無の分別の範囲の中にあるが、その言葉の本当の意味は、分別と並行しながら明らかになるものではなく、分別の延長上にあるのでもない。この点が明確にならなければ、『起信論』は読み手にとって矛盾ばかりが目につく理解しがたい論書と映ることであろう。

第二節　『起信論』中国撰述説否定論

一　はじめに

『大乗起信論』は、分量的には極めて小部の論書でありながら、七世紀以降の中国・朝鮮・日本の仏教に極めて大きな影響を与え続けた。それと同時に『起信論』は、その内容や翻訳に関して実に多くの議論を生んできた。特に近代以降、実証的な研究の進展とともに、議論はますます複雑化している。特に、旧訳の『起信論』をめぐっては、「馬鳴菩薩造、真諦訳」とあることや、その所説の内容に関して、「中国撰述説」「インド撰述説」に分かれて様々な議論が積み重ねられてきた。[14]また、近年新たな問題提起もなされている。[15]これらの先行する諸研究に促されながら、ここでは『起信論』に関する議論に一定の方向性を導き出そうとするものである。結論を先取りして言えば、『起信論』は当時の中国人には到底創作できるような質のものではない、ということを論証することである。この点から言えば本節は、これまでの『起信論』に関する多くの議論の一つ一つについて賛否を表明しようとするものではない。地論教学と華厳教学の本質を明らかにするために、これまでの議論とは異なった方法によって、『起信論』中国撰述説は成り立たないことを論証しようとするものである。

これまでとは異なった方法とは、次の二点である。第一は、望月信亨博士が中国撰述説を強力に展開するきっかけとなった、『法経録』の記述を再点検することである。第二は、『起信論』の阿梨耶識説と如来蔵説を仏教の縁起論の展開の面から見たときどのような点が明らかになるか、そして中国の仏教者たちはそれをどのように受容したかということである。『起信論』の撰述に関しては、このほかにもいくつかの重要な問題があるが、紙幅の都合上、ここでは以上の二点に絞ることにしたい。

二　『法経録』の「衆論疑惑」の記述をめぐって

『起信論』の中国撰述説を主張されたのは、主として望月博士と村上専精博士である。そして、その先鞭をつけたのは望月博士である。望月博士の主張は多岐にわたり、インド撰述を主張する常盤大定博士らとの論争の最終的な結論としてまとめられたのが、「大乗起信論支那撰述私見」[16]である。そこでは、まず総論を述べた後、「真諦の訳経と起信論」という一章を立てて、『法経録』が『起信論』を「衆論疑惑」に収めていることを以て真諦の翻訳ではないと理解し、そこから『起信論』の偽撰を導き出して、中国撰述説の第一の根拠としている。しかし、望月博士が言うように、『法経録』は無条件で信頼すべきものであり、ほぼ同時代の『歴代三宝紀』は全く杜撰で信頼できないものなのであろうか。ここでは、この望月博士の立論の根拠となっている『法経録』とそれ以降の諸経録の記述を一度点検してみようと思うのである。

『法経録』は、正しくは『衆経目録』と称し、通常はその撰者の名を取ってそのように呼ばれている。隋文帝の開皇十四年（五九四）五月十日に勅命を受けて作業を始め、同年七月十四日に完成したことが巻七の序文によって知られる。[17]つまり、『法経録』はわずか二カ月あまりで撰述されているのである。その撰述方針は、法経自身が次のように述べている。

今は、唯だ且く諸家の目録に拠りて可否を刪簡し、綱紀を総標するのみ。

今唯且拠諸家目録刪簡可否、総標綱紀。（大正55・一四九ａ）

つまり、それまでに存在していた諸経録を総合して典籍の真偽を判定し、一定の標準を示そうとするものであると言うのである。従って、具体的に個々の典籍に当たって、有本無本を点検したり有訳失訳を確かめるといった作業は行っていないのである。この点が他の経録と異なる『法経録』の特徴であると言うことができる。序文の最後に「尽く三国の経本及び遺文逸法を獲ること能わず[18]」と言うのは、このような事情を表わすのであろうか。『法経録』が典籍の大乗小乗の別と真偽を明らかにするために撰述されたものであることは、全体の組織の上にも如実に反映していると見ることができるが[19]、この点は今は措くとして、問題の『起信論』に関する記述を見てみたい。

衆論疑惑五

大乗起信論一巻　人、真諦訳と云うも真諦録を勘ずるに此の論無し、故に疑に入るるなり。

大乗起信論一巻　人云真諦訳勘真諦録無此論、故入疑。（大正55・一四二a）

まず、『起信論』が収められている「衆論疑惑五」とは、翻訳者に関して疑問があるというものであって、これは直ちに偽書を意味するわけではない。明らかに偽書と見られるものについては、『法経録』は「衆論疑妄六」に配当しているのである[20]。従って、『法経録』のこの記述によって直ちに『起信論』を偽書と考えることが妥当でないことは、既に先学の指摘するところである[21]。

そこで次に、『法経録』が『起信論』の訳者を疑う点について考察を加えておきたい。前述の「人、真諦訳と云うも」という記述から、『法経録』が撰述された時点で、真諦訳とされた『起信論』が存在していたことは明らかである。しかし、「真諦録」には『起信論』を載せていないので訳者に疑問があると言うのである。そこで『法経録』が見た「真諦録」とはどのようなものだったのかが問題となる。また、『法経録』が「真諦録」に『起信論』が記載されていないと言う点について、仮に撰者の見落としがなかったとすれば、何か特別な理由があったとは考えられないのであろうか。『法経録』の「疑惑」論を検討するためには、こうしたことも明らかにされなければならないであろう。この点について考察しようとするとき、まず注意しなければならないことは、『法経録』が現在確認できる真諦訳の典籍を全て載せているわけではないという点である。『法経録』は、訳者に疑問があるとする『起信論』と『遺教論』を除くと、二十七部の典籍を真諦三蔵の翻訳として挙げている。しかしその中には、現在真諦訳とされる次の経論を挙げていない。

金剛般若波羅蜜経（一巻、大正8所収）
*決定蔵論（三巻、大正30所収）
*転識論（一巻、大正31所収）
十八空論（大空論）（一巻、大正31所収）
*顕識論（一巻、大正31所収）
*無相思塵論（一巻、大正31所収）
*解捲論（一巻、大正31所収）
十八部論（一巻、大正49所収）
部執異論（一巻、大正49所収）
金七十論（一巻、大正54所収）

この中には、『金剛般若波羅蜜経』のように、翻訳の事情がはっきりとわかるものも含まれているのであるから、[22]『法経録』がよりどころとした経録は、真諦の翻訳を網羅したものではなかったことが了解できる。ちなみに、冒頭に*印を付した各典籍は、『歴代三宝紀』（五九七年撰述）にも記録を見ることができないものである。これらのうち、『解捲論』と『無相思塵論』とは隋仁寿二年（六〇二）撰述の『衆経目録』（『仁寿録』）に初出し、[23]『決定蔵論』『転識論』『顕識論』に至っては、『大周刊定衆経目録』（『大周録』、六九五年撰述）まで記録を見ることができない。[24]この事実は一体何を物語るのであろうか。これらの事実から推測されることは、真諦が翻訳した経論が、一時にではなく漸次に、北方に伝えられていったのではないかということである。そしてこの点は、真諦の中国における生涯と密接な関係があると思われる。

真諦の生涯については、宇井伯寿博士の綿密な研究があり、今日なお基本的な点はこれを参照すべきである。[25]真諦は、梁末の混乱期に中国に到着し、いったんは南朝の都建業に入って宮廷に上がるが、翻訳を開始するまもなくわずか二カ月ほどで侯景の叛乱に遭い、以後は現在の浙江省・江西省・福建省のあたりを点々とした後、いったんは帰国しようとして遭難して広州に至り、そこで生涯を閉じている。時代的に言えば、前半は梁代であり、後半は陳代である。それ故、『歴代三宝紀』や『開元釈教録』は、真諦の記述を梁代と陳代とに分けて記載している。[26]なお、この点についてもいくつかの疑問があるが、『法経録』に記す「真諦録」とも関係することなので、後にまとめて詳述することにしたい。

真諦の生涯を知る上で最も参考となる資料は、道宣撰『続高僧伝』巻第一の「拘那羅陀伝」である。[27]しかしながら、既に宇井博士が指摘しているように、その記述には若干の混乱がある。また、同じ作者による『大唐内典録』の真諦に関する記述にも相当の混乱があって、[28]道宣がどの程度真諦のことを理解していたか、疑問を持たざるを得ないところである。本節は、こうした点を解明することが主旨ではないので、先に進むことにするが、道宣が、法相唯識を中国にもたらした玄奘とほぼ同時代の人であることを考慮に入れるならば、こうした事実も理解できないわけではない。

それでは一体、道宣は何に基づいて『続高僧伝』の記述をまとめたのであろうか。この点が気になるところであ

る。『続高僧伝』の記述の中には、

宗公、別して行状を著わす。広く世に行わる。

宗公、別著行状。広行於世。（大正50・四三〇b）

とあって、弟子の僧宗が、「真諦三蔵行状」といったものを著わしていたことがわかる。更に真諦の翻訳に関して、

曹毘の別歴、及び唐貞観内典録を見るに……

見曹毘別歴、及唐貞観内典録……（同右）

と記して「曹毘の別歴」なるものを示している。この曹毘という人は、『続高僧伝』巻第一「法泰」伝に、

諦に菩薩戒弟子の曹毘なる者有り。愷の叔子なり。

諦有菩薩戒弟子曹毘者。愷之叔子。（大正50・四三一b）

と記されている人物である。また愷とは、広州時代の真諦を支えた慧（または智）愷のことであり、曹毘は、慧愷の弟であることが知られる。僧宗や慧愷は、もともとは建業の建元寺の僧侶であったと記されているから[29]、曹毘も彼らと行動を共にしたものと推測される。

ところで『歴代三宝紀』は、巻一一に梁代における真諦の翻訳を記した後に、

其の事、多くは曹毘の三蔵伝文に在り。

其事、多在曹毘三蔵伝文。（大正49・九九a）

と記している。また、巻九の陳代の箇所では、真諦の訳業に関して、

並びに曹毘の三蔵歴伝を見るに云わく、

並見曹毘三蔵歴伝云、（大正49・八八a）

として、曹毘の「三蔵歴伝」の文章を引用している。巻一一の「三蔵伝文」と巻九の「三蔵歴伝」は、おそらく同じものであると推測される。そして、この引用文と『続高僧伝』が曹毘の「別歴」に言及する前後の箇所とは内容的に極めてよく相似しているのである。[30] これらの点を総合すると、『続高僧伝』の真諦伝は、僧宗の「行状」と曹毘の「別歴（＝三蔵歴伝・三蔵伝文）」とを合わせて書かれたものではないかと推察されるのである。仮に『続高僧伝』の真諦伝が曹毘の「別歴」によって書かれているとすると、『歴代三宝紀』が「伝文・歴伝」を挙げることは大変大きな意味を持つことになる。つまり、『歴代三宝紀』の真諦に関する記述は、曹毘の「別歴」によって書かれているのではないかとの推測を可能にするからである。

真諦の生涯のうち、後半の広州時代は比較的安定した時期と言える。[31] それに対して前半の遍歴時代は、社会的にも混乱しており、有力な外護者もなく、満足できるような翻訳場を確保することはできなかっただろうと想像される。一カ所に二年以上留まることもなく、十カ所以上を点々としたのである。その真諦の前半の遍歴に関する『続高僧伝』の記述と、『歴代三宝紀』が夾注で記す梁代の真諦の翻訳の記録とは、明らかに誤字と思われる一・二の例外[32]を除いてほとんどが一致し[33]、両者が共通のよりどころによって書かれていると推察することができるのである。このように見てくると、『歴代三宝紀』の真諦に関する記述は、望月博士が言うような杜撰なものとして簡単に斥けることは到底できないのである。確かに『歴代三宝紀』には、既に様々に指摘されてきたような問題点があるであろう。しかし、それを一般化して全ての記述を信用できないとする見解には到底与することができない。

そこで、次に、いったん『歴代三宝紀』を軸として前後の経録を眺めた場合、どのような点が見えてくるかを考えてみよう。既に述べたように、『歴代三宝紀』は真諦に関する記述を梁と陳の二カ所に分けている。これは真諦の生涯を振り返ったときには当然の措置と言うべきである。そして、梁代の記録については、西天竺優禅尼国三蔵法師波羅末陀、梁には真諦と言う。

西天竺優禅尼国三蔵法師波羅末陀、梁言真諦。（大正49・九九ａ）

とするのに対して、陳代の記録では、

西天竺優禅尼国三蔵法師拘那羅陀、陳には親依と言う。又別して真諦と云う。

西天竺優禅尼国三蔵法師拘那羅陀、陳言親依。又別云真諦。（大正49・八八ａ）

と言っている。我々が通常「真諦」と呼んでいる翻訳三蔵は、二通りの名前を持っていたのである。[34] これがどのような事情によるものであるか、詳細を明らかにすることはできないが、この点について、『続高僧伝』は次のように記している。

拘那羅陀、陳には親依と言う。或いは波羅末陀と云う。訳して真諦と云う。並びに梵文の名字なり。

拘那羅陀、陳言親依。或云波羅末陀。訳云真諦。並梵文之名字也。（大正50・四二九ｃ）

この「梵文の名字」ということについて、真諦に最も近かった弟子の一人である智愷は、『摂大乗論』の序文で次のように述べている。

三蔵法師有り。是れ優禅尼国の婆羅門の種にして、姓は頗羅堕、名は拘羅那他、此の土には翻訳して称して親依と曰う。

有三蔵法師。是優禅尼国婆羅門種、姓頗羅堕、名拘羅那他、此土翻訳称曰親依。（大正31・一一二ｃ）

この記述から、彼は、陳代には「親依三蔵」と呼ばれていたことが確認できる。もしかすると真諦は、梁代と陳代で名前を使い分けていたのかもしれない。

ところが、このような点は『法経録』には全く反映されていない。『法経録』が挙げる真諦の翻訳は、すべて例外なく陳代に真諦が訳したとしている。『歴代三宝紀』や『続高僧伝』によって梁代の訳であることが確認できる『金光明経』さえも「陳時真諦訳」とするのである。[35]一体、梁陳の区別や「親依」という名称はどこへ行ってしまったのであろうか。そして、こうした点は『歴代三宝紀』以後の諸経録にも共通する点である。例えば『仁寿録』は、『法経録』に記載されないものを挙げているが、いずれも「陳世真諦訳」としているし、[36]『静泰録』（六六四年撰述）も『仁寿録』と同様である。『静泰録』とほぼ同時期に完成された道宣の『内典録』は、巻第四の「梁朝伝訳仏経録」に「沙門真諦一十六部四十六巻」と巻頭に標挙して『歴代三宝紀』をそのまま引用する。また、巻第五の「陳朝伝訳仏経録」には「沙門拘那羅陀四十八部二百四十二巻[37]」と標挙して、同様に『歴代三宝紀』の記述をそのまま引用するのであるが、実際には、

僧渋多律　陳言総摂

倶舎釈論　二十二巻

仏阿毘曇

起信論

解捲論

思塵論

の六書が挿入されており、合計五十四部を挙げている。従って『起信論』は二カ所に記されることとなり、記述に混乱が見られる。そしてこの点が、後の『開元録』によって批判されるのである。[38]武后時代に編纂された『大周録』（六九五年撰述）は、『歴代三宝紀』や『内典録』等をよりどころとしているので、基本的には既に述べたことを踏襲している。その上で『歴代三宝紀』や『内典録』の記述を誤って引用している箇所もあり、[39]本節の文脈の上

では、これ以上に言及する必要がないと思われる。

最後に『開元録』（七三〇年撰述）について見ておきたい。経録史上における『開元録』の価値については、ここで改めて述べる必要もないであろうから省略するが、現在の大蔵経の編纂や経典研究の最も確かなよりどころとされているものである。『開元録』の梁代の真諦に関する記述は、基本的に『歴代三宝紀』や『内典録』によりながら、それらに厳密な考証を加えて結論的に十一部二十四巻を記載している。[40]これは、『歴代三宝紀』の記述から真諦の注疏と『十八部論』を除き、『無上依経』と『決定蔵論』を加えた結果である。新たに加えられたもの以外の記述は『歴代三宝紀』を引用しているのであるが、その中で『起信論』のみが書き換えられている。その内容は、智愷の作とされる「大乗起信論序[41]」によったものである。そして、この序が偽作であると考えられることが、『起信論』そのものを疑うことの一つの根拠ともなってきたのである。[42]序の内容について詳述することは今は避けたいが、確かに真諦と智愷の関係などをはじめとして事実でないと推測される点が多い。『歴代三宝紀』はこの序を参照した様子はないので、おそらく『開元録』までの間に『起信論』の流行に伴って制作されて流布したのではないかと考えられる。

以上、『法経録』の記述をめぐって見えてくるいくつかの問題を整理してみた。結論として、真諦の翻訳に関しては曹毘の「別歴」をよりどころとすると推定される『歴代三宝紀』の記述によるべきであることが明らかになったと思う。それでは、『法経録』が参照した「真諦録」に『起信論』の記載がなかったのは、どのようような理由によるのであろうか。既に見てきたように、真諦の訳業は梁と陳にわたっている。その全体は、『歴代三宝紀』によれば合計で六十四部二百七十八巻ということになる。この中には真諦撰の注疏も含んでいるので、翻訳についての厳密な数字を表わすものとは言えないが、一応そのように見ておきたい。するとこの数字は『続高僧伝』の記述と全く重なり、[43]さらに『歴代三宝紀』巻第九に引用される曹毘の「三蔵歴伝」（＝伝文・別歴）の次の文とも重なってくるのである。

今の訳する所は、止《た》だ是れ数縛の多羅葉書のみにして、已に二百余巻を得る。通じて梁代に及ぶも三百巻を減ず。

今之所訳、止是数縛多羅葉書、已得二百余巻。通及梁代減三百巻。（大正49・八八b）

この文は、真諦の訳出した経論が、持ってきた梵本の全体から見ればほんの少しであるということを述べているのであるが、梁代のものを含めても三百巻に及ばないと言うところに、書き手の意識を窺うことができる。曹毘は、広州で『摂大乗論』と『倶舎論』を主に学んだ人であり、その点から真諦の翻訳の中心は広州時代にあると見ているのであろう。[44]おそらく曹毘自身は「親依三蔵」と呼んでいたはずであるが、なぜか北方に伝えられたときには「真諦」という梁代の名前が定着し、「陳の真諦」という見方が出来上がったのである。

『法経録』が見た「真諦録」がどのようなものであったか、今それを知るための手がかりはない。仮に「真諦録」が曹毘らに近い人によって、広州時代を中心にまとめられたものであれば、その中に『起信論』の名がないことは十分に理解できる。また、『歴代三宝紀』のように時代ごとに編集したものであれば、陳代に『起信論』は記載されていないはずである。いずれにしても、約二カ月という期間で編集された『法経録』が、錯綜を極める真諦の翻訳を全て把握できなかったとしても止むを得ないことであろうと思われる。このように見てくると、『開元録』が『法経録』の誤りを指摘する中の第四に、

仁王経、起信論等を以て疑録に編在するは、四の誤なり。

以仁王経、起信論等編在疑録、四誤也。（大正55・五七五c）

と具体的に批判することには極めて大きな意味がある。その主張の背景には『歴代三宝紀』をはじめとするいくつかの根拠があったはずであり、決して看過することのできない指摘であると言わなければならない。

以上によって、『起信論』については『歴代三宝紀』の記述によるべきであり、従って太清四年（五五〇）[45]に富春の陸元哲の屋敷において真諦が翻訳したものと考えるべきであることが明らかになったであろう。

三 『起信論』に説かれる如来蔵と阿梨耶識の関係

次に本節の立論の第二点について考察を加えたい。それは『起信論』の如来蔵説と阿梨耶識説の内容を検討し、それを中国の仏教者たちがどのように理解していったかという点を明らかにすることである。この問題に関する主要な事柄については、既に前節及び第三章第二節において考察を加えた[46]。従ってここでは、それら要点をまとめて、『起信論』が当時の中国の仏教者には到底創作できるような質のものでないことを論証したい。

この点を追求していこうとするとき、遠景として特に重要な視点は、仏教の縁起思想がどのように展開し、如来蔵説とアーラヤ識説とが生み出されてきたのか、という点である[47]。これまでの『起信論』をめぐる議論の中で、この問題は、地論宗・摂論宗の教理をめぐって真識依持か妄識依持か、あるいは真妄和合識かといった問題として扱われてきたように思う[48]。しかし「依持」ということが一体どのような意味を持つのかといった内容に関する点はほとんど議論されずに、言葉の上の共通性を手がかりとして考察されてきたところに、議論の不充分さを感ずる。更に、近景として『起信論』に限ってこの問題を考えようとするときには、上述のような遠景を踏まえながら『起信論』と『楞伽経』とがどのような関係にあるのかという点を明らかにすることが特に重要であると思われる[49]。中国における『起信論』受容に重要な役割を果した浄影寺慧遠は、『起信論』が『楞伽経』を敷衍したものであるという見方を明確に示している。[50] そしてこうした見解は今日に至っても根強い『起信論』観であると言える。その点は、縁起論の展開から見たとき正しい理解と言えるかどうか。こうした点を、ここでは明らかにしたいと思う。
釈尊の「縁起」の思想の中に、後になって龍樹が「空・中」と表現し直すような面と、無著・世親が「アーラヤ識縁起」と表現し直すような面との二面があったことは、既に第三章第一節、同第二節にまとめた通りである。それを要約して述べるなら次のようになる。

あるものが「ある状態」から「他の状態」への移行を認識してそれを言語化したとき、変化という概念が成り立ち、その変化において「時間」という概念が生ずる。これをもっと我々の日常的な表現で表わすならば、「ある状態」または「他の状態」とは、我々が通常「～である」と言っていることであり、「ある状態」から「他の状態」への移行とは「～になる」と表現していることに該当する。つまり、物事が永遠に「ある状態」に留まり続けるのであれば、そこには変化とか時間の経過といったことが存在し得ないから、仏教の中心課題であるところの「仏になる」といったことは成り立たない。また、「仏になる」と言っても全く異なるものには本来なることができないから、「～になる」ということが成り立つためには、「ある状態」と「他の状態」の間には一定の連続性が成り立っていなければならない。これは、言葉の上で論理的に考えるならば一つの矛盾であるが、現実的には「子どもが大人になる」といったこととして日常の中で成り立っている。そして、それは『起信論』や『楞伽経』の中では「海と波」の譬えとして示されるものである。[51] また視点を変えれば、近代言語学の祖とも言うべきソシュールが「共時性（～である）」と「通時性（～になる）」と呼ぶのは、このような内容のことである。[52]

ところで如来蔵思想の中では「如来蔵になる」といった表現は成り立たないから、如来蔵が「ある状態」を表わすものであることが理解できる。それに対してアーラヤ識説の中では「因・縁・果」を説くので、[53]「ある状態」から「他の状態」への移行をも範疇とするものであることが理解できる。こうした点を充分含んだ上で、『起信論』の思想を振り返ってみることにする。

『起信論』は、「心生滅門」の中で、確かに如来蔵と阿梨耶識を同時に説いている。しかしそれは、『四巻楞伽経』や『十巻楞伽経』が説くように、両者を重層的に見たものなのであろうか。この点を確かめるために、まず『起信論』の心生滅門の冒頭の所説を吟味してみよう。

如来蔵に依るが故に生滅心有り。所謂不生不滅と生滅と和合して一に非ず、異に非ざるを名づけて阿梨耶識と為す。此の識に二種の義有り。能く一切法を摂し、一切法を生ず。

依如来蔵故有生滅心。所謂不生不滅与生滅和合非一、非異名為阿梨耶識。此識有二種義。能摂一切法、生一切法。（大正32・五七六b）

この部分は『起信論』の縁起説の中核を占めるものであり、特に如来蔵と阿梨耶識の関係を考えるときには、この文を正確に読み取ることが必要である。「如来蔵に依るが故に生滅心有り」という一文の持つ意味については、前節において考察を加えた通りである。ここでは次の点に注目したい。つまり、心生滅を議論するにあたって阿梨耶識に関しては丁寧に『起信論』独自の意味づけを示しているのに対し、如来蔵については何らの定義も示していないことである。この点については、必要な考察をすませた上で改めて考えることとし、今は注意を喚起するに留める。次に『起信論』の如来蔵の定義を探るために、他の用例を検討してみることにしよう。基本的で重要な概念であるにもかかわらず、『起信論』では「如来蔵」に関する用例が意外に少ない。

二は相大。謂く、如来蔵に無量の性功徳を具足するが故に。

二者相大。謂如来蔵具足無量性功徳故。（大正32・五七五c）

この文は、立義分の中で「摩訶衍」の意味を体相用の三点から明らかにする箇所の「相大」を説明するものである。この摩訶衍とは、『起信論』の議論の根拠とも言うべき「衆生心」の本来的な在り方のことであり、仏法についての何事かを立論し説明するための土俵のようなことを表わしている。ちなみに『勝鬘経』では、これを八大河の元である阿耨達池、一切の植物のよりどころである大地に例えている。(54) ここでは、具体的には「一切は空である」という真実が、何もないことではなくて逆にあらゆる功徳を含むものであることを表わしていると見ることができる。

更に別の用例を見てみよう。

（如来之蔵は）唯だ真如の義に依りて説くを以ての故に。

（如来之蔵）以唯依真如義説故。（大正32・五八〇a）

この文は、解釈分の「対治邪執」段に説かれるものであり、如来蔵に有為法の差別があるとする誤解を正そうとするものである。言語表現を絶した真如を具体的に表現するものが如来蔵なのであって、一切諸法としての有為法とは関係がないと言うのである。次の用例もほぼ同様の内容である。

如来蔵は前際無きを以ての故に、……如来蔵は後際有ること無し。

以如来蔵無前際故、……如来蔵無有後際。（同前・a～b）

この文は、如来蔵によって生死があると聞いて衆生に始めがあり涅槃に終わりがあるとする誤解に対して、説かれたものである。これらの用例によれば、『起信論』における如来蔵が、本来言語表現を絶したものである真如と、人間の現実である諸法との間に成り立つものであることが了解されよう。

次に『起信論』における「阿梨耶識」の用例を検討してみよう。如来蔵との違いがはっきりと出てくれば、今後の論考の大きな参考となる。『起信論』では「阿梨耶識」の用例も極めて少ない。先ほどの用例以外では、次の一文を見るのみである。

阿梨耶識に依るを以て、無明有りと説く。

以依阿梨耶識、説有無明。（大正32・五七七b）

ここでも「〜に依りて〜有り」という論法が用いられてる。この論法で説かれる「無明」とは一体どのようなことかという点についても、既に前節で論じた通りである。そして、生滅する有為法の存在原因について、『起信論』は一貫して「無明」を原理として説いている。具体的な用例を見てみよう。

① 当に知るべし、無明能く一切染法を生ず。

当知、無明能生一切染法。（大正32・五七七a）

② 一切法は皆な心より起こり、妄念にして生ずるを以て一切分別は即ち自心を分別するなり。

以一切法皆従心起、妄念而生一切分別即分別自心。（大正32・五七七b）

①は、「不覚（＝具体的な人間のすがた）」を「三細六麁」に分析して説明する結論の部分である。②は、「無明」が現実的には妄念として作用して人間に有為法を生ぜしめていることを述べる部分である。如来蔵を説く場面では決して用いられなかった「一切法を生ず」という論法が用いられている点を強調しておきたい。

『起信論』は、人間の現実態である衆生心を根拠とし、それを「心真如」と「心生滅」との二門から考察することで、「衆生という状態」から「真如あるいは如来という状態」への移行を言語化することに立論の意図がある。その際に、衆生と真如の本来的同一性は「如来蔵」と語られ、衆生と真如の現実的非違性の原因が「無明」と語られているのである。本来的には真如であるものが現実的には衆生であるというところに「時間のずれ」あるいは歴史と呼ばれるものがあるのであり、『起信論』では、そのような本来性からずれてある現実態を「阿梨耶識」と呼んでいるのである。ここに『起信論』が如来蔵と阿梨耶識を同時に説きながら、両者を区別しなければならない理由がある。『起信論』は決して一切法の因として「如来蔵」を説いているのではない。『起信論』の論法によれば、一切法の因は無明であり、無明は阿梨耶識の属性である。そしてその阿梨耶識は如来蔵を根拠としているが、如来蔵は「無明」とは無縁のものである、というのが『起信論』の心生滅門の冒頭の文の意味なのである。

このような『起信論』の如来蔵観は、明らかに如来蔵思想の源流と見られる『勝鬘経』を意識したものであると思われる。例えば前述した「対治邪執」段に引用される経説は、『起信論』の文脈に合うように多少の変更が加えられてはいるものの[55]、『勝鬘経』の次の経説、

世尊、生死は如来蔵に依る。如来蔵を以ての故に本際は知るべからずと説く。世尊、如来蔵有るが故に生死を説く。

世尊、生死者依如来蔵。以如来蔵故説本際不可知。世尊、有如来蔵故説生死。（『勝鬘経』、大正12・二二二b）

を引用していると思われる。これに対して、これまで『起信論』と深いつながりが指摘されてきた『楞伽経』には、むしろ『起信論』の教説とは相反するような記述がある。如来蔵と阿梨耶識を一体視することが『楞伽経』の特徴だからである。その典型的な例が、如来蔵を諸法の因とする次のような用例である。念のため、三例とも引用してみよう。

① 仏、大慧に告げたまわく、如来之蔵は是れ善不善の因なり。能く遍ねく一切趣生を興造するなり。

仏告大慧、如来之蔵是善不善因。能遍興造一切趣生。（『四巻楞伽経』、大正16・五一〇b）

② 仏、大慧に告げたまわく、如来之蔵は是れ善不善の因なるが故に、能く六道の与に生死の因縁と作る。

仏告大慧、如来之蔵是善不善因故。能与六道作生死因縁。（『十巻楞伽経』、大正16・五五六b）

③　大慧よ、如来蔵は是れ善不善の因なり。能く遍ねく一切趣生を興造するなり。

大慧、如来蔵是善不善因。能遍興造一切趣生。（『七巻楞伽経』、大正16・六一九c）

いずれもほぼ同じ内容を説いている。そして、如来蔵が因となって諸法を生ずるという思想は『起信論』が慎重に避けてきたことである。むしろ批判してきたと言っていいほどであり、そのために『起信論』では如来蔵と諸法の間に阿梨耶識を介しているのである。このように見てくると、『起信論』の教説は決して『楞伽経』を敷衍するものなどではないことが明らかとなるであろう。

ところが、こうした『起信論』の独自性は、中国の仏教者にはほとんど理解されなかったようである。そこで次に、『起信論』に対する中国人の理解（特に曇延、浄影寺慧遠らの理解と法蔵の結論）を振り返っておきたい。

曇延疏の理解

曇延と曇延疏をめぐっては、これまでにもいくつかの議論があり、最近になって曇延を『起信論』の作者ではないかとする見解も提起された(56)。これらの問題は本節の直接の課題ではないので、ここではいったん留保して内容の吟味を優先したいが、いずれにしても、曇延疏が中国仏教における最初期の『起信論』理解であるという点は確かであろうと考えられる。曇延疏は、先に引用した立義分を解釈して次のように言う。

相大とは第二に真如相大の義を立つ。謂く、如来蔵は此れに二義有り。一には摂の義、二には生の義なり。

相大者第二立真如相大義。謂如来蔵者此有二義。一摂義、二生義。（続蔵一・七一・二六七左下）

如来蔵に「摂の義」と「生の義」があるとする後半の解釈は、明らかに心生滅門の阿梨耶識の二義を引用したものである。つまり、曇延は、如来蔵と阿梨耶識を全く同一視しているのである。曇延疏にはこのほかにも注目すべき諸点があるが、今は曇延が如来蔵に「生の義」、つまり諸法の因の面があると見ている事実を指摘するだけで充分であろう。この点一つを取ってみても、曇延を『起信論』の作者に比定する説には賛同できない。

『大乗止観法門』の理解

次に、『起信論』伝播直後の三部作の一つとされる『大乗止観法門』(57)における如来蔵の解釈を見てみよう。これは直接『起信論』を解釈したものではないが、六世紀末の中国の仏教者が如来蔵と阿梨耶識とをどのように理解していたかを知るための重要な手がかりである。

云何が復た此の心を名づけて如来蔵と為すや。答えて曰く、三義有り。一には能蔵を蔵と名づく。二には所蔵を蔵と名づく。三には能生を蔵と名づく。……第三に能生を蔵と名づくとは、女の胎蔵能く子を生ずるが如く此の心も亦爾り。体に染浄二性の用を具するが故に、染浄二種の熏力に依りて能く世間出世間法を生ずるなり。是の故に経に云く、如来蔵とは是れ善不善の因なりと。

云何復名此心為如来蔵。答曰、有三義。一者能蔵名蔵。二者所蔵名蔵。三者能生名蔵。……第三能生名蔵者、如女胎蔵能生於子此心亦爾。体具染浄二性之用故、依染浄二種熏力能生世間出世間法也。是故経云、如来蔵者是善不善因。（大正46・六四四b）

ここには如来蔵の理解をめぐる様々な問題が見え隠れしている。文中の「此の心」とは、止観のよりどころである「一心」のことであり、「自性清浄心」「真如」「仏性」「法身」「如来蔵」「法界」「法性」等と呼ばれるものを指している。(58)『起信論』では「衆生心」を根拠として、それに「心真如・心生滅」の両面があるという順序であったのが、ここでは「心真如」を根拠として、その「心」に様々な属性があるという順序に逆転している。これは、一瞥しただけではさほど大きな問題に見えないかもしれないが、議論を進める場合の基本的立場の変更であると言うべきである。つまり、具体的なものに基づいて本来性を見出していくという視点から、本来性によって現実を説明するという視点への変更なのである。そこには、議論が具体性を失って抽象的・観念的になっていく危険があると言える。そのような意味を含むところの「心」と「真如」の立場の逆転は、その後の中国仏教の展開に大きな影響を及ぼすことになるのである。その上で、その根拠としての「一心」の属性として、阿梨耶識と如来蔵が理解されているのである。ここに言う「経」とは先に引用した『楞伽経』のことであり、如来蔵が諸法の因であるという理解になっている。『大乗止観法門』の中には『起信論』に直接言及する箇所も多くあるが、如来蔵や阿梨耶識の理解について『起信論』と『楞伽経』を区別するという発想は、全く見られない。

浄影寺慧遠の理解

次に、浄影寺慧遠の理解について吟味を加えておきたい。慧遠が、『勝鬘経』等に説かれる如来蔵説と『楞伽経』に説かれるアーラヤ識説との間で大変な苦労をしたことは次章で詳しく述べるが、ここでは、初めに述べたように、慧遠が、『起信論』は『楞伽経』を敷衍するものと見て、『起信論』を積極的に『楞伽経』（菩提流支訳の十巻楞伽経）的に読み込もうとして次のように述べることを指摘するに留めたい。

八は阿梨耶識なり。……阿梨耶とは此方には正しく翻じて名づけて無没と為す。生死に在りと雖も失没せざるが故に。義に随いて傍翻するに名別して八有り。一に蔵識と名づく。如来之蔵を此の識と為すが故に。

八阿梨耶識。……阿梨耶者此方正翻名為無没。雖在生死不失没故。随義傍翻名別有八。一名蔵識。如来之蔵為此識故。

（『大乗義章』八識義、大正44・五二四c）

慧遠はこの矛盾を解消しようとして「依持・縁起」という概念を立てたのである。こうした慧遠の理解は、法蔵の師であった智儼に大きな影響を与えた。智儼自身は、玄奘と同時代の人であったために、玄奘のアーラヤ識説と如来蔵思想の間にどのような決着点を見つけるかという点に大変な苦労をしたのである[59]。

法蔵の理解（『起信論義記』①②③と『無差別論疏』）

次に華厳教学の大成者である法蔵の解釈を見ておきたい。法蔵の生涯は、長安の太原寺（後に何度か名称を変更する）に住して経典研究に従事し、多くの注釈書を著わした前半期と、外国三蔵の訳場を駆けめぐった後半期に分けて見るべきである。詳細は第七章に一括して述べるが、その前半期の著作を代表するものの一つが『大乗起信論義記』である。現行の『義記』については内容等に若干の疑問があるが[60]、今は留保して論を進めることにしたい。

① 一心と言うは、謂く一如来蔵心に二義を含む。
言一心者、謂一如来蔵心含於二義。（大正44・二五一b）

② 梨耶心の体、自性を守らず、是れ生滅の因なり。
梨耶心体、不守自性、是生滅因。（同・二六四b）

③ 良に以みるに、真心、自性を守らず、熏に随いて和合して一に似、常に似る。
良以、真心、不守自性、随熏和合似一、似常。（同・二五五c）

これらは、『義記』の別々の箇所に説かれるものをまとめてここに挙げたものである。従って前後の文脈がわかりにくいかもしれないが、ここでは『義記』の如来蔵理解の核心が明らかになれば充分である。

①の文では、『大乗止観法門』の項で明らかにしたように、「衆生心」と「如来蔵」の関係が『起信論』とは逆転しており、「如来蔵心」に真如と生滅の二門があると言っている。これは法蔵以前の伝統的な解釈に従ったものであろう。②の文は、「一心」を根拠とするために如来蔵と阿梨耶識が重なってしまうが、「一心」を有為法と見ることはできないので「自性を守らず」という概念を導入したものである。こうした理解の背景には、法蔵が法相唯識によってアーラヤ識を学んだという点が深くかかわっているものと思われる。しかしながら、①と②の文を重ねて

みれば、「如来蔵は善不善の因である」という『楞伽経』の思想の延長上にあるものと言わねばならない。③の文は、①と②の文を重ね合わせてみると何が言いたいのかよく理解できる。如来蔵心と言い、梨耶心と言い、真心と言いながらも、それらが生滅の因であるとする『義記』の解釈は、慧遠や智儼が「依持・縁起」と言った点を「自性を守らず」という新しい概念によって整理しようとしたものであるとはいえ、『起信論』の縁起説を正しく受けとめたものとは言いがたいのである。ところが、法蔵のこのような如来蔵理解は、後半の著作になると一変する。例えば、『無差別論疏』では『宝性論』の、

　無始世より来《こ》のかた性　諸法の依止と作る
　性に依り諸道有り　及び涅槃果を証す
　無始世来性　作諸法依止　依性有諸道　及証涅槃果（大正31・八三九a）

の偈頌に対して次のように言う。

　此は是れ阿毘達摩大乗経の頌なり。彼の論（＝『宝性論』）は、勝鬘経を引きて此の頌を釈す。総じて是れ如来蔵もて所依止と為すなり。唯識・摂論は阿頼耶識に約して釈す。故に知んぬ、二宗不同なることを。
　此是阿毘達摩大乗経頌。彼論、引勝鬘経釈此頌。総是如来蔵為所依止。唯識摂論約阿頼耶識釈。故知、二宗不同也。
　（大正44・六七c）

ここでは、法蔵は如来蔵と阿頼耶識は本来異なるものであると言うのである。法蔵は、『無差別論』の翻訳に立ち会うことによって、ようやく如来蔵説とアーラヤ識説の違いに気がついたのである。[61]『宝性論』そのものは勒那摩提の訳であるから、ずいぶん以前から存在していた。[62]しかしながら、『楞伽経』の教説と重ね合わせて解釈してきた伝統の中で、如来蔵思想本来の理解ができなかったのである。

以上によって、中国の仏教者は当初から一貫して如来蔵をアーラヤ識と同視してきたことが明らかになった。その背景には『楞伽経』の存在があったと思われるが、両者が本来異なった思想であるという点に気がつくのは後半期の法蔵に至ってである。法蔵は、外来三蔵（提雲般若や実叉難陀）の翻訳に立ち会って、ようやく中国人としては初めて両者の違いに気がついたのである。法蔵と極めて深い関係にあった実叉難陀は、自らが訳した『楞伽経』の序文に、

跋陀の訳は未だ宏ならず、流支の義は舛《たが》えること多し。

跋陀之訳未宏、流文《ママ》之義多舛。（『全唐文』巻九一三・十一右）

と言っている。菩提流支訳は「舛えること」が多いというのは、『十巻楞伽経』が如来蔵を阿梨耶識として読み込もうとした態度を批判したものと見ることができるのではないだろうか。

本節では、『起信論』が中国撰述とは考えられない理由を、主として二点に絞って論考を進めてきた。前半では諸経録とその背景を点検した結果、『起信論』は真諦訳であるとすべきことが明らかになった。後半では、『起信論』の如来蔵説と阿梨耶識説の特徴を点検して、それが中国の仏教者には正しく理解されてこなかった経緯を明らかにした。中国では如来蔵思想そのものが法蔵の晩年に至るまで理解されなかったのである。このような点から見れば、如来蔵と阿梨耶識を判然と区別する『起信論』の所説は、当時の中国の仏教者には到底創作し得るものでないことは明白である。

第三節　智儼・元暁における『起信論』の受容

一　はじめに

法蔵以降の華厳教学における『起信論』の占める位置が非常に大きいために、華厳教学は初めから『起信論』の影響の下に発展してきたように考えられがちであるが、これは果して事実であろうか。仮に智儼における『起信論』受容がそれほどのものでないならば、華厳教学における『起信論』の重要性は法蔵以降の思想・時代性に基因する問題となる。ここでは若干先走ることになるが、そうした問題意識に立って『起信論』から派生する問題としてまとめておきたいと考える。

序章で述べたように、中国の華厳教学は、発達史的に見れば、第三祖とされる賢首大師法蔵を分水嶺と考えることができるが、法蔵以降の華厳教学においては、対外的にも対内的にも『起信論』は欠くべからざる極めて重要なものとなっている。それはおそらく、法蔵の華厳教学の究極態としての法界縁起説が『起信論』の所説との密接なかかわりの中で形成されたものであるからであろう。翻って法蔵以前はどのようであったのだろうか。

そこでまず法蔵の華厳教学を成り立たしめた背景について考えてみると、特に次の三点を看過することができない。第一は彼の直接の師である至相智儼（六〇二―六六八）の教学、第二は同門の先輩として常に尊敬してやまなかった海東元暁（六一七―六八六）の教学、第三は当時一世を風靡していた新興の唯識法相の教学である。このほかにも法蔵教学の要因については多々考えられるが、大まかに言ってこの三点が特に重要であると考えられる。そして、本節の課題から言えば、この中でも先の二点に焦点を絞って考えなければならない。言い換えれば、法蔵以降の華厳教学における『起信論』重視の態度が華厳教学の本質的なものであるならば、法蔵以前についてもそれと同様の態度が見られるはずである。また、仮にそうした態度が見出せない場合には、それらと法蔵の主張とを比較することによって、法蔵の『起信論』受容の特質を明瞭にすることができると考えられる。つまり法蔵によって明らかにされた中国仏教教学の一つの頂点を分析してみようとするとき、『起信論』をめぐる諸問題の解明は、法蔵教学の縁由を明確に示唆するであろう。そこで本節では、まず法蔵に直接的な形で影響を及ぼしたと考えられる智儼と元暁の『起信論』の受容について考察を加えておきたい。

二　智儼における『起信論』の受容

『起信論』の重要な註釈を残した、浄影寺慧遠・海東元暁・賢首法蔵らの間にあって、智儼は『起信論』をどのように理解していたのであろうか。この問題は、華厳教学における『起信論』の果した役割を解明する上で極めて重要な問題を孕んでいる。何となれば、地論教学を換骨奪胎することで華厳教学は成立したのであるが、その当事者の智儼における『起信論』の受容の解明は、『起信論』に対する華厳教学の最も原初的な形態を明らかにすると言って差し支えないからである。

法蔵の『華厳経伝記』に記される智儼の伝記中には、智儼と『起信論』との関係については何ら関説されていない。[63]しかしながら当時の学界の情況に鑑みれば、智儼が『起信論』に対して全く無関心であったとは考えられない。今日こうした推測を積極的に裏づけるものとしては、高麗義天の『新編諸宗教蔵総録』がある。『義天録』は、智儼に『起信論』の『義記』一巻並びに『疏』一巻があったことを記している。[64]しかしそれらは現存しないのみならず、断簡すら伝わっていないので、智儼がそうしたものを著わしたか否かについては判断を下すことができない。

そこで、現在残されている智儼の著作の中から『起信論』思想と直接関係あると思われるものを取り上げて考察を加え、智儼教学における『起信論』の果した役割を考えてみたいと思う。

実際に残された智儼の著作を振り返ってみると、直接的な形で『起信論』に言及する箇所は意外に少ない。『捜玄記』には『起信論』の名称を出す箇所が一例、『起信論』思想を引用すると思われる箇所が二例あるのみであり、『五十要問答』『孔目章』においても『起信論』の名称を都合三回引用するのみであるが、それらの数少ない資料からも、智儼と『起信論』との関係は論究し得るので、それらの一々を取り上げて考察を加えていくことにする。

第一は、十地品第六地の釈義において引かれるもので、

論に説くが如し。真妄和合するを阿梨耶と名づく。唯だ真のみなれば生ぜず単に妄なれば成ぜず、真妄和合して方に所為有り。

如論説。真妄和合名阿梨耶。唯真不生単妄不成、真妄和合方有所為。（大正35・六二b）

というものである。これは内容的には、『起信論』が心生滅門で、

心生滅とは、如来蔵に依るが故に生滅心有り。謂わゆる不生不滅と生滅と和合して一に非ず異に非ざるを、名づけて阿梨耶識と為す。

心生滅者、依如来蔵故有生滅心。所謂不生不滅与生滅和合非一非異、名為阿梨耶識。（大正32・五七六b）

と説くものを受けていると考えられる。ここに見られる「唯真不生単妄不成、真妄和合方有所為」という著名な一節は、『大乗義章』巻第一[65]、『十地経論義記』巻第一[66]、『大乗起信論義記』巻中本[67]などにもほぼ同様の用例があり、それらの末註、例えば順高の『本疏聴集記』[68]、湛睿の『教理抄』[69]、鳳潭の『幻虎録』[70]などは、『十地経論』の取意としている。ところが鳳潭も指摘しているように、『十地経論』にはこのような文を見ることはできないし、大正蔵

のテキストデータベースの検索によっても、このような論文は存在しないことが確認できる。従って『起信論』の先の所説が予想されるのである。それ故この「如論説」の論を直ちに『起信論』であると断定することはできないが、地論宗南道派が阿梨耶識を真妄和合識であるとし、それらの解釈の背景に『起信論』が存したとされることは、既に諸先学の指摘するところであり[71]、ここでの智儼の解釈も、そうした伝統を踏まえたものであると考えられる。

第二は同じく十地品第六地の第十無所有尽観に引かれるもので、

論に云わく、是の心真如相は、能く摩訶衍の体を示す。故に知りぬ是の真如は名を得ると雖も俗相は是れ体ならざるなり。

論云、是心真如相、能示摩訶衍体。故知雖是真如得名俗相不是体也。（大正35・六七b）

というものである。これは第六現前地に説かれる十観のうちの前九観が、ただ「有」のみに順じて説かれたものであるのに対し、第十観は俗諦としての「空」と「有」との二に順じて説かれたものであるから、体相相対においてこれを論ずるときは相に約して論ずべきであるとすることの教証として引かれたものである。従って、ここで引用される『起信論』立義分の心真如相の語も、体相相対における相として捉えられているわけである。このような解釈は、心真如相を第九阿摩羅識に、心生滅相を他の妄識に配当する、慧遠の思想[72]などとはかなり異なっていると考えられるが、むしろ慧遠の主張よりも『起信論』の本意に近いと考えられる。ここで智儼は、勝義としての体そのものである真如に対して相としての心真如相を考えているのであるから、それは真如の名を冠してはいるけれども、体そのものとしての真如ではないと言うのである。『起信論』の心真如相を、心生滅相に対する語として直ちに勝義の真如とはしない智儼の解釈は、注目すべきものと思われる。

第三は、入法界品の十番目の善知識である方便命婆羅門を釈する箇所に引かれるものである。衆知のように、この善知識は入法界品における反道行の善知識の一人としてよく知られている。その方便命婆羅門が一切智を求めて刀山を登り火聚に身を投ずることについて、

又刀山に登り火聚を投ずる所以とは、何の相に約して順ずるや。答う、実に約せば是れ法なり。並びに悉く広く通ず。若し局れば別有らざるに非ず。何となれば、刀体相続して其の断法の用を増成す。破能有るに由るが故なり。火体続かざれば其の顕常の用を増成す。照能有るに由るが故なり。此れ何の理に依るや。有無の二名の如し。有と説きて能く断を離れしめ、妙常を解するの用を成ず。無と説きて能く有無を離れしめ、其の妙無絶相を証会するの能を成ず。火は即ち無理を用いて、妄を会して玄を照らすの用あり。刀は即ち有理を用いて、無を破し信を成ずる実徳の解なり。故に有は破の義増して、成の義微なり。解を成ずること顕わなるに由るが故に。無は即ち成の義増す。証を顕わす理に由るが故に。此れ起信論の説の如し。

又所以登刀山投火聚者、約何相順也。答、約実是法。並悉広通。若局非不有別。何者、刀体相続増成其断法之用。由有破能故。火体不続増成其顕常之用。由有照能故。此依何理。如有無二名。説有能令離断、成解妙常之用。説無能令離有無、成其証会妙無絶相之能。火即用無理、会妄照玄之用。刀即用有理、破無成信実徳之解也。故有破義増、成義微。由成解顕故。無即成義増。由顕証理故。此如起信論説也。（大正35・九三c）

と言う。即ち、法（智慧）を説く場合には二通りの方法があって、法の有を説く場合には所見を離れしめて真理の常住なることを、法の無を説く場合には有無の見にとらわれた執着を離れしめることを、主なねらいとして説くのであるとし、これを『起信論』の説くところであるとするのである。ここでは具体的に『起信論』のどの部分を意味しているのかは釈然としないが、おそらくは内容的に言って、心真如門の依言真如の如実空・如実不空の所説などを念頭に置いたものと思われる。

次に『五十要問答』初巻の心意識義では、冒頭に諸教による心識の差別を列ねた後、三乗初教所説の「異熟阿頼耶識」が熏習を受けて種子を成ずる説は廻心声聞の未だ法空に達していない者のための説であるのに対し、『起信論』の真如熏無明・無明熏真如のいわゆる染浄相資の考え方を引用して、

今の起信論は直進の菩薩の縁起相を識り即ち無生と会する為の故に別に説を作す。

今起信論為直進菩薩識縁起相即会無生故作別説。（大正45・五二二c）

と結論づける。即ち、『起信論』の染浄相資の熏習説は、縁起の相即を知らしめ一切法の無生を教えるものだと言うのである。

続いて『孔目章』巻第一の唯識章では、全体を十門に分けて弁ずるうちの第七対治滅不滅門において、阿頼耶識の活動の初めを釈して、

起信論に云わく、一念の無明は即ち是れ不覚なり。覚は即ち動ぜず、動ずれば即ち苦有り。果は因を離れず、頼耶異熟は其の果に当たるなり。故に是れ其の始なり。

起信論云、一念無明即是不覚。覚即不動、動即有苦。果不離因、頼耶異熟当其果也。故是其始。（大正45・五四七a）

とする。智儼の阿頼耶識理解の特質については、第六章において詳しく述べるが、ここで重要なことは、阿頼耶識を含めた全ての識的活動を心生滅相と捉え、それを解説するのに『起信論』の思想を導入していることである。ここで引用される『起信論』の文は、枝末不覚の無明業相の文[73]である。

更に『孔目章』巻第二の通観章では、法性に順じて一切諸法を論ずれば、全ての法は本より「真如」であって智相の縁ずるところではないとし、一切染法の根本原因である無明も実は真如に他ならないのであって、真如がなければ無明も成じないと述べた後に、『起信論』を引いて、

故に起信論に無明等に従る、と。一切諸法は皆是れ摩訶衍衆生の心なり。真如体中の生滅の相用なり。

故起信論従無明等。一切諸法皆是摩訶衍衆生之心。真如体中生滅相用也。（大正45・五五〇b）

と言う。ここで引かれる『起信論』の文は、言うまでもなく立義分冒頭の取意であるが、一切諸法が真如の体中の生滅の相用であるという表現に注意せしめられる。これは衆生心の本来的在り方と現象的在り方という『起信論』本来の立論の構造を、不生不滅である体としての真如とその内側の相用としての生滅一切法という論理構造に変換せしめているのである。このような真如及び生滅の解釈は、本節の始めに述べた『捜玄記』における心真如相の用例とどのような関係にあるのか判然としない。用例が少ないので、智儼が心真如相と真如体とをどのように考えていたか、今一つはっきりしないのである。もともと『起信論』自身が真如という用語に重層的な概念を与えているから不自然な相異ではない。それよりもここで注目しなければならないことは、体としての真如に相用を認めて、それが即ち生滅相としての一切法であるという主張は、後に法蔵が主張するところの「真如の不変・随縁」という概念に結びつくということである。本来、摩訶衍の義として説かれた体相用説を真如の体相用と解することによって、華厳教学独自の真妄観の礎が形成されたと言えよう。

以上、智儼の残された著作の中から『起信論』に関係すると思われる箇所を取り上げて検討を加えたわけであるが、その引用例のほとんどは真如と無明との関係についての箇所で一貫している。また智儼は、『起信論』以外の経論を引用する場合には比較的原文に忠実に引用する場合が多いのであるが、『起信論』の引用例はかなり大胆な取意である。こうした事実からは、智儼の『起信論』に対する熟知ぶりが窺われる。しかしながら『起信論』は、智儼の教学形成上、例えば『摂大乗論』や『十地経論』『大智度論』『瑜伽論』『成唯識論』といった論書と比較すれば、引用回数もはるかに少なく、決して主要なものであると言うことはできない。如来蔵思想を説くものとしても、阿梨耶識思想を説くものとしても、『起信論』は二次的な扱いを受けているのである。その理由はおそらく、大乗仏教の教理を統括するものとしての『摂大乗論』の存在によるものであろう。即ち、慧遠においては『起信論』や『楞伽経』に基づく伝統的な心識説に急遽『摂大乗論』を取り入れんとして相当な混乱に陥った(74)のに比べて、智儼は『摂大乗論』を熟知し得たことにより『起信論』と『摂大乗論』とを融会的に解釈することができたのである。その代表的な例を『孔目章』巻第一明難品初立唯識章の次の箇所に見ることができる。即ち、第五建立門の『摂大乗論』に約して本識の建立を証明する中の第六「約縁生義」では、

謂わく自性縁生は即ち是れ体なり。識は是れ縁生の通因と為すが故なり。二に愛非愛縁生は即ち是れ相なり。三に受用縁生は即ち是れ用なり。

謂自性縁生即是体也。為識是縁生通因故。二愛非愛縁生即是相也。三受用縁生即是用也。（大正45・五四四b）

と述べているが、これは『摂大乗論』によれば、

此の縁生は大乗に於いて最も微細甚深なり。若し略説せば二種の縁生有り。一に分別自性、二に分別愛非愛なり。

此縁生於大乗最微細甚深。若略説有二種縁生。一分別自性、二分別愛非愛。（大正31・一一五b）

とするだけである。『世親釈論』によれば、

大乗に具さに三種の縁生有り。……此の第一の縁生は最も微細にして甚深なるが故に余乗に於いて説かず。……此の縁生に幾種有りや。若し広説せば三種有り。若し略説せば二種有り。

大乗具有三種縁生。……此第一縁生最微細甚深故於余乗不説。……此縁生有幾種。若広説有三種。若略説有二種。（大正31・一六四a）

とあるから『摂大乗論』が、「略説有二種」によっていることは明瞭である。『世親釈論』はその後「広説有三種」と言われる三種縁生については何も触れていないので、それが智儼の主張する三種縁生と同じか否かについては不明である。では智儼は『摂大乗論』のどのような所説によってこの三種縁生を主張するのかといえば、『摂大乗論』相品第二に、

所余の識は阿黎耶識と異なれり。謂わく生起識。一切生処及び道、応に知るべし是れを受用識と名づく。

所余識異阿黎耶識。謂生起識。一切生処及道、応知是名受用識。（大正31・一一五c）

と説かれるものについて、『世親釈論』では章を改めて四縁章とする箇所に、

一に窮生死縁生、二に愛憎道縁生、三に受用縁生なり。

一窮生死縁生、二愛憎道縁生、三受用縁生。（大正31・一一五c）

と三種の縁生を挙げているので、おそらくこれによって「分別自性・分別愛非愛・受用」の三種縁生を言うものであると考えられる。しかしながら、『世親釈論』には第一縁生である分別自性縁生について、

若し生起の因を分別せば唯だ是れ一識なり。若し諸法の性を分別せば即ち是れ此の識なり。若し諸法の差別を分別せば皆此の識従り生ず。是の故に諸法は此の識に由りて悉く同一性なり。

若分別生起因唯是一識。若分別諸法性即是此識。若分別諸法差別皆従此識生。是故諸法由此識悉同一性。（大正31・一六四a）

と言う。つまり、全ての縁生法の差別は、同一性として第一縁生に納められるので、二種・三種はさほど重要な問題ではないとも言える。こうした事実の中で、智儼は何故、『摂大乗論』等によって二種と説かずに敢えて三種を主張したのであろうか。智儼は明らかに、全ての縁生法を阿梨耶識を体とした「体・相・用」説によって統一しよ

うとしたのである。『起信論』の体相用は、立義分の心真如について説かれたものであって、生滅法である阿梨耶識についてのものではない。つまり智儼は、ここで『摂大乗論』の阿梨耶識説と『起信論』の阿梨耶識説との積極的な同化を計ったのではないかと考えられるのである。一切の縁生法の根本を阿梨耶識（智儼は梨耶心と呼ぶ場合もある）に置くということは、教説としては『起信論』よりは『摂大乗論』的である。このような点から見ても、智儼の思想の基盤は、『起信論』よりも『摂大乗論』にあったと見なければならないであろう。

三　元暁における『起信論』の受容――一心を手がかりとして――

同様の問題を元暁において考えることは、智儼の場合に比べてはるかに複雑な手続きを必要とする。なぜならば、夥しい数に上る彼の著作の大半が、今日失われてしまっているからである。現在我々が眼にすることのできる彼の著作は、不完全なものも含めて二十二部であるが、諸経録によれば八十六部もの名称を載せているのである。(75) 加うるに、残されたものの著述順序も智儼の場合ほど明瞭ではない。

元暁の『起信論』理解を探る上で最も中心となるものは、それに対する二つの註釈、即ち『起信論疏』一巻と『大乗起信論別記』一巻（いずれも大正44巻所収）であることは言うまでもない。これに加えてその他の著作にもかなりの量の『起信論』の引用がある。従って元暁の『起信論』受容を把握しようと思えば、それらの全てを詳細に検討しなければならないが、今は紙面の都合もあるので、特に筆者が重要であると考えるものを提示し、他は諸著作における『起信論』引用箇所の一覧表を掲げて便宜とし、(76) 諸賢の御教示を乞うこととしたい。

初めに、元暁の諸著作を検討して概括的に言えることは、『起信論』がその特定の所説またはそれに基づく思想に限定されるのではなく幅広く引用されているという事実である。このことは元暁が『起信論』を評して、『起信

論疏』の初めに、

所述は広しと雖も略して言うべし。二門を一心に開き摩羅百八の広誥を総括し、性浄を相染に示し普ねく踰闍十五の幽致を綜ぶ。鵠林一味の宗、鷲山無二の趣、金鼓同性三身の極果、華厳瓔珞四階の深因、大品大集曠蕩の至道、日蔵月蔵微密の玄門の如きに至りては、凡そ此れ等の輩の中の衆典の肝心にして一に以て之を貫くは、其れ唯だ此の論かな。

所述雖広可略而言。開二門於一心総括摩羅百八之広誥、示性浄於相染普綜踰闍十五之幽致。至如鵠林一味之宗、鷲山無二之趣、金鼓同性三身之極果、華厳瓔珞四階之深因、大品大集曠蕩之至道、日蔵月蔵微密之玄門、凡此等輩中衆典之肝心一以貫之者、其唯此論乎。（大正44・二〇二b、『起信論別記』大正44・二二六bにもほぼ全同の文あり）

とすることによれば、容易に首肯される。即ち衆多の経論の宗旨を統括するものとして『起信論』を位置づけているのである。従って『起信論』は、多数の場面で教証として引用されることになる。更にこの点について今少し細かく見てみると、所釈の典籍の性格に従って、『起信論』の引用の仕方にもある程度の傾向らしきものが見える。例えば、『両巻無量寿経宗要』(77)及び『遊心安楽道』(78)『涅槃宗要』(79)においては仏身観や発心の解釈などに関して『起信論』が引用され、『二障義』(80)などにおいては妄念に関する『起信論』の諸説の引用がほとんどを占める、といった具合である。そうした傾向性をも含みながら、ここでは、元暁が『起信論』の所説の中から特に頻繁に引用して論旨を展開させているところの「一心」という概念について考察を加えておきたい。浄影寺慧遠や智儼は、この心と如来蔵・阿梨耶識・真如との関係を矛盾なく理解するために非常な努力を払ったのであるが、元暁においてはそれはどのように捉えられているか、少しく考えてみたいと思う。

元暁が一切の縁生法の根本を一心という用語で捉えようとしていることは、例えば、『起信論疏』の中で「帰

命」を釈して、

衆生の六根は一心従り起きて自原に背き六塵に馳散す。今挙命に六情を総摂して其の本の一心の原に還帰す。

衆生六根従一心起而背自原馳散六塵。今挙命総摂六情還帰其本一心之原。（大正44・二〇三b）

とすることや、『金剛三昧経論』に、

一心は通じて一切染浄の諸法の依止する所と為すが故に。即ち是れ諸法の根本なり。本来の静門は、恒沙の功徳の備えざる所無く、故に一切法を備うと言う。随縁の動門は、恒沙の染法の具せざる所無し、故に一切法を具すと言う。

一心通為一切染浄諸法之所依止故。即是諸法根本。本来静門、恒沙功徳無所不備、故言備一切法。随縁動門、恒沙染法無所不具、故言具一切法。（大正34・九六八b）

と言うことによって了解される。また、一心が一切の染浄法の根本であることによって、『仏説阿弥陀経疏』及び『両巻無量寿経宗要』の大意を明す中では、

穢土と浄国は本来一心なり。生死と涅槃は終に二際無し。

穢土浄国本来一心。生死涅槃終無二際。（『阿弥陀経疏』、大正37・三四八a、『無量寿経宗要』、同・一二五c）

といった象徴的な言い方がなされているのを見ることもできる。元暁の諸著作の中には、一心という用語がかなりの箇所において使用され、それが如何に重要な概念であるかということが想像されるのである。そしてまた多くの場合において、この一心を心真如と心生滅との二門に開いて釈しているから[81]、この一心が『起信論』所説のものであることはほぼ明瞭である。しかしながら、元暁の諸著作の中にはそれらの一心の立論の典拠として、明確に『起信論』の名称を挙げている箇所は比較的少ない[82]。『金剛三昧経論』では一心本覚如来蔵について、

仏智の入る所の実法相とは、直だ是れ一心本覚の如来蔵法なり。楞伽経に言うが如し、寂滅は名づけて一心と為す、一心とは如来蔵と名づく、と。

仏智所入実法相者、直是一心本覚如来蔵法。如楞伽経言、寂滅者名為一心、一心者名如来蔵。（大正34・九六四b）

と言うように、一心の教証として『楞伽経』を挙げている場合すらあるのである。ここに挙げられた『楞伽経』とは、菩提流支訳の『入楞伽経』巻第一請仏品の末後に、

是の故に法及び非法を知らず、虚妄を増長して寂滅を得ず。寂滅とは名づけて一心と為す、一心とは名づけて如来蔵と為す。

是故不知法及非法、増長虚妄不得寂滅。寂滅者名為一心、一心者名為如来蔵。（大正16・五一九a）

と説かれるものである。元暁がこの『楞伽経』所説の一心と『起信論』所説の一心とを区別していないことは、例えば『起信論疏』に、

一心法に依りて二種の門有りと言うは、経本に言うが如く、寂滅とは名づけて一心と為す、一心とは如来蔵と名づく。此の心真如門と言うは即ち彼の経の寂滅とは名づけて一心と為すを釈するなり。心生滅門とは是れ経中の一心とは如来蔵と名づくを釈するなり。

言依一心法有二種門者、如経本言、寂滅者名為一心、一心者名如来蔵。此言心真如門者即釈彼経寂滅者名為一心也。心生滅門者是釈経中一心者名如来蔵也。（大正44・二〇六c）

と言うことなどによって明瞭である。即ち元暁は、『起信論』の心真如・心生滅の二門は『楞伽経』の寂滅・如来蔵の二義と全同であると考えているのである。この『楞伽経』に基づく心把捉の態度は、元暁の心識説の根幹を成すものであるが、元暁における一心の概念の中に阿梨耶識をはじめとする伝統的な中国仏教の心識説が含まれてい

ないことは、それらの用語が引用される場合[83]でも一心との関係が全く説かれていないことによって知られるところである。また、『金剛三昧経論』において経中の対告衆である心王菩薩の「心王」を釈して、

然るに心王の義に略して二種有り。一には八識の心の諸の心数を御するが故に心王と名づく。二には一心の法の総じて衆徳を御するが故に心王と名づく。

然心王之義略有二種。一者八識之心御諸心数故名心王。二者一心之法総御衆徳故名心王。（大正34・九七三b～c）

とすることによれば、八識は心心所法を総括し、一心は一切の功徳を統括する、という区別を立てていることが知られる。このような事実から推して、元暁が一心の体を本覚[84]であるとすることは了解しやすい。そしてこの本覚が染法に随順することを如来蔵と称するのである。従って元暁は、如来蔵を第一義諦として理解していないのである。その主張の明確な例証として、例えば、『涅槃宗要』の中で仏性を釈する箇所などを挙げることができる。即ち『涅槃宗要』では『涅槃経』の教宗を明かして涅槃門と仏性門とし、その仏性の体を釈して、

仏性の体は正に是れ一心なり。

仏性之体正是一心。（大正38・二四九b）

とするが、これは古来からの仏性義に関する衆多の議論を、㈠竺道生の仏性義、㈡荘厳寺是法師の仏性義、㈢光宅寺法雲の仏性義、㈣梁武帝の仏性義、㈤新師の仏性義、㈥第六師（真諦三蔵）の仏性義の合計六の類型に分けてそれぞれを検討し、最終的な元暁の結論として説いたものである。そして更にその一心を説明して、

一心法に二種の義有り。一には不染にして染、二には染にして不染なり。染にして不染なれば一味寂静、不染にして染なれば六道に流転す。

於一心法有二種義。一者不染而染、二者染而不染。染而不染一味寂静、不染而染流転六道。（同前）

とする。つまり元暁の主張する一心とは、縁起せる現象面と本来的な絶対空の面とを合わせ持ったものなのであり、これを直ちに第一義諦としての真如と理解するものではない。このことは、この主張の直後に第六師の阿摩羅識真如解性を仏性であるとする説を取り上げて、これを『起信論』の説であるとすることは如来蔵の「染而不染」の面しか扱っていないことになるから『起信論』の正しい理解とはならない、と厳しく指摘していることによって一層明瞭に了解される。このような点から考えて、元暁が「一心の流転」[85]という基本的な思考を持ったことは至極当然のことである。『大乗起信論別記』ではそのことを説明して、「一心随縁門」[86]と釈している。一心が随縁して諸趣となるのであるから、従って一切の衆生のなすべきことは「一心の源」に還ることである、[87]と主張するのである。この「心源に還る」という表現こそは正しく『起信論』的[88]であり、元暁が『起信論』を評して全ての経論を貫くものとする所以なのである。

以上は、広範な元暁の思想における『起信論』受容のほんの一部にすぎない。元暁の思想が中国華厳教学の形成に果した役割や、その中における『起信論』の位置などを解明するためには、更に複雑な手続きを必要とすることは言うまでもないが、『起信論』に対する元暁の根本的な姿勢はこの中にも窺い知ることができると思う。

小　結

初めに触れたように、本節のねらいは、大成された華厳教学に受容された『起信論』の思想的役割を解明するための前方便として、法蔵に直接的な形で影響を及ぼした二人の仏教者、即ち智儼と元暁の、『起信論』受容を検討することにあった。法蔵に及ぼした影響については、第七章で詳しく論じることにしたいが、ここではその前提とすべきことをまとめておきたい。それは、法蔵の『起信論』受容に特徴的な事柄が、智儼と元暁の思想の融合的な展開と考えられるという点である。

その特徴的な事柄とは、華厳教学の重要な教理の一つである「真妄観」の礎となる「真如随縁」の思想である。法蔵は『大乗起信論義記』[89]の中で、真如には不変と随縁の二義が、無明には無体即空と有用成事の二義が、それぞれあり、真如の不変と無明の即空によって心真如門が説かれ、真如の随縁と無明の有用によって心生滅門が説かれるとする。この主張は、現実態である衆生心の絶対的側面（心真如門）と現象的側面（心生滅門）という『起信論』の本来の思想とは必ずしも一致しない。それは例えば、『起信論』では真如という用語よりも一心という用語の方が上位の概念であるのに対し、法蔵においてはそれが逆転していることなどによって明確に理解される。加えて『起信論』の所説に忠実に従えばその一心を唯浄的にのみ把握してはならないことは、元暁が厳しく指摘するところでもあった。それ故に、元暁は『起信論』の所説にあくまでも忠実に従って、一心に一心絶相門と一心随縁門とを考えたのである。ところがこの「一心」をひとたび中国の伝統の中で考えてみると、これを唯浄的に理解しようとすることは、あながち牽強付会的なものではない。即ち、十地品に説かれる、

三界は虚妄にして、但だ是れ一心の作なり。

三界虚妄、但是（一）心作。（大正9・五五八c、なお脚注によって「一」の字を補った）

の一心をめぐる諸問題である。この一心の解釈に関する地論・摂論学派の論争の主要なものは、浄影寺慧遠等を経て全て智儼の中に流れ込んでいると考えることができる。智儼が『捜玄記』の十地品の該当箇所で示す入り組んだ法界縁起の組織は、正にそうした事実を端的に物語るものである。『起信論』の本来の所説を逸脱したとも言える法蔵の真如不変随縁の思想は、智儼に基づく伝統的な真妄観の上に元暁の一心随縁の思想を重ねるとき、無理なく理解できるように思うのである。しかしながら、この結論はあくまで一面的なものである。それをより普遍的に証

明するためには、法蔵の側からの詳細な研究がなされなければならないことは言うまでもない。以下は第七章に譲ることにする。

註

（1）およそ、『起信論』ほど様々に議論されている論書も稀である。その主要な論点は、真諦訳の真偽に関する問題に始まって、論自体の撰述の真偽に関する問題、アーラヤ識を説くことによる唯識説との関係、如来蔵説をめぐる問題等多岐にわたる。このうち、前半の諸問題は、柏木弘雄『大乗起信論の研究』（春秋社、一九八一年）第一章「起信論の成立に関する資料の性格」に体系的にまとめられている。また、後半の諸問題については、平川彰編『如来蔵と大乗起信論』（春秋社、一九九〇年）に諸学者の主要な見解がまとめられている。

（2）『起信論』の冒頭は、

論じて曰く、法有り。能く摩訶衍の信根を起こす、と。

論曰、有法。能起摩訶衍信根。（大正32・五七五b）

と始まる。

（3）大正32・五七五c。

（4）山口益・他『仏教学序説』（平楽寺書店、一九六一年）八九頁参照。

（5）山口前掲書八三頁参照。

（6）山口前掲書六七頁参照。

（7）山口前掲書七二頁参照。

（8）『岩波国語辞典』第三版、六九頁参照。

（9）同前。

(10) 大正32・五七五c。
(11) この点は、第三章第一節でも縁起思想の中味について「〜である」と「〜になる」の違いとを考察したが、「依りてある」と「依りて生ずる」と同質の問題である。なお、後者の問題については、第五章第一節「浄影寺慧遠における「依持と縁起」の問題」の中で詳しく論ずる。
(12) 井筒俊彦『意識の形而上学――『大乗起信論』の哲学――』(中央公論社、一九九三年) 一四頁参照。
(13) 大正32・五七八a。
(14) これらの議論の詳細と経緯については、柏木註(1)前掲書第一章第三節に簡潔にまとめられている。
(15) 荒牧典俊博士は、『北朝隋唐　中国仏教思想史』(法藏館、二〇〇〇年) の序「北朝後半期仏教思想史序説」の中で、曇延撰述説を提唱している。
(16) 望月信亨『講述大乗起信論』(冨山房百科文庫、一九三八年) 所収。
(17) 大正55・一四八c〜一四九a。
(18) 大正55・一四九a。
(19) 内藤龍雄「『法経録』について」(『印度学仏教学研究』第一九巻第一号、一九七〇年) など参照。
(20) 『法経録』は経律論のそれぞれを大乗と小乗とに分けて、六科を立てているが、その各科の中に、「疑惑」と「疑妄」を別々に立てている。「疑惑」とは訳者に疑問があるという意味であり、偽書は「疑妄」に載せられている。
(21) 深浦正文「経録の研究(中)」(『龍谷学報』第三一四号、一九三六年) 参照。
(22) 『金剛般若波羅蜜経』には後記 (大正8・七六六b〜c) があり、それによって五六二年五月一日から九月二十五日にわたって翻訳されたことが知られる。ちなみに、真諦はこの直後に帰国しようとしたようである。
(23) 『仁寿録』巻第一に、
金七十論三巻
思塵論一巻

解拳論一巻
右三論陳世真諦訳（大正55・一五三c）

とある。

(24)『大周録』巻第六の表記では次のようになっている。

顕識論一巻（底本には訳者の表記なし。宋本には「三蔵真諦訳」、元明本には「陳三蔵真諦訳」とある）（大正55・四〇七b）

決定蔵論一部三巻（底本には訳者の表記なし。宋元明三本に「梁天竺三蔵真諦訳」とある）（大正55・四〇七c）

転識論一巻

解拳論一巻

右陳代真諦訳、出内典録（大正55・四〇八a）

(25) 宇井伯寿「真諦三蔵伝の研究」（『印度哲学研究』第六、岩波書店、一九六五年）

(26)『歴代三宝紀』の梁代の記述は、大正49・九八c～九a。陳代の記述は、大正49・八七c～八b。『開元録』の梁代の記述は、大正55・五三八a～c。陳代の記述は、大正55・五四五b～c。

(27) 大正50・四二九c～三一a。なお『続高僧伝』等に「拘那羅陀」とあるのは「拘羅那陀」でなければならない。この点は、宇井註(25)前掲書八頁参照。

(28)『内典録』は、『歴代三宝紀』に従って、梁（大正55・二六六a～b）と陳（大正55・二七三a～四a）に分けて『歴代三宝紀』の所説を引用するが、『歴代三宝紀』に記していない六書を挿入している。その中に『起信論』が含まれており、二カ所に名前を挙げている。

(29)『続高僧伝』巻第一「拘那羅陀（ママ）伝」に、

揚都建元寺沙門僧宗法准僧忍律師等（大正50・四三〇a）

とあり、同じく「法泰」伝に、

　楊（ママ）都大寺に住して、慧愷僧宗法忍等と名を梁代に知らる。
　住楊都大寺、与慧愷僧宗法忍等知名梁代。（大正50・四三一a）

とある。

（30）「拘那羅陀」伝の真諦没後の記述（大正50・四三〇bの二一行目から二五行目）が、『歴代三宝紀』所引の「三蔵歴伝」の文（大正55・八八b）と極似している。

（31）真諦の広州時代（五六二―五六九年）については、石田徳行「欧陽頠・紇と仏教――真諦との関係を中心に――」（『仏教史学研究』第二二巻第一号、一九七九年）参照。

（32）真諦作の疏書を記述する後半部分の夾註に「太清三年」とあるのは何らかの誤字ではないかと思われる。おそらく真諦が翻訳を開始したのは、『続高僧伝』が言うように富春令陸元哲のもとにあった時代であろう。それは太清四年のことであったと考えられる。また、翻訳と同時に疏を完成していくのが真諦の翻訳態度であったようであるから、それ以前に疏書を著わすとは考えられない。

（33）ちなみに『続高僧伝』に記される真諦の移動の足跡と『歴代三宝紀』が記す経論の訳出年次を対照すれば、次の通りである。

『続高僧伝』巻第一　（大正50・四二九c～）	『歴代三宝紀』巻第一一　（大正55・九八c～九九a）
南海（五四六年八月十五日）	
↓	
建業（五四八年八月）	
↓	
富春陸元哲宅	五五〇年『十七地論』（富春陸元哲宅）
↓	同　『大乗起信論』（同）
	同　『中論』『如実論』『十八部論』

建業（五五二年）
←金陵正観寺（五五二年）
←予章（五五二年二月）
←新呉・始興
←南康
←予章（五五八年七月）
←臨州・晋安（閩）
←南越
←梁安（五六二年九月）
←広州（五六二年十二月）

『本有今無論』『三世分別論』（同）
五五二年『金光明経』（揚州正観寺ほか）
五五三年『弥勒下生経』（予章宝田寺）
五五四年『仁王般若経』（予章宝田寺）
五五八年『無上依経』（南康浄土寺）
（五六二年九月『金剛般若経』梁安、経後記）

(34) 註(27)参照。
(35) 大正55・一一五a。

（36）例えば、
起信論一巻　陳世真諦訳（大正55・一五三c）。
とする。
（37）大正55・二七三a。
（38）この点について『開元録』巻第七に、
内典録中、梁陳二代に倶に起信論を載すは非なり。
内典録中、梁陳二代倶載起信論者非也。（大正55・五四六c）
と厳しく批判している。
（39）例えば『大周録』は、
中論一巻
右梁承聖年中沙門真諦訳。出長房録（大正55・四〇六c）
とするが、現行の『歴代三宝紀』には「太清四年出」（大正55・九九a）とある。また、『大周録』は、
如実論一巻二十二紙
右陳代沙門真諦訳。出内典録（大正55・四〇七c）
とするが、『内典録』では『如実論疏』を挙げるのみで（大正55・二七三c）、『如実論』は梁代に挙げている（大正五五・二六六c）。
（40）大正55・五三八a～b。
（41）大正32・五七五a～b。
（42）註(14)参照。
（43）『続高僧伝』は、真諦の翻訳に関して、
出す所の経論記伝は、六十四部、合して二百七十八巻なり。

所出経論記伝、六十四部、合二百七十八巻。（大正50・四三〇b）

と言う。

(44)『続高僧伝』巻第一法泰伝付伝の智愷伝の中に、真諦が次のように語ったことを記している。

今、両論（摂論・倶舎論を指す）を訳す。詞理円かに備わりて吾れ恨み無し。

今訳両論。詞理円備吾無恨矣。（大正50・四三一b）

(45)なお、『歴代三宝紀』には、「太清四年（五五〇）」（大正49・九九a）とあるも、武帝は太清三年五月に没しており、太清四年は実在しない。梁末の混乱期であり、何らかの錯誤があると思われる。

(46)『起信論』の如来蔵と阿梨耶識・真如と無明等の関係をどのように見るべきかという点については、第一節に述べた。また、『起信論』を軸としたときに他の経論に説かれる如来蔵説・阿梨耶識との関連については、第三章第二節に述べた通りである。また、この問題がどのように地論学派に受容されたかについては、第五章で詳細に論じたい。更に、これらの問題と智儼の思想形成については第六章、法蔵の教学との関連については第七章で論ずることにする。

(47)第三章第二節及び次章第一節などを参照。

(48)望月註(16)前掲書所収「大乗起信論支那撰述私見」の第六「起信論と楞伽及び地摂両論の阿梨耶識説」等参照。

(49)この点については、第五章第一節で改めて論ずる。

(50)慧遠の『大乗起信論義疏』に、

是の故に復た馬鳴菩薩出でて、衆生を愍傷し非人流を抳《ひ》きて、仏出の極意の潜没せるを感傾して、楞伽経に依りて起信論一巻を造出するなり。

是故復出馬鳴菩薩、愍傷衆生抳非人流、感傾仏出極意潜没、依楞伽経造出起信論一巻也。（大正44・一七六a）

とある。

(51)「海と波」のたとえをめぐって、唯識系論書と『起信論』と『楞伽経』の間に三者三様の立場の違いが存在する点に関しては、結章第三節「華厳教学における「理」の概念」参照。

(52) 例えば、丸山圭三郎『言葉とは何か』(夏目書房、一九九四年)Ⅱ—五「言葉の状態と歴史」、立川健二・山田広昭『現代言語論』(新曜社、一九九〇年)「ソシュール」(三〇頁)及び「共時態と通時態」(四〇頁以降)等参照。また縁起説をこの両面から見るべきであることに関しては、第一節に詳説した通りである。

(53) 例えば、『摂大乗論』ではアーラヤ識を「自相・因相・果相」の三面から建立しようとする(大正31・一三四b、玄奘訳)。これはあらゆる物事の成立を、原因の面(因相)と結果の面(果相)とに分けて、その両面が一つであるような意味(自相)がアーラヤ識の内容であると言っているのである。この立場は唯識説の基本的なものであり、『成唯識論』に全く同じ所説を見ることができる(『成唯識論』巻第二、大正31・七c〜八a)。

(54) 大正12・二二九b。

(55) 『起信論』では修多羅の説として、

一切世間生死染法は皆、如来蔵に依りて而も有り。

一切世間生死染法皆、依如来蔵而有。(大正32・五八〇a)

とするが、『勝鬘経』では、

世尊、如来蔵有るが故に生死を説く。

世尊、有如来蔵故説生死。(大正12・二二二b)

とされている。つまり、『起信論』では如来蔵をよりどころとして生死があると説かれるのに対し、『勝鬘経』はどのような文脈においても決して「生死が有る」とは言わない。「有る」とされるのは、あくまで如来蔵の方である。

(56) 註(14)及び註(15)参照。

(57) 『大乗止観法門』は、大正46所収。「伝播直後の三部作」という概念は、柏木註(1)前掲書第三章による。

(58) 大正46・六四二a。

(59) 第六章第三節「智儼の阿梨耶識観」参照。

(60) この点は第七章において、法蔵の思想形成を論ずる際に改めて検討を加えることにする。
(61) 法蔵と『法界無差別論』（提雲般若訳）の関係については、第七章第二節二において考察を加える。
(62) 『開元録』第六（大正55・五四〇b）には、『宝性論』は正始五年（五〇八）の訳出とある。
(63) 智儼の伝記については、木村清孝『初期中国華厳思想の研究』（春秋社、一九七七年）第二篇第二章三七一頁以下参照。
(64) 『新編諸宗教蔵総録』巻第三の『大乗起信論』の項に、

義記一巻

疏一巻　已上智儼述（大正55・一一七五a）

という記述を見ることができる。
(65) 大正44・四七三b。
(66) 続蔵一・七一・一五四左上。
(67) 大正44・二五五a。
(68) 『起信論本疏聴集記』巻第九（日仏全九二・四一〇上）参照。
(69) 『起信論義記教理抄』巻第十（日蔵四二・二一七下～八上）参照。
(70) 『起信論義記幻虎録』巻第三（日蔵四三・一六八上）参照。
(71) 例えば、望月信亨博士の「大乗起信論支那撰述私見」（『講述大乗起信論』第二篇、六九―一〇七頁）の第六章「起信論と楞伽及び地摂両論の阿梨耶識説」等に、こうした視点からの論考がある。
(72) 例えば、『大乗起信論義疏』巻上之上に、

心真如とは、是れ第九識なり。全て是れ真の故に心真如と名づく。心生滅とは、是れ第八識なり。縁に随いて妄を成ず。体を摂め用に従い心生滅中に摂在す。

心真如者、是第九識。全是真故名心真如。心生滅者、是第八識。随縁成妄。摂体従用摂在心生滅中。（大正

44・一七九c）

とある。

(73) 大正32・五七七a。

(74) この点について坂本幸男博士は、

慧遠の第八識観は表面は飽く迄真識であるに拘らず、又多少真妄和合の辺をも残しているという不徹底さを示している。（「地論学派に於ける心識観——特に法上・慧遠の十地論疏を中心として——」〈『華厳教学の研究』平楽寺書店、一九五六年、三九六頁〉）

と指摘されている。

(75) 元暁の著作については、東国大学校・仏教文化研究所編『韓国仏書解題辞典』一五～三四頁に、各々の名称を挙げて簡単な解説を施している。

(76) 元暁の著作における『起信論』の引用については、およそ次の通りである。

典籍名	引用箇所	『起信論』該当箇所	該当箇所大正蔵頁
『金剛三昧経論』	大正34・九六五c	覚	大正32・五七六b
	九六六a	発起序、一心、一心二門	五七五b、五七六a
	九六九b	生滅相	五七七c
	同　c	真如の自体相	五七九a
	九七〇b	始覚	五七六bc
	九八一b	随染本覚	同　c
	同　c	始覚	同　b
	九八二a	始覚	同　c
『両巻無量寿経宗要』	大正37・一二六c	用大（応身と報身）	五七九b

	一三〇a	信成就発心	五八〇b
	一三一b	証発心の功徳成満相	五八一b
『涅槃宗要』	大正38・二四二c	究竟離執を明す	五八〇b
	二四三b	覚不覚同異（浄染同異）	五七七b
	二四五a	用大（応身と報身）	五七九b
	二四九b	一心	五七六c
	二五〇b	随染本覚	同　c
	二五三c	六染	五七七c
『遊心安楽道』	大正47・一一〇c	不退の方便念仏往生を明す	五八三a
	一一一c	信成就発心	五八〇a
	一一三b	証発心の功徳成満相	五八一b
	一一七b	三種発心	五八〇b～
『瓔珞本業経疏』	続蔵61・二五一右上	無明の忽然念起	五七七c
	二六五左下	三細？	
『二障義』	横超本二二	無明の忽然念起	同　c
	同	五意の転起	同　b
	二九	随染本覚	五七六c
	同	熏習の意味	五七八a
	五九	根本無明の離断	五七七c
	六四	枝末不覚（三細六麁）	同　a

なお元暁の『起信論』理解に関する先行研究としては、福士慈稔『新羅元暁の研究』（大東出版社、二〇〇四年）の第一章序論の末尾の研究リスト(123)～(134)が該当する。

(77) 大正37巻所収。
(78) 大正47巻所収。
(79) 大正38巻所収。
(80) 『二障義』については、横超慧日・村松法文編著『新羅元暁二障義』（平楽寺書店、一九七九年）によった。
(81) その一部を例として挙げるならば、『金剛三昧経論』巻中（大正34・九八二b、九八七c）、同巻下（同一〇〇二a）、『梵網経菩薩戒本私記』巻上（続蔵一・九五・一一一右下）などを出すことができよう。
(82) 筆者が調査した限りでは、一心の二種門を『起信論』の所説であると明確に示しているのは、『金剛三昧経論』の、
　　答う起信論に云わく、法有りて能く大乗信根を起こす。謂わく衆生心なり。一心法に依りて二種の門有り。
　　答起信論云、有法能起大乗信根。謂衆生心。依一心法有二種門。（大正34・九六六a）
の一例のみであると思われる。
(83) 例えば、『金剛三昧経論』巻中（大正34・九七六a）、『梵網経菩薩戒本私記』巻上（続蔵一・九五・一一四左下）など。
(84) 『大乗起信論別記』本に、
　　又此の一心の体は是れ本覚なり。而も無明に随いて動作生滅す。故に此の門に於いて如来の性隠れて顕われざるを如来蔵と名づく。
　　又此一心体是本覚。而随無明動作生滅。故於此門如来之性隠而不顕名如来蔵。（大正44・二二七a）
とある。
(85) 『金剛三昧経論』巻上（大正34・九六四c）。
(86) 大正44・二二九c。
(87) 『金剛三昧経論』巻上（大正34・九六一a、九六三c、九六四c）、『涅槃宗要』（大正38・二五〇b）、『瓔珞本業

経疏』（続蔵一・六一・二五〇右上）などにその用例を見ることができる。

（88）『起信論』の始覚段には、

本覚に依るが故に而も不覚有り。不覚に依るが故に始覚有りと説く。又心源を覚するを以ての故に究竟覚と名づく。心源を覚せざるが故に究竟覚に非ず。

依本覚故而有不覚。依不覚故説有始覚。又以覚心源故名究竟覚。不覚心源故非究竟覚。（大正32・五七六b）

とある。

（89）大正44・二五五c。

第五章　地論学派の「縁起」思想

これまでいくつかの論点から述べてきたように、地論学派を代表する学僧である浄影寺慧遠の思想は、様々な意味でそれ以後の中国仏教の展開に大きな影響を与えている。特に華厳教学の成立に関して言えば、智儼の教学に極めて大きな影響を及ぼしている。本章では、そのように位置づけられる慧遠の思想的な課題を「依持」と「縁起」という概念を手がかりにして明らかにしたい。その上で、地論学派の人々が用いる「法界縁起」という概念がどのようなものなのか、特に智儼の思想との連続性と非連続性に注目しながら考察を加えたい。

第一節　浄影寺慧遠における「依持」と「縁起」の問題

一　慧遠における「依持」と「縁起」の用例

慧遠の著作の中には、あるテーマについて自説の核心を「依持」と「縁起」という概念によって解説する箇所をいくつも見ることができる。それらが一体どのような背景によるもので、何を示そうとしているのかという課題は、これまで述べてきたような中国仏教における縁起思想の受容を何らかの形で表現するものと考えられる。そこでその中から代表的なものを初めに取り上げてみよう。

第四宗中、義を別かつに二有り。一は依持の義、二は縁起の義なり。若し依持に就きて以て二を明すとは、妄相の法を以て能依と為し、真を所依と為す。能依の妄を説きて世諦と為し、所依の真を判じて真諦と為す。然るに彼の破性・破相宗中に、有為世諦、無為真諦あり。今、此の宗の中は、妄有理無を以て世諦と為し、相寂体有を真諦と為すなり。若し縁起に就きて以て二を明すとは、清浄法界如来蔵体、縁起して生死涅槃を造作す。真性自体を説きて真諦と為し、縁起の用を判じて世諦と為す。

第四宗中、義別有二。一依持義、二縁起義。若就依持以明二者、妄相之法以為能依、真為所依。能依之妄説為世諦、所依之真判為真諦。然彼破性・破相宗中、有為世諦、無為真諦。今此宗中、妄有理無以為世諦、相寂体有為真諦也。若就縁起以明二者、清浄法界如来蔵体、縁起造作生死涅槃。真性自体説為真諦、縁起之用判為世諦。（大正44・四八三c）

この部分は慧遠の主著である『大乗義章』巻第一の「二諦義」の後半の主要な箇所である。二諦義の後半は、真諦と世俗諦との関係を教説の浅深によって四つに分けて示すことに力点が置かれている。引用文冒頭の「第四宗」とは、その中の四番目であることを表わしている。つまりこの部分は、最も高度な教説であると慧遠が考えたものの中に示される真俗二諦の関係を示すものということになる。

初めに「依持」という概念について見てみよう。そこではまず世俗諦は妄相の法であると押えられ、そして真諦と世俗諦との関係は所依と能依であると考えられている。更に世俗諦は、衆生の妄情においてのみ成り立つものであって、本来的には存在しないものであると見られている。そしてこのことから、有為法と無為法とを世俗諦・真諦とするそれ以下の教説よりも一段高い教えであると了解されているわけである。この場合に、真諦と世俗諦との間で能所の関係が逆転することは決してあり得ないから、世俗諦は真諦によって成り立つものと言うことができる。

次に「縁起」という視点については、端的に「清浄法界如来蔵体、縁起して生死と涅槃を造作す」と示されている。つまり縁起する主体としての如来蔵と、それが縁起して一切法を生ずることを真諦と俗諦と称するのである。いわば、真諦と俗諦とは如来蔵における体と用の関係を表わすものであると言えよう。このような依持と縁起による二諦の解釈については、若干の疑問がないではないが、本節で取り上げたいのはそのこと自体ではなく、こうした解釈を成り立たしめている「依持」と「縁起」という考え方そのものである。それがどのような思想史的必然性を持っていたのかということについてであり、特に注目したいのは、後者の「如来蔵が縁起して諸法を生ず」という如来蔵観の縁由である。この問題を解く鍵は、上述のような依持・縁起説が第四宗の中で述べられることにあると思われる。

もともと四宗判は、慧光以来、地論学派の中心的な教相判釈として伝統的なものであった(1)。それは先に述べたように、小乗と大乗のそれぞれを教説の浅深によって更に二分し、結局、仏陀の教えを程度の違いによって四段階に分けて理解することを実質とするものである。大乗の中で浅い教えとされたものは、破相宗あるいは不真宗と呼ばれ、諸法の無相を説くことがそれに当たると見なされた。それに対して大乗の中の深い教えとされるものは、顕実宗もしくは真実宗と称され、前掲の引用文の内容がそれに相当すると考えられた。そしてその第四宗を述べる中で、「依持」と「縁起」という概念が用いられていることは、それらがいわゆる中期大乗経典と呼ばれる経典群の教説を整理しようとする意図を持つものではなかったかとの見通しを立てることができるのである。

こうした推測を裏づけるものとして『大乗起信論義疏』の次の文を挙げることができるであろう。

用大と言うは、用に二種有り。一は染、二は浄なり。此の二用中に各おの二種有り。染中の二とは、一は依持用、二は縁起用なり。依持用とは、此の真心は能く妄染を持す。若し此の真無くば妄は則ち立たず。故に勝鬘に云く、若し蔵識無くば衆苦を種えず。識七法は苦を厭いて涅槃を楽求するに住せず、得ざるなり、と。縁起用と言うは、向きの依持用は染中に在りと雖も而も染と作らず、但だ本為るのみ。今、妄の与に縁集せしめられて染を起す。水の風に随いて波浪を集起するが如し。是を以て不増不減に解して言く、即ち此の法界の五道に輪転するを名づけて衆生と為す、と。染用は是の如し。

言用大者、用有二種。一染、二浄。此二用中各有二種。染中二者、一依持用、二縁起用。依持用者、此真心者能持妄染。若無此真妄則不立。故勝鬘云、若無蔵識不種衆苦。識七法不住不得厭苦楽求涅槃。言縁起用者、向依持用雖在染中而不作染、但為本耳。今与妄令縁集起染。如水随風集起波浪。是以不増不減解言、即此法界輪転五道名為衆生。染用如是。（大正44・一七九b）

この文は、『起信論』の立義分[2]が、「摩訶衍」に法と義の二門を立て、更に義門を体相用の三大に分けて立論する箇所を釈したものである。慧遠が用大を染用と浄用の二門に分けるのは、流転門と還滅門を表わすことに相応するから一般的な理解であると思われる。そして染門と浄門とを更にそれぞれ二門に分けて釈しているのであるが、既に明らかなように、染門には依持と縁起という概念を導入している。そしてこの引用文の直後に示される浄用を明かす文の中では、それらの概念については関説していない。この事実に従えば、慧遠における依持と縁起という考え方は、最高の大乗の教説の中に示される衆生流転の構造を明かすものということになるであろう。

慧遠が、全ての縁起法とそれを成り立たしめる根拠との関係を、真と妄という概念で理解していることは、既にしばしば指摘されている。(3)前掲の文中の真と妄も、そうした慧遠の真妄観に則したものである。そしてその「真」という概念は、慧遠においては様々な用語によって語られている。(4)先の引用文では依持用を明かす中で真心と蔵識とが同視され、その経証として『勝鬘経』が引用されている。しかしながら現行の『勝鬘経』を見る限り、「蔵識」という概念はどこにも見ることができない。それでは、慧遠のこうした理解はどのような径路によって成り立っているのであろうか。この問題の解明は、中期大乗仏教の中国的受容を見定める上で、その出発点を改めて確認することにも通ずる。そこで多少遠回りではあるが、慧遠がよりどころとした経論の骨旨を簡単に振り返りながら、「依持」と「縁起」という概念を導き出してこなければならなかった慧遠の思想的背景を考えてみたいと思う。

二　『勝鬘経』と『楞伽経』の如来蔵説

前掲の『起信論義疏』の一節の中で経証として引用された『勝鬘経』の文は、一見して明らかに自性清浄章の所説の趣意である。(5)改めて言うまでもなく、自性清浄章では如来蔵が生死のよりどころであることが示されているのであって、その如来蔵を蔵識と見ることは経の本来要求する読み方ではない。それでは『勝鬘経』において如来蔵が生死のよりどころであるとは、本来どのような意味を表わしているのであろうか。その点を考えるためには、何故「生死の依りどころ」なるものが説かれなければならなかったのか、その点が吟味されるべきであろう。

極めて概括的な言い方であるが、『勝鬘経』を含めていわゆる中期大乗経典の中には、諸法空を説く教説を不了義とする見方を持つものがある。(6)そのことは、中期大乗経典が編集されなければならなかった事情を暗に物語るものと理解することができよう。本来、一切法空を説く初期大乗経典は、それ自身で完結した内容を持っていたはずである。そのことは、龍樹によって釈尊の教えが見事に蘇生されたことに如実に示されている。それにもかかわらず中期大乗経典が出現してこなければならなかったのは何故か。理由は明確である。人々が一切法空の真の意味を理解しなかった、あるいは誤解したからに違いない。空の立場の中には、衆生の分別の全否定と、その全否定の上に現われる真実相の表詮ということとが、同時に表現されている。よく引き合いに出される譬喩であるが、火は「焼く」ということにおいて他のものと区別せられる。従って焼くことが火の独自性であると考えられる。つまり我々が、通常、火とそれ以外のものとを区別できるのは、火が焼くものであるということにおいてであると考えている。「火が薪を焼いている」という状況を考えてみよう。ここでは火は薪を焼くものとして自らを焼かず、自らを焼かないものとして薪を焼いている。従って、現に盛んに火が燃えているのは自身を焼かないことなのである。そうであるなら、火自身の内における火のあり方を説明しようとすれば、火は「焼くもの」ではなく「焼かないもの」と言わなければならないであろう。「火は焼かないものである」という火の定義は、我々の常識的認識を根底から覆すものであると言える。それ故、我々の常識的認識にとって「火は焼かないものであるが故に焼くものである」という表現は全く矛盾に満ちたものと映るであろう。このように諸法が空であるということは、我々の常識的認識の絶対否定であると同時に、空であるが故に諸法は諸法として成り立ち得るという、諸法の真実相をも表現するものである。

この文脈に従って言えば、生死は空であるという現実そのものが、涅槃という言葉の意味であったはずである。従って、有分別の世界には涅槃は存在し得ない。しかしながら分別の分別たる所以は、そうした構造の上に成り立つはずの涅槃をも分別して自らの内に引き入れようとすることにある。このことによって生死と涅槃とを同一平面上において分別しようとする見方が出現するのである。こうした見方の中では、「諸法空」は単に常識的認識の否定を表わすものと解され、それに対して常住なる涅槃が主張されることになる。一度こうした誤解が成立してしまうと、もはや空という言葉によって真実を伝えることは極めて困難なことになってしまうであろう。中期大乗経典が、諸法空を説くものを不了義であるとするのは、このような事情に基づくものである。

それでは因みに『勝鬘経』は、この問題をどのような形で示しているのだろうか。それを最もよく表わしているのは次の文である。

世尊よ、二種の如来蔵空智有り。世尊よ、空如来蔵とは、一切煩悩蔵を若しは離れ、若しは脱し、若しは異するなり。世尊よ、不空如来蔵とは、恒沙を過ぎて、不思議仏法に離れず、脱せず、異せざるなり。

世尊、有二種如来蔵空智。世尊、空如来蔵、若離、若脱、若異、一切煩悩蔵。世尊、不空如来蔵、過於恒沙、不離、不脱、不異、不思議仏法。（大正12・二二一c）

この中の如来蔵空智とは、この文の直前に、

世尊よ、如来蔵智は、是れ如来空智なり。

世尊、如来蔵智、是如来空智。（同前）

とあることから、本来の意味での「空」が如来の真実の智慧であることを意味していると考えられる。それに対して、空智の内容として「空」と「不空」とが示されているのである。空智の内容としての空とは、それが煩悩とは本質的に異なることを表わしている。一方、不空とは、ここでは常に仏法と相応していることを意味している。破邪即顕正を表わす場合の本来の意味での空が、否定語によって修飾されることはあり得ないから、ここで「不空」と言う場合の空の意味は、「空智」と言う場合の本来の意味での空とは、明らかに意味が異っている。常に仏法と相応していることと、それを不空と表現することとは、それほど単純に結びつくことではないであろう。従ってこ

の「不空」という表現の中には、先に述べたような断見による空の理解を破斥しようとする意図を窺い知ることができるように思う。そしてこのことは、他方では、本来の空が意味するところを断見によって誤解されないように表現することを志求していくことになる。中期大乗経典がしばしば「我」を説くのは、このような理由を反映しているのである。(7) それは空を否定的にしか理解しない者に対して、真理が常住であることを表現するものなのである。ところが次には、真理が常住であると表現されたことによってそれを対象化し、実在するものであるとする見方が現われてくる。もともと分別とは、有とその否定としての無とによって成り立っているわけであるから、真実は如何ように表現されようとも、いずれは有か無へ収束されてしまうのである。このことは『勝鬘経』には次のように示されている。

諸行無常を見るは、是れ断見にして正見に非ず。涅槃常を見るは、是れ常見にして正見に非ず。妄想見の故に是の如きの見を作す。

見諸行無常、是断見非正見。見涅槃常、是常見非正見。妄想見故作如是見。(大正12・二二二a)

つまり、諸行無常と涅槃常住とを別とは見ずに一つのことと見、それを「空」以外の言葉で表現するような地平が見出されなければならないのである。常住なるものと無常なるものとの相即性とは、どのような構造において成り立つのであろうか。例えば「衆生の成仏」ということで考えてみよう。衆生と仏とが本質的に別のものであるならば、火が水になることがあり得ないように、衆生が仏になることはあり得ない。また衆生と仏とが本質的に同じものならば、衆生が仏になる必要など全くないことになる。従ってこの場合、衆生と仏との関係は、同じであるとか別であるといった同一面上での見方では決して捉えられないことになる。にもかかわらず「衆生が仏になる」というテーマは仏教における根本的な課題であり、これをはずして仏教は成り立ち得ない。そこで一つ考えられるのは、衆生と仏という概念を同一平面上あるいは同次元の中で考えるのではなしに、ある一つのものの次元の異なり、または位層の異なりを表わすものと見ることである。つまり、一つの存在の異なる位層と解して、一つの存在という意味では同じであり、位層が異なるという意味では異なるということが、同時に成り立っていると理解するのである。従って、これを表現するにあたっては、視線の方向の違いによって当然二通りの言い方が必要となるであろう。つまり、衆生の側に視点を置けば、悟った衆生を仏と称することになる。一方、仏＝如来の側に視点を置けば、迷っている如来を衆生と称することになるのである。[8] 同じ内容を、前者は衆生のあり方として、後者は如来のあり方として、説き示していることになる。『勝鬘経』が如来蔵と説くのは、この後者の立場に従っている。即ち、

世尊よ、是の如く如来法身は煩悩蔵を離れざるを如来蔵と名づく。

世尊、如是如来法身不離煩悩蔵名如来蔵。（大正12・二二一c）

と定義されるように、如来蔵とは衆生という位にある如来法身のあり方を表わすものなのである。如来蔵を在纏位の法身とするのは、このことを直接表現するものである。即ち、果位出纏位の如来法身に対して、因位を如来蔵と言うのである。従ってこの文脈によれば、如来蔵が如来となることが涅槃の実現であり、涅槃そのものは決して如来蔵の内には位置づけられないことになる。その意味では、生死が如来蔵をよりどころとすると言われることは、生死を超えることの可能性を明確にすると同時に、超えられるべきものとして生死を位置づけることにもなるのである。

以上のような『勝鬘経』の如来蔵説に対して、『楞伽阿跋多羅宝経』では、同じ訳者にもかかわらず、如来蔵が生死を生起すると説かれている。一例を取り上げてみよう。

仏、大慧に告げたまわく、如来の蔵は是れ善不善の因なり。能く遍く一切趣生を興造す。

仏告大慧、如来之蔵是善不善因。能遍興造一切趣生。（大正16・五一〇b）

この所説に従えば、如来蔵は一切法の因であることになる。ところで、生死のよりどころであるということと、生死の因であるということは、同じ内容を表わしているのであろうか。そのことを確かめるために、もう少し『四巻楞伽経』の所説を検討してみよう。

『四巻楞伽経』は、八識という概念を説いているが[9]、後の菩提流支訳の『大乗入楞伽経』（いわゆる十巻楞伽経）に見ることのできるような阿梨耶識という用語は用いられていない。このことはおそらく、無著・世親の在世年代と何らかのかかわりがあると考えられるが、そのことはここではしばらく措いておく。そして『十巻楞伽経』が「阿梨耶識」と訳している箇所は、『四巻楞伽経』では例外なく「蔵識」と翻訳されている。言うまでもなく、この蔵識は生死の根本であるが、次の文によれば、その根本識は如来蔵のある状態を表わしていると考えられる。

離せず、転ぜざるを如来蔵識蔵と名づく。七識は流転して滅せず。所以は何とならば、彼は諸の識生を攀縁するに因るが故に。

不離、不転名如来蔵識蔵。七識流転不滅。所以者何、彼因攀縁諸識生故。（大正16・五一〇b）

ここに「如来蔵識蔵」とあるのは、如来蔵が現実的には識という状態をとることを表わしている[10]。従って「識蔵」という姿をとらない時には如来蔵の本来の姿が表われることになる[11]。この関係の中で、如来蔵識蔵を一切法の面から表わしたものが蔵識であり、涅槃の面から見たものが如来蔵と言われているのである。

そしてこの如来蔵と如来蔵識蔵と蔵識との関係は、経中では、しばしば海と浪に譬えられている[12]。つまり、浪は海により海を因として生ずるものであるが、海と浪との関係は両者を同一平面上で見る限りは同異によっては説明することができない。つまり浪は海を離れては成り立たないが、海そのものではないので、そこに海を見ている時には波でなく、波を見ている時には海でないからである。この関係において、如来蔵は海そのものに、蔵識は浪に譬えられている。そして、浪が海を離れては成り立ち得ないという関係性を如来蔵識蔵と称するのである。この譬喩は実に巧みなものであり、一瞥しただけでは見逃してしまいがちだが、よく吟味してみると、この中には二つの異なった側面が含まれている。一つは、海によって浪があると言われることであり、今一つは、海を因として浪が生ずると言われることである。「依りてある」ことと「依りて生ずる」こととは、同じ内容を表わしているのではない。「海によって浪がある」と言われる場合には、浪が海に従属するもの、いわば海の属性の一つとしての浪を表わしているのであって、両者の従属・被従属の関係が逆転することは決してない。一方、「海によって浪が生ずる」と言われる場合には、海が全存在を挙げて浪となっているわけであり、浪を見ている時には、もはや海は存在しないのである。この場合に、浪を生ずる以前の海と生じた後の海とを時間的に連続するものと考えてはならない。そのように考えることの中には、先に示したような海の属性としての浪の概念が入り込んでいるからである。我々の常識的な海に関する認識の中に「海は常住なるもの、変化しないもの」との先入見があるために、こうした混同を犯すわけである。

この点を更に考えるために譬喩を変えてみよう。「種によって芽が生ずる」という場合はどうであろうか。種の全体が条件によって芽を生じているわけであり、芽が生じた時には種は既に種ではないのである。種が種である時にはどこにも芽の存在はない。この関係は、決して両者の時間的な前後関係を表わしているのではない。種と称されるものと芽と称されるものとの論理的な関係を表わしているのである。更に言えば、芽を生ずる可能性の全くない種、例えば火によって焼かれたものとか腐っているものなどは、既に種とは呼ばない場合もある。従ってこの場合には、芽が生ずることが種である所以を成り立たせていると言うこともできよう。こうなると「種によって芽が生ずる」という見方すら一面的であると言わざるを得ないことになる。つまり両者は相依相待の関係にあるのであって、一方によって他方が従属的に成り立っているのではないことを意味しているのである。これは今更言うまでもなく、仏陀釈尊によって教えられた縁起の思想に他ならない。

このように考えてくると、『勝鬘経』に説かれている如来蔵説は、「依りてある」ことを表わすものであって、決して「依りて生ずる」関係を表わすものではないことが明瞭となるであろう。それに対して『四巻楞伽経』は、如来蔵が一切法を生ずるための因であるという思想を説いているのである。このことは、蔵識の内容としての本識と転識の因果関係を、如来蔵と蔵識の関係の中に導入することによって成り立ったと考えることができるが、それは、本来異なる流れとして展開してきた如来蔵思想とアーラヤ識思想とを『楞伽経』が重ねて明らかにしようとしたことによる錯綜であると言えるかもしれない。もっとも、『四巻楞伽経』の時代にあっては、未だアーラヤ識説は大成されていなかったに相違ない。この点から言えば、こうした錯綜の中から唯識説が精練されていったのかもしれない。いずれにしても、翻訳された経典によってしか仏教を知り得なかった者には、こうした複雑な事情までは見通せなかったに違いない。

三 『楞伽経』と『起信論』の質的相違

このような視点に立って、慧遠が註釈しようとした『起信論』の所説を見てみると、どのようなことが言えるであろうか。『起信論』が、如来蔵説とアーラヤ識説とを融合しようとしたものであることは、しばしば指摘されるところである。[13] また、所説の相似によって『楞伽経』の展開としても位置づけられてきた。[14] この点について『起信論』自身がどのように説き、それがどのように理解されたかは、前章で述べた通りである。従って、ここで屋上屋を架するつもりは毛頭ない。しかしながら本章の文脈上どうしても看過できない点があるので、その点に絞って触れておきたい。

『起信論』は、まず立義分において世間出世間のあらゆる法のよりどころを「衆生心」と定義する。[15]そしてこの心に心真如と心生滅[16]の二門を立てることによって出世間と世間のあらゆる構造を解明しようとする。その心真如門は、出世間を表わすものであるから、本来言葉によっては表わし得ないとしながら、それを敢えて分別すれば「如実空」と「如実不空[17]」とに分けられるとすることなどは、『勝鬘経』が空智＝如来蔵智の内容として示したものとほぼ同じ内容を持っている。従って『勝鬘経』が如来蔵と表現した内容を、『起信論』は衆生心の心真如と位置づけていることが知られる。それに対して心生滅門は、世間の一切諸法の構造を明かすものである。そこでは、

心生滅とは、如来蔵に依るが故に生滅心有り。謂う所は不生不滅と生滅と和合して一に非ず異に非ざるを名けて阿梨耶識と為す。此の識に二種の義有り。能く一切法を摂し、一切法を生ずるなり。

心生滅者、依如来蔵故有生滅心。所謂不生不滅与生滅和合非一非異名為阿梨耶識。此識有二種義。能摂一切法、生一切法。（大正三二・五七六b）

と示されており、巧みに如来蔵説と阿梨耶識説とが組み込まれているのを見ることができる。

ここで見落してはならないのは、「如来蔵に依るが故に生滅心有り」と言われているように、如来蔵と世間法との関係は「依りてある」ものであって、決して如来蔵によって世間法を生起するとは説かれていない点である。それに対して、世間法を生起するとされるのは「阿梨耶識」であり、阿梨耶識が一切法を摂し、一切法を生ずると説かれている。そしてその阿梨耶識は、如来蔵そのものとの関係としては示されずに、不生不滅と生滅との非一非異として示されているのである。この点が『四巻楞伽経』との根本的な相違である。『四巻楞伽経』では如来蔵が世

間出世間法の因であるとされていたのに対し、『起信論』では、如来蔵はあくまで世間法のよりどころである。このことは如来蔵説に関して言えば、『起信論』は基本的に『勝鬘経』と同じ立場にあることを示している。仮に『楞伽経』よりも『起信論』の方が成立が新しいとすると、『起信論』は『楞伽経』の錯綜を改めていると考えることさえできるのではあるまいか。また『起信論』は、阿梨耶識が一切法を生ずると言いながら、因としての種子識を説くわけでもない。この点で、阿梨耶識を本識とする因果縁起を積極的に説こうとしているわけでもない。要するに「如来蔵によって諸法が生ずる」という見方を改めるために、如来蔵と諸法との間に本識としての阿梨耶識を挟み込んだだけなのである。しかし単にこれだけのことによって、『楞伽経』の犯していた錯綜から解放されて、如来蔵によって阿梨耶識があり、その阿梨耶識によって諸法が生起するという図式が成立することになる。そしてこの一連の見方は、如来蔵と阿梨耶識を同時に説きながら、しかも両者の本来の意味から逸脱することのない見方を提示することになるのである。

このように見てくると、『勝鬘経』と『楞伽経』と『起信論』に説かれる如来蔵説を質的に全く同じものと考えることは到底できない。そこには、「如来蔵」という共通する言葉が用いられてはいるものの、内容的には明らかに二段階の展開がある。本節の主題にかかわる点のみをまとめるならば、次のように言えるであろう。

初めに、『起信論』が『楞伽経』に先行して成立していた可能性はほとんどないと考えてよいと思う。では『楞伽経』と『勝鬘経』とではどうであろうか。仮に如来蔵説とアーラヤ識説とがもともと一つの事柄として成立してきたのであれば、『楞伽経』の如来蔵説を精練したものが、『勝鬘経』のそれであるという見方も不可能ではない。しかし、この見方には前提の部分にかなりの無理がある。つまり般若空思想の展開として如来蔵説とアーラヤ識説とが説かれ始めたと考えると、仮に両者が同じ内容を持つものならば、二つの教説として説かねばならない理由が全く存在しないからである。従って、如来蔵とアーラヤ識とは同じく般若空の思想を共通の源泉としながらも、説かれ出す基盤もしくは方向性の異なるものと考えなければならないであろう。この点については、第三章第二節において論じた通りである。それ故、『四巻楞伽経』の所説を整理したものが『勝鬘経』であるとする見方は、合理性のないものと言うことができる。以上によって、この三書における如来蔵思想の展開は、『勝鬘経』→『四巻楞伽経』→『起信論』という流れとして理解すべきである。

既に考えてきたように、『勝鬘経』に代表される如来蔵説は、龍樹によって「空性」もしくは「中」と表現された仏陀の悟りの内容を、衆生における如来のあり方として示そうとするものであった。それが説かれなければならなかった背景には様々な事情が考えられるが、断常二見の執著を止揚することが最も大きな課題であったと考えられる。それに対してアーラヤ識説は、仮の構造を徹底的に解明することによって空に至る道筋を明らかにしようとすることに基本的な立場がある。そしてこの点を踏まえた上で、両者の外見上の共通点を挙げるとすれば、いずれもが生死のよりどころであると説かれる点である[18]。この点において『楞伽経』は自らの内に如来蔵を取り込んだのである。そしてそのことは、結果として「生死の因としての如来蔵」という概念を生むことになるが、このことは換言すれば、世俗諦の中に勝義諦を引き込むことに他ならない。話はやや飛躍するようであるが、如来蔵思想を大成した論書であるとされる『究竟一乗宝性論』を訳した勒那摩提と、『十巻楞伽経』を訳した菩提流支とが、大いに論諍したと言われていることの[19]原因は、おそらくこの点であったに違いない。勒那摩提にとって「生死の因としての如来蔵」という見方は、断じて容認することのできない考え方だったのである。こうした点に注意が及ぶと、『起信論』が、逸脱することなく丁寧に両説を取り扱っていることが改めて注目されるであろう。『起信論』は、『楞伽経』の単純な延長線上に位置するものではないのである。

小結

慧遠の「依持」と「縁起」という考え方に端を発しながら、ずいぶんと回り道をしてきたようであるが、既に触れてきたようないくつかの要点によって、それが「依りてある（＝依持）」ことと「依りて生ずる（＝縁起）」ことを意味するものであることが明らかになったであろう。それでは両者は、どのような必然性によって立てられたものであったのか。またそのことは中国における仏教の展開の中にどのように位置づけられるのか。最後にこれらの点をまとめておきたい。

慧遠が属した地論宗南道派は、菩提流支と対立したとされる勒那摩提の教えを汲むと言われている。しかし菩提流支の影響を受けなかったわけではない。菩提流支は、漢土に初めて無著・世親の仏教を伝えた人であるが、一方では『不増不減経』や『無上依経』などの如来蔵系の経典も翻訳している。そのためかどうかは定かでないが、菩提流支の訳した『十巻楞伽経』は「如来蔵阿梨耶識」という概念を前面に押し出していることが特徴的である。[20]この見方は、如来蔵と蔵識についての『四巻楞伽経』の苦渋に満ちた所説に関して、両者を積極的に同視する方向で一層発展させたものである。従って、如来蔵阿梨耶識は第八識であるにもかかわらず、諸法を生ずる因であると同時に、縁起した諸法にとってはよりどころであり、それらと同じ性質のものではないとされる一面も持っている。そして更に、その両面のうち一方だけが取り上げられる時には、前者は「阿梨耶識」、後者は「如来蔵」もしくは「如来蔵識」とのみ呼ばれており、暗に「如来蔵阿梨耶識」と全同であると解されることを避けているかの如くである。[21]このような事情によって、これらの教説を承けた人々の中には、阿梨耶識を第七識とする説[22]や、九識説[23]を立てた仏教者もあったようである。しかしながら、これらの諸説には経説による明確な裏づけが得られない。『楞伽経』においては、あくまで第八識の内容として阿梨耶識と如来蔵（識）とが説かれているからである。

　以上のような事情を反映して、慧遠の第八識理解は結果的に矛盾に満ちたものとなっている。[24] つまり、如来蔵と阿梨耶識の両者を『十地経論』の心把捉の中心である第六地の「三界虚妄但是一心作[25]」の一心の内容であると見た場合に、そこには、諸法を生起する因としての一面と、諸法と共にあって諸法と雑せずに出世間を求めることのよりどころとなるような一面とを、合わせ持つことになるのである。「依りて生ずること」と「依りてあること」とは本来別の論理であったにもかかわらず、いずれをも第八識の内容とするわけであるから、当然その主張は混乱せざるを得ないのである。

　既に指摘したように、慧遠は『勝鬘経』の如来蔵を『楞伽経』を経由させて「蔵識」と言い換えている。この事実は、明らかに慧遠が如来蔵と阿梨耶識とを別のものとは考えていないことを示している。こうした理解によって生ずる矛盾は、如来蔵と阿梨耶識とを本来別の論理として切り離すことによってのみ解決され得る質を持つ問題である。ところが慧遠においては、『勝鬘経』と『楞伽経』と『起信論』を同一平面上で扱うことが出発点であった。そのことによって生じる矛盾を会通する視点として考え出されたのが、「依持」と「縁起」という概念であったに相違ない。このような慧遠の思想のうち、阿梨耶識理解に関する問題は、その後、より詳細な唯識説が伝えられたことによって思想的な整理がつけられた。一方、如来蔵を縁起における因と解する見方は、この後も訂正される機会をほとんど得ることができないまま、如来蔵に関する一般的な理解として中国仏教界に定着し、今日に至っているのではないかと考えられるのである。

第二節　地論学派の法界縁起思想

序章で述べたように、法蔵は、自分の師である智儼について「別教一乗無尽縁起」を理解し、「立教分宗」して『華厳経』の注釈を書いたと記している。[26]そしてこの「別教一乗無尽縁起」を指して、自著の『華厳五教章』の「十玄縁起無礙法門義」では「法界縁起」と称している。[27]それ故、法蔵にとって、「法界縁起」という概念は、華厳教学の中心思想を意味するものである。そしてその智儼の注釈は『捜玄記』に他ならないので、法蔵は、智儼における『捜玄記』の撰述を極めて重い意味で受け止めていることになる。

これまでにも様々に考察してきたように、智儼の思想は、智正系統の地論教学と、『摂大乗論』に基づく縁起思想と、杜順の法界思想とが重層的に融合して成立したものである。[28]従って、智儼の思想の独自性は教理用語の共通性のみでは決して知ることができない。法蔵が重視した「法界縁起」という用語も例外ではない。それは、智儼以前の地論教学においても用いられていた用語なのである。「法界縁起」という用語が既に地論教学に存在し、それが華厳教学に大きな影響を与えたことは、これまでに何人かの先学によって指摘されている。[29]しかしそれらの指摘は、おおむね用語の先在性を指摘するのみであって、地論教学と華厳教学がどのように切り結ぶのかという関心によってなされているとは言いがたい。それ故、本節ではそうした先学の指摘によりながら地論教学の「法界縁起」の内容を検討して、地論教学に対する華厳教学の独自性を明らかにするための基礎作業としたい。

一　縁集説のよりどころとしての『十地経論』の所説

地論学派の法界縁起説を考察するにあたっては、まず、地論宗の特徴的な思想である「縁集説」が考察されなければならない。なぜならば、「法界縁起」は縁集説と重なりながら示されるからである。地論宗の縁集説については、既に先学によってその内容が紹介されている。[30] また「縁起」と「縁集」がどのように関係し合い、それは何に基づくものであるのかという点については、第三章第一節で述べたので、ここでは本節の論旨の上で看過することのできない点のみを挙げておくに留めたい。

地論学派の「縁集説」のよりどころは、『十地経』の第六地に説かれる「因縁集」である。[31] このことについては、第三章第一節で既に検討を加えたが、要点を再説する。

(一) 経はまず、「世間のあらゆる受身・生所の差別」は我に貪著することが原因であるとして、「十二因縁」を提示する。

(二) 次に「十二因縁」を解説して次のように言う。

是の因縁集、集者有ること無くして自然に集り、滅者有ること無くして自然に滅す。

是因縁集、無有集者自然而集、無有滅者自然而滅。(『十地経論』所釈の十地経、後魏菩提流支訳、大正26・一六八b)

(三) 次に「此の因縁集に三種の観門有り」として、成答相差別・第一義諦差別・世諦差別を挙げる。

(四) この中で「成答相差別」は、問答によって著我と十二因縁の関係を示して、著我を離れればそのまま第一義諦であるとする。そして第一義諦については何も言及せずに、「世諦差別」を表して、三界は虚妄にして但だ是れ一心の作なり、……十二因縁分は皆な一心に依る。

三界虚妄但是一心作……十二因縁分皆依一心。（同、一六九ａ）

と言うのである。

要するに、『十地経』のこの重要な経文は、経の文脈に従えば世俗諦を表わすものなのである。世俗諦を表わすという点には、二つの重要な意味がある。一つは、言うまでもなく、それが第一義諦ではないということであり、いま一つは、世俗における真理であるということである。言い換えれば、言語を超越した絶対的な真理ではないが、言語世界における真理であるということである。真理・真実とそれを言語によって表現することの間には根本的な問題が存在している。ブッダの説法断念に始まり、多くの大乗経典が注意してきた問題に他ならない。つまり地論学派の「縁集説」は、言語を挟んで、言語側の問題と言語によって表わされる「もの」、あるいは「こと」の問題を重ね合わせて持っているということである。

二　地論学派の縁集説と慧遠・霊裕の「法界縁起」

この「因縁集」をめぐって、地論学派が種々の縁集説を展開することは、青木隆氏による一連の論考があるので、[32]今はそれに従って要点を記す。

まず最も原初的な思想とし「縁集」の語を用いると考えられるのは、霊弁（四七七―五二二）が、

菩薩は如実に分別して、縁集は是れ有為、縁集に非ざるは是れ無為なりと知る。

菩薩如実分別、知縁集是有為、非縁集是無為。[33]

と示すものである。つまり、世俗の有為法を指して「縁集」と言い、無為法と区別するのである。

次にこの無為法をも縁集という概念で整理したものが、法上（四九五—五八〇）の二種縁集説である。縁とは有為縁集、無為縁集は体なり。既に其の縁有れば必ず本実有り。故に次に法を弁ず。法を自体真如と名づく。

縁者有為縁集、無為縁集体也。既有其縁必有本実。故次弁法。法名自体真如。（大正85・七六四a）

これは無為法を体とし、体を根拠として随縁するものが有為法であるという理解である。先の霊弁の考え方を教理的に整理したものであると言えよう。

次に体を根拠として随縁するものを有為・無為に分けたものが、浄影寺慧遠（五二三—五九二）の三種縁集説である。

因縁の義、経中には亦縁起・縁集と名づく。因に仮り縁に託して諸法有り。故に因縁と曰う。法の起きるは縁に藉る。故に縁起と称す。法は縁より集まる。故に縁集と名づく。分別するに三有り。一は是れ有為、二は是れ無為、三は是れ自体なり。

因縁之義、経中亦名縁起縁集。仮因託縁而有諸法。故曰因縁。法起藉縁。故称縁起。法従縁集。故名縁集。分別有三。一是有為、二是無為、三是自体。（続蔵一・七十一・二・一四五左上）

というものである。この文に続いて、有為・無為・自体縁集の内容を解説しているが、要するに、染因によって生死を生み出すことを有為縁集と言い、浄因によって涅槃を生み出すことを無為縁集と言い、両者の根拠が如来蔵であることを自体縁集と言うのである。この慧遠の縁集説が、『維摩経』や『勝鬘経』『楞伽経』『起信論』などの諸説を『十地経』の「一心」において会通しようとした結果であることは既に指摘した通りである。[34]ここで明らかなように、その際に根拠となったのは如来蔵である。この点について慧遠は次のように言う。

自体と言うは、即ち前の生死涅槃の法の当法の自性は皆是の縁起なり。其の相、云何とならば、生死本性は即ち是れ如来の蔵なりと説くが如し。如来蔵中に一切恒沙の仏法を具足す。

言自体者、即前生死涅槃之法当法自性皆是縁起。其相、云何、如説生死本性即是如来之蔵。如来蔵中具足一切恒沙仏法。（同左下）

そしてこのような如来蔵観が根本的に矛盾を抱え、その矛盾を会通するための論理が、前節で述べた「依持」と「縁起」という概念であった。[35]この如来蔵観が慧遠の基本思想であるから、慧遠が「法界縁起」という用語を用いると言っても、それは「自体縁集」ほどに重要な概念ではないのである。

そこで次に、慧遠における「法界縁起」の用例を見てみたい。慧遠に法界縁起という用語があることは、既に指摘されている通りである。[36]それは例えば『大乗義章』に、

第四（初地以上）は如来蔵中真実法界縁起の門を解知するなり。

第四解知如来蔵中真実法界縁起之門。（大正44・六五一b）

として用いられるものである。これは「二種種性義」を解釈する中で説かれているものである。これが何を表わしているかというと、修行者が真理に到達していく階梯を四段階（習種位、性種位、解行位、初地以上）に分け、その第四段階の智慧の内容を説明しているのである。この前後の文では、同様の内容を「真実縁起法界」[37]と言ったり、「縁起無尽法界」[38]と言ったりしているので、「法界縁起」という固定した教理的概念があるわけではないと考えられる。こうした推察を証明する教証として、「法界」と「縁起」に関する慧遠の次のような理解を提示することができる。

如来蔵中に恒沙仏法ありて同一体性なり。互いに相い縁集するを名づけて縁起と為す。門は別にして各の異な

るを名づけて法界と為す。

如来蔵中恒沙仏法同一体性。互相縁集名為縁起。門別各異名為法界。（『地持論義記』五下、続蔵一・六一・三・二四五右上）

また、「法界」の定義については次のように言う。

法とは自体如来蔵中に一切法を具す。同じく一体なりと雖も門は別にして恒に異なれり。異なるが故に界と名づく。

法者自体如来蔵中具一切法。雖同一体門別恒異。異故名界。（『十地経論義記』二、続蔵一・七一・二・一六一左上）

ここで慧遠が言っていることは、体としての如来蔵にあらゆる功徳が備わっていることが「法」であり、「縁起」である。そしてそれらの功徳が如来蔵という一体におけるものでありながら、同時にあらゆる区別を成り立たせていることを「界」とか「法界」と言うのである。それ故、前出の『大乗義章』の所説の統一感の欠如も、これによって領くことができる。こうした観点に立つならば、慧遠の次のような文脈で示される「法界縁起」も、同様に理解することができる。

是等の諸経（大品・法華・華厳・涅槃・維摩・勝鬘）は、乃ち門別にして浅深異ならざるべし。若し破相を論ぜば之を遣ること畢竟す。若し其の実を論ぜば皆法界縁起法門を明かす。其の行徳を語れば皆是れ真性縁起の成ずる所なり。

是等諸経、乃可門別浅深不異。若論破相遣之畢竟。若論其実皆明法界縁起法門。語其行徳皆是真性縁起所成。（大正44・四八二b）

つまり、大乗経典にはそれぞれに課題があるから、その点では外見の違いがあるように見えるが、その内実はいずれも如来蔵の諸功徳を明らかにするためのものであり、如来蔵（＝真性縁起）によって成り立っているのであるということであろう。

要するに、一切法の体を如来蔵であると理解した慧遠にとっては、如来蔵にすべての功徳が集まっていることが「縁集」（縁起）であり、その功徳が各別であることが「法界」なのである。それ故に「法界縁起」でも「縁起法界」でも意味は変わらないし、後に述べるような四種縁集説に展開する必然性もなかったわけである。

慧遠とほぼ同時代の人で、同じように「法界縁起」という用語を用いる人がいる。それは、霊裕（五一八―六〇五）である。霊裕も時代的には大変重要な役割を担った仏教者であったが、今は「法界縁起」のみに焦点を合わせて論を進めていきたい。霊裕の『華厳文義記』は「縁集」という用語は用いないが、「有為法・無為法・自体縁起法」というカテゴリーを示し、それぞれが「凡夫相応の法・二乗相応の法・菩薩相応の法」という内容となっている。その上で、法報応の三身を生み出すはたらきを「法界縁起」と称している。次の文章である。

初めの四身（浄法身・善業化身・持仏法身・如意法身）は正しく法界縁起にして、真身を成ずる義を明かす。二に非生滅已下の四身（非生滅身・非来去身・非虚実身・非聚散身）は身は無常に非ず、是の故に真なるを明かすなり。……善業化は報身なり、持仏は応身なり、如意は応の別用なり。

初之四身正明法界縁起、成真身之義。二非生滅已下四身明身非無常、是故真也。……善業化者報身也、持仏者応身也、如意者応之別用也。（続蔵一・八八・一、一四左上）

『華厳経』入法界品の摩耶夫人の所説の一部には善知識が様々な姿を示すことが説かれており[39]、これは、それを注釈したものである。（ ）内が経典の言葉である。これとほぼ同じ内容の教説が敦煌文献の『法界図』にも存在することが指摘されている[40]。そこでは、法身（＝自体縁集）・報身（＝無為縁集）・応身（＝有為縁集）と定義され、此の三種の身の円融して不二なるは即ち是れ法界縁集身なり。無方の大用にして処として在らざる無し。

此三種身円融不二即是法界縁集身也。無方大用無処不在。（註(40)の青木稿七七頁）

と説く。仏身を成り立たせる根拠を「縁集」で説明し、霊裕と同様に、三身が円融であることを「法界縁集」という概念で示したものである。霊裕の思想と敦煌文献『法界図』の直接的な関係は不明であるが、これらによって、慧遠のような考え方とは別に、如来出現の範疇として「法界縁起（縁集）」を理解する立場があったことは明らかである。

三　懍師の四種縁集説と「法界縁起」

次に地論学派の縁集説の最終的なものとされる「四種縁集説」について見ていきたい。それは、『続蔵経』の巻第十二に収められる表員撰述の『華厳経文義要決問答』（以下、『要決問答』と略す）に引用される懍師の説である。この典籍と著者については、『華厳宗章疏並因明録』（円超録）に「華厳文義要決五巻　新羅表員述」（大正55・一一三三c）とあり、『続蔵経』の題号に「皇龍寺釈表員集」とあるのみで、詳細は不明である。『要決問答』は、『華厳経』理解に関する諸師の要点を抜き出したものであるが、その諸師とは法蔵・元暁・慧苑らと懍師である。そこには義湘も智儼も引用されておらず、新羅の学匠としての著者の学系に興味深いものがあるが、こうした点は今後の課題としたい。『要決問答』に引用される懍師の教説は、文中に『法鏡論』から引用した旨が記されているが、かなりの長文である。

懍師の四種縁集説を検討するにあたって、まず注意を引くのは、懍師が「縁集」と「縁起」の概念を明確に区別していることである。慧遠などは、この点に関してはっきりと、両者には区別はないと言っており、慧遠との対比においても注目すべき点である。『要決問答』は新羅華厳教学の伝統にあるものと考えられ、懍師の四種縁集説は、「六相義」の「体を出だす」ものとして紹介されている。この「体」という概念が慧遠の思想と共通しており、ここに取り上げる理由である。(44)「六相」について懍師は次のように言う。

第二に出体とは懍法師の云く、通ずれば則ち法界縁起を体と為す。別すれば則ち総相は中道を以て体と為し、別相は二諦を以て体と為し、同相は如如を以て体と為し、異相は万法を以て体と為し、成相は縁集を以て体と為し、壊相は縁起を以て体と為す。

第二出体者懍法師云、通則法界縁起為体。別則総相以中道為体、別相以二諦為体、同相以如如為体、異相以万法為体、成相以縁集為体、壊相以縁起為体。(三二九・右上)

つまり、六相の内の「成・壊」の概念を、「縁集」と「縁起」によって説明するのである。法蔵が『五教章』などで譬えとして用いる「家」と「柱や梁など」の関係で言えば、次のようになるであろう。柱や梁などの家を構成する条件の全てが一つとなって家が成り立っていること(成相)を「縁集」と言い、逆に一つの家についてそれを構成する柱や梁などの全てを条件と見るとき家はどこにもないことになるので(壊相)、それが「縁起」であると言うのである。後の時代には「縁起」にこの両面を見ることになるのであるが、懍師は縁集と縁起という用語によってこれを区別するのである。このような用例は次の文章にも表われている。

問う、縁集と縁起とは、若しは取異と為すや。答う、集成は是れ縁集の義、殊能は是れ縁起の義なり。

問縁集与縁起、若為取異。答集成是縁集義、殊能是縁起義。(三四二・左下)

ここでは特に「殊能」という言葉の意味が重要である。「殊」は、「分かつ」とか「二つに取り離すの意(45)」と言われるように、一つのものを分けて見ることであるから、一つの物事を成り立たせている条件を区別して見ることが

「縁起」の意味であるということになる。このように、懍師は「縁集」と「縁起」を区別して用いているので、「法界縁起」の思想内容の検討に際しては、この点を特に注意しなければならない。

次に、注目されるのは懍師の「法界」についての定義である。この点は次のように述べられる。

第一に釈名とは、……懍云く、自体如実、之を名づけて法と為し、都城を該羅す、之を名づけて界と為す。

第一釈名者、……懍云、自体如実、名之為法、該羅都城、名之為界。（三四〇・左下）

「界」は、本来「さかい、かぎる」と説明されるように、田と田との区別を成り立たせる境目を表わす言葉である。[46]従って、文字の意味から言えば、「法界」は一切法が一切法として成り立つことそれ自体であるということになる。こうした点を踏まえて法蔵は「界」を分斉と定義しているのである。[47]今、懍師が「都城を該羅す」と定義するのは極めて特異な解釈と言うべきであるが、インドや中国の都市が城壁によって囲まれているように、「法界」は全てを包摂しているという意味であろう。懍師にとっては「法界」が全体を包み込むという概念であるために、それが有漏法や無漏法とどのような関係にあるのかが示されなければならないことになる。次の文章に示される四法界はそうした観点を表わすものと考えられる。

第三に問答分別、問う、懍云く、凡そ体の異を論ぜば虚実を濫ず。何ぞや。答う、四種を以て体を簡ぶ。一は随縁法界、二は対縁法界、三は忘縁法界、四は縁起法界なり。

第三問答分別、問懍云、凡論体異濫於虚実。何耶。答以四種簡体。一者随縁法界、二対縁法界、三忘縁法界、四縁起法界。（三四一・右上）

この四法界を説明する文は非常に長いので、今は要約して示すことにする。このうち第一の「随縁法界」とは、そもそも法界は色・心法ではないが、縁に従って色・心と説かれて、その場その場で区別があることである。区別は法界ではないので、ただ名字のみがあるのであって、そのものとしての法があるのではない。あくまで衆生の情に従って説いたまでのものという意味である。第二の「対縁法界」とは、有に執着するものには無を説き、無に執着するものには有を説いて衆生の誤解を解くものという意味である。従ってこの第一と第二では、同じく法界と称されながらも、そこには体は無いとしている。第三の「忘縁法界」とは、すべての言説を止揚することを言う。それ故、ここでは法界の体を立てることもないのである。つまり「不立」ということが法界の表現なのである。第四の「縁起法界」については本章の論旨と直接関係するので文章を挙げておきたい。

縁起法界とは、前の忘縁既に依著する所無し。今、復た此の縁を忘ずるなり。之を忘縁忘縁と謂うなり。然る後に乃ち縁起法界の義を立つるのみ。

縁起法界者、前忘縁既無所依著。今復忘此縁。謂之忘縁忘縁也。然後乃立縁起法界義耳。（三四一・右下）

つまり、言語表現を絶した「忘縁法界」を今一度忘れ去るところに開かれるのが「縁起法界」であると言うのである。

これと用語的に極めて類似した概念として「法界縁起」というものがある。今述べた「縁起法界」が、法界の内容として説かれているのに対し、「法界縁起」は縁起の内容として説かれるものである。既に述べたように、懍師にとっては六相のうちの「壊相」に当たるのが縁起であった。従って、全体を包摂する概念としての「法界」と壊相としての「縁起」とが結びついたとき、一体どのような内容となるのであろうか。注意深く見ていきたい。

第三に問答分別す、……懍師云く、縁起の体は無二なるも用を開きて四種と為す。一は有為縁起、二は無為縁起、三は自体縁起、四は法界縁起なり。

第三問答分別、……懍師云、縁起体無二開用為四種。一有為縁起、二無為縁起、三自体縁起、四法界縁起。（三三二・

左上〜下）

このうち、「有為縁起」は次のように説かれる。

有は自ら有ならず、無を縁じて有を起こす。

有不自有、縁無起有。（同左下）

つまり、有は無と相待することによって成り立つものだと言うのである。そして、「無為縁起」はこの文章の有と無を入れ替えて説明している。つまり、有為法と無為法とはそれぞれ独立して成立しているのではなく、お互いが相依相待して成り立っていると言うのである。次に「自体縁起」は、

有為無為を二用と為し、非有為非無為は二ならず、本体と為すなり。不二は自ら不二に非ず、縁じて二と不二を起こす。又、自は自ら自ならず、他を縁じて自を起こす。又、体は自ら体ならず、用を縁じて体を起こすが故に自体縁起と名づくるなり。

有為無為為二用、非有為非無為不二、為本体也。不二非自不二、縁起二不二。又自不自自、縁他起自。又体不自体、縁用起体故名自体縁起也。（三三二・左下）

と説明され、有為・無為縁起という用きと相依相待することによって成り立つものが「体」であると言うのである。つまり、有為と無為を二となし、不二を自体とするものである。そして、この二と不二を止揚したものを「平等」とし、平等と不平等を止揚することを第四の「法界縁起」と言うのである。

このような懍師の四種縁起説は、極めて論理的なものであり、実践的な課題から出てきたものとは思われないが、「法界縁起」を含めた四種の縁起が、いずれも相依相待によって成立するものであるとする点に特徴がある。前述の「縁起法界」が言語表現を絶したところに成り立つもの、いわば第一義諦であるのに対し、この「法界縁起」は

究極の相依相待、つまり第一義諦と接する意味での世俗諦なのである。

そして、その第一義諦としての「縁起法界」を更に四種に開いたものが、懍師の「四種縁集説」なのである。

縁（起）法界中を開きて四種と為す。一は有為縁集法界、二は無為縁集法界、三は自体縁集法界、四は平等縁集法界なり。

縁（起）法界中開為四種。一者有為縁集法界、二者無為縁起《ママ》法界、三者自体縁集法界、四者平等縁集法界。（三四一・右下～左上）

すでに言語を絶した境界における問題を整理したものであるから、「有為縁集法界」と言っても「若し有を明かさば則ち一切有なり」と説かれるように、単に有為法を表わしているのではない。その意味は、不生の生、不滅の滅などの表現によって法界が有為として説かれることなのである。「無為縁集法界」も同様であり、自体縁集は有為と無為を止揚することである。ここで注目すべきは、自体縁集の教証として『十地経』の「自体本来空　有不二不尽」の文を挙げていることである。[48] この文は、『十地経論』の訳出にあたって菩提流支と勒那摩提が論争したと言われる箇所である。[49] 勒那摩提はこの部分を「定不二不尽」と訳すべきだと主張して論争したと言うのである。そして現行の『十地経論』は二説並記となっている。ここで懍師が「自体縁集」の教証としてこの文を挙げる意味は、「自体本来空　有不二不尽」を、「自体は本来的に空と有との不二であり不尽である」と解したことを意味している。そして、このような解釈には二つの意味がある。一つは、地論学派において説かれる縁集説では「自体縁集」が重要な意味を持っているが、その「自体」という言葉の典拠がここにあるということである。もう一つは、懍師が勒那摩提と菩提流支の論争とは関係のない経文の読み方をしているという点である。こうした点が何を意味するのか、今の段階ではよくわからないが、地論学派の教学的な基盤や、懍師の思想的立場を明らかにするための一助となるかもしれない。そして、第四の「平等縁集法界」は有為と無為を離れた平等法界にすべての功徳が備わっていることを言い、これを「大法界縁集」と言い換えている。懍師にとっては、これが究極の真理の表現なのであろう。「縁集」と「縁起」を明確に区別する懍師にとって、「法界縁起」は縁起の一表現として、本来一なるものが各別であることを意味し、「法界縁集」は各別なるものが法界に備わっていることを意味するのである。ここに至って「都城を該羅す、之を名づけて界と為す」という法界の定義がよく理解され得るのである。そして『文義要決問答』は、延々と引用した最後に次の問答を置いている。

問う、法界縁集とは、前の三法を総じて即ち是れ法界と為し、三法の外に更に法有りて法界と名づくと為すや。答う、正しく前の三法を総じて名づけて法界と為す。然れば総別の殊りあり、更に法界縁起有りと言うことを得るなり。

問法界縁集者、為総前三法即是法界、為三法之外更有法名法界耶。答正総前三法名為法界。然総別之殊、得言更有法界法起《ママ》也。（続蔵一・一二・四・三四二左上）

つまり、法界縁集は有為・無為・自体縁集と別なるものではなく、それらは総（法界縁集）と別（有為・無為・自体）の関係であるとし、そして、その総別の異なりがあることこそが「法界縁起」なのだと言うのである。つまり、懍師の「法界縁起」説とは、第一義諦としての法界縁集が世俗諦としての具体的な表現をとることを表わしているのである。

小　結——智儼の法界縁起説への展望——

以上の検討によって、いくつかの点が明らかになってくるので、それらを整理して本節の小結とし、智儼の法界縁起説への展望をまとめておきたい。

まず、これまでに指摘されてきたように、確かに「法界縁起」という用語は智儼以前に存在している。しかし、慧遠においてはより上位の概念として「如来蔵」があり、「法界」や「縁起」は、その内容を説明するものであるにすぎない。そして文脈によっては確かに「法界縁起」と読める箇所も存在しているが、そこには「法界縁起」という特定の固定的な教理概念があるわけではなく、「法界」と「縁起」が重層的に説かれているにすぎないのである。

また、懍師の縁集・縁起説は極めて興味深いものであり、時代的には慧遠と重なっていたであろうが思想的な内容はずいぶん異なっている。懍師に特徴的なのは、縁集と縁起とをわざわざ区別しながら、そこに「因果」という視点が見られないことである。懍師の言う「有為、無為、自体」は、『維摩経』が入不二法門品をはじめとして、処々に説く「凡夫は生死に執着し、二乗は涅槃に執着し、菩薩はどちらにも執着しない」という教説[50]と重なるものである。それ故、懍師の法界や縁起に関する四種の説は、『維摩経』的なものを『華厳経』が包み込むという構造になっており、その包み込むということが、懍師の「法界」の概念である。しかしこれまでに検討してきたように、そこには慧遠のような「因果縁起」という概念が希薄なのである。慧遠は、因としての如来蔵という視点に立ったために種々矛盾を起こすことになったが、これは良くも悪くも中期大乗仏教を受容しようとした結果である。その点、懍師は、縁起思想さえも相依相待によって解釈している。如来蔵思想や阿梨耶識に言及する場面も全く存在しないから、懍師の思想に因果縁起の視点がないことは、懍師の学系と何らかの関係があるのであろう。

更に、霊裕らによって示された、如来表現を生み出す原理としての「法界縁起」という思想も、極めて特徴的かつ重要なものである。なぜなら、慧遠や懍師が言うように「法界」が言語的なものを超越した真如そのものであるとき、その真如が何らかの具体的表現をとることが仏の三身であり、このことは『華厳経』の中心テーマに他ならないからである。

　このように考えてくると、『捜玄記』に示される智儼の法界縁起の思想は、形式的な面から見ても、明らかに本章で検討してきたいくつかの思想を下敷きとしていることが首肯される。次章で改めて考察するが、『捜玄記』の「法界縁起説」（大正35・六二c）は次のような構造によって成り立っている。

- 法界縁起
  - 凡夫染法に約す
    - 縁起一心門
      - 真妄縁集門・摂本従末門・摂末従本門
    - 依持一心門
  - 菩提浄分に約す
    - 本有・本有修生・修生本有・修生本有

このうちの「縁起・依持」という概念は、慧遠の思想を受けており、「縁起・縁集」は、懍師をはじめとする地論教学を受けている。「菩提浄分に約す」の内容は、性起思想のことであり、「如来の性起」のことであるから、霊裕らによって示された如来表現を生み出す「法界縁起」を受けたものと考えることができる。このように、『捜玄記』の法界縁起説は、それまでに示されてきた様々な思想をパズルのように組み直したものである。それ故、法蔵が言うような華厳思想の独創性とは、用語に表わされる思想的意味を組み合わせるための視点の獲得にあるのである。これはいつの時代のどのような思想についても成り立つ問題であり、人がものを独創的に考えるとは、既にある言葉によって最新の時代の課題に応えるという行為なのである。従って、用語が共通することは前提なのであって、その組み合わせがどこからやってきて何を明らかにするかを解明しなければならないのである。

智儼はこの所説を述べるにあたって「大経本に依るに、法界縁起は乃し衆多有り」[51]と言う。これはおそらく、既に述べて来たような地論学派等の教説を指すものであろう。しかし、それらは基本的に、世俗諦に第一義諦を取り込むことから来る矛盾を抱えた慧遠の思想や、第一義諦と世俗諦の微妙な関係によって成り立つ懍師や霊裕の思想であって、共通的な基盤を持つものとは言いがたい。こうした視点に立つとき、智儼が、「法界」を理・事の観点から縦横無尽に言及する『法界観門』を著わした杜順の弟子であったことが、改めて大きな意味を持ってくるように思われる。この点については次章で考察する。

註

（1）四宗判については、第一章第一節三—Ⅱ「慧光の教判思想」において、その内容と思想的背景を論じたので、同所を参照。

（2）大正32・五七五c。

（3）慧遠の縁起観が徹底した真妄論を基調とすることについては、吉津宜英「大乗義章八識義研究」（『駒澤大学仏教学部研究紀要』第三〇号、一九七二年）、同「慧遠の仏性縁起説」（同第三三号、一九七五年）などに詳しく指摘されている。

（4）吉津前掲論文「大乗義章八識義研究」、及び坂本幸男『華厳教学の研究』（平楽寺書店、一九五六年）三九二～三九六頁の「慧遠の阿陀那識及び阿梨耶識説」などによれば、慧遠が第八識の内容としての真的側面を明らかにするために様々な名称を用いていることが指摘されている。

（5）『勝鬘経』自性清浄章には、

世尊よ、若し如来蔵無くんば、苦を厭い涅槃を楽求することを得ず。何を以ての故に。此の六識及び心法智に於て、此の七法は刹那に住さず。衆苦を種えず、苦を厭い涅槃を楽求することを得ず。

世尊、若無如来蔵者、不得厭苦楽求涅槃。何以故。於此六識及心法智、此七法刹那不住。不種衆苦、不得厭苦楽求涅槃。（大正12・二二二b）

とある。

（6）代表的な例は、『解深密経』の三時法輪（大正16・六九七a）に見ることができる。このほかにも一切空を説く経典は有余の説であるとするもの（『大法鼓経』巻下、大正9・二九六b）や、一切法空を説くことを虚妄であるとする例（『央掘魔羅経』巻第二、大正2・五三〇b）などを見ることができる。

（7）例えば、南本の『大般涅槃経』の如来性品の冒頭は、

迦葉、仏に白して言く、世尊よ、二十五有に我有るや不や。仏言く、善男子よ、我とは即ち是れ如来蔵の義なり。一切衆生に悉く仏性有り、即ち是れ我の義なり。

迦葉、白仏言、世尊、二十五有有我不耶。仏言、善男子、我者即是如来蔵義。一切衆生悉有仏性、即是我義。（大正12・六四八b）

の問答によって「我」を論じている。

（8）こうした見方の代表的な例は、『不増不減経』の次の文である。

舎利弗よ、即ち此の法身は恒沙を過ぎて無辺煩悩に纏わられ、無始世より来た世間に随順して、波浪漂流して生死に往来するを名づけて衆生と為す。

舎利弗、即此法身過於恒沙無辺煩悩所纏、従無始世来随順世間、波浪漂流往来生死名為衆生。（大正16・四六七b）

ちなみに慧遠などが常套句として用いる「法身の五道に流転するを名づけて衆生と為す（法身流転五道名為衆生）」

（智儼『捜玄記』、大正35・六三b）とか「法界の五道に輪転するを名づけて衆生と為す（法界輪転五道名為衆生）」（大正44・一七九b）という言い方は、この経文によっていると思われる。

（9）例えば、『四巻楞伽経』巻第二に、

大慧、仏に白して言く、世尊よ、八識を建立せざるや。仏言く、建立す。

大慧、白仏言、世尊、不建立八識耶。仏言、建立。（大正16・四九六a）

とある。更に巻第四では八識を釈して、

大慧よ、善不善とは謂く八識なり。何等をか八と為すや。謂く、如来蔵を識蔵と名く。心・意・意識と及び五識身なり。

大慧、善不善者謂八識。何等為八。謂如来蔵名識蔵。心・意・意識及五識身。（大正16・五一二b）

と説く。

（10）前註、及び経巻第四に、

名づけて識蔵と為す。無明住地を生じて七識と倶なり。

名為識蔵。生無明住地与七識倶。（大正16・五一〇b）

と説かれることを参照。

（11）ちなみに経巻第四には、

大慧よ、若し識蔵の名無くんば、如来蔵には則ち生滅無し。

大慧、若無識蔵名、如来蔵者則無生滅。（大正16・五一〇b）

と説かれている。

（12）大正16・五一〇b。

（13）望月信亨『講述大乗起信論』（冨山房百科文庫、一九三八年）八九〜九七頁、宇井伯寿『仏教汎論』（岩波書店、一九六二年）四六一〜四頁、平川彰『大乗起信論』（仏典講座22、大蔵出版、一九七三年）五六頁、柏木弘雄『大

乗起信論の研究』（春秋社、一九八一年）一四六〜一八二頁など参照。
(14) 望月前掲書八五〜八九頁、平川前掲書五六頁など参照。
(15) 大正32・五七五c。
(16) 大正32・五七六a。
(17) 同前。
(18) ちなみに真諦訳『摂大乗論』は、十勝相の第一に応知依止勝相を挙げて、
　此の初説の応知依止を立てて阿黎耶識と名づく。
　此初説応知依止立名阿黎耶識。（大正31・一一三c）
と言う。そしてその経証として、『大乗阿毘達磨経』の偈と言われる、
　此の界は無始の時より　一切法の依止なり
　若し有れば諸道有り　及び涅槃を得ること有り。
　此界無始時　一切法依止　若有諸道有　及有得涅槃。（大正31・一一四a）
を挙げている。更に、真諦訳の世親の『釈論』がこの「界」を五義に釈すこと（大正31・一五六c）は既によく知られるところである。一方の『勝鬘経』は、如来蔵との関係を釈して次のように言う。
　世尊よ、生死は如来蔵に依るなり。如来蔵を以ての故に本際は知るべからずと説く。世尊よ、如来蔵有るが故に生死を説けり。是れを善説と名づく。
　世尊、生死者依如来蔵。以如来蔵故説本際不可知。世尊、有如来蔵故説生死。是名善説。（大正12・二二一b）
(19) 第一章第一節二「地論宗の成立に関する諸問題」参照のこと。
(20) 例えば経巻第七に、
　是の故に大慧よ、諸菩薩摩訶薩の勝法如来蔵阿梨耶識を証せんと欲すれば、応当に修行して清浄ならしむべきが故に。

是故大慧、諸菩薩摩訶薩欲証勝法如来蔵阿梨耶識者、応当修行令清浄故。(大正16・五五六c)

とある。

(21) この点については、例えば経巻第二の集一切仏法品などで虚妄分別の構造を明す際には、

大慧よ、阿梨耶識虚妄分別は、種種に熏滅して諸根も亦滅す。大慧よ、是れを相滅と名づく。

大慧、阿梨耶識虚妄分別、種種熏滅諸根亦滅。大慧、是名相滅。(大正16・五二二a)

とのみ説いて決して如来蔵には関説しない。それに対して、経巻第七の仏性品では阿梨耶識と如来蔵の関係が力説されている。まず如来蔵が一切法の因であることについては、

仏、大慧に告げたまわく、如来之蔵は是れ善不善の因の故に、能く六道と生死因縁と作る。

仏告大慧、如来之蔵是善不善因故、能与六道作生死因縁。(大正16・五五六b)

として、『四巻楞伽経』とほぼ同じ趣旨を述べている。次に阿梨耶識を如来蔵と同視する例としては、

大慧よ、阿梨耶識は、如来蔵と名づく。無明七識と共に倶なり。

大慧、阿梨耶識者、名如来蔵。而与無明七識共倶。(大正16・五五六b~c)

といった所説を見ることができ、これらの所説によって如来蔵阿梨耶識という概念が出来上るのである。これに対して、

大慧よ、如来蔵識は阿梨耶識中には在らず。

大慧、如来蔵識不在阿梨耶識中。(大正16・五五六c)

などの文によれば、両者が別であるとする視点をも持っていることが了解される。

(22) 坂本註(4)前掲書三八四~三九二頁の「法上の第七阿梨耶識説」参照。

(23) 曇遷による真諦訳『摂大乗論』の北地開講を機に成立したと思われる北地摂論宗に属する仏教者の手によると考えられる(この点については詳しく吟味しなければならないと考えている)。『摂大乗論章』(仮題、大正85巻二八〇七)には、

八九二識の体と言うは、此の二識は或いは八識と名け、或いは九識と名く。故に楞伽に云く、八九種種識と。言八九二識体者、此之二識或名八識、或名九識。故楞伽云、八九種種識。（大正85・一〇一六c）とあって、あたかも『楞伽経』が第九識を説いているかの如き解釈がなされている。

(24) 坂本註(4)前掲書三九六頁参照。
(25)『十地経論』巻第八（大正26・一六九a）、『六十巻華厳経』巻第二十五（大正9・五八五c）。
(26)『華厳経伝記』巻第三（大正51・一六三c）。
(27) 大正45・五〇三a。
(28) 智儼の思想的背景について、全体的には木村清孝『初期中国華厳思想の研究』（春秋社、一九七七年）第二篇「智儼とその思想」。『摂大乗論』との関係については本書第一章第二節、杜順との積極的なつながりについては本書第七章第一節等を参照。
(29) 坂本幸男「法界縁起の歴史的形成」（『大乗仏教の研究』大東出版社、一九八〇年）、木村註(28)前掲書第一篇第七章第四節「地論南道派の「法界縁起」思想」、註(30)に示す一連の青木隆論文など参照。
(30) 青木隆「中国地論宗における縁集説の展開」（『フィロソフィア』七五号、一九八八年）、同「天台大師と地論宗教学」（『天台大師研究』祖師讃仰大法会事務局天台学会、一九九七年）、同「地論宗の融即論と縁起説」（荒牧典俊編著『北朝隋唐　中国仏教思想史』法藏館、二〇〇〇年）など参照。
(31) 大正26・一六八b。
(32) 註(30)参照。
(33)『華厳経論』巻第一七（新藤晋海「霊弁述華厳経論新発見分の紹介㈣」〈『南都仏教』一二号、一九六二年〉、一二〇頁参照）。
(34) 第三章第一節、及び本章第一節等参照。
(35) 本章第一節参照。

(36) 註(29)参照。
(37) 大正44・六五一b。
(38) 同前。
(39) 大正9・七六一c。
(40) 青木隆「敦煌出土地論宗文献『法界図』について――資料の紹介と翻刻――」(『東洋の思想と宗教』第一三号、一九九六年)参照。
(41) 三国時代新羅の都慶州に、皇龍寺が建立されたのは真興王十年(五五三)から二十七年(五六六)のことであった(『三国史記』)。その後、統一新羅・高麗時代を経て一二三八年の元の侵攻によって消失するまでの間、皇龍寺は常に国家の中心的な寺院であった。従って「新羅皇龍寺」という点から、表員の具体的な行状を推察することは難しい。
(42) 『華厳経文義要決問答』巻第三(続蔵一・一二・四・三四二左下)
(43) 『十地義記』巻第一本に、
因縁の義、経中にはまた縁起・縁集と名づく。
因縁之義、経中亦名縁起縁集。(続蔵一・七一・二・一四五左上)
とあるによる。
(44) 『十地経論』所説の六相と法界縁起の関係については、第六章第一節で詳しく論ずる。
(45) 新版『大字典』(講談社、一九六五年)一二四九頁参照。
(46) 同『大字典』一五一一頁参照。
(47) 『華厳経探玄記』巻第一八に、界の三義を挙げる第三に、
三は是れ分斉の義なり。謂く、諸の縁起の相い雑せざるが故に。
三是分斉義。謂諸縁起相不雑故。(大正35・四四〇b)

とある。

(48)『十地経論』巻第二（大正26・一三三a、所釈の経文は同一三二b）。

(49)『続高僧伝』巻第七道寵伝（大正50・四八二b）に出ず。この内容については、第七章第二節二で詳しく論ずる。

(50)例えば入不二法門品の法印主菩薩の次のような所説、

涅槃を楽い世間を楽わざるを二と為す。若し涅槃を楽わず、世間を厭わざれば則ち二有ること無し。

楽涅槃不楽世間為二。若不楽涅槃、不厭世間則無有二。（大正14・五五一c）

など参照。

(51)大正35・六二一c。

第六章　智儼の法界縁起思想

第一節　『十地経論』の六相説と智儼の縁起思想
——地論から華厳へ——

既に序章で述べたように、法蔵は師である智儼の教学形成について、『捜玄記』の撰述を一つの画期と考えていた。本書はその意味を尋ねて章を重ねてきた。ようやく智儼の思想を検討する段階に至ったので、改めて問題点を整理しておきたい。法蔵の『華厳経伝記』の記述は次のようなものであった。

当寺の智正法師の下に於いて此の経（華厳経）を聴受す。旧聞を閲すと雖も常に新致を懐く。炎涼亟改して未だ疑う所を革めず。遂に遍く蔵経を覧じて衆釈を討尋す。光統律師の文疏に伝《およ》びて稍か殊軫を開く。謂く、[1]別教一乗無尽縁起なり。欣然として会するを賞し、粗毛目を知らんとす。後、異僧の来るに遇うに、謂いて曰く「汝、[2]一乗義を解することを得んと欲せば、其の十地中の六相の義、慎みて軽んずること勿れ。一両月の間摂して之を静思すべし。当に自ら知るべきのみ」と。言い訖りて忽然として現ぜず。儼、驚愓すること良や久しくす。因りて則ち陶研し、累朔を盈たずして焉に於いて大啓す。遂に[3]立教分宗して此の経の疏を製す。時に年二十七なり。

於当寺智正法師下聴受此経。雖閲旧聞常懐新致。炎涼亟改未革所疑。遂遍覧蔵経討尋衆釈。伝光統律師文疏稍開殊軫。

謂別教一乗無尽縁起①。欣然賞会、粗知毛目。後遇異僧来、謂曰、汝欲得解一乗義者、其十地中六相之義、慎勿軽也②。可一両月間摂静思之。当自知耳。言訖忽然不現。儼驚惕良久。因則陶研、不盈累朔於焉大啓。遂立教分宗製此経疏③。時年二十七。（大正51・一六三c）

地論宗の智正のもとで『華厳経』を研究しているとき、光統慧光の注釈によって『華厳経』の「別教一乗無尽縁起」の思想を少しく理解したが（傍線部①）、更に詳細を知りたいと思っていた。すると一人の異僧がやって来て、「一乗教義を理解しようとするなら、『十地経（あるいは『十地経論』）の六相の義をよく考えよ」との示唆を受け（傍線部②）、それによって「立教分宗」して『捜玄記』を著わした（傍線部③）というのである。この記述の意味を明らかにするために、これまで「別教一乗」と「無尽縁起」の両面に分けて、地論学派の教学を検討してきた[1]。ここではそれらの先駆思想が、一乗義として『十地経論』の六相説によって解明されるという意味について考えていきたい。

「立教分宗」とは、教学的独立を意味すると考えられるから、少なくとも法蔵は、智儼の『捜玄記』を華厳宗独立の書と見ていることになる。また華厳教学の中心が「一乗思想」であることは周知の事柄であり[2]、その一乗教義を明らかにする法蔵の『五教章』の末尾が六相円融義で閉じられていることも[3]、一乗義と六相説の深い関係を物語っている。このように考えてみると、智儼における六相説の研究は華厳教学の自立を促したと見ることができよう。それでは一体、地論学派の六相説と智儼の思想とでは何が異なるのであろうか。この点を明らかにすることは、地論教学と華厳教学とが切り結ぶ、極めて重要な思想的課題であると思われる。それ故、本節では、まず『十地経』『十地経論』自体の六相説の中味を検討し、その上で地論学派の法上・浄影寺慧遠（以下、慧遠）の理解を整理し、次にこれを智儼の思想と比較検討することにしたい。

一　『十地経』『十地経論』の六相説とはどのような思想か

これについては、既にいくつかの先行研究があり、大いに参考になる。[4]『十地経』の中で「六相」に言及する場所は後に詳述する一箇所のみ、『十地経論』では経と重複するもの以外に四箇所の用例がある。[5]結論的に言えば、これらは全て同じ内容であり、経典の所説を理解するための六つの視点、もしくは経典の文言を杓子定規に理解してはならない点を六つにまとめたもの、といった意味内容のものであって、法蔵が問題にするような因果縁起に関するものではない。今ここで全ての用例を検討する余裕はないので、『十地経』自体の用例と、法上・慧遠らの思想的特徴を抉り出すための好個の用例を取り上げて検討することにしたい。

『十地経』自体に説かれる唯一の用例とは、第八挍量勝分で菩薩の十大願を説く中の、第四大願を説く次の文である。

用例一

又大願を発す。所謂、〔一切菩薩所行の広大無量不雑の〕〔諸波羅蜜に摂せられ〕、〔諸地に浄ぜられ諸助道法を生じ〕、〔総相別相同相異相成相壊相もて〕、一切菩薩所行の如実地道と及び諸波羅蜜の方便業を説きて、一切を教化して其れをして行を受けしめ、心に増長を得せしめんが故なり。

又発大願。所謂、〔一切菩薩所行広大無量不雑〕〔諸波羅蜜所摂〕、〔諸地所浄生諸助道法〕、〔総相別相同相異相成相壊相〕、説一切菩薩所行如実地道及諸波羅蜜方便業、教化一切令其受行、心得増長故。（大正二六・一三九a、〔　〕は筆者補足）

重要な用例なので、正しく文意を読み取るために経文に手を加えた。世親によれば、菩薩の第四大願とは、種種の法を説いて衆生の心を増長ならしめることであると解釈されている。[6]つまり後半にこの文章の主旨があるのであって、〔 〕で括った四つの句は「法を説く」という菩薩の行を支える功徳の内容を先立って掲げているものだというのである。ここで重要な点は、菩薩の第四大願が「法を説く」ことにあるのであって、これらの所説自体が菩薩の行の内容を表しているのではないということである。つまり、世親が「方便は総相別相同相異相成相壊相である」[7]と言う意味は、菩薩行に六相の方便があると言っているのではなくて、六相によって菩薩の方便行を説くという意味なのである。この点は、次項の地論学派の法上・慧遠らの理解を検討する上で極めて重要な問題なので、特に強調しておきたい。

次に『十地経論』の用例の検討に移る。既に述べたように、『十地経論』には用例一の経文を解釈する箇所以外に、合計四つの用例がある。いずれも同様の内容を持つのであるが、この中で法上・慧遠らとの関係上特に重要なものは、「加分」に説かれる次の文章である。

用例二

一切所説の十句中に皆六種差別相門有り。此の言説解釈は応に知るべし、事を除く。事とは謂く陰界入等なり。

一切所説十句中皆有六種差別相門。此言説解釈応知、除事。事者謂陰界入等。（大正26・一二四c～一二五a）

この文は、金剛蔵菩薩によって説かれる「菩薩の十地」は、どのような目的を持って対告衆の菩薩たちに説かれるのかという問題について、全ての菩薩たちが「菩薩の十地」によって自利利他の功徳を完成することが願われているという点を明らかにする経文の解釈である。経文は菩薩たちの功徳を二十句述べるが、それは前半十句が自利を表わし、後半十句が利他を表わしている。その前半の十句は、菩薩たちが皆「智慧地に入る」[8]ために、この「菩薩の十地」が説かれるのであって、その十句の関係が六相によって成り立っているというのが、世親の主張である。従って文中に「事を除く。事とは謂く陰界入等なり」とあるのは、六相説が『十地経』の説き方の形式に関するものであって、五蘊・十二処・十八界などの事として存在する諸法の範疇に関するものではないという意味である。更に続けて、世親は以下のように述べる。

六種相とは謂く、総相別相同相異相成相壊相なり。総とは是れ根本入なり。別相とは余の九入にして別して本に依止して彼の本を満ずるが故に。同相とは入の故に、異相とは増相の故に。成相とは略説の故に、壊相とは広説の故に、世界の成壊の如し。余の一切十句中は義に随いて類知せよ。

六種相者謂、総相別相同相異相成相壊相。総者是根本入。別相者余九入別依止本満彼本故。同相者入故、異相者増相故。成相者略説故、壊相者広説故、如世界成壊。余一切十句中随義類知。（同前）

つまり、ここでは全ての菩薩たちが「智慧地に入る」ことの意味が十句によって解説されていると明らかにした上で、六相それぞれの意味内容を説明しているのである。

六相のそれぞれは、「総相」は十句の根本的意味（ここでは「入」ということ）、「別相」は根本的意味を十種によって各説すること、「同相」は十種各説の共通性、「異相」は各説が成り立つこと、「成相」は通常の世間的言語において一応の約束の上で言語が通用しコミュニケーションが成り立つこと（＝一応「入」の意味が通じること）、「壊相」は世間的言語の中身を検討すると一応の約束が成立せずに多くの説明を要すること（＝「入」とはどういうことか、という点になると多くの説明が必要である）、といった意味である。世親は、この点をまず明らかにして、『十地経』がこれ以降一つ一つの概念についてそれぞれ十句によって説いていくのは、全てこのような理由によることを解説しているのである。

以上によって、『十地経』『十地経論』の六相説の基本的な意味が明らかになった。結論的に言えば、『十地経論』の六相説は、法蔵が言うような因果縁起に関するものではなく、教説の言語表現に関するものと言うべきである。しかしながら、「言語」と「存在」の関係は、龍樹が言うように第一義諦の面ではいずれも否定されるが、世俗諦としては不可分の面も否定できないから[9]、厳密に検討を加える必要がある。

二　六相説に関する法上・慧遠の見解

次に、この問題を地論学派の祖師たちはどのように理解したか、という点について検討したい。この点についても若干の先行研究があるが、やや正確さを欠いているように思われるので[10]、それらを参照しつつ問題の本質を解明したいと思う。

法上は、『十地論義疏』巻第一において、前掲の用例二の文を解釈して次のように言う。

〔一切十句中皆六種有り〕とは、此れは通じて十地一部中に皆六種総別の義有るを釈するなり。〔言説～応に知るべし〕とは、教化の為の故に此の優劣の説を作す。真実の相は言に依るべからずして取るが故に〔応に知るべし〕と云う。又解すらく、一即一切、浅深平等にして六に六相無きなり。〔陰入〕と謂うは、陰は是れ五陰、入は是れ十二入、界は是れ十八界なり。事別にして融ぜざるが故に、須く除くなり。

〔一切十句中皆有六種〕者、此通釈十地一部中皆有六種総別義也。〔言説応知〕者、為教化故作此優劣之説。真実之相不可依言而取故云〔応知〕。又解、一即一切、浅深平等六無六相也。謂〔陰入〕者、陰是五陰、入是十二入、界是十八界。事別不融故、須除也。（大正85・七六二b）

法上の理解を明確にするために、『十地経論』の所釈の文に〔　〕を付した。全体的な意味としては、六相説を以て経文解釈の基準としている点で、『十地経論』に順じるものと見ることができるが、『十地経』に説かれる当該の十句の関係を問題にしていたのに対し、ここでは教説一般に拡大されている点が異なる。法上の意見は、因分可説としての教説の文言は、それ自体に優劣があるように見えても、それを超えて不可説の真意を読み取らねばらない、それ故に「応に知るべし」と言っているのである、ということである。

教説の言語は不可説という真意において円融するものであり、この点が陰界入などの現象的な事物とは異なるというのである。六相説に対するこのような理解は、地論学派において一般的だったようで、吉蔵が『中観論疏』などで紹介する内容と合致している。[11] 従って、この文の後で、総と別の関係を詳説して、

是れ〔総は本入〕とは、智慧地の体なり。別は九入なり。〔本に依止す〕とは、本に非ざれば末則ち立たず、末に非ざれば本則ち満ぜず。故に〔満ず〕と云うなり。

是〔総本入〕者、智慧地体也。別者九入也。〔依止本〕者、非本末則不立、非末本則不満。故云〔満〕也。（同前）

と言う例なども、教説言語に関するものであって、ここに説かれる「本末」は、存在としての諸法を問題にするものではないと見るべきであろう。[12]

こうした点は、慧遠の解釈になると一層明瞭になる。慧遠は、『十地義記』『大乗義章』のいくつかの箇所で六相説に言及しているので、[13] これらを検討してみたい。これらの所説のうち最も基本であると思われるものは、『十地義記』における用例二についての解釈である。そこでは、『十地経』『十地経論』が「十入」について何故六相を立てるのかという点について、四門を立てて解釈を進めている。その四門とは、㈠立意、㈡建立の所依、㈢諸法に就いて六相を解釈す、㈣解釈、である。このうち㈠㈡㈢において慧遠の思想が明確に示されている。順に検討を加えていこう。第一門は次のようなものである。

一に立意を明かさば、定見を破せんが為なり。人有りて法に於いて定んで総別一異等の相を取るが故に、諸法縁起互成六門は定に非ざるを明かして、彼の定執を破す。

一明立意、為破定見。有人於法取定総別一異等相故、明諸法縁起互成六門非定、破彼定執。（続蔵一・七一・二五一右下）

後に明らかになるが、ここで慧遠が「法」と言うのは、存在を意味する有為法のことではなく、仏法における一つ一つの教説・概念のことである。従って「定見を破せんが為なり」とは、教説が説かれることによって、決まり切ったものとして表面的に理解されることを否定するために六相説が説かれたのである、という意味である。「諸法縁起互成六門」といった用例に触れると、後の華厳思想を知るものとしては、これと華厳の縁起思想との関連をたちまち想像してしまうが、慧遠の意図はそうしたものではない。この点については後に詳述する。

次に第二門は以下の通りである。

第二に其の建立の所依を明かさば、論主は何に依りて此の六相を立つるやとならば、謂く此の経に依るに下の初地第四願中に一切行に皆六門有りて以て方便と為すと説けるが如し。故に論は之に依りて一切を類釈するなり。

第二明其建立所依、論主依何立此六相、謂依此経如下初地第四願中説一切行皆有六門以為方便。故論依之類釈一切。（同前）

慧遠が指摘する経文は、言うまでもなく先に触れた用例一の文である。それを慧遠は「一切行に皆六門有りて以て方便と為す」と理解したのである。このような慧遠の「方便」の理解は、先の用例一で特に記した点から言えば、世親の解釈を基本的に誤っている。そしてこの慧遠の理解の中身については、『大乗義章』第十九の「二智義」に更に詳細な見解が述べられている。「二智義」は、実智と方便智の関係を明らかにすることが目的であるが、その方便智を四種に分けて解説する中の第三に、「集成方便」という概念を立てている。

三に集成方便、諸法同体にして巧相集成するが故に方便と曰う。云何が巧成なるや。一真心中に曠く法界恒沙の仏法を備うるなり。

三集成方便、諸法同体巧相集成故曰方便。云何巧成。一真心中曠備法界恒沙仏法。〔大正44・八四六b〕

慧遠の場合、「一真心」とは如来蔵を意味しているが、その一真心の体中にあらゆる仏法が備わっていることを「集成方便」と言うのである。文中の「巧相集成」とは前門の「諸法縁起互成六門」と同じ意味である。更に、この文の直後に六相説を紹介して次のように言う。

地経中に、一切行は総相別相同相異相成相壊相にして方便と為すと説く。此れは亦是れ其の集成方便なり。此の一方便は彼の一切陰界入等の事法と相い対して実智に対せず。故に地論中に六相門を弁じて説きて〔事を除く、事とは所謂陰界入等なり〕と言う。

地経中、説一切行総相別相同相異相成相壊相而為方便。此亦是其集成方便。此一方便与彼一切陰界入等事法相対不対実智。故地論中弁六相門説言〔除事、事者所謂陰界入等〕。〔同前〕

つまり菩薩行の一つ一つの方便〔具体的な教説のこと〕が、存在としての事法と相対して説かれているのであり、それを『十地経論』は「事を除く」と説くのであると言うのである。要するに、あらゆる教説は一つ一つが方便であり、それが菩薩の行として説かれているのであり、それ故単なる事物とは異なるのだ、という意味である。

この慧遠における「法」と「事」の概念の違いは、次の第三門に至って一層明確に説かれる。

三に汎そ諸法に就きて六相を解釈す。事法別なりと雖も、理義斉しく通ず。今且く色に就きて六相を弁釈す。余類は知るべし。

三汎就諸法解釈六相。事法雖別、理義斉通。今且就色弁釈六相。余類可知。〔続蔵一・七一・一五一左上〕

まず、「諸法に就きて六相を解釈す」とは、一つ一つの具体的な教説について六相の意味を解釈する、ということである。「事法別なりと雖も、理義斉しく通ず」とは、五蘊・十二処・十八界としての「事」と教えとしての「法」とは異なるものであるが、六相は道理として共通するものであるから、試みに「一色」を取り上げて解説する、と言うのである。

六相とは云何。一色中に同体にして具に苦無常等の一切の諸義有るが如し。是の諸義を以て一色を集成す。義に随いて別して分たば色に無量有り。謂く、無常色・苦色・空色・無我色等の種種差別あり。其の総を論ずるなり。

六相云何。如一色中同体具有苦無常等一切諸義。以是諸義集成一色。随義別分色有無量。謂無常色・苦色・空色・無我色等種種差別。論其総也。（同前）

ここで言うところの無常・苦・空・無我などが、慧遠の言う「法」の概念であり、その様々な法が「事」としての一色において成り立っていることが「総相」という概念なのである。それ故、『十地経論』の「事を除く」とは、慧遠においては「法に関するものであって、事に関するものではない」という意味なのである。これと全く同じ趣旨の所説が、『大乗義章』巻第三の「六種相門義」に説かれており、[14] それに依って慧遠における六相の概念を概説すれば、およそ次のようになるであろう。

総相：一色中に無常・苦・空・不浄などの別々の法が成り立っている。

別相：一色中に無常・苦・空・不浄などの別々の法が成り立っているから、区別された無量の色（無常色・苦色など）がある。

同相：この無量の区別された色はいずれも同じ色である。

異相：同じ色であるが、例えば無常色と苦色とは区別される。
成相：無常色・苦色などと義の面では区別されるが、体としての色は一つである。
壊相：体としては一つであるが、義は異なるので多色あるとも言える。

このような慧遠の解釈は、結局、体における義の同異と、異義における体の同一を述べているのみであるから、組み合わせ上、実際は四相しか成り立たない。それ故、この点について慧遠は次のように言及する。

実に拠りて之を論ぜば、前の四門を説かば義を弁ずるに応に足るべし。同異に約して前の二門（＝成相と壊相）を成ずると為すが故に六有るなり。

拠実論之、説前四門弁義応足。為約同異成前二門故有六也。（大正44・五二四ａ）

つまり、慧遠のような理解では、結局、同異門と成壊門は同じことの繰り返しとなってしまうのである。そして慧遠自身もこの矛盾点に気づいていたのである。

以上によって『十地経』『十地経論』及びそれに基づく法上・慧遠の見解が明らかになったであろう。『十地経論』と法上・慧遠の理解の間にはかなり大きなずれがあると言えるが、法上・慧遠らの思想が、後の華厳教学が課題とするような一切法の相即相入などを問題にするものでないことは明らかである。

三　智儼における六相説の受容

それでは次に六相説がどのような意味で華厳の一乗教義を開いていったのか、この点を明らかにするために初期の智儼の思想を検討していきたい。既に述べたように、智儼の『捜玄記』は地論と華厳とが切り結ぶ位置にあると考えられるが、『一乗十玄門』も同様な位置にあると思われる。[15] この両書の関係については、法界縁起の内容が異なるとする先行研究もあるが、[16]以下の論考によって両者が緊密な関係にあることを明らかにしたい。『捜玄記』の法界縁起説と地論・摂論学派の教学との関係については、第一章、第三章で明らかにしてきたが、[17]ここではそれらを踏まえながら、『一乗十玄門』の思想を検討して『捜玄記』とのつながりを明らかにしたいと思う。

さて智儼は、『捜玄記』の巻第三下において、十地品の第六地の十種十二因縁観の第八を解釈して次のように言う。

六義と六相共に成ずとは、六相に二義有り。一は順理、二は順事なり。此の二義の中、順理の義顕かにして順事の義微なり。其の四縁の事は、二義上に同じきも、但だ順事の義増にして順理の義微なり。

六義六相共成者、六相有二義。一順理、二順事。此二義中、順理義顕順事義微。其四縁事、二義同上、但順事義増順理義微。（大正35・六六b）

これはどのようなことを問題にしているかというと、因果縁起の諸存在に関して、それを六因・四縁によって説く教説と、六相によって説く教説との二義があることが、まず問題にされている。そして、因の六義と六相は重複する問題を扱っているとし、六相は理に順じているのに対して、六因四縁は事に順じて説かれている点が異なると、智儼は言うのである。どういうことかというと、六因四縁は凡夫の執著を解きほぐすための教説であるが、因縁によって果を生ずると説くので一切法を実体化しやすい。それに対して、六相説は理に入れしめるための教説なのだと言うのである。この点を更に次のように言う。

問う、何を以て但だ総別六義は順理増なることを得て事を取らざるを知るを得るや。答う、論主は事は六相を具せずと簡びて唯だ義に約して弁ず。故に知るなり。

問何以得知但総別六義得順理増不取於事。答論主簡事不具六相唯約義弁。故知也。（同前）

この所説は先に触れた用例二の文末の「事を除く」の意味を、事と理の関係の中で「理を簡ぶ」ものと理解したことを意味している。これは、言葉を換えて言えば、六相説を事理の立場から解釈したということに他ならないのである。この観点に立てば、こうした理解の背景に、理事による法界観を教えた杜順の直接的な影響[18]、因果縁起を説く地論・摂論学派の思想[19]などを読み取ることは極めて容易であろう。そして、この因果縁起おける理と事の問題は、そのまま『一乗十玄門』の冒頭の問題提起と重なっているのである[20]。

一乗縁起自体法界義を明かさば、大乗二乗の縁起の但だ能く常断諸過等を執するを離るるに同じからず。此の宗は爾らず、一即一切にして過の離れざる無く、法の同ぜざる無きなり。

明一乗縁起自体法界義者、不同大乗二乗縁起但能離執常断諸過等。此宗不爾、一即一切無過不離、無法不同也。（大正45・五一四a）

つまり華厳の一乗縁起（＝理）は、大乗二乗の執着を破するための縁起（＝事）とは異なるというのである。ではその理としての一乗縁起とは一体どのような内容なのだろうか。この点について更に検討を進めていきたい。

『一乗十玄門』は、大きく、十銭の譬喩を用いて同体・異体を説く前半と、十玄門を説く後半の二部によって構成されているが、それは次のような前提の上に成り立っている。

今、且く此の華厳一部経の宗通に就きて、法界縁起を明かすに、自体の因と之れ果とを過ぎず。言う所の因とは、謂く方便縁修して体窮まり位満ず。即ち普賢是れなり。言う所の果とは、謂く、自体究竟寂滅円果なり。十仏境界にして一即一切なり。

今且就此華厳一部経宗通、明法界縁起、不過自体因之与果。所言因者、謂方便縁修体窮位満。即普賢是也。所言果者、謂自体究竟寂滅円果。十仏境界一即一切。（大正45・五一四a～b）

つまり、法界縁起は十仏の自境界（果）と、普賢の境界（因）との二面によって成り立っているのである。そして直後に、「円果は説相を絶す」[21]るから、方便縁修の因の面のみを説くとする。このような構造は、法蔵が『五教章』の冒頭で説くところと同じであるから[22]、よく知られている点である。しかし、ここで特に注意を払わねばならない点が一つある。それは「一即一切」という華厳教学の常套語が「十仏境界」を表わすものとして説かれている点である。後に述べるように、智儼においては、因門では「一即多」という言葉はしばしば用いられるのであるが、著作の構造上、「一即一切」は円果を表わすものとして、ここ以外では一切用いられていないのである。この点は法蔵の用例とも関係するので、改めて言及することにしたい。さらに、もう一点注目したいことは、因門・果門共に「自体」の両面と考えられていることである[23]。『五教章』の十玄門の冒頭は「夫れ法界の縁起は乃ち自在無窮なり」と始めており、「自体」といった概念は見当らない。それ故、『一乗十玄門』の冒頭が「一乗縁起自体法界義を明かさば」という言葉で始まることには、大きな意味が存在すると考えられる。そして、この言葉の後、前掲の引用文が示されるのであるから、「一乗縁起自体法界義」と「法界縁起」は同義語であるということになる。こうした点は、智儼における「法界縁起」の概念が、「一乗縁起」と「自体法界」の重層的なものであることを予想させるのであるが、この点についても結論で再説したい。

その普賢因分は、既に述べたように「譬を挙げて法を弁成す」る前半と、「法を弁じて理を会通す」る後半とによって成り立っている。そこで、まず前半の「十銭の譬喩」を検討したい。それは次のような偈頌である。

譬えば十を数える法の　一を増して無量に至るが如し
皆悉く是れ本数にして　智慧の故に差別するなり。

譬如数十法　増一至無量　皆悉是本数　智慧故差別也。（大正45・五一四b）

これは、『六十巻華厳経』の夜摩天宮菩薩説偈品の精進林菩薩の偈頌の一部に相当する。[24] 経典の一連の文脈は、一切の法には真実相も差別相も存在しないということを述べるものである。引用した偈頌の直前では、涅槃と諸法の不可得を明らかにして、言説によって説くとき二つの相があるかのように解されてしまうと述べているから、この偈頌はこうしたコンテキストの上で理解されるべきものである。「十を数える法」とは、言語と並んで、人間が物事を認識する場合の手段としての「数」のことである。一を基盤として、二・三・四……と数えることである。智儼はこの十を数える法に、同体門と異体門の二門を開き、それぞれの中を「一中多、多中一」と「一即多、多即一」に分けて説くのである。両門とも比較的短い解説と複数の丁寧な問答とによって構成されている。そこで、しばらく智儼の教説を紹介・検討してみたい。

異体門について

智儼は、まず異体門の「一中多、多中一」から解説を始める。

今、十数に約して一中多・多中一を明かさば、若し順数すれば一より十に至りて向上に去る。若し逆数すれば十より一に至りて向下に来る。

今約十数明一中多多中一者、若順数従一至十向上去。若逆数従十至一向下来。（同前）

これは、通常モノを数えるときの一から始めて十に至る場合（向上去）と、十から始めて一に至る場合（向下来）のことである。モノを数える場合、数えられる側のモノを全体として一個と把握しなければ数えるという行為が成り立たない。例えば、学校を一校、二校と数える場合、それぞれの学校には面積の広狭などの違いがあるであろうし、そこに包摂されている建物の数や生徒の数なども皆違うかもしれない。しかし、個々のモノを個々として扱っていたのでは数えるという行為は成立しない。それ故、様々な異なる条件によって成り立っている個々の学校を

「一個の学校」と前提して初めて数えるという行為が成り立つのである。これを智儼は、次のように言う。

一は一の如きは縁成の故に。一中に即ち十有り、所以に一成ず。

如一者一縁成故。一中即有十、所以一成。(同前)

「一が縁成である」というのは、先ほど述べたような「一つの学校」が様々な条件によって成り立っていることである。そして、この中には二つの異なる面が備わっている。数えられる側のものが様々な条件によって縁起しているという面と、一を基盤に十まで数えることの中にそれぞれの数が他の数との関係において成り立っている面との二面である。数学的に言えば、「数」にはモノを数え、並べ、大小を比べるといった抽象的な面と[25]、量った個々のものの分量を表わす具体的な面[26]との二面があって、両者は密接に重なり合って我々が用いる「数」の観念が成り立っているのであるが、智儼が問題としているのは順序を表す数の方である。仮に、一が絶対的なものであった場合、一が二になるということが成り立たないから、数の体系とは、前提としての一から始めて無量に至るまで、全ての数が相依相待によって成り立っているということなのである。つまり、個々の数において他の全ての数が契機されているということであり、これを「一中多、多中一」と言うのである。

次に、異体門の「一即多、多即一」の内容を見てみよう。

次に、一即多、多即一を明かさば、還た前門中の向上去向下来に同ずるなり。

次明一即多、多即一者、還同前門中向上去向下来也。(同五一四c)

内容としては、前門と同じであると言うのみである。これでは詳細が不明なので、智儼はこの後に九つの問答を設けている。今、それらを詳細に検討する紙数はないので、要点のみをまとめておきたい。

問う、前に一中十を明かし、此に一即十を明かす。何の別有るや。

答う、前に明かせる一中十は、一を離れて十有ること無くして十は是れ一に非ず。此に明かせる一即十の若きは、一を離れて十有ること無くして十は即ち是れ一の縁成の故に。

問前明一中十、此明一即十。有何別耶。

答前明一中十者、離一無有十而十非是一。若此明一即十者、離一無有十而十即是一縁成故。（同前）

つまり、両者とも一と十とがいずれも縁起によって成り立っているという与件は同じであるが、「一中十」の方は、今は一であって未だ十となっていないのに対し、「一即十」の方は、同一時間における全体と部分の論理的関係を言うのである。譬えて言えば、「一中十」は『涅槃経』に説かれる「乳と醍醐」のような関係（乳における醍醐の在り方）、「一即十」は『五教章』に説かれる「家と柱など」のような関係を表わしているのである。乳はその中に酪が契機されているとはいうものの、今は酪ではなく乳である。一方家と柱・床などは同一時間内における全体と部分の関係である。縁起にはこのような二面性があり、この点は、本書において既に前者を「〜になる」系縁起説（通時的縁起）、後者を「〜である」系縁起説（共時的縁起）と仮称して問題を喚起してきた通りである。[27]

同体門について

次に同体門の所説を見てみよう。

二に同体門を明かすとは、還た前門の如し。

二明同体門者、還如前門。（同五一五a）

と言って、所説の対象は異体門と同じであるとする。つまり「十銭の譬喩」に対する分析である点は変わらないのである。それ故、同体・異体の違いを初めに問うことになる。

問う、此の同体門中は、前の異体門中と何の別有るや。

答う、前の異門に一中十と言うは、後の九に望むるを以ての故に一中十と名づく。此の門に一中十と言うは、即ち一の中に九有るが故に一中十と言うなり。

問此同体門中、与前異体門中有何別耶。

答前異門言一中十者、以望後九故名一中十。此門言一中十者、即一中有九故言一中十也。(同前)

つまり、乳と醍醐の関係で言えば、両者の間に不一の面を見るのが異体門であり、両者の相即を見て不異と見る面が同体門なのである。乳の中に既に醍醐が存在するなら、それは乳でなく醍醐である。しかし一方で、乳の中に醍醐が無いならば乳が醍醐となることはない。乳と醍醐の不一不異において、乳は乳であり、醍醐は醍醐であり得る。「縁成」とはこのような関係を言うのである。その次の問答は、同体門の一中十は異体門の一即十とどのように違うかという意味を明かすものである。

此の中に一に九有りと言うは、自体に九有りて而も一は是れ九ならず。前の別体門に説くが若きは、一即ち是れ彼の異体の十等にして而も十は一を離れざるなり。

此中言一有九者、有於自体九而一不是九。若前別体門説者、一即是彼異体十等而十不離一。(同前)

ここに説かれる「異体の十」とは、家と柱等の関係によって説かれていたことで、全体と部分の不一不異を表わすものである。そして、この関係は乳と醍醐の間では譬喩できない性質のものである。なぜなら、乳と醍醐の不一の関係には状態の変化が契機されており、そこにおいて時間のずれが生じることになる。一方、全体と部分の関係は、同一時間内の論理的関係である。「一中十」は変化を契機する因果関係の縁起構造、「一即十」は全体と部分の相即関係による相依相待の縁起構造、ということになる。ここまで詰めて考えてくれば、最後の同体門の「一即十」は、家と柱等の譬喩において、柱等がそのまま家に他ならないということを意味するものであることは明らかであろう。

以上の検討によって、『一乗十玄門』の異体・同体説は、縁起における不一（＝異）不異（＝同）を表わすものであり、その構成要素である「一中多、多中一」とは、縁起における変化を契機する通時的な関係（＝～になる系縁起）であり、「一即多、多即一」とは、縁起における全体と部分の論理的な関係（＝～である系縁起）であることが明らかになった。

それでは、この『一乗十玄門』の縁起説は、一体どのような意味で六相説の研究成果なのであろうか。この点について述べておきたい。既に触れたように、智儼は、因果縁起の六因四縁と六相説とを、「事」と「理」の観点から区別していた。しかし、六相と因門六義が重層しているという点は、『一乗十玄門』の思想的背景にとっては重要な問題である。同体異体という概念はそのまま六相中の「同異」に相当するからである。そして先に述べたように、「一即多」は全体と部分の論理的関係であるから、六相中の「総別」に相当する。「一中多」は生滅変化を契機としていたから、「成壊」に相当する。

このように考えてくると、『一乗十玄門』は、『十地経論』の六相説を、不一（異体門）不異（同体門）を基盤にして、そこに総別（一即多）と成壊（一中多）を組み込んで再組織したものであることが明らかになるであろう。この点を法蔵は、『華厳経伝記』の中で、「別教一乗無尽縁起」を「十地中の六相の義」によって明らかにしたと言ったのである。

四　華厳縁起論の本質——智儼と法蔵——

『一乗十玄門』の基本的な構造と内容が明らかになったので、次に法蔵の『五教章』の所説との関係を検討してみたい。『五教章』の義理分斉は、㈠三性同異義、㈡縁起因門六義法、㈢十玄縁起無礙法門義、㈣六相円融義、の四門によって構成されている。[28] これらはいずれも智儼の『一乗十玄門』と深い関係にあるが、その中でも特に問題となるのは「十玄縁起無礙法門義」である。『五教章』の十玄縁起無礙法門義は、全体を喩説と法説に分け、喩説では「十銭の譬喩」を説いて異体・同体を開き、それぞれを一中多・多中一、一即多・多即一によって説き、法説では十玄門を説くから、構成的には明らかに『一乗十玄門』に順じている。従って、『一乗十玄門』と共通しない部分があるとすれば、そこに法蔵の独自性があると考えられる。こうした観点から『五教章』の所説を見たとき、まず目に付く点は、異体・同体を開くに際して、因門六義と関係づけて説かれる点である。[29]

此の二門有る所以は、諸の縁起門の内に二義有るを以ての故なり。一には不相由の義、謂く自ら徳を具するが故に。因中の不待縁等の如き是れなり。二には相由の義、待縁等の如き是れなり。初は即ち同体、後は即ち異体なり。

所以有此二門者、以諸縁起門内有二義故。一不相由義、謂自具徳故。如因中不待縁等是也。二相由義、如待縁等是也。初即同体、後即異体。（大正45・五〇三b）

この同体・異体を不待縁・待縁に関係づける所説は、『五教章』の「縁起因門六義法」の中にも見ることができる。[30] 縁起法であるから、因の面と果の面から論ずることは、一応、筋が通っていると考えられる。しかし、この因と果から縁起法を見るという点について、智儼は「（法界縁起は）大乗二乗の縁起の但だ能く常断を執する諸過等を離るるに同じからず」として触れないのであった。それでは法蔵において、因門六義と六相説とはどのように理解されているのであろうか。この点について、「因門六義法」の中に次のような文章がある。

然るに此の六義は六相を以て融摂して之を取る。

然此六義以六相融摂取之。（大正45・五〇二c）

法蔵は、六義と六相とは相互に重なり合う思想であると言うのである。この点を更に詳説するために、六相のそれぞれを解釈して次のように言う。

六義を融するを一因と為す、是れ総相なり。一因を開きて六義と為す、是れ別相なり。六義斉しく因と名づくるは是れ同相なり。六義各の相い知らざるは是れ異相なり。此の六義に由って因等成ずることを得るは是れ成相なり。六義各の自位の義に住するは是れ壊相なり。

融六義為一因、是総相。開一因為六義、是別相。六義斉名因是同相。六義各不相知是異相。由此六義因等得成是成相。六義各住自位義是壊相。（同・五〇二c～三a）

つまり法蔵は、因の六義の相互関係を表わすものとして六相説を理解するのである。因の六義とは、言うまでもなく因果縁起の有為法における因の問題であるから、智儼が理と事の異なりとして言及しなかった問題を一歩踏み込んで解釈していると言うことができよう。こうした法蔵の態度は、次の文章などに一層積極的に表明されている。

問う、六相と六義の分斉云何ん。答う、六義は縁起の自体に拠る。六相は縁起の義門に拠る。法体を以て義門に入りて遂に差別を成ずるなり。

問六相六義分斉云何。答六義拠縁起自体。六相拠縁起義門。以法体入義門遂成差別。（同・五〇三a）

因の六義は縁起法そのものに関する問題であり、六相説は言語的意味に関する問題であると言うのである。六義によって縁起して成り立つ諸存在（＝諸法、ここでは自体）が、義門（＝言語的範疇）において捉えられることによって、それぞれの区別された物事が成り立つと言うのである。ここに至って、存在と言語の融合した縁起思想として、法蔵の考える華厳の一乗縁起が構築されたと言えるのではないだろうか。

次に注目されるのは、智儼が一貫して一中多・多中一、一即多・多即一と繰り返すことを、法蔵は「相入・相即」と表現していることである。これについて、十玄縁起無礙法門義の先の引用文の直後に次のように言う。

諸の縁起法に皆二義有るを以ての故に、一には空有の義、此れは自体に望む。二には力無力の義、此れは力用に望む。初の義に由るが故に相即を得、後の義に由るが故に相入を得。

以諸縁起法皆有二義故、一空有義、此望自体。二力無力義、此望力用。由初義故得相即、由後義故得相入。（大正45・五〇三b）

「自体」について相即を論じ、「力用」について相入を論ずるというのである。前掲の因門六義では、自体と義門の別によって存在の区別が成り立つとしていた。存在自体とその区別ということは換言すれば、「体と相」ということであろう。そしてここでは「体と用」によって相即・相入を立てている。この二つの視点を重ねると「体相用」となる。それ故こうした法蔵の思想は『起信論』の研究の成果ではないかという点が推察されるのである。[31]

既に述べたように、智儼は地論・摂論の影響の下にあったが、法蔵へと華厳教学が展開することには『起信論』をはじめとする如来蔵系経論が大きく関係している。[32]智儼の用語は『華厳経』そのものによっていたのに対し、法蔵がそれを教学組織化したということであろう。そして法蔵以降はこうした法蔵の理解が一般化していったのである。法蔵の理解によれば、縁起法は「因」の面と「果」の面とがあり両者は「不一不異」である。これを構造的に表わすのが、『五教章』義理分斉の因門六義法と十玄縁起なのであろう。従って両者は重層する概念によって説かれているのであり、それが相即（体）・相入（用）・同体異体（不相由・相由）であると考えられる。

小結

以上、『十地経論』の六相説の検討をはじめとして、地論学派の法上・慧遠を経て、華厳の智儼・法蔵へと至る思想の展開を追ってきた。『十地経論』の六相説とは本来不可説である仏の根本智を言語によって開示する場合の問題、つまり言語表現に関するものであった。そして世親が「事を除く」と言った意味も、六相説は言語表現に関するものであって、有為法に関するものではないという意味であった。地論学派の法上・慧遠は、この『十地経論』の所説を、仏法の教説言語と個々の存在とを区別するものと理解することによって、一存在に無量の教説言語が成り立つことを表わすものと考えた。それに対して智儼は、「事」と「理」の区別を表わすものと受け止めて、六相説から同体異体・一中多・一即多の「一乗縁起」を見出したのである。これは結果的には、相依相待としての縁起の共時的側面と因果としての縁起の通時的側面を統合する思想となったのである。この智儼の「一乗縁起」に基づいて、そこに存在（因の六義）と言語（六相）の問題を組み込み再組織したものが、法蔵『五教章』の法界縁起思想である。その証拠となるものが、『五教章』六相円融義で示される「舎と柱など」の譬え[33]であると言えよう。この智儼から法蔵へという展開については、ほかに言及しなければならない点が多くあるので、章を改めて論ずることにしたい。

第二節　『捜玄記』の法界縁起思想

法蔵が、智儼の『捜玄記』を「教を立てて宗を分かつ」ものと解釈し、その内容を「別教一乗無尽縁起」と了解したことは、既に序章で触れた通りである。[34]その思想背景を「別教一乗」と「無尽縁起＝法界縁起」に分けて考えてきた。では、その「別教一乗無尽縁起」と呼ばれたものは、どのよう内容を持つのだろうか。少なくとも現行の『捜玄記』を見る限りでは、このような整理された表現を見つけることはできない。それ故、この表現は法蔵独自の解釈であるわけだが、法蔵は『捜玄記』からどのような思想を汲み取ってこのように表現したのであろうか。

こうした問題の一方で、後の時代の華厳教学者の多くは、華厳教学の中心課題を「事事無礙の法界縁起」にあると解釈している。[35]この事事無礙とは、別の華厳教学用語で言えば「重々無尽」と同じ内容であると考えられるから、法蔵の言う「別教一乗無尽縁起」は、一応「法界縁起」のことであると考えることができる。そして『捜玄記』の中には、一カ所だけ法界縁起に言及する所説を見ることができる。このような見方に立つならば、『捜玄記』の法界縁起の所説は、法蔵が考えた華厳教学独立の最も本質的で重要な点を探っていくための材料であるということになるであろう。

このような事情によって、華厳教学の出発点を明らかにするための一助として、その中心思想であると言われる法界縁起説とはもともとどのような思想であったのか、という点を明らかにしようとするのが本節のねらいである。

一　『捜玄記』の言う法界縁起とはどのようなことか

そこでまず、『捜玄記』にたった一カ所だけ説かれる法界縁起説について直接見ていくことにする。当該の文は、十地品の第六現前地の中の十二縁起を十種に観ずる経文を総括する形で示されるものである。[36]全体はかなりの分量にわたるので、全文を引用することは紙面の都合上差し控えたい。そこで初めに科文を示して全体の構造を明らかにした上で、必要に応じて本文を引用していくことにしたい。全体の構造とは次のようなものである。

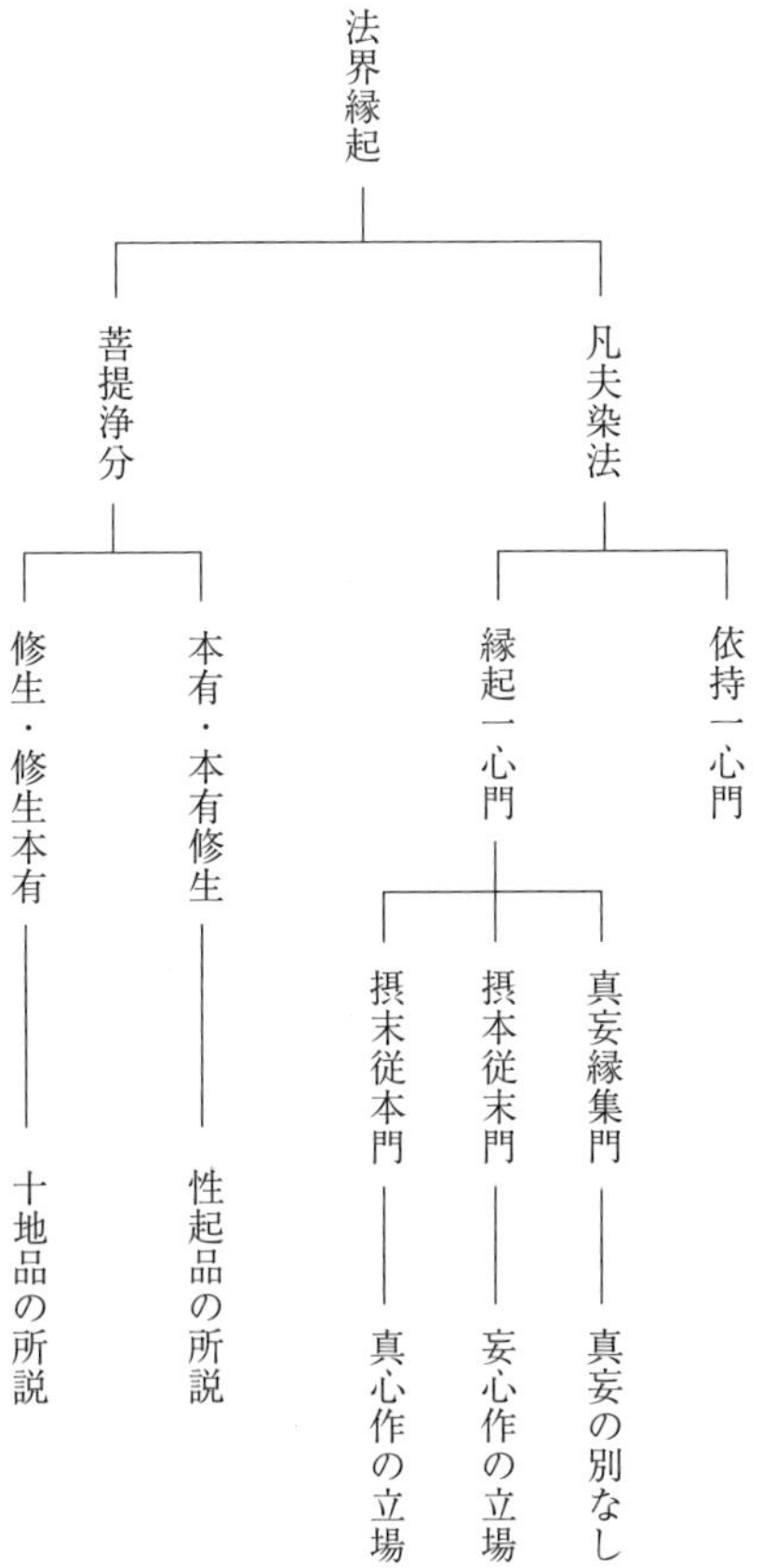

この所説については、既にいくつかの研究成果が発表されており[37]、決して目新しいものではないが、本節の文脈の上で必要なので再度示したわけである。冒頭で法界縁起を示すにあたって、

大経本に依るに、法界縁起は乃し衆多有り。今要門を以て略摂するに二と為す。

依大経本、法界縁起乃有衆多。今以要門略摂為二。（大正35・六二c）

と言うので、それが『華厳経』に基づくものであることは明らかであるが、「衆多有り」とは、一体どのようなことを表わしているのであろうか。仮に、多くの華厳教学研究者が言うように法界縁起が究極の縁起観を表現するものであるとするならば[38]、それが「衆多有」るということは、一体どういう意味なのであろうか。この点については、

第五章第二節で地論学派の概念について触れ、用語の共通性を超えた問題が明らかにならなければならない点を指摘した。そこで、ここでは智儼の所説を一通り検討した上で、この点について考えることにしたい。

さて、既に明らかなように、智儼は法界縁起を大きく凡夫染法と菩提浄分の二つに分けて整理している。そこで本文に従ってその内容を検討していこう。総説では、凡夫染法、菩提浄分の順で説かれるが、各説では菩提浄分から解説される。

菩提浄分の四門は、大きく言って、生死に埋没する衆生に菩提心が起こる、その構造を論理的に明らかにしたものであると言えよう。つまり、「衆生」とは未だ菩提心が起こっていないが故に衆生なのであり、既に菩提心を起こしたものは菩薩と呼ばれるのであるから、言葉の厳密な意味において菩提心のない者を指すのである。本文中でこの衆生性を意味する言葉は「分別」である。(39) それに対して分別のないことを菩提と言うのであるから、言葉の厳密な意味において、菩提の中にはほんの少しの衆生性も存在しない。このような関係の中で、衆生に菩提心が起こるということが現に事実としてあり得るわけである。

その、起こった菩提心は、分別と本来無縁であるから、衆生性の中から生じたと言うわけにはいかない。それ故、衆生性とは無関係な本来性の発現と理解しなければならない。この本来性をここでは「本有」と言うのである。しかしながらその本来性は、もともと存在するものでありながら、事実として顕現していなかったのであるから、このたび新たに発現したのであるとも言わなければならない。この点を、もともと存在していたものがチャンスを得て現われ出たという点を指して「本有修生」と言うのである。

一方、衆生性の方から菩提心が起こったという事実を見るならば、それまで存在しなかった全く新しいことが始まったのであるから、この点を「修生」と言うのである。しかしながら、もともと何の要素も持たないならば、新しく始まるということ自体が成り立たないはずであるから、その新しく始まったことを成り立たせているのは、もとから存在していたそれを成り立たしめる要素であるということになる。つまり「修生」を成り立たせているのは衆生の本来性であるということで、この点を「修生本有」と言うのである。

これらのことを一つの例を挙げて整理しておこう。例えば、今まで泳げなかった人が泳げるようになったとしよう。今まで泳げなかったのであるから、その人は今般新たに泳げるようになったのであるが、それはもともと泳げる素質があってその素質が発現したということである。しかしながら、未だ泳げない間はそのような素質が自分に備わっているかどうかは知る由もない。そして素質が備わっていないことには、どのようにしてもそれを実現することはできない。どのように努力しても決して人が空を飛ぶことはできないようなものである。このような関係の中で、もともと備わっていた泳げる素質のことを「本有」と言うのであり、泳げなかった人が泳げるようになったことを素質の発現として「本有修生」と言うのである。また、泳げなかった人が新たに泳げるようになったことを「修生」と言うのであり、それはもともと持っていた素質によって成り立っているということを「修生本有」と言うのである。

『捜玄記』では、この四門を菩提浄分における縁起として示すのであるから、法界縁起の菩提浄分とは、衆生における菩提心生起の構造を示すものと考えられる。そして最後に、「本有」「本有修生」は性起品の立場であり、「修生」「修生本有」は十地品の立場であると言う。(40) この点についても後に改めて考えることにしたい。

次に、凡夫染法に約する面を見ていこう。そこでは、既に示したように「縁起一心門」と「依持一心門」の二門が立てられている。この「縁起」と「依持」の二門は浄影寺慧遠の思想に基づくものと考えられ(41)、用語的な共通性を指摘することができる。慧遠がこのような二門を立てたのは、「如来蔵が縁起して諸法を生ず」という如来蔵観を中心に据えて、『勝鬘経』と『楞伽経』の如来蔵説を会通しようとしたものであった。[42] 果して智儼の思想はそのような慧遠の基本的立場を受け継ぐものなのであろうか。順に検討を加えていくことにする。

縁起一心門は更に三門が立てられ、その中の第一は「真妄縁集門」と名づけられている。ここで注目されるのは「縁集」という概念であり、本文には、

縁集と言うは、総相もて十二因縁を論ずれば一本識の作にして真妄の別無きなり。

言縁集者、総相論十二因縁一本識作無真妄別。（大正35・六二b）

と言われている。縁集という概念は浄影寺慧遠などもしばしば用いるものであり、地論学派の教学において当初から存在していた思想的課題であった。[43] 智儼がここで「真妄縁集」と言うことも、当然そのような流れの中にあることと思われる。この点について智儼は、例えば世間浄眼品の中で仏の禅定中に集まった者たちを説明するのに際して、

一に菩薩等を弁ずるは無為縁集衆を明かし、二に諸神等は有為縁集衆を明かす。

一弁菩薩等明無為縁集衆、二諸神等明有為縁集衆。（大正35・一七a）

と釈する例などがあり、「縁にしたがって集まり一つとなっている」という程度の意味であると考えられる。また本文中に『起信論』の阿梨耶識を解釈して、

唯だ真のみにては生ぜず、単に妄のみにては成ぜず。真妄和合して方に所為有り。

唯真不生、単妄不成。真妄和合方有所為。（大正35・六二b）

とすることは、既に述べたように全面的に浄影寺慧遠の思想を引用したものであり、[44] 智儼の独自性があるとは考えられない。更に『起信論』の心生滅門と心真如門の思想が真妄縁集という概念に相当すると説くことなどを考慮に

入れるならば、この真妄縁集門は、縁起している諸法の論理的な構造を示したものではなく、縁起法の論理的な構造として言語化された「真」と「妄」を時間的な関係の中に持ち込んで諸法の原因と見ていることが明らかとなるであろう。このような縁起観は浄影寺慧遠の如来蔵観の特徴であり[45]、それをこのような形で智儼が整理したものと言うことができよう。

第二門の摂本従末門は、端的に「妄心作」の立場であると言われている。この点についても浄影寺慧遠がしばしば用いる『不増不減経』の趣意の文と言われる次の文が引用されている[46]。

法身、五道に流転するを名づけて衆生と為す。

法身、流転五道名為衆生。（大正35・六三b）

ここで了解されるのは、衆生は単に衆生としてあるのではないとしても、現に衆生である以上はその本来性についてはしばらく埒外として、現実態において縁起を論じなければならないとする立場を表わしているということである。つまり、「妄心作」ということは、十二因縁は衆生という分別存在が分別という虚妄なる心によって作り出したものである、という単純なことではなく、本来性と現実態の関係の中で、現実態の立場から衆生が何故衆生であるのかということを明らかにしようとすることなのである。この点を最初に「論に云く、種子識及び果報識と名づくるなり」と言うのである。これは、『摂大乗論』をはじめとする唯識思想の中心的な課題であり、浄影寺慧遠においては未だ持ち得ていなかった視点であるということができよう[47]。

第三門の摂末従本門は、逆に、

十二因縁は唯真心の作なり。

十二因縁唯真心作。（大正35・六三b）

と言われている。そして十地品の一心所摂観のよく知られた経文である、「三界は虚妄にして但だ是れ（一）心の作なり」[48]の文を引用して、これを「論に釈して云く、第一義の故なり」とする立場であるとしている。既に第三章第一節で明らかにしたように、この『十地経論』の「三界虚妄但是心作」は、第一義諦ではなく世俗諦の立場を表わすものであった。それ故、智儼がここで、この経文が第一義諦に関するものであると理解する根拠となった「論釈云」が何を指すか、が重要であろう。それを特定することは今のところできていないが、如来蔵思想と重ねて理解したものであることは、まず否定できない。仮に、諸法生起の一真心ということになれば、これはかなり特徴的な思想なのであるが[49]、ここからは、そこまで読み取ることはできない。それよりはむしろ、「五陰十二因縁無明等の法は悉くこれ仏性なり」[50]の文に注目すべきであろう。この文に従うならば、「真心作」という立場は、「心」の語に特別な関心が行きがちであるが、縁起法における本来性を問題にする立場のことであると了解することができる。この点を明らかにするために、その後に一つの問答が示されている。問いは、「縁起法における本来性ということならば、それは菩提浄分の立場であり、何故この染門において示されなければならないのか」というものである。これに対して、「染法に対して、浄法を明らかにする立場と専ら浄法のみを明らかにする立場との違いがある。ここでは前者に当たる。性起品などは後者に当たる」と言うのである。

以上によって、縁起一心門の梗概がほぼ明らかになったであろう。縁起一心門の所説は心把捉に関する三者の立場、つまり、浄影寺慧遠に代表される地論宗南道派の教学と、『摂大乗論』に代表される唯識教学（おそらくは摂論宗の教学ということになろうが、それを確かめるための資料が現存しない）と、仏性・如来蔵思想の本来の立場とを、並列的に要約したものである。そして、それらを整理するにあたって、真妄縁集、摂本従末（妄心作）、摂末従本（真心作）とすることは、真妄論を基盤として、そこに本末という概念を重ねたものであると言うことができる。

次に凡夫染法のもう一方である「依持一心門」について見ていきたい。そこではまず、

　六七等の識は梨耶に依りて成ず。

　六七等識依梨耶成。（大正35・六三c）

という定義を示す。その直後に、

　故に論に云く、十二縁生は梨耶識に依る。梨耶識を通因と為すを以ての故に。

　故論云、十二縁生依梨耶識。以梨耶識為通因故。（大正35・六三c）

と教証が引かれる。この「論に云く」の文は、『摂大乗論世親釈』真諦訳巻第二縁生章第六に、「分別自性縁生」を釈して、

　釈して曰く、諸法の種子に由り、阿黎耶識に依りて諸法生ぜんと欲する時、外縁若し具すれば阿梨耶識に依りて則ち更に生ずることを得。諸法の生ずるは阿黎耶識を以て通因と為す。

　釈曰、由諸法種子、依阿黎耶識諸法欲生時、外縁若具依阿梨耶識則更得生。諸法生以阿黎耶識為通因。（大正31・一六四a）

と説くものを指している。つまり前述の「縁起一心門」は真と妄を基盤に凡夫（染）と仏（浄）の関係を整理したものであり、「依持一心門」は『摂大乗論』に説かれる阿梨耶識縁起を説くものを指していると言うことができる。

その上で『捜玄記』は、縁起一心門と依持一心門の違いについて、

　上の縁起一心は染浄即体にして別異を分たず。此の依持門は能所同じからざるが故に二に分つなり。

　上縁起一心染浄即体不分別異。此依持門能所不同故分二也。（大正35・六三c）

と言う。つまり、真妄論においては凡夫と仏は如来蔵において等しい存在であるのに対し、阿梨耶識と七識とは能

所の関係が決して逆転することはないので、二門に分けたと言うのである。

以上、凡夫染法に約する二門をほぼ概観した。これによって、ここに示される諸門が、真妄論を基盤とする地論学派の思想と阿梨耶識縁生を説く『摂大乗論釈』の所説とを合わせて整理したものであることが明らかになった。そしてこれらが何のための営為であるかということは、最後に置かれた問答によって明らかにされる。

問う、上の諸義の如きは並びに一一門別なり。云何が一証境界を成ずることを得るや。

問如上諸義並一一門別。云何得成一証境界。（大正35・六三c）

今まで明らかにしてきたように、凡夫の生死の世界は様々に解釈することができる。そうであれば、どのようにして唯一の真実なる境界を得ることができるのか、という問いである。これに対する答えの要旨は、「真実境界を得るための方便には様々な縁があり、これらはその方便としての所依の観門を示したものである。真実境界のあり方は既に十平等法として示した通りである[51]」というものである。この問答は法界縁起の所説全体に関する総結であると考えられ、以上の所説の意味を考えていく上で重要な意味を持っていると思われる。特に重要なのは、これらが「所依の観門」の体系であるとされる点であり、これによれば、『捜玄記』の法界縁起説はいわゆる縁起法の解釈ではないのである。以上によって、『捜玄記』の法界縁起説の内容をほぼ概観した。

二　法界縁起説はなぜ第六地で説かれるのか

次に、ここまで述べてきたような法界縁起説は、『捜玄記』ではなぜ第六現前地で説かれなければならなかったのか、という点について考察を加えていくことにしたい。従来の多くの理解では、法界縁起が第六地に説かれることと、第六地に説かれる著名な「三界虚妄但是心作」の経説とが、重ねて論じられることが多かった[52]。この点についての当否も併せて考えていきたいと思う。

さて、一部としての『六十巻華厳経』が七処八会の構成を持っていることはよく知られるところであるが、智儼はこれを大きく三つに分けて見ている。

㈠　挙果勧楽生信分（世間浄眼品一～如来光明覚品五）
㈡　修因契果生解分（菩薩明難品六～宝王如来性起品三十二）
㈢　依縁修行成得分（離世間品三十三・入法界品三十四）(53)

つまり、智儼は『六十巻華厳経』の構成をおおよそ、第一に仏の依報正報を挙げて衆生に勧め、第二に仏果に至る菩薩道の因果関係を示し、最後に果を成ずる様を明かす、と見ているわけである。この見方に従えば、第二普光法堂会を二分することになり、智儼が「信」という問題についてどのように考えていたのかが疑問に思われるが、(54)この点は当面の課題ではないので稿を改めたい。今、必要なことは「明難品」以下を修因契果生解分に含めたことによって、天宮の四会と合わせてこれらを十信・十住・十行・十迴向・十地の大乗菩薩道の次第と考えているということである。言うまでもなく、十地品はこの中の「修因契果生解分」に含まれる。もともと菩薩道とは、無上菩提を求めて諸波羅蜜を行じ、衆生を利益しようとする迴向心を持つ者の歩む道のことであるから、十住・十行・十迴向のいわゆる三賢は、十地の菩薩のこの三側面の各説と見ることもできる。このような見方に立てば菩薩道の中心は十地にあると言うことができる。そしてその菩薩道の体系を表わす修因契果生解分は、更に普賢菩薩行品と宝王如来性起品の二品が「自体因果」を表わし、それ以外が「方便対治修成因果」を表わすとして二分されている。(55)この自体因果と方便対治修成因果とは、既に述べた摂末従本門の末期の問答と同質のものと思われる。つまり、修因契果正解分全二十七品のうち、明難品から仏小相光明功徳品までは染法に対して浄法を順序立てて明かすのに対し、末期の二品は、もっぱら浄法のみを明かすものであるというのである。この点は、法界縁起が凡夫染法と菩提浄分とに分けられる理由を明らかにするための重要な概念であると思われる。このように考えてくると、十地品は、対治道としての菩薩道を明かす側面での『華厳経』の中心であると言うことができる。

では、その十地品の中で、第六地とはどのような位置にあるのであろうか。十地品の経説は既に述べたように大乗菩薩道の体系なのであるが、その一々の説相を細かく見ていくと、いわゆる小乗の教説を利用して進められていることに気がつく。初地の十願、第二地の三聚浄戒、第三地の四定は、いわゆる世間善と言われるものであり[56]、第四地の三十七道品、第五地の四聖諦、第六地の十二縁起は、出世間の善と言われるものである[57]。第七地は前地において獲得された空の真理を本当の意味で自らのものとする場面であり、これをくぐった八地以上は、出出世間善と言われる[58]。そして十地の一々が十波羅蜜のそれぞれに対応させられている。

このように見ると、菩薩道の出発点である初地と、般若波羅蜜の完成である第六地が、十地の中でも特に重要な意味を持っていることが了解できる。そして現に『捜玄記』では第六地に特に多くの分量を割いて注釈を加えている。これは、「別教一乗無尽縁起」を『華厳経』から読み取ったとされる智儼においては、縁起に関説する経文を特に重視するという意味で当然のことであろう。『捜玄記』において法界縁起の思想が第六地において説かれなければならない必然性は、この点にある。つまり、十二縁起は単に十二縁起として見るべきではなく、後に展開してきた様々な縁起説を視野に入れて、それらの真の意味を見出すべき課題がそこにあるのであり、これを智儼は「法界縁起」と言うのである。

それではその法界縁起説は、著名な「三界虚妄但是一心作」の経文とどのような関係にあるのか。次にこの点を確かめておこう。『六十巻華厳経』の第六地の経文は前後の偈頌と間の長行とで成り立っている。ちなみに、世親の『十地経論』ではこの長行だけが所釈の経文として扱われている。そして世親は経文を勝慢対治、不住道行勝、彼果勝の三つに分ける。[59]『捜玄記』も随文解釈の場面では全面的に『十地経論』の解釈に従っている。このうち、「勝慢対治」とは第五地を獲得したことの執着を乗り越えるという意味である。「不住道行勝」とは、菩薩は大悲心を以ての故に世間にも涅槃にも住しないことを意味している。「彼果勝」とは不住道行のもたらす優れた結果という意味である。そして、この中の「不住道行勝」に分判される箇所が、十種の十二因縁観を表わす経文である。経文は、「不住道行勝」の最後に十の観の名称を出しているので、[60]それによれば経文の十段落が十二因縁観のそれぞれに相当することになる。そして、「三界虚妄但是一心作」の文は第二段落の冒頭に置かれているので、十の内の一つである「一心所摂観」の文に含まれる。これに対して、『捜玄記』は法界縁起説をこれらの十を総括する場面で説いているのであり、この点で一心所摂観のみを解説するものであるとは言えない。

一方、『十地経論』は、十種十二縁起の十段落の経文を三種、[61]あるいは二種に分けている。[62]この点については第三章第一節で具体的に検討したが、三種に分けるとは次のようなことである。つまり、第一段落は全体の総説と考えてこの中を成差別、答差別、相差別の三つに分け、相差別の部分を「有分次第因縁集観」と名づける。次に、「三界虚妄但是一心作」以下の第二段落が始まるのであるが、この文だけを特に取り上げて、これを世諦差別としてその世諦差別に染依止観以下の六種（第二の因観は二種に、第六の深観は更に四種に分かれるので、合計十種となる）があるとする。そしてその十を「十種因縁集観相諦差別観」とするのである。これに従えば、「三界虚妄但是一心作」の文は十種因縁集観相諦差別観を開くための所依ということになり、世俗諦によって第一義諦に入っていくための総説ということになる。智儼が法界縁起の思想を展開するのは、「不住道行勝」の別釈の部分であり、この『十地経論』の主張に則ったものと言うことができる。このような観点に従うならば、『捜玄記』の法界縁起説の根拠として「三界虚妄但是一心作」の文を釈して次のように言う『十地経論』の文が、大いに参考になったはずである。

論じて曰く、但だ是れ一心の作なりとは、一切三界は唯だ心の転ずるところの故に。

論曰、但是一心作者、一切三界唯心転故。（大正26・一六九a）

この注釈によれば、三界は心によって作り出されたものといっても、三界に先立って心なる何かが存在することを意味するのではないことが明らかとなるであろう。最初に心という何ものかがまず存在して、しかる後にそれが三界を作り出したというのではなく、ここで「転」というのは、三界は心において感受されていること、心は三界によって動かされているものという相依関係を表現するものであると考えることができる。

このように考えてくると、『捜玄記』の法界縁起説は、自ら「所依の観門」と位置づけるように『十地経論』の所説に従って世俗諦を正しく観察して第一義諦に入っていくための方法を体系的にまとめたものと考えることができる。

三　法界縁起に「衆多有り」とはどういうことか

以上のような内容を持つ『捜玄記』の法界縁起説は、すでに先学によって指摘されているように、『一乗十玄門』の法界縁起説と別のものなのであろうか。次に、この点を考慮に入れながら、智儼が「法界縁起に衆多有り」と言うことの意味について考えていきたい。

この点に関して、木村清孝博士は、『一乗十玄門』と『捜玄記』では「別の観点に立つ」と述べられ[63]、坂本幸男博士は「法界縁起を論ずるに通別の二途有り」と述べられている[64]。両先学の主張には多少の意味の違いがあるが、主張の根拠には共通性があると思われる。そこでまず、その根拠から検討していきたい。従って『一乗十玄門』の所説を検討しなければならないが、『一乗十玄門』の智儼撰述に関しては様々な意見がある。[65] 今はこの撰述問題を考えていくためにも、まず所説の検討に専念したい。

『捜玄記』の法界縁起説と『一乗十玄門』の法界縁起説とを区別する根拠は、『一乗十玄門』の冒頭の部分をどのように読むかに関わっているようである。そこには、次のように説かれている。

一乗縁起自体法界義を明かさば、大乗二乗の縁起の但に能く常断諸過等を執するを離るるに同じからず。此の宗は爾らず。一即一切にして過の離れざる無く、法の同ぜざる無きなり。

明一乗縁起自体法界義者、不同大乗二乗縁起但能離執常断諸過等。此宗不爾。一即一切無過不離、無法不同也。（大正45・五一四a）

この文は既に前節で紹介したが、改めて取り上げてみたい。『捜玄記』の縁起一心門や依持一心門の内容をここに言うような大乗諸教の縁起説であると考え、智儼自身の立場は「一乗縁起自体法界義」にあると見なせば、ここに示される「一乗縁起自体法界義」と『捜玄記』の法界縁起説とは異なるものとする解釈も、一応は成り立つであろう。しかしながら、ここで智儼が主張していることは、果してそのようなことなのだろうか。「一乗縁起自体法界義」とは、それ以外の何かと相対して成り立つようなものなのであろうか。仮に相対的に成り立つものとすれば、それは究極とはなり得ないのでなかろうか。そこでもう一度、所説を振り返ってみよう。

「常断諸過等を執するを離る」というのは、衆生が分別によって有無に執着していることを離れさすという意味である。真実の側から言えば、執着すべきものは何もないばかりでなく、離れるべきものも本来存在しない。それらは衆生の幻想の世界の中でのみそのような事柄として成り立っているのであり、そのような衆生に向かって示された縁起の教えを「大乗二乗」と言うわけである。これに対して、『華厳経』に示される一即一切の縁起の教えは、衆生の分別の有無とは本来関係がなく、真実の世界をそのまま示したものであると言うのである。これは教えの優劣というよりは、むしろ教えの性質・立場の違いとでも言うべきものであり、それ故にこそ、個々の教えが代替不可能なものとして重要な役割を担っているわけである。様々な性質・立場の違いを持つ教えを整理する視点としては、種々な側面が考えられると思うが、その中の一つとして、衆生の迷妄を真実化することを主な課題として教えを整理する方法が考えられる。これは『一乗十玄門』の立場からは最も疎遠な視点と言うことができよう。衆生の分別を本来化するために教えが説かれるという側面を、智儼は一般的な用法に従って「対治」と呼んでいる。[66] そして様々な教えの「対治」の効用は全同ではないので、その教えを受ける衆生の根器の別に従って教えに浅深があるように見える。この点について智儼は、『捜玄記』の中で「対治」という点から仏陀の教説を見ていくために三つの視点を示している。

㈠　方便修相対治縁起自類因行

㈡　実際縁起自体因行

㈢　窮実法界不増不減無障礙縁起自体甚深秘密果道（大正35・一五c）

一即一切の縁起が、対治のための縁起と同じでないと言うのは、この中の第三の立場に立つものであることは明らかであろう。これに対して、『捜玄記』の法界縁起説は、全体が「所依の観門」を表わしているのであるから、おおむねこの中の第一の立場に立ったものであると言うことができよう。この違いは、法界縁起そのものの内容の違いというよりは、『捜玄記』と『一乗十玄門』という両典籍の性格の違いを反映していると考えることができよう。従って、一即一切の縁起は衆生が真実に至るためのよりどころとはならないのかと言えば、決してそうではない。[67]

また、一乗縁起自体法界といった境地は『華厳経』以外の経典に説かれないのかと言えば、そうでもないのである。[68]本来、仏陀の教説は全て衆生に向かって示されたものである。その意味では、衆生の論理に従ってそれを説く必要がある。このように考えるならば、法界縁起そのものに通別があるのではなく、法界縁起の表現の仕方に通別があると言わなければならないのではなかろうか。つまり『捜玄記』が、「法界縁起に衆多有り」と言うことは、法界縁起そのものが種々あるということではなく、真実に入っていくための門は沢山あるということを表わしているのであり、それ全体を総称して「法界縁起」と言うのである。従って究極の縁起とそうでない縁起が存在するかのように見えることは、縁起の側に課題があるのではなく、それを受ける衆生の側に問題があるということになるのである。

小　結

以上によって、『捜玄記』の法界縁起説をめぐる様々な点について一通り吟味し得たように思う。ここで注意しなければならないことは、智儼が当初考えた法界縁起説が「所依の観門」を表わすものであったということである。我々はともすると、この点を見失いがちになり、自己の存在と無関係なところでこの問題を考えようとする。究極の縁起説という点に特別の思いを込めて、宇宙万有の真理を説き示すもの[69]などと考えがちである。宇宙万有の生起といっても自己の存在を度外視して、自己の外側に世界を想定し、自己の内側に心を想定した上で、世界と心の関係を問題にするならば、そういう態度こそが、そもそも人間の分別なのである。法界縁起のよりどころとなった「三界虚妄但是一心作」の文も、このような文脈で読まれるならば、インド思想の実体的な転変説と同じものとなってしまうだろう。

浄影寺慧遠の如来蔵観は、人間が陥りやすいこのような特徴を備えているという点で、我々にとっては逆に親しみやすい[70]。智儼は慧遠の後輩ということもあって、その思想の恩恵をずいぶんと受けている。『捜玄記』の用いる教理用語の大半は、慧遠の著書の中に見出すことができると言っても言い過ぎではないほどである。このような視点で『捜玄記』の法界縁起説を概観すれば、それは単にそれ以前の諸派の教理をまとめたものと見ることも不可能ではない。しかし、それでは法蔵が「経を立てて宗を分かつ」と言う意味がなくなってしまう。縁起の真理とは、物事という存在の論理的な構造を明らかにするものであるが、物事とは、突き詰めれば結局自己存在を離れては成り立ち得ない。このような観点に立たないならば、縁起観といっても物理的な法則と何ら変わりないことになるだろう。

このような点に思いが及ぶとき、改めて法界縁起が「所依の観門」であるとされることに注意しなければならないように思う。この点は、智儼が単に浄影寺慧遠や至相寺智正の思想的な後継者であったことよりも、『法界観門』を著わした杜順の弟子であったことに、極めて大きな意味があると思うのである。杜順は、一種カリスマ的な禅師であり、教学者と言われるようなタイプの人ではなかったようである。その杜順の主体的・内観的な教えを基盤としてそれまでの所説を体系づけたもの、それが『捜玄記』に示される法界縁起説なのではないのだろうか。そしてこの点を、法蔵は「教を立てて宗を分かつ」と見たのではなかったのだろうか。このような推論が成り立つのであるが、この点についての詳細は章を改めて考えることにする。

第三節　智儼の阿梨耶識観

第一節、第二節で明らかにしたように、智儼はそれまでの地論・摂論学派、なかんずく、浄影寺慧遠に代表されるような、縁起思想を理解する上での矛盾を、『十地経論』所説の六相説を換骨奪胎することによって一乗縁起として確立した。その純粋な教理的表現が『一乗十玄門』であり、仏道実践の所依として明らかにしたものが『捜玄記』の法界縁起説であったと考えられる。そして『捜玄記』の撰述は智儼二十七歳の貞観二年（六二八）のことであった。一方時代は、玄奘の帰国による新訳仏教の将来という一大エポックを迎えていく。玄奘の紹介した唯識法相思想は、「〜になる系縁起」の最も深化したものとして、当時の仏教者に極めて大きな影響を与えたのであった。特に智儼にとっては、親しく『摂大乗論』を学んだ前述の法常及び僧弁の下において玄奘と同門であったという事実は、これを更に倍加するものとなったであろう。[71]玄奘が帰朝し、翻訳事業に着手した唐太宗の貞観十九年（六四五）は、智儼四十四歳の年であり、常識的に言えば人間として最も脂の乗り切った時期である。この時期に新たに画期的な大量の経論がもたらされたのである。それも自分がかねてより学んできた世親の教えの流れを汲むものが、である。智儼がそれに取り組む様は知的興味などといった皮相なものではなかったに相違あるまい。仏教思想的に言えば、如来蔵と阿梨耶識の理解に苦心していた当時の人々にとって、法相唯識仏教の将来はどのような意味を持ったのであろうか。智儼は自己の思想的基盤を揺さぶられるようなことはなかったのであろうか。

本節では、こうした点について考察を加えておきたい。従って、本節では現存する智儼の著作をその著述年次に従って、便宜的に玄奘帰朝以前のものと以後のものとの二つのグループに分けて考えていくことにする。

一　『捜玄記』の心識説

玄奘帰朝以前における智儼の著作の代表的なものは、言うまでもなく彼の二十七歳の年に書かれたとされる『捜玄記』[72]である。『捜玄記』では直接心識に言及する箇所は決して多くないが、その中で最も組織的に心識理解を闡明するのは、前節で述べた十地品第六現前地の「法界縁起」の所説である。その思想的な背景については、第三章、第五章で詳しく述べた通りである。[73]なかんずく、浄影寺慧遠の『十地経論義記』などとの思想的関連が強い。更に、ここで取り上げようとしている、第六現前地に説かれる法界縁起説の構造と思想史的意義については、前節で述べた通りである。[74]それ故ここでは、『捜玄記』における阿梨耶識理解の具体的な特徴を考察していきたい。

既に述べた通り、『捜玄記』の当該箇所は、「凡夫染法に約す」染門と「菩提浄分に約す」浄門とに二分される。染門は、更に縁起一心門と依持一心門との二つに分けられるが、この二門は、前節で述べたように、慧遠に代表される「如来蔵が諸法を生起する」という如来蔵観に基づいた真妄論を基盤として、そこに本末という概念を重ねることによって成り立ったのが「縁起一心門」であり、真妄に還元することのできない『摂大乗論』所説の阿梨耶識（能）と前七識（所）の関係を「依持一心門」として整理したものであった。更に縁起一心門は、真妄縁集門、摂本従末門、摂末従本門の三に分判される。これらの分判が全面的に慧遠の思想に依ることは既に指摘されているし、[75]その思想史的な意味については本書でも種々述べてきた通りである。ここで問題とすべきは、智儼が立論の基本を慧遠によりながらも、阿梨耶識の理解までをも、全面的に慧遠の思想を受けついでいるのかどうかという点である。『捜玄記』の所説の内容は前節で述べた通りであるが、それを心識理解という視点で注目すべきことを整理すれば、次のようになるであろう。

智儼はまず、法界縁起を「凡夫染法」と「菩提浄分」に約して弁ずる。これは慧遠が『大乗義章』において教証の意味をカテゴライズして、教と義、染と浄、雑の五つに分ける中の「染と浄」という視点と共通するものである。ちなみに慧遠は『大乗義章』の冒頭で、

義に五聚有り。一は教聚、二は義聚、三は染聚、四は浄聚、五は雑聚なり。

義有五聚。一者教聚、二者義聚、三者染聚、四者浄聚、五者雑聚。（大正44・四六五ａ）

とし、この五聚によって一切の仏法を整理しようとする。その上で、各説では前者を「染法分別縁生」と称し、さらにその中を縁起一心門と依持一心門に開くのである。この「染法分別縁生」という概念は、『摂大乗論』世親釈が第六章に縁生章を立てて、

若し略説すれば二種の縁生有り。一は分別自性縁生、二は分別愛非愛なり。

若略説有二種縁生。一分別自性縁生、二分別愛非愛。（大正31・一六四ａ）

と二種の因縁縁起を挙げた上で、前者について、

遍く三界諸法の品類は、若し生起の因を分別せば、唯だ是の一識なり。……若し諸法の差別を分別せば皆な此の識に従りて生ず。

遍三界諸法品類、若分別生起因、唯是一識。……若分別諸法差別皆従此識生。（大正31・一六四ａ）

と説くことを「梨耶心」と解して阿梨耶識に重ねたことに基づくものと推察される。このような慧遠の理解に依りながら、智儼は法界縁起の染門の基盤は「一心」にあると考え、その違いを各別に整理したのである。その際、切り口となったのは「真妄」と「本末」という概念であり、後述するように、内容から見て「真妄」論は『起信論』をはじめとする如来蔵思想であり、「本末」論は『摂大乗論』に説かれる本識と転識の関係に基づくものと考えら

れる。その上で、智儼が生死染法の基盤を「一心」と考えたのは、言うまでもなく十地品の第六地の「三界虚妄但是一心作」（大正9・五五八c）の文によるのであるが、そこに『十巻楞伽経』の、

寂滅とは名づけて一心と為す。一心とは名づけて如来蔵と為す。

寂滅者名為一心。一心者名為如来蔵。（大正16・五一九a）

と説かれることや、『起信論』の、

一心法に依りて二種の門有り。云何が二と為す。一は心真如門、二は心生滅門なり。

依一心法有二種門。云何為二。一者心真如門。二者心生滅門。（大正32・五七六a）

の思想が重なっているのである。この四門については前節で触れたので、ここではこのような視点に基づいて染法分別縁生の四門の違いを要約すれば、およそ次の通りである。

真妄論を基盤とする縁起一心門の第一真妄縁集門は、『起信論』の「一心法に依りて二種の門有り」や「真妄和合を阿黎耶識と名づく」を教証として引用するように、『起信論』の所説を「真妄縁集」と解釈したのである。

第二の摂本従末門は、

論に云く、種子識及び果報識と名づく。対治道の時、本識は都て尽くるなり。

論云、名種子識及果報識。対治道時、本識都尽。（大正35・六三b）

として、論を教証として証明される。これは、『摂大乗論』世親釈に、

常楽我浄は是れ法身の四徳なり。此の聞熏習及び四法を四徳の種子と為す。四徳円かの時本識は都尽す。聞熏習と及び四法を既に四徳の種子と為すが故に能く本識を対治す。

常楽我浄是法身四徳。此聞熏習及四法為四徳種子。四徳円時本識都尽。聞熏習及四法既為四徳種子故能対治本識。（大

正31・一七四a）

と説かれるものを要約していると思われる。『摂大乗論』の所説は、対治道が完成して涅槃が成就した時には染法のよりどころである阿梨耶識は滅尽するということである。この所説に従って、真妄論を基盤とする一心を阿梨耶識と見て「妄心作」を意味するものとしたのである。

第三の摂末従本門は、第二門の逆で真妄論における一心を「真心」とする見方のことである。それ故、仏性などが教証として引かれている。また十地品第六現前地の文を引いて、

又、此の経に云く、三界は虚妄にして唯だ一心の作なりと。論に釈して云く、第一義諦の故なり。

又此経云、三界虚妄唯一心作。論釈云、第一義諦故也。（大正35・六三b）

とも言うが、第五章第二節で明らかにしたように、この経文は第一義諦ではなく、世俗諦の差別を説明する文であるとするのが『十地経論』の所説であったが、それを智儼は「三界は虚妄であるが、所依の一心は真心である」と解したわけである。

縁起一心門に対して立てられた「依持一心門」は、前述したように、『摂大乗論』の本識と転識の関係は、能依・所依が逆転することは決してあり得ないために、「真妄論」では整理ができずに、これを別立てしたものであった。

以上のように、『捜玄記』の所説は慧遠が創案した「依持」「縁起」といった思想をよりどころとしている。大きく異なる点は、慧遠の思想的基盤が真妄論にあったために、真識（如来蔵心）の用大の染用として阿梨耶識を位置づけたことにより、真識が染縁生をも生ずることになるのであるが、智儼においてはそれら全てを法界縁起の染法分別縁生にまとめて、菩提浄分とは区別しているということである。この点は、これまでの検討によれば、真妄論

に還元できない『摂大乗論』の阿梨耶識縁生を深く学んだことによるものと考えられる。この点からも『摂大乗論』は智儼の『華厳経』理解に大きな影響を与えたと言えるのである。

第六現前地に説かれる法界縁起の「凡夫染法」に関する部分は、およそ以上の通りである。そこで次に、このような縁起観に立って経文を如何に解釈しているか、という点を見ていくことにする。

経[76]はまず第六地に入るためには十平等法を得なければならないとする。そのためには十二因縁を順逆に修さねばならないと説いた後、更に、具体的な十種の観を説く。その十種観の第二の経文に著名な「三界虚妄但是心作[77]」の文が存するのであるが、智儼はこの第二観を依止一心観と名づける。即ち、

二に依止一心観とは、即ち十二縁等は能依なり。心とは即ち梨耶心なり。此れに就きて以て章を題す。梨耶縁起を以て此の観の体と為す。

二依止一心観者、即十二縁等能依也。心者即梨耶心。就此以題章。以梨耶縁起為此観体。(大正35・六四b)

と解釈して、この依止一心観は、所観の対象である十二因縁が梨耶心をよりどころとするものであることを示すとする。さらに智儼は、唯識には二種あるとして次のように言う。

唯識とは二種有り。一は梨耶識持して諸法を生ず。識を離れて即ち無なり。二は意識唯識を明かす。生死涅槃染浄等の法は現に意地に在り。識を離れて即ち無なり。梨耶唯識の始は是れ解境にして行の所依に非ず。意識唯識は此の終りは即ち是れ正しく解の所依なり。心の終と意の始は前に反して知るべし。

唯識者有二種。一梨耶識持生諸法。離識即無。二明意識唯識。生死涅槃染浄等法現在意地。離識即無。梨耶唯識始是解境非行所依。意識唯識此終即是正解所依。心終意始反前可知。(大正35・六四b)

これによれば、この十二因縁が梨耶心によるということは、三界の一切諸法が梨耶心をよりどころとして生ずるこ

とを意味している。その上で、解に始まり行に至るところの梨耶唯識と、行に始まり解に至るところの意識唯識とを挙げているのであるから、その諸法に染浄を立てるのが意識の作用であり、それを行と解によって修していくというのである。[78]初めの阿梨耶識による唯識とは一切種子果報識と説かれるものを念頭に置いていることは明瞭である。とすれば、ここに説かれる意識唯識とは一体どのようなことであろうか。

意識唯識に関する直接的な言及は、『捜玄記』においては前記の引用文以上のものを見ることはできない。しかしながら、行門の唯識と解門の唯識とを解釈して、

実境を遣りて滅する時、即ち一分空無相性を得。無相現ずるが故に、唯識にして想境並び則ち生ぜざるを無性性を得と名づく。此れは是れ行門の唯識観法なり。若し生解に約せば、則ち三性の後に無性性を弁ずるなり。

遣実境滅時、即得一分空無相性。無相現故、唯識想境並則不生名得無性性。此是行門唯識観法。若約生解、則三性後弁無性性。（大正35・六四c）

としている。これによれば、対境を滅して無相を知り、識境ともに滅する観法を行門の唯識とし、三性説の理解から始めて無性性に至るのを解門の唯識としている。これを先ほどの文と重ねるならば、梨耶唯識が解門の唯識、意識唯識が行門の唯識に相当すると考えられる。それ故、意識唯識とは能分別の識によって所分別の境を滅し、境が滅すれば識も随って滅することにより境識倶空を成就するものであると解される。従ってこのような理解は、経の「事に随いて欲心を生ず[79]」の欲心を釈して、

欲心に二義有り。一は識は現に作用分別を起こす。二は即ち此の識は因縁の発起なり。作用義辺は即ち其の事に属す、能見取辺は即ち意識に属す。因縁発起は即ち梨耶に属す。

欲心有二義。一識現起作用分別。二即此識因縁発起。作用義辺即属其事、能見取辺即属意識。因縁発起即属梨耶。（大

正35・六四c～六五a）

とするような解釈を生むことになる。つまり、何事かに対して欲心を生じた場合、その欲心には二つの意味があって、一つは現に心の作用として執着が起こっているということであり、今一つは、その対象が因縁によって成り立っており（梨耶唯識）、その対象に対して執着しているという構造になっているというのである。以上のような意識唯識の説は、例えば『摂大乗論世親釈』真諦訳の釈依止勝相品相品の第六縁生章に、

論じて曰く、諸師は此の意識は種種の依止に随いて生起し種種の名を得ると説く。釈して曰く、諸師とは謂く諸菩薩なり。一意識次第して生起すと成立す。意識は一と雖も、若し眼根に依止して生ずれば眼識の名を得。乃至、身根に依止して生ずれば身識の名を得。此の中、更に余識の意識に異なる無し。阿黎耶識を離れて此の本識意識の摂に入る。同類を以ての故に。此の意識依止に由りて別名を得。

論曰、諸師説此意識随種種依止生起得種種名。釈曰、諸師謂諸菩薩。成立一意識次第生起。意識雖一、若依止眼根生得眼識名。乃至、依止身根生得身識名。此中、更無余識異於意識。離阿黎耶識此本識入意識摂。以同類故。此意識由依止得別名。（大正31・一八五a）

と説かれるような、縁生の構造を言うものであろう。この文は先の法界縁起説の縁起一心門に引用されたものであり、智儼が『摂大乗論』から新たに学んだ実践上の課題であったことを了解することができる。

以上によって智儼の『捜玄記』における阿梨耶識の理解をほぼ概観し得たように思う。結果として、およそ次のようなことが言えるであろう。即ち、智儼が阿梨耶識の理解に関して慧遠やその師法上の影響の下にあることは否めないが、慧遠が、如来蔵と阿梨耶識とを結びつけることによって、表面上はあくまで真識としながらも生死等の染法もそれによって生ずるとした不徹底さを示していたのに対し、智儼は、『摂大乗論』から真妄論には還元でき

ない阿梨耶識説を学ぶことによって慧遠の思想的矛盾を正し、実践上の課題を明確にしていったと言うことができる。こうした如来蔵理解の背景に、例えば『摂大乗論』応知勝相品における依他性の四種清浄を説く『論本』と、世親の釈の、

論じて曰く、四種清浄法とは、一に此の法は本来自性清浄なり。謂く如如、空、実際、無相、真実法界なり。釈して曰く、是れ法自性本来清浄に由る。此の清浄を如如と名づく。一切衆生に於いて平等に有るなり。是れ通相を以ての故なり。此の法是れ有なるに由るが故に説さて一切法を如来蔵と名づく。

論曰、四種清浄法者、一此法本来自性清浄。謂如如、空、実際、無相、真実法界。釈曰、由是法自性本来清浄。此清浄名如如。於一切衆生平等有。以是通相故。由此法是有故説一切法名如来蔵。（大正31・一九一c）

と説かれるものなどが大きく働いたであろうことは想像に難くない。ここでは、「如如」等は「一切衆生に平等に有り」と説かれるが、「一切衆生に如来蔵あり」とは説かれない。「一切法が如来蔵」であると説かれるが、「一切法が如如」であるとは説かれない。従って「如如」と「如来蔵」とは同義語ではないのである。

このような観点から言えば、如来蔵と阿梨耶識とを真識における真妄和合と説かねばならなかった慧遠と、染縁起における真妄和合と解した智儼との間には、『摂大乗論』の理解に関して大きな差があったのである。

二　『五十要問答』『孔目章』の心識説

次に、玄奘帰朝以後、つまり新訳唯識に触れた後に著わされたと考えられる『五十要問答』及び『孔目章』に説かれる阿梨耶識・阿頼耶識観について、考察を加えていくことにする。『五十要問答』と『孔目章』とは、いずれもが玄奘訳の諸経論を引用することから、玄奘訳諸経論の訳出年次によって、およその著述年次が推定される。ま

た、後者が前者を引用しているので、後者が前者より後に著わされたことも明らかである。智儼が玄奘訳諸経論に強い関心を示したことは、『五十要問答』『孔目章』を一瞥すれば容易に了解されるところであり、それらから彼がどのような点を吸収しているかは、詳細な吟味を必要とする。

言うまでもなく、旧訳の阿梨耶識（阿黎耶識と表記するも同じ）と新訳の阿頼耶識とは、共に同一の原語であるālaya-vijñānaの音写語である。しかしながら、『十地経論』や真諦訳『摂大乗論』に説かれる阿梨耶識と、『成唯識論』等に代表される新訳の阿頼耶識とでは大幅に内容が異なる。こうした点を踏まえながら、智儼が自らの思想をどのように展開していったかについて考察を加えていくことにしたい。

『五十要問答』『孔目章』の中で、このような問題を考えるにあたって触れなければならない箇所は多々存在するが、今は紙面の都合もあるので、それらの中で最も組織的かつ中心的であると考えられる『孔目章』巻第一の「明難品初立唯識章[80]」を取り上げることにする。

凝然の『孔目章発悟記[81]』によれば「唯識章」は、次のような位置づけを与えられている。即ち、六十巻『華厳経』の第二普光法堂会六品の中において、初めの三品（如来名号品・四諦品・光明覚品）が如来の三業を明かして信の所依を表わすのに対し、後の三品（明難品・浄行品・賢首品）は信の解と行と証（徳用）とを明かして大乗に信楽する道を表わしているとされる。その十信の解を明かす「明難品」の冒頭には次のような問答がある。即ち、文殊が覚首菩薩に、

心性は是れ一なり。云何んが能く種種果報を生ずるや。

心性是一。云何能生種種果報。（大正九・四二七a）

と問うたのに対して、覚首が偈頌を以て、

眼耳鼻舌身　心意諸情根　此れに因りて衆苦を転ず　而して実に所転無し
法性に所転無し　示現の故に転ずる有り　彼に於いて示現無し　示現に所有無し
眼耳鼻舌身　心意諸情根　其の性悉く空寂なり　虚妄にして真実無し
観察正思惟するに　有者所有無し　彼の見は顚倒ならず　法眼清浄の故に
虚妄は虚妄に非ず　若しは実若しは不実　世間出世間　但だ仮の言説有るなり
眼耳鼻舌身　心意諸情根　因此転衆苦　而実無所転　法性無所転　示現故有転　於彼無示現　示現無所有　眼耳鼻舌身
心意諸情根　其性悉空寂　虚妄無真実　観察正思惟　有者無所有　彼見不顚倒　法眼清浄故　虚妄非虚妄　若実若不実
世間出世間　但有仮言説（大正９・四二七ａ～ｂ）

と答えた。この問答を心性の活動と理解し、唯識思想の根拠と見て、一切諸法のよりどころを「阿梨耶識」として解釈しようとしたのである。それは例えば『摂大乗論』巻上に、

阿黎耶識に依止して諸法生起す。是れを分別自性縁生と名づく。種種法因縁自性を分別するに由るが故なり。
依止阿黎耶識諸法生起。是名分別自性縁生。由分別種種法因縁自性故。（大正31・一一五ｂ）

と説かれるような、阿黎耶識の分別自性縁生の意味を解釈したものである。

全体は、挙数・列名・出体・明教興意・建立・弁成就不成就・明対治滅不滅・明薫不薫・弁真妄不同・帰成第一義無性性と題される十門より成る。

第一門「挙数」では、一心から無量心に至る八種の心識説を挙げる。[82] この中には「阿頼耶識」を所依とする新訳の八識説が含まれることは言うまでもないが、『十地経論』『楞伽経』『摂大乗論』等の処々に説かれる心識説を総合している。そして一心を説明して「第一義清浄心」であるとしながら、第二門「列名」では『摂大乗論』衆名品

によって、阿頼耶識・阿陀那識・心意識・窮生死蘊等の名を出し、第三門の「出体」においては「究竟して如来蔵を用って体と為す」と述べる。ここに至って、智儼の見解における心識の体は初めから如来蔵であることが鮮明となる。更に第四門「教興意」では、第二門に同じく『摂大乗論』衆名品の文を引用して、心識説が勝位の菩薩のためにのみ説かれるものであることを明かす。

第五門「建立」では、(ア)まず『雑集論』巻第二の八相を以て阿頼耶識の存在を論証する部分[83]を長々と引用した後に、

此の文相に拠るに、阿頼耶識は即ち事中に在り。云何んが是れ如来蔵なりと知ることを得るや。答う、如来蔵の不染而染に由る。是れ其の事相に別して事有ること無きが故に是れ如来蔵なり。

拠此文相、阿頼耶識即在事中。云何得知是如来蔵。答由如来蔵不染而染。是其事相無別有事故是如来蔵。（大正45・五四四a）

との問答によって、阿頼耶識が如来蔵の不染にして染なる事相に他ならないとする。

(イ)次に『摂大乗論世親釈』真諦訳巻第二の相品の七章[84]に従いながらも「摂論に依りて頼耶を建立するに其の八義有り」とする。今、両者の関係を比較すれば、およそ次の通りである。

《孔目章》（大正45・五四四a～五四五b）	**《摂大乗論世親釈　真諦訳》**（大正31・一六二a～一六四a）
(一) 三相義に依りて本識有るを知る	相章
(二) 熏習義に依りて本識有るを成ず	熏習章
(三) 互為因果の義に依りて本識有るを成ず	不一不異章
(四) 不一不異の義に依りて本識有るを成ず	更互為因果章

(五)　因果別不別の義に依りて本識有るを成ず………因果別不別章
(六)　縁生義に依りて本識有るを成ず………………縁生章
(七)　彼因縁具不具の義に依りて本識有るを成ず……四縁章
(八)　会名帰正に依りて本識有るを成ず

このうちの第八は相品中に該当する部分が存在しないが、そこに引用される文は相品の直前の衆名品の末後の文[85]であり、その意味では全てを『摂大乗論世親釈』によったものと言うことができる。しかしそこに説かれる教説の内容は『摂大乗論釈』と全同ではない。むしろそれを大幅に改変したものであると言った方が適当であろう。例えば第六「縁生義に依る」では、この中を更に十門に分けて論ずるのであるが、その第六に「熏の成不成に約して差別を弁ず」の一項を設けて『摂大乗論』に、

堅無記可熏　能熏と相応す
堅無記可熏　与能熏相応（大正31・一一五c）

と説かれる所熏処の四義を「梨耶に四徳を具して方に熏を受くるに堪う」と解釈して次のように説く。

一に堅とは、謂く、理実の故に堅なり。識外の余法は識に依りて自在ならず。並びに皆堅ならず。……
一堅、謂理実故堅。識外余法依識不自在。並皆不堅。……（大正45・五四四c）
二に無記義方に薫(ママ)を受くるを得。何を以ての故に。無記とは即ち是れ無分別の義なり。如来蔵中に方に此の法有り。……
二無記義方得受薫(ママ)。何以故。無記者即是無分別義。如来蔵中方有此法。……（同右）
三に可熏とは、唯だ如来蔵は自性を守らず。諸法縁に随いて起りて似義を成ず。故に是れ可熏なり。

三可熏者、唯如来蔵不守自性。随諸法縁起成似義。故是可熏。（同右）

四に能熏と相応すとは、唯だ如来蔵に諸法に応ずるの義有り。余法には則ち無きなり。何を以ての故に、自性を守らざるを以ての故に。

四与能薫《ママ》相応者、唯如来蔵有応諸法義。余法則無。何以故、以不守自性故。（大正45・五四五a）

これは『摂大乗論』所説の阿梨耶識を如来蔵と解釈するものに他ならない。また第八「名を会して正に帰するに依る義」では、前述のように真諦訳『世親釈論』衆名品を引用しながらも、阿頼耶識の語を使用して、

若し頼耶を名けて梨耶と曰う義を将てせば、則ち最勝と為す。今、此の義に約す。梨耶の名は唯だ本識に在りて其の義即ち勝なり。若し人法二我見処に目づくるは、則ち勝に非ざるなり。頼耶の義は応に此れに準じて知るべし。

若将頼耶名曰梨耶義者、則為最勝。今約此義。梨耶之名唯在本識其義即勝。若目人法二我見処、則非勝也。頼耶之義応準此知。（大正45・五四五b）

とする。即ち、智儼がここで引用する『摂論』の文は、阿梨耶識を我見身見と執することを破する箇所であるが、これを阿頼耶識に置き替えることによって阿頼耶識に対する阿梨耶識の優位性を主張する教証としたのである。つまり、人法二我見を破する教説としては阿頼耶識を説く意味があるが、そこに留まるならばそれは勝義とはならない。二空所顕の如来蔵である阿梨耶識にそれを摂しなければならないとするのである。従って当門の題目である「名を会して正に帰す」とは、阿頼耶識の名を会して如来蔵に帰することに他ならないのである。

(ウ)第三には『顕揚論』巻第一の十九門[86]を引用して阿頼耶職の建立を述べた後、本識としての阿頼耶職をどのような観点によって理解すべきかということを問答によって明かしている。即ち、本識は生死の体としての因であり果

であるべきなのにどうして生死と因果とを並べて説く必要があるのか、という問いに対して、『成唯識論』等の所説は生死の中に於ける因果相生の道理を弁ずるのみであるから随転理門の説であって真実の理は無い、と答えるのである。それ故「識を離れて以外更に法有ること無し」とされる場合の識とは、

識とは即ち是れ不染而染門の如来蔵の一義なり。

識者即是不染而染門如来蔵之一義也。（大正45・五四五ｃ）

として不染而染門の如来蔵であるとしなければならないのである。こうした主張を成り立たしめる教証として、『捜玄記』ではあまり重視されなかった『楞伽経』の処々の文が引用されている。その中でも特に注目しなければならないのは、

①　大慧よ、如来蔵識は阿頼耶識中には在らざるなり。是の故に七種識に生有り滅有り。如来蔵識は不生不滅なり。

大慧、如来蔵識不在阿頼耶識中。是故七種識有生有滅。如来蔵識不生不滅。（大正45・五四六ａ）

②　大慧よ、阿梨耶識を如来蔵と名づく。而るに無明七識と共に倶なり。大海波の常に断絶せざるが如し。身と倶生の故に。無常の過を離れ、我の過を離れて自性清浄なり。

大慧、阿梨耶識名如来蔵。而無明七識共倶。如大海波常不断絶。身倶生故。離無常過、離於我過自性清浄。（大正45・五四六ａ）

の二文である。いずれも菩提流支訳の『十巻楞伽経』の文を引用しながらも[87]、①の引用文では「阿頼耶識」の語を用いている。この二つの文は、古来注目されてきたものであり、特に地論学派においては、これらの所説によって如来蔵と阿梨耶識との関係を如何に解釈するかという点が非常に大きな問題であったことは、第一章、第三章で述

べた通りである。そして同じ地論南道派にありながらも、法上と慧遠では見解を異にしていた。例えば法上が、阿梨耶識を第七識としたのはこの『十巻楞伽経』の「如来蔵は阿梨耶識中には在らず」の説によったものであると指摘されている。[88] また慧遠が、如来蔵と阿梨耶識とを同視する背景に「阿梨耶識を如来蔵と名づく」の説があることは容易に推察されよう。いずれも阿梨耶識を真妄和合であると解するのであるが、結果的に法上においては阿梨耶識の「妄」的側面に、慧遠においては「真」的側面に立つことによって、「阿梨耶識は如来蔵と名づく」「如来蔵は阿梨耶識中には在らず」のどちらか一方は抹消されているのであり、二つの文を矛盾なく説明し得るものではなかったのである。こうした観点に立つならば、ここで智儼が『十巻楞伽経』を引用しながら、敢えて「如来蔵は阿頼耶識中には在らず」と言い換えていることには大きな意味があると考えられる。即ち、既に触れてきたように阿梨耶職と如来蔵との同一性を積極的に説いてきた智儼にしてみれば、生死と因果との相乗において説かれる随転理門の阿頼耶識説を生死の体としての如来蔵・阿梨耶識から切り離すことによって、より一層強固に如来蔵と阿梨耶識とが結びつく結果になるからである。従って、この部分はどうしても「如来蔵は阿頼耶識中には在らず」でなければならないのであり、「阿梨耶識を如来蔵と名づく」でなければならないのである。

この後、末那識と意識との建立を明かして第五門「建立」を終え、次の第六門「成就不成就を弁ず」では『顕揚論』[89]『瑜伽論』[90]を引用して、結論では、

当に知るべし、阿頼耶識を成就せんと欲すれば、会して須らく如来蔵に通ずべし。

当知、阿頼耶識欲成就者、会須通如来蔵。（大正45・五四七a）

と結ぶ。第七門「対治滅不滅」・第八門「熏不熏」では本節の主題と直接的にかかわる所説を見ない。

第九門「真妄不同を弁ず」では、

此の阿頼耶識に真妄不同有り。

此阿頼耶識有真妄不同。（大正45・五四七ａ）

としながら、『地論』[91]『摂論』[92]『瑜伽論』[93]等の所説を引用して、法空第一義諦にその究極の真実を求むべきことを明らかにする。ここに説かれる真妄とは、染浄法の依止としての真妄という意味ではなく、第一義諦・世俗諦を表わすものであることに注意しなければならない。即ち、唯識を以て境の有を執するものに対すれば「真」であるが、それによって識の有を執すれば「妄」であるとするのである。第十門「帰成第一義無性性」は爾前の第九門を受けて、一切法を唯識に摂し更にそれを無尽と捉えるところに一乗の究竟があるとするものであるが、この中では一乗唯識・三乗唯識・解唯識・行唯識といった言葉が注目される。即ち、教を一乗・三乗・小乗に分かつのは真諦訳の『摂論釈』[94]によるものであるが、智儼は『捜玄記』以来一貫してこの説に準じているのであって、今、唯識を釈するに際しても、それを全て三乗に摂するのではなく、一乗の唯識という概念を立てていることが注目に値するのである。『五十要問答』と『孔目章』は『華厳経』の所説の要点をそれぞれ個々に取り上げて論ずるものであるから、それらの要点が相互に如何なる関係において捉えられるべきかといったことは明確には説かれていない。従って、それらを総合する視点としては、『華厳経』自身の組織と『捜玄記』に説かれる智儼の見解とに依らなければならないのである。『捜玄記』には一乗唯識といった概念は見当たらないから、これは新訳の唯識との関係において設定されたと考えられる。しかしながら、一乗唯識については、あまり詳しい言及はなく「唯十識」と説明するのみである。

また、

総じて唯識を説くに其れに二種有り。一は解唯識、二は行唯識なり。意識唯識の如きは初は即ち行に順じ後は即ち解に順ず。本識唯識は初は即ち解に順じ後は即ち行に順ず。広くは疏に説けるが如し。

総説唯識有其二種。一者解唯識、二者行唯識。如意識唯識初即順行後即順解。本識唯識初即順解後即順行。広如疏説。

（大正45・五四七b）

と説かれる解唯識・行唯識は、先に述べた『捜玄記』の所説と同じものであり、言い方が逆であるにすぎない。従って、智儼の唯識理解は、行・解と意識・本識との相乗によってなされたものである点は、終始一貫していると言える。

以上によって、新訳唯識に触れた後の智儼の阿梨耶識理解は、『捜玄記』に説かれるものの延長にあることが明瞭となったであろう。こうした解釈は、阿梨耶識と阿頼耶識のいずれもが ālaya-vijñāna の音写語であることと何ら矛盾するものではない。何となれば、智儼においては「如来蔵阿梨耶識」という概念が既存のものであったわけであり、それと比較することにおいて新訳の阿頼耶識を咀嚼していったからである。

小結

『捜玄記』において法界縁起の染門として説かれた阿梨耶識縁起説は、地論南道派の伝統的な真妄論によって会通された阿梨耶識観を受け継ぎながら、『摂大乗論』に説かれる真妄には還元できない阿梨耶識思想によって整理されたものであった。こうした視点の獲得によって、一方では菩提浄分としての性起思想が明確になっていたものと思われる。智儼においては、性起・如来蔵・阿梨耶識の三者は相互に有機的な関連を持っているので、このような思想形成が何をきっかけになされたかということは簡単には判断できない。しかし、結果的に言えば、如来蔵阿梨耶識を真識用大の染用として説かねばならなかった慧遠と、如来蔵阿梨耶識を法界縁起の染門として位置づけた智儼との差は甚だ大きい。そしてこの如来蔵を背景とする阿梨耶識の理解は、玄奘によって新訳唯識が紹介されるに際しては重要なよりどころとなって、三乗教を初教と終教とに分ける基準ともなったのである[95]。

玄契の帰朝を境として中国仏教界は大きく変動した。その渦中にあって、当然のことながら智儼も新訳の諸経論に多大の関心を示した。そのことは、『五十要問答』や『孔目章』における新訳諸経論の引用の多さを見れば、容易に了解されよう。また彼が永年棲み慣れた至相寺を去って長安の雲華寺に入寺することになった原因[96]も、そうした点にあったかもしれないのであるが、それほどまでに強い関心を持ちながらも、基本的には自己の立場を変更したわけではない。それは、同じく法常・僧弁門下であった円測が新訳唯識に傾倒していったのと、好対照である。智儼が、新訳唯識に対して一線を画していたことは、例えば詳細な心所説を展開する『瑜伽論』や『成唯識論』に対して、それらは凡夫が道を修する上では、詳細であることによってかえって能修の人を怖気づかせ妨げとなるのみであって、何ら益がないと批判する例[97]などによって明瞭である。そこには、単に伝統的な地論学派の教学や旧訳の『摂大乗論』を墨守するあまり、新訳の唯識説を受け入れられなかったということとは異なる、深い宗教的見地に基づく洞察を見ることができる。言い換えれば、もともと染浄相対において結びつくこととなった如来蔵と阿梨耶識は、より一層細かな染縁起を説く新訳の阿頼耶識説に接することにより、本来の宗教性を再確認されることになったと言える。即ち、新仏教との接触は、結果的に、『捜玄記』において既に地論教学からの独立を成し得た智儼の教学が、より一層一乗思想として精練されていく直接のきっかけとなったと考えられるのである。従って、地論学派の末流であった智儼が華厳宗の祖となり得た背景には、新訳仏教との接触を見逃すことができないのである。

智儼の生きた時代は、社会的には隋末の戦乱を経て盛唐へ向かうという激動の時期であり、仏教の歴史の中では、空前の大翻訳家玄奘によって一乗方便三乗真実を標榜する新しい考え方の仏教が紹介されるという、正に波乱に富んだ時代であった。そうであればこそ、智儼が求めた仏教とは、現実の人間が救われるところの生きた宗教でなければならなかったはずである。本節では、そうした智儼の教学における阿梨耶識の理解を、南道地論学派と華厳教学との接点として考えてきたので、それが智儼の全思想の中で如何なる地位を有するか、また華厳思想という流れの中では如何に捉えられるか、といった問題にまで言及することはできなかった。例えば、既述のような智儼の新仏教に対する態度は、後の法蔵が示したものとかなりの隔りがあるように思われる。同じく華厳の祖として「儼蔵」と並び称されながら、何故このような差異が生じたのか、といった疑問が新たな問題として浮び上ってくるのである。このような点については次章で考えたい。

註

（1）別教一乗の面については、第一章、第二章で、無尽縁起については第三章～第五章で述べた通りである。

（2）智儼の『華厳一乗十玄門』（大正蔵45巻所収）や法蔵の『華厳一乗教義分斉章』（同前）といった主著の名称に表れているほか、華厳教学の主要な教判である同別二教判が一乗に関するものであることなどに象徴的に表わされているだろう。

（3）大正45・五〇七c～。

（4）『十地経』『十地経論』の六相説を直接扱ったものに、日野泰道「華厳に於ける六相説の思想史的考察」（『大谷学報』第一一八号、一九五三年）、伊藤瑞叡「六相説の源泉と展開（上）」（『仏教学』第一三号、一九八二年）などがあり、六相についての原語的な問題まで研究されている。

（5）該当するものは以下の四である。

ア、対告衆の菩薩の「入」に関する十句の釈（本文中の用例二、大正26・一二四c～五a）

イ、対告衆菩薩の善決定の解釈（同一二七c）
ウ、同じく対告衆の菩薩の共通性に関する解釈（同一二八b）
エ、菩提心を起こす衆生の十種の善について（同一三四c）

(6) ちなみにこの経文を釈して『十地経論』はまず、
論じて曰く、第四大願に心に増長を得しむとは、何等の行を以て心を増長ならしむるや。
論曰、第四大願心得増長者、以何等行令心増長。（大正26・一三九a）
と言うことによる。

(7) ちなみに『十地経論』論文には、
方便とは経の如きは、総相別相同相異相成相壊相の故に。
方便者如経、総相別相同相異相成相壊相故。（大正26・一三九b）
とある。

(8) 『十地経』の経文の最初に、
経に曰く、又一切の菩薩に不可思議なる諸仏の法と明と説きて、智慧地に入らしむるが故に。
経曰、又一切菩薩不可思議諸仏法明説、令入智慧地故。（大正26・一二四b）
とあるを指している。

(9) 例えば、龍樹の『大智度論』では、無戯論寂滅相を説明して、「一切法は菩提中に入らば皆寂滅相なり（一切法入菩提中皆寂滅相）」（大正25・七〇八a）と説く場合と、「一切名字語言音声悉く断ず（一切名字語言音声悉断）」（同七二六a）と説く場合があるので、世俗には存在の面と言語の面が想定されていると考えられる。

(10) 地論学派の六相理解を扱ったものとして、村田常夫「天台の十如と華厳の六相」（『大崎学報』第一一〇号、一九五九年）、成川文雅「地論師の六相説」（『印度学仏教学研究』第八巻第二号、一九六〇年）などがある。なお村田論文は、『十地経』『十地経論』所説の六相説理解が精密でなく、成川論文は華厳教学の側から法上・慧遠説を見ているために読みすぎていると言わざるを得ない。

（11）吉蔵撰『中観論疏』巻第九本に、

地論人の如きは六相義を用いて以て衆経を釈す。謂く、総相別相同相異相成相壊相なり。

如地論人用六相義以釈衆経。謂総相別相同相異相成相壊相。（大正42・一三六a）

とある。『百論疏』（大正42・二七一c）にも同様の文がある。

（12）成川註(10)前掲論文は、六相説は経典解釈の方法論であると理解しながらも、「諸法円融説としての六相説とも受けとることができる」とするが、これは「法」を華厳的に理解したことによるのである。

（13）註(5)に挙げた論文の解釈のほか、『大乗義章』巻第三「六種相門義」（大正44・五二四a～b）、巻第一九「二智義」（大正44・八四六b）などで六相説に言及している。

（14）大正44・五二四a。

（15）『一乗十玄門』には新訳唯識説の影響が全く見られないこと、現行の大正蔵所収本の撰号に「承杜順和尚説」とあること、加えて以下の本章に述べることなどによる。しかしながらこの問題については「智儼の初期の作とすることには問題がある」（石井公成『華厳思想の研究』春秋社、一九九六年、一六二頁）とする意見もある。

（16）坂本幸男博士は、両書の「法界縁起」の内容について「別教一乗の無尽縁起を指す場合と、『華厳経』の中の一切の縁起説を統摂した場合の二種類がある」（「法界縁起の歴史的形成」〈『大乗仏教の研究』大東出版社、一九八〇年、六一頁〉）とする。また木村清孝博士も両者は「別の観点に立つ」（『初期中国華厳思想の研究』春秋社、一九七七年、五二三頁）とする。

（17）第一章第二節二「『捜玄記』玄談と地論・摂論教学の関係」、第三章第一節「中国仏教における「縁起」思想の理解」、第五章第一節「浄影寺慧遠における「依持」と「縁起」の問題」、第五章第二節「地論学派の法界縁起思想」、本章第二節「『捜玄記』の法界縁起思想」など参照。

（18）その理由としてまず『一乗十玄門』の撰号に「承杜順和尚説」とあること、杜順の『法界観門』は理と事を縦横無尽に詳説して無礙に至るという内容であったこと（『法界観門』の内容については、木村註(16)前掲書第二篇第一章第二節「『法界観門』をめぐる問題」三二八〜三四二頁を参照）、などが挙げられよう。

(19) 註(17)等参照。

(20) 註(18)等参照。

(21) 大正45・五一四b。

(22) 『五教章』は、釈迦如来海印三昧一乗教義を開いて十門となし、その第一「建立一乗」で一乗教義を別教と同教に開き、別教を釈して、「一は性海果分にして是れ不可説の義なり。何を以ての故に、教と相応せざるが故に。則ち十仏自境界なり。……二は縁起因分にして則ち普賢の境界なり。（一性海果分是不可説義。何以故、不与教相応故。則十仏自境界也。……二縁起因分則普賢境界也。）」（大正45・四七七a）とする。

(23) この「自体」という概念は、地論学派との関係を想像させる。例えば、浄影寺慧遠や『華厳経文義要決問答』（続蔵一・一二所収）に引かれる懍師などの後期地論学派に属する人々が、自らの思想的基盤を「自体縁起」と称していたからである。この後期地論学派の「自体」の概念については、第五章第二節「地論学派の法界縁起思想」で論じた。

(24) 大正9・四六五a。

(25) 志賀浩二『大人のための数学①　数と量の出会い　数学入門』（紀伊国屋書店、二〇〇七年）第二章「量と数」三一〜四六頁参照。

(26) 本来、数と量は異なる意味を持っていたが、それが統合されて新たな「数」という概念が形成される過程は、註(25)にわかりやすく説かれている。

(27) 第四章第一節「縁起思想の展開から見た『起信論』の縁起説」、第四章第二節「『起信論』中国撰述説否定論」、等参照。

(28) 大正45・四九九a。

（29）「因の六義」は唯識思想の種子の六義を言い換えたものであるが、『摂大乗論』に触れた智儼によって創案されたものである（この点については、大竹晋『唯識説を中心とした初期華厳教学の研究――智儼・義湘から法蔵へ――』大蔵出版、二〇〇七年、二九八～三一二頁参照）。智儼においては、『華厳経』の所詮を表わすものが十玄縁起であり（『捜玄記』巻一上、大正35・一五a～b）、因の六義は因果縁起の問題であった。それが法蔵において、華厳一乗思想の義理として重ねられていったと考えられる。

（30）大正45・五〇二c～三a。

（31）『起信論』は立義分において、衆生心の心生滅因縁相が「能く摩訶衍の自体相用を示す（能示摩訶衍自体相用）」（大正32・五七五c）と言い、摩訶衍の義とは体大・相大・用大（同前）であるとする。

（32）この点は、第七章第二節で詳しく論ずる。

（33）本来、言語に関する問題であった六相説が「法界縁起六相鎔融」と理解され、その結果、存在としての「縁成の舎」を喩えに用いて六相円融が説かれていることに象徴的に表われていると考えられる（大正45・五〇七c～）。

（34）『華厳経伝記』巻第三（大正51・一六三c）。

（35）例えば近代の代表的な華厳教学者である湯次了栄の著わした『華厳大系』（国書刊行会、一九七五年）の教理編第二章第二節「四種法界」（四二六頁～）など参照。

（36）大正35・六二c～六三c。

（37）例えば、木村註(16)前掲書第二篇第六章第二節「『捜玄記』の法界縁起」（五一二頁以下）、石井註(15)前掲書第一部第二章第一節「性起説の成立」などで言及されている。本書では前章の小結において若干この点に触れた。

（38）註(35)参照。

（39）本有修生を解釈する段落に、次のように言う。

諸の浄品は本と異性無し。今、諸縁の新善を発生するに約せり。彼の諸縁に拠るは乃し是れ妄法所発の真智にして乃ち普賢に合するなり。性体には本と分別無く、修智も亦分別無し。

諸浄品本無異性。今約諸縁発生新善。抛彼諸縁乃是妄法所発真智乃合普賢。性体本無分別、修智亦無分別。（大正35・六三a）

この文から、逆に染法の所依が分別にあると知ることができる。

(40) 十地品で第六地の菩薩の修すべき法として十二因縁を順逆に十種観察することが説かれるが（大正9・五五八c～五五九a）、これを『十地経論』が「是の菩薩は是の如く十種に因縁集を観ず」（大正26・一七一b）と解釈する。これについて『捜玄記』は、

此の十番縁生は唯二門有り。一に修生、二に修生本有なり。余の二（本有・本有修生）は性起品に在り。

此十番縁生唯有二門。一修生、二修生本有。余二在性起品。（大正35・六三a）

と解釈している。

(41) 第五章第一節「浄影寺慧遠における「依持」と「縁起」の問題」参照。

(42) 註(41)参照。

(43) 青木隆「中国地論宗における縁集説の展開」（『フィロソフィア』第七五号、一九八八年）、同「天台行位説に関する一、二の問題」（『印度学仏教学研究』第四一巻第二号、一九九三年、五三頁以下）など参照。

(44) 例えば、『大乗義章』巻第一に、

唯真のみにては生ぜず、単に妄のみにては成ぜず、真妄和合して方に陰の生ずること有り。

唯真不生、単妄不成、真妄和合方有陰生。（大正44・四七三b）

とある。なおこの部分の理解については、吉津宜英「慧遠の仏性縁起説」（『駒澤大学仏教学部研究紀要』第三三号、一九七五年）参照。またこの表現が、慧遠・智儼・法蔵に固有のものであることは、次節参照。

(45) 註(41)参照。

(46) 『大乗義章』巻第三に、

是を以て不増不減経に言く、即ち此の法界、五道に輪転するを名づけて衆生と曰う、と。

是以不増不減経言、即此法界、輪転五道名曰衆生。（大正44・五三〇a）

とある。同様の表現は『大乗起信論義疏』巻上の上（大正44・一七九b）などにも見ることができる。

(47)『続高僧伝』巻第一八曇遷伝（大正50・五七二b～c）によれば、曇遷による『摂大乗論』の北地開講は、隋文帝の開皇七年（五八七）であり、慧遠の没年（開皇十二年、『続高僧伝』慧遠伝、大正50・四九一bによる）のわずか五年前のことである。従って慧遠は、最晩年になってから自己の心識理解を再構築しなければならなかったに違いない。

(48)『六十巻華厳経』巻第二五（大正9・五五八c）。

(49)湯次註(35)前掲書第四編第二章（四二〇頁以下）など参照。

(50)大正35・六三b。

(51)『捜玄記』の本文には、

答う、上来弁ずる所は、並びに縁に約して別して顕すなり。即ち是れ証境の方便道の縁なり。欲楽すでに別なれば、即ち今所依の観門も一に非ざるなり。若し証境を尋ねんは上の十平等の説の如し。

答上来所弁、並約縁別顕。即是証境方便道縁。欲楽既別、即今所依観門非一。若尋証境如上十平等説。（大正35・六三c）

とある。

(52)例えば、湯次註(35)前掲書第四編第二章第一節第二項「一心」（四二一～四二三頁）等参照。

(53)『捜玄記』巻第一上（大正35・一九c）。

(54)ちなみに法蔵は、

三に第二会より第六会に至る来の一周の問答を修因契果生解分と名づく。

三従第二会至第六会来一周問答名修因契果生解分。（『華厳経探玄記』巻第二、大正35・一二五b）

として、普光法堂会を一括して修因契果生解分と見、普光法堂会の来意を解釈して次のように言う。

前会は所信の境を明かす。今、能信の行を弁ずるは、義として次第するが故なり。
前会明所信之境。今弁能信之行、義次第故也。（同巻第四、大正35・一六七a）
これによれば、法蔵が普光法堂会全体の課題を衆生の信にあると見ていることが了解できる。

（55）大正35・二八a。

（56）『捜玄記』は、十地の各地で菩薩が何を成就するかという点を次のように言う。
初地——檀度及び十願を成ず
成檀度及十願（大正35・五三c）
二地——戒度…（中略）…正しく文を釈する内に二段の経有り。一に発起浄、二に自体浄なり。発起とは地に趣くなり。方便もて後地を生ずる中の三聚浄戒を発起浄と名づく。
戒度…（中略）…正釈文内有二段経。一発起浄、二自体浄。発起者趣地。方便生後地中三聚浄戒名発起浄。（同・五四c）
三地——忍行及び四定を成ずるなり。
成忍行及四定也。（同・五五c）

（57）前註に同じく、
四地——精進行及び道品等を成ず。
成精進行及道品等。（大正35・五七b）
五地——禅波羅蜜及び四諦を学ぶ。
禅波羅蜜及学四諦。（同・五九a）
六地——般若波羅蜜を成ず。及び縁起を解得す。
成般若波羅蜜。及解得縁起。（同・六〇c）
と言う。

(58) 更に八地以上については、

これより下は出出世善法と名づく。

此下名出出世善法。(大正35・七〇c)

と言う。

(59) 『十地経論』巻第八(大正26・一六七c)。

(60) 『六十巻華厳経』巻第二五に、

是くの如く逆順十種に十二因縁法を観ず。所謂、因縁分次第、心所摂、自助成法、不相捨離、随三道行、分別先後際、三苦差別、従因縁起、生滅縛、無所有尽観なり。

如是逆順十種観十二因縁法。所謂、因縁分次第、心所摂、自助成法、不相捨離、随三道行、分別先後際、三苦差別、従因縁起、生滅縛、無所有尽観。(大正9・五五九a)

とあるを指す。

(61) 『十地経論』巻第八に、

此の因縁集に三種の観門有りて応に知るべし。一は成答相差別、二は第一義諦差別、三は世諦差別なり。

此因縁集有三種観門応知。一成答相差別、二第一義諦差別、三世諦差別。(大正26・一六八b)

とあるを指す。

(62) 同じく『十地経論』同巻に、

復た二種の異観有り。一に大悲随順観、二に一切相智分別観なり。

復有二種異観。一大悲随順観、二一切相智分別観。(大正26・一七〇c)

とあるを指す。この点については本節と直接関係がないので詳説しなかった。

(63) 木村註(16)前掲書五二三頁。さらに吉津宜英博士は、この点を以て『一乗十玄門』の偽撰の根拠とされている(同『華厳一乗思想の研究』大東出版社、一九九一年、三三二頁)。

(64) 坂本幸男『国訳一切経』経疏部九（大東出版社、一九三七年）六六頁の註(9)。

(65) 石井註(15)前掲書第一部第二章第三節「『一乗十玄門』の諸問題」、吉津註(63)前掲書第一章第二節「智儼の著作」（三二頁以下）など参照。

(66)『捜玄記』巻第一上に、

趣と斉とは二莫し。等同一味にして究竟して余無し。何の殊りか之有らんや。但だ対治の功用の等しからざるを以ての故なり。

趣斉莫二。等同一味究竟無余。何殊之有。但以対治功用不等故。（大正35・一五c）

と言う。

(67)『一乗十玄門』ではまず、

今、且く此の華厳一部の経の宗通に就きて、法界縁起を明かすに、自体の因と之れ果とを過ぎず。

今且就此華厳一部経宗通、明法界縁起、不過自体因之与果。（大正45・五一四a）

と言う。この中の「自体の因」とは、『捜玄記』が修因契果生解分の後半である普賢菩薩行品と性起品とを自体因果と分判したこと（大正35・二八a）を受けているから、普賢行を指すことになる。その因について、

言う所の因とは、謂く方便縁修の体窮まり位満つるなり。

所言因者、謂方便縁修体窮位満。（大正45・五一四a）

と言うのであるから、要するに、対治道の窮極としての普賢行が仏果（十仏境界一即一切とする。大正四五・五一四b）と別のものではないことになるからである。

(68)『一乗十玄門』では一即一切の縁起を明かすにあたって、『華厳経』以外にもしばしば『維摩経』を教証としている例を見ることができる（大正45・五一四cなど）。

(69) 例えば湯次了栄『華厳学概論』（龍谷大学出版部、一九三五年）には、

法界縁起論は宇宙の万有たる塵塵法法の一一が、みなこれ尽く法界の実体なりと見るのである。（九八頁）

とある。

(70) 註(41)参照。

(71) 『華厳経伝記』が記す常法師・弁法師と、『大唐大慈恩寺三蔵法師伝』が「時に長安に常弁二大徳有り（時長安有常弁二大徳）」（大正50・二二二b）と言う二大徳とは、いずれも法常・僧弁であると推定される。但し、『華厳経伝記』所説の弁法師を、霊弁であると考えた方が理解しやすい点もあるので一概に断定はできないが、常法師とは法常のことであろう。法常の伝記については『続高僧伝』巻第一五（大正50・五四〇a～c）参照。霊弁の伝記については同第一五（大正50・五四〇c～一a）参照。僧弁の伝記については『華厳経伝記』巻第三（大正51・一六三a～b）参照。なお、坂本幸男博士は、智儼と玄奘を法常・僧弁の上足であったとしているが（『華厳教学の研究』平楽寺書店、一九五六年、三九七頁参照）、木村清孝博士は、『華厳経伝記』の弁法師を僧弁であると断定することはできないとしている（木村註(16)前掲書三八〇頁参照）。

(72) 『華厳経伝記』に、

　焉に於いて大啓して、遂に立教分宗して此の経の疏を製す。時に年二十七なり。

　於焉大啓、遂立教分宗製此経疏。時年二十七。（大正51・一六三c）

とある疏が、『大方広仏華厳経捜玄分斉通智方軌』（大正35所収）であると考えられる。

(73) それに基づく智儼の法界縁起の内容については、本章第二節―一「『捜玄記』の言う法界縁起とはどのようなことか」参照。

(74) 同様に、この第六現前地の「三界唯心」の課題が、法蔵においてどのように展開しているかについては、第七章でまとめて考察する。

(75) 石井註(15)前掲書八一～八二頁参照。

(76) 『大方広仏華厳経』巻第二五（大正9・五五八b）。

(77) 大正9・五五八c。

(78)　これと同じ見解が『孔目章』にも見られることは後述の通りであるが、法蔵にも『華厳経問答』（大正45・六〇五b）などに見ることができる。
(79)　大正9・三五八c。
(80)　大正45・五四三a～五四七c。
(81)　『孔目章発悟記』巻第一四（日仏全・一二二・三三・上下）。
(82)　一々についての詳細は、高峯了州『華厳孔目章解説』（南都仏教研究会、一九六四年）三五～三七頁参照。
(83)　大正31・七〇一b～七〇二a。
(84)　大正31・一六二a～一六七c。
(85)　大正31・一六二a。
(86)　大正31・四八〇c。
(87)　①は『入楞伽経』巻第七（大正16・三五六c）。
②は『入楞伽経』巻第七（大正16・五五六b～c）。
但し当然のことながら、経ではいずれも阿梨耶識の語を用いている。
(88)　坂本註(71)前掲書三八五頁参照。
(89)　『顕揚聖教論』巻第一七（大正31・五六七c）。
(90)　『瑜伽師地論』巻第七六（大正30・七一八b）。
(91)　『十地経論』巻第八（大正26・一六九a）。
(92)　『摂大乗論釈』真諦訳巻八（大正31・二〇八c）。
(93)　『瑜伽師地論』巻第五一（大正31・五八〇b）。
(94)　『摂大乗論釈』真諦訳巻第九に、
如来、正法を成立するに三種有り。一に小乗を立つ。二に大乗を立つ。三に一乗を立つ。此の三の中に於いて第三は最勝なるが故に善成立と名づく。

如来、成立正法有三種。一立小乗。二立大乗。三立一乗。於此三中第三最勝故名善成立。（大正31・二一二b）

と説かれるものに依る。これを小三一乗と解することは、既に『捜玄記』において、

又、真諦摂論に依るに、一は一乗、二は三乗、三は小乗なり。

又依真諦摂論、一者一乗、二者三乗、三者小乗也。（大正35・一四b）

とする例などに見ることができる。

(95) 坂本註(71)前掲書四〇二～四一〇頁参照。

(96) 智儼の雲華寺入寺がいつ頃のことかは不明であるが、一然撰の『三国遺事』巻第四（大正49・一〇〇六c）に依れば義湘が至相寺で智儼に謁したのが永徽初年（六五〇）のことであり、崔致遠撰の『法蔵和尚伝』（大正50・二八一a～b）に依れば顕慶四年（六五九）には智儼は雲華寺で『華厳経』を講じていたとされるから、おそらくその間のことであったと考えられる。

(97) 例えば『孔目章』巻第一の唯識章の後半において、『摂大乗論』が煩瑣な心識説を説かない理由として、

教（＝摂大乗論）、高にして是れ初教に非ず。心数を立つるの若きは、即ち所妨有りて道に於いて益無きが故に之を明かさざるなり。

教高非是初教。若立心数、即有所妨於道無益故不明之。（大正45・五四六b）

と述べて、心所説が仏道修養にはむしろ妨げとなるとする。

第七章　法蔵における法界縁起思想の形成過程

第一節　法蔵の『密厳経疏』について

本章では、華厳教学の大成者であるとされる賢首法蔵（六四三―七一二）の教学形成と如来蔵理解の関係について考察していきたい。法蔵の華厳教学は、師智儼の教えを継承して、「理」と「事」の重層的な関係によって表現されるが、[1]この理・事によって表現される法蔵の華厳教学は、『起信論』や『勝鬘経』などの如来蔵思想を説く経論の理解と密接な関係がある。それは教判の上では、「大乗終教」と位置づけられているが、『起信論義記』や『法界無差別論疏』『入楞伽心玄義』等の著作もあり、法蔵の並々ならぬ関心を窺うことができるからである。そして、これらの著作には共通して「四宗判」と称される法蔵独特の教判が説かれ、如来蔵思想の位置づけが明瞭にされている。しかしながら、その四宗判が、法蔵の華厳教学全体の中でどのような位置にあるものなのかといった点に関しては、必ずしも明瞭であるとは言いがたい。そこで法蔵における如来蔵系経論に対する注釈の持つ意義を検討することから始めて、この問題を考察していきたい。

さて法蔵の著作は、現存するものが二十五部ある。[2]そしてこれらのほとんどは『華厳経』に関する著作である。法蔵の著作で『華厳経』以外の典籍に注釈したものは、次に掲げる八部のみである。

㈠　梵網経菩薩戒本疏（大正40巻所収）
㈡　般若波羅蜜多心経略疏（大正33巻所収）
㈢　十二門論宗致義記（大正42巻所収）
㈣　大乗密厳経疏（続蔵34巻所収）
㈤　大乗起信論義記別記（大正44巻所収）
㈥　大乗起信論義記（大正44巻所収）
㈦　大乗法界無差別論疏（大正44巻所収）
㈧　入楞伽心玄義（大正39巻所収）

これらのうち、㈡㈢㈣は、おそらくインド三蔵の地婆訶羅（日照三蔵）との出会いを契機として書かれたものであると推定され[3]、㈠は華厳教学の教理的な関心から書かれたものとは思われない。いずれにしても、これらの四書の中では如来蔵思想についての詳細な言及はなされていない。このように考えてみると、四宗判に言及する三書は、法蔵の思想の展開の上で極めて特異な位置を占めていることが首肯される。そこで、法蔵の思想の展開を把握するために、これらの三書が、法蔵の生涯のどのような状況の中から書かれたものであったのかという点を、初めに整理しておきたい。

もっとも法蔵の伝記については、吉津宜英博士の詳細な研究がある[4]。それは法蔵の伝記の解明を主なねらいとしたものであるから、その周辺の事情にまではそれほど詳しく言及されていない。ここでは、法蔵の伝記を当時の中国、特に長安と洛陽での出来事の中に置いたときどのように見えてくるか、という関心に基づいて、本節の文脈の上で特に重要な点のみを重点的に整理しておきたい[5]。

六四三（貞観十七）　法蔵誕生
六六四（麟徳元）　玄奘没
六六八（総章元）　智儼没
※六七〇（咸亨元）　則天武后、太原寺を建立。法蔵、太原寺にて得度。
※六八三（永淳二）　地婆訶羅が、太原寺に入る。
六八七（垂拱三）　太原寺、魏国西寺と改称。

六九〇（天授元）　魏国西寺、西崇福寺と改称。
※六九一（天授二）　提雲般若、法界無差別論を魏国東寺（洛陽、後に大周東寺と改称）で訳出。
※六九五（証聖元）　実叉難陀と八十巻華厳経の翻訳開始。（洛陽、仏授記寺にて。六九九〈聖暦元年〉までにわたる）
　この間、義浄・菩提流志らと出会う。

六九九（聖暦元）　八十巻華厳経訳出。

七〇〇（久視元）　実叉難陀、入楞伽経の翻訳開始。（洛陽、三陽宮にて）

七〇二（長安二）　この頃、実叉難陀と共に長安の清禅寺に居す。

七〇三（長安三）　西明寺で義浄の訳場の証義を務める。

七〇四（長安四）　実叉難陀、于闐に帰る（→七〇八まで）。弥陀山、七巻楞伽経を完成。

七〇五（神龍元）　則天武后退位。

七〇五―七〇六（神龍年間）

七〇八（景龍二）　菩提流志と宮中において宝積経を翻訳。

七一〇（景雲元）　実叉難陀、大薦福寺に入る。

　　　　　　　　実叉難陀没。

　　　　　　　　義浄、大薦福寺に入る。

七一二（先天元）　法蔵没（大薦福寺において）

このうち、※印を伏した出来事が法蔵の生涯において特に重要な意味を持っていると思われる。まず、太原寺が建立された年と法蔵の得度が同じ年の出来事である。これは後のいくつかの出来事から考えて、法蔵の得度と則天武后は密接につながっていると想像される。第二は、太原寺における地婆訶羅との出会いである。この出会いが法蔵に与えた影響は極めて大きく、特に地婆訶羅から聞いた戒賢と智光による空有の論争を知ったことが、法蔵の思想を大きく展開せしめたと思われる。第三に、提雲般若の訳場に徴集されたことである。(6)これには主に二つの意味があると思われる。一つは、おそらく初めて長安を離れたことであり、二つ目は『法界無差別論』を知ったことである。第四に、実叉難陀の訳場に参加したことである。実叉難陀の中国招請については法蔵が直接関与した可能性が大いにあり、(7)この年にインドから帰った義浄や、菩提流志も参加しての翻訳は、国家を挙げての大事業であったはずである。そしてこの実叉難陀の訳場に参加した時から、法蔵は一貫して、実叉難陀・菩提流志・義浄らと行動を共にしていたと想像される。おそらく提雲般若に出会って以後の後半生は、諸三蔵の訳場を離れたことがなかったのではないだろうか。法蔵没後しばらく経ってから様々な資料を精査して伝記をまとめた崔致遠が、「翻経大徳」と敬称するのは、この事情をよく物語っていると思われる。(8)

このように並べてみると、法蔵は一貫して、意外に権力に近いところで活動していたことが想像される。このことがどのような意味を持つか今のところ不明であるが、純粋に華厳哲学を思索していた朴直の人でないことだけは確かなようである。

そして今一つ、法蔵の生涯と思想を考えようとするとき、一つの画期となるのが、智儼門下の先輩である新羅の義湘に宛てた書簡である。この書簡についても既に先学のいくつかの研究がある。[9] それらに従いながら、そこに『義記』『無差別論疏』『心玄義』を置いたときそれらはどのような意味を持った書物として見えてくるか、この点を整理しておきたい。まずこの書簡が、神田喜一郎博士の推定[10]のように六九一年の十二月二十八日に書かれたものであるとすると、洛陽で『無差別論』の訳出を終えた（六九一年十月）後、とって返して長安に戻り、直ちにこの書簡をまとめたことになる。そしてこの時、新羅僧勝詮に託した『探玄記』は二巻分が未完成だったのであるから、よほど急いで伝えねばならない事情があったと推測できる。また書簡の内容と、この時義湘に送った自著を通して、その時までの法蔵の研究姿勢を窺うことができる。本文に、

和尚（智儼）の章疏は、義豊かに文簡なるを以て、後人をして多く趣入し難からしむるを致す。是を以て具さに和尚の微言妙旨を録し、勒して義記を成す。[11]

以和尚章疏、義豊文簡、致令後人多難趣入。是以具録和尚微言妙旨、勒成義記。（続蔵一・一〇三・四二二左上）

とあるように、師である智儼の華厳思想をより明確にすることが当面の課題であり、そうであればこそ同門の先輩に自著を送って内容の検討を仰いだのである。この中には「起信論疏両巻」とあり、現行の『義記』は合計五巻であるから、これを直ちに『義記』と見ることには多少の疑問がないでもないが、一応、従来の意見に従っておくことにする。[12] このように見ると、『探玄記』『五教章』『義記』は、智儼の思想を基にしながら、それを敷衍したものであると、法蔵自身が考えていたことが明らかになるであろう。そしてそれは法蔵の生涯全体から見れば、前半の

太原寺時代に既に完成していたことになる。智儼自身は『起信論』を特に重要視した形跡は見受けられないので、法蔵が『義記』を表わしたことには何か積極的な意図があったに違いない。法蔵にとって『起信論』を注釈することに特別の意図があったとすると、この義湘宛の書簡の中に『新翻法界無差別論疏』が含まれていたことにも積極的な意味があったと思われる。なぜかというと、『無差別論』は一切法の所依に関して「如来蔵」を挙げるもののアーラヤ識には一切言及しないからである。この点は『起信論』と大きく異なっているのである。おそらく法蔵は、この点に大変な驚きを持って『無差別論疏』を著わし、義湘にこの点を報告したかったのではなかろうか。いずれにしても太原寺おける前半生の学究生活と、後半生の翻訳三蔵に従って訳場を駆け回る活動との接点が、『無差別論疏』の撰述にあると言えるのではなかろうか。

仮に法蔵が、アーラヤ識と如来蔵との関係に新たな境地を見出したとすれば、『楞伽経』を正しく翻訳し直さねばならないと思うに違いない。なぜなら菩提流支の訳した『十巻楞伽経』は、「如来蔵阿梨耶識」という概念を基本としており、これを他の経論に説かれる如来蔵やアーラヤ識と如何に矛盾なく理解するかということが、法蔵以前の中国の仏教者の重大な関心だったからである。

勅命によって『八十巻華厳経』を訳出し終えた実叉難陀が、直ちに『楞伽経』の翻訳に入ったのは、このような事情があったからではなかろうか。実叉難陀の家庭の事情などもあって、『大乗入楞伽経』が完成するのは、前述のように七〇四年（長安四）である。『心玄義』の撰述はこれ以後であると推測されるが、この後、法蔵の身辺は、宮中での菩提流志の訳場、実叉難陀の再招聘と極めて慌ただしかったに違いない。大正蔵の『心玄義』は撰号に「西明寺沙門」[13]とあるが、仮にそれによれば、実叉難陀が于闐に帰った後、義浄あるいは弥陀山と共にいた長安三・四年（七〇三・七〇四）頃以外にないと思われる。そして経典翻訳は大事業であるから、おそらく実叉難陀が没するまで注釈を書く時間などなかったのではないか。このように考えてみると、『心玄義』が玄談では第十門に「随文解釈」を掲げながら、実際にはそれを欠いて未完成となっていることも頷けるのである。[14]

以上のように考えてくると、四宗判を説く三書は、法蔵の教学的営為の中で極めて重要な位置にあるということが改めて首肯できる。如来蔵とアーラヤ識をめぐる問題が、法蔵の華厳思想の一方の重要な中心を占めていると言えるのである。それは華厳教学とどのような関係にあるのだろうか。言葉を換えて言えば、それは華厳教学の周辺の重要な問題ということなのか、それとも、それによって法蔵の華厳教学の中味が変わっていったというほどの意味を持つのか。この問題に関して『義記』『無差別論疏』『心玄義』の順で確かめることができるのではないかという見通しが立つのである。

このように、法蔵の教学的な営みは、太原寺時代の前半と、六九一年以降の翻訳三蔵の訳場を中心とする後半とに分けてみることができると思うが、主要な著作は既に前半において完成していたようである。[15] その前半期の法蔵に極めて大きな影響を及ぼしたのは、太原寺における地婆訶羅（日照三蔵）との出会いであったと想像される。

『宋高僧伝』によれば、地婆訶羅は儀鳳四年（六七九）に中国にやって来ると、直ちに皇帝に経典翻訳を上表した。[16] そして法蔵の『探玄記』は、彼が翌永隆元年（六八〇）に地婆訶羅と共に入法界品の欠文を補ったことを記しているから、[17] 両者の関係はこの時から始まったものと思われる。その後、ナーランダーにおける戒賢・智光の論争をはじめ、インドにおける様々な事柄を地婆訶羅から親しく聞いたことが、『探玄記』等の処々に記されている。[18]

このことから、法蔵が咸亨元年（六七〇）の得度から比較的短い時間で『華厳経』等に知悉したこと、太原寺時代の法蔵に与えた地婆訶羅の大きな影響等を窺うことができるのである。つまり、法蔵の教学形成期に地婆訶羅が極めて大きく関与したことが推察されるのである。『密厳経』の訳出年次は不詳であるが、地婆訶羅の活動から考えて六八五年以前であろう。[19]当時法蔵は既に十分『華厳経』等を研究した仏教者であったのである。法蔵の『大乗密厳経疏』[20]は、そうした両者の接点と位置づけることができる。このような観点に立って『密厳経疏』の所説を検討して、『起信論義記』等に説かれる四宗判や如来蔵随縁思想等との関係を明らかにしようというのが、本節の目的である。

一　『大乗密厳経』の所説に関して

『大乗密厳経』[21]は、地婆訶羅訳（大正・六八一）と不空訳（大正・六八二）が現存し、不空訳は、訳文等から見て明らかに地婆訶羅訳を下敷きにしている。全八品から成り、内容的には経の後半の「阿頼耶建立品第六」「自識境界品第七」「阿頼耶微密品第八」等でアーラヤ識と如来蔵の重層関係を積極的に説くところに特徴がある。これらの点から見て、如来蔵思想や唯識思想を受けた後期大乗経典であると考えられる。後に述べるように、法蔵はこの経の所説を『楞伽経』と同質と見ているが、経典成立史的にはずいぶんと間隔があると考えられる。

「密厳」とは、この経が主張する仏国土の名前であり、経の流れに従えば無量の仏国土を代表するものである。その仏国土を支えるものが「菩提」であり「所覚（正覚の内容）」であるが、この経ではそれを「如来常住恒不変易」[22]と言い、それが「如来蔵」であり、涅槃界とも法界とも称するとして、如来について詳説する（密厳会品）。その如来は、衆生の「心」が転依したものに他ならないので、アーラヤ識を開示して転依を明かにする（妙身生品）。従って、密厳仏国に生まれない衆生は虚偽不実であり（胎生品）、一切の世間は自心の変現であり（顕示自作品）、それを破るためには正しく観行を実践しなければならない（分別観行品）。以上によって如来・凡夫の関係と凡夫求道の内容を一通り明らかにしたとして、以後は既に述べたアーラヤ識を詳説し（阿頼耶建立品）、唯心の道理を知らない外道に開示し（自識境界品）、このようなアーラヤ識は凡夫・二乗の見聞の対象ではないことを明示する（阿頼耶微密品）。以上が、本経の概略である。

次に本節の論旨の上で特に注目すべき経説のいくつかについて取り上げて、本経の所説の特徴を見ておきたい。

①　十地・花厳等　大樹と神通　勝鬘及び余の経は　皆此の経より出ず。

十地花厳等　大樹与神通　勝鬘及余経　皆従此経出。（妙身生品、大正16、七二九c）

『勝鬘経』等に説かれる如来蔵思想と、『華厳経』十地品所説の「心」を濫觴とするアーラヤ識説とを、矛盾なく統一的に理解することは、法蔵自身の課題であったのみならず、それ以前の仏教者の共通する課題であった。地論宗の浄影寺慧遠は、「依持と縁起」という概念を創説してこの問題に取り組んだし、[23]法蔵の師であった智儼は、慧遠の思想を受けて『捜玄記』十地品で法界縁起を説いたのであった。[24]このような観点から見れば、今、この経が「十地・華厳も勝鬘もこの経から生まれたのだ」とする主張は、極めて大きな意味を持っている。なぜなら、如来蔵思想とアーラヤ識思想を止揚する根拠を提供することになるからである。このような根拠として示されるのが、次に説かれる「アーラヤ識は清浄である」という概念である。

②　一切衆生の阿頼耶識は本来にして有り、円満清浄なり。世を出過して涅槃と同じなり。

一切衆生阿頼耶識本来而有、円満清浄。出過於世同於涅槃。（阿頼耶建立品、大正16・七三七c）

この所説によれば、アーラヤ識は出世間法であり、涅槃そのものであるということになる。アーラヤ識が、迷いの存在や涅槃のよりどころであるという点は、『摂大乗論』や『成唯識論』などが常に説くところであるが、それが涅槃そのものであるという教説は、かつて存在しなかったものである。この「アーラヤ識は清浄である」という概念は、『勝鬘経』自性清浄章に説かれる「自性清浄心[25]」と重なることは明らかである。この点で『勝鬘経』が如来蔵に関して説くところ、つまり生死のよりどころであり涅槃を求めることのよりどころであるということをそのままアーラヤ識の内容として説くことになる。それが次のような所説である。

③　阿頼耶識は恒に一切染浄の法の与めに所依と作る。

阿頼耶識恒与一切染浄之法而作所依。（同、七三八ａ）

ここでは、アーラヤ識が「染浄の法」の所依であると言っており、従ってアーラヤ識そのものは染でも浄でもないことになるのであるが、この点が②の文と論理上矛盾する。唯識思想で説かれるアーラヤ識は、識法であるから決して無為法ではない。有為法であるからこそ、世間法や涅槃を求めることのよりどころとなるのであるが、本経は、アーラヤ識そのものが、②では無為法であると言い、③では一切法の所依であるとするのである。後に述べるように、法蔵は、この二つの面を「依持門」と「縁起門」と解釈して矛盾を会通しようとしている。[26]そして、こうした点を全体的に表現するものが、次のような文である。

④　仏は如来蔵を説きて以て阿頼耶と為す。悪慧は、蔵即ち頼耶識なりと知る能わず。

仏説如来蔵以為阿頼耶。悪慧、不能知蔵即頼耶識。（阿頼耶微密品、大正16、七四七ａ）

⑤　如来清浄蔵と世間の阿頼耶は、金と指環と展転して差別無きが如し。

如来清浄蔵世間阿頼耶、如金与指環展転無差別。（同右）

つまり、無為法としての如来蔵と有為法としてのアーラヤ識は一つのものの別名なのであり、それは「金と指環」の関係によって喩えられるとするのである。そしてこの④⑤の文は、結果的に法蔵の生涯にわたって大きな影響を与えることになったものである。

二　法蔵撰『大乗密厳経疏』の思想的な特徴

I　心の理解

現存の『密厳経疏』は、冒頭の「密厳会品第一」の注釈を欠いた三巻本である。一読して明らかなことは、まず全体的に注釈の形態が極めて簡素であり、『起信論義記』等に比べて独自の思想を十分に展開しているとは言いがたいことである。また、「理・事」や「四宗判」などの重要な教理については一切関説していない。この点は冒頭を欠いているので結論的なことは判断できないが、『義記』等における「理・事」説の重要性を鑑みるとき、本書の特徴的な事実であると言うことができる。また、法蔵の他の著作に比べて引用経典が極めて少ない点も本書の特徴であると言える。[27] 以上の諸点から、本書は地婆訶羅翻訳直後の法蔵最初期の撰述であると考えることができよう。

次に本書の特徴的な所説に関説して内容を検討したい。最初に取り上げるのは、本書の「心」理解を示す一文である。「心」もしくは「一心」をどのように理解するかということは、それが『華厳経』十地品に端を発する問題であるだけに、法蔵にとっては中心課題だったはずである。

心に三種有り。一は本覚真心、是の如き六塵は真心縁起して有に似て顕現す。唯心を究尋すれば心外に法無し。二は妄識心、謂く無明より乃ち顕識に至りて心中に見相二分を分出す、故に唯識と言う。三は分別事識の心、謂く顕識心所現の相分を妄執して実と為す。所執は実には無なるが故に唯識と云う。

心有三種。一本覚真心、如是六塵真心縁起似有顕現。究尋唯心心外無法。二妄識心、謂従無明乃至顕識心中分出見相二分、故言唯識。三者分別事識之心、謂顕識心所現相分妄執為実。所執実無故云唯識。（続蔵一・三四・二四九右上）

この文は、『密厳経』妙身生品の冒頭で、迷いの存在を転じて密厳国に生まれるためには「無我の法」を知らねばならないが、それは「諸の分別境は是れ心の相」と知ることである、という文脈で説かれる「心の相」を「大乗唯識道理」として明かす箇所の所説である。「心」を三重の構造によって解釈するところに特徴がある。第一の「本覚真心」とは、本覚という名称から見ても『起信論』との関係をうかがわせるが、『起信論』は「真心」といった用語は用いない。また『密厳経疏』の別の箇所ではこの心を釈して、

心とは即ち是れ如来蔵心なり。亦真心と名づけ、亦梨耶と名づく。

心者即是如来蔵心。亦名真心、亦名梨耶。(同・二五二左下〜二五三右上)

とも言う。「如来蔵心」といった用語も法蔵独特の表現であり、『楞伽経』の所説に基づいて、『起信論』所説の「一心」と『勝鬘経』所説の「自性清浄心」などを重層的に表現したものであると考えられる。そう考えると、ここに「梨耶」とあることは『起信論』心生滅門の所説を受けているとも考えられる。ちなみに法蔵の師である智儼にも、法界縁起説の中に「真心」という用例があるが、そこでは『起信論』との関係性は見出すことはできない。[28]

さらに「真心縁起して有に似て顕現す」という概念に関しては、

体性とは即ち是れ如来蔵性縁起法界なり。諸の波浪の、水を以て体と為し、水外に波無きが如し。

体性即是如来蔵性縁起法界。如諸波浪、水以為体、水外無波。(同・二七四左下〜二七五右上)

といった文に代表されるように「波と水の喩え」が随所で用いられている。この「波と水の喩え」は、法蔵自身もしばしば指摘するように、「波があるところには必ず水がある」という文脈で用いられている。それを「真心が縁起して諸法となる」と理解することは「水が波となる」と解釈することであるから、厳密に言えば主従関係が逆転することになるのであるが、こうした点には特に言及していない。このような理解が、結局「如来蔵心が衆生となる」という文脈を形成することになり、この思想が法蔵の如来蔵理解の中心となっていったと考えられるのである。

更に、この「心」に関して、

良に以んみるに、真心具さに二門有り。一は依持門、二は縁起門なり。若し門を分かたざれば八識門を説く。若し二門を分かてば釈して九識有り。謂わく縁起真心は説きて頼耶と名づく。依持真心は阿摩羅と名づく。是の義を以ての故に数は増減すと雖も体は即ち殊ならず。

良以、真心具有二門。一依持門、二縁起門。若不分門説八識門。若分二門釈有九識。謂縁起真心説名頼耶。依持真心名阿摩羅。以是義故雖数増減体即不殊。（二六八左下）

と言う。この「依持門・縁起門」という分判の仕方は、浄影寺慧遠・智儼と、継続的に用いられてきたものである。この点については、これまでに第五章第一節、第六章第三節などで既に論じた通りである[29]。要約すれば、慧遠においては『勝鬘経』『楞伽経』『起信論』の如来蔵説を会通しようとした結果として説かれ、智儼においては法界縁起の凡夫染法の二門として説かれていた。法蔵はここで、体としての如来蔵真心に依持と縁起の二門を立てるのであるから、慧遠・智儼とは異なった文脈においてこの概念を用いているのである。その違いの思想的な理由や背景などについては後に詳述することとし、今は共通性と差異性を指摘するに留めておく。以上のように、第一の「本覚真心」の内容は、慧遠・智儼等を継承しつつも、法蔵独自の内容となっていることを確認することができる。

次に、第二の「妄識心」と第三の「分別事識心」の内容を検討しておきたい。第二では、「見相二分を分出す、故に唯識と言う」とあることから、一見すると法相唯識説を指すかの如くに考えられるが、その前提が「無明より乃ち顕識に至りて」とある点で、法相唯識の所説とは異なっている。この「顕識」という用語について、法蔵は別のところでは次のように言う。

第四顕識を心と名づく。謂く、顕識の時、見相二分一時に頓現す。所現の相を智識相と為し、等しく所縁の境と作る。……意とは即ち是れ第五第六二心を意と名づく。是の如き二心互いに相依するが故に六識心生ず。第四顕識名心。謂顕識時、見相二分一時頓現。所現之相為智識相、等作所縁境。……意者即是第五第六二心名意。如是二心互相依故六識心生。（同・二八二左下）

この文と先の文を重ねて考えるならば、無明から始まって第四が顕識であることになり、この顕識所現の相を「智識」と言うのであるから、法蔵が用いる顕識とは、『起信論』心生滅門のいわゆる「五意の転起」と称される段落に説かれる「現識[30]」を指していると考えられる。つまり法蔵は、『起信論』の五意（業識・転識・現識・智識・相続識）と無明とを合わせて六と了解し、「妄識心による唯識」と理解したのである。この解釈に従えば、第三の「分別事識心」による唯識とは、『起信論』がその直後に説く「意識」段の内容を指し、先の文の傍線部の六識心とはこれを指していることが了解される。このように考えてくると『密厳経疏』の心識理解の内容は、主として『起信論』の所説を基盤としたものと言うことができる。

Ⅱ 『勝鬘経』の理解

以上によって『密厳経疏』の基本的な立場が明らかになったので、これが『勝鬘経』理解にどのような影響を与えているかを次に考察しておきたい。なぜなら、『勝鬘経』は如来蔵を説くものの、アーラヤ識を説かないからである。また法蔵の『勝鬘経』理解は、後に批判を受けた可能性も存在するからである。[31]既に述べたように、『密厳経疏』には引用典籍が極めて少ない。その中では『勝鬘経』は都合四回引用されており、回数的にも最も多く引かれているのである。

法蔵が注目する『勝鬘経』の所説は、空義隠覆真実章に説かれる「空・不空」説と、自性清浄章に説かれる「自性清浄心」説の二説である。まず前者から検討していこう。

〔心性本浄不可思議〕とは、此れは即ち空如来蔵を顕示す。故に『勝鬘経』に云く、自性清浄心は煩悩の染ずる能わず、智慧の浄むる能わざるなり、と。〔是れ諸如来微妙の蔵〕とは、不空蔵を釈す。謂く、如来蔵中に本来過恒沙等の性功徳法を具足して、一法として別して自性を守ること無し。

〔心性本浄不可思議〕、此即顕示空如来蔵。故勝鬘経云、自性清浄心煩悩不能染、智慧不能浄也。〔是諸如来微妙之蔵〕者、釈不空蔵。謂如来蔵中本来具足過恒沙等性功徳法、而無一法別守自性。（同・二五二左下）

理解の便宜のために、妙身生品の所釈の経文に〔　〕を付した。前半の解釈は、空義を自性清浄章の所説によって理解したものであり[32]、後半の解釈は、ほぼ『勝鬘経』の空義隠覆真実章の所説に依っている[33]。「一法として別して自性を守ること無し」という文意がどのような意味であるのか、これ以上の解釈をここでは見ることができないので、真意を汲み取ることが難しいが、「如来蔵不守自性」という法蔵独自の見解の萌芽を意味するものかもしれない[34]。法蔵はこの文章の直前に、これらの一連の文が「依持門」に当たると言っており、先に述べた「依持門」の意味をこれによって知ることができる。そして次に、経の「意は心より生じ、余の六も亦然り」に対して、

心とは即ち是れ如来蔵心なり。亦真心と名づけ、亦梨耶と名づく。良に以んみるに、七識は皆心の所作なり。故に文に説きて〔余の六も亦然り〕と言えり。

心者即是如来蔵心。亦名真心、亦名梨耶。良以、七識皆心所作。故文説言〔余六亦然〕。（同・二五二左下～二五三右上）

と解釈する。この文の前半は先に触れたものであるが、法蔵はこれが「縁起門」に相当すると言うのである。ここで「七識」と言う点が注目されるが、これまでの検討から見て、先に関説した『起信論』に基づく「妄識心（＝意）＋分別事識心（＝意識）」を指すものと理解される。このような『起信論』をよりどころとする心識理解は、経

の後半である「阿頼耶微密品」でも示されている。「阿頼耶微密品」の中心は二十の観点からアーラヤ識の内容を説くことにあると法蔵は考えるのであるが、そのうちの第十九に当たる、

意は諸識と等しく心と共に生ず。五識も復た意識と同じく生ず。是の如く恒時に大地と倶転す。

意等諸識与心共生。五識復与意識同生。如是恒時大地倶転。（大正16・七四二a～b）

の文を釈して次のように言う。


三心倶起の義を明かす。水無きの処に波浪起たざるが如く、識もまた是の如し。若し真心無くば七識起たず。故に勝鬘に云く、若し如来蔵無くば、七法住さず、と。此の文と同じなり。

明三心倶起之義。如無水処波浪不起、識亦如是。若無真心七識不起。故勝鬘云、若無如来蔵、七法不住。与此文同。

（二八四左下～二八五右上）


傍線部の『勝鬘経』の文とは、自性清浄章の「此の六識及び心法智に於いて此の七は刹那に住さず[35]」を指すと思われるが、『勝鬘経』の文脈と法蔵の理解は若干ずれている。なぜなら『勝鬘経』の文脈は、六識と心法智（六識の心所、もしくは第七識を意味すると思われる）は刹那滅であるから、如来蔵という不変のよりどころが無かったならば、苦を厭ったり涅槃を求めることが成り立たないという意味であって、如来蔵の存在を論証することに意味がある。従って、如来蔵と七法の関係を問題にしているのではないが、法蔵はこれを、如来蔵を前提にして「如来蔵が無ければ七法が成り立たない」と解釈しているのである。また「水と波浪の喩え」も、ここでは主語が「水」となっており、前述の場合と逆になっている。以上のように、『密厳経疏』における法蔵の『勝鬘経』理解は、『勝鬘経』の所説に基づいて何事かを立論するというのではなく、自己の論拠に立って臨機応変に取意するものと言うべきである。

Ⅲ　如来蔵とアーラヤ識の関係

次に、『密厳経疏』は、如来蔵とアーラヤ識との関係をどのように見ているのかということについて検討を加えたい。アーラヤ識が有為法として一切法のよりどころであることは、唯識関係の経論の共通して説くところであるが、この点から見ると『密厳経』の所説は重層的である。これは、本節一の②と③の経文を通して指摘した通りである。『密厳経』所説のアーラヤ識は、無為・無漏法の面と有為法の面とが重なっているのである。従って法蔵は、有為法の面を解釈する場面では、次のように説く。

自識とは、自に三自有り。一は阿頼耶を名づけて自識と為す。謂く、一切法は頼耶を体と為す。頼耶自ら一切法を作るが故に。

自識者、自有三自。一阿頼耶名為自識。謂一切法頼耶為体。頼耶自作一切法故。（同・二七九左上）

これは、ごく一般的なアーラヤ識理解であると言える。しかし法蔵は、本経の所説をよりどころとして、そのアーラヤ識に無為・無漏法の面があることを重視して次のように言う。

又、人執して云く、如来蔵は是れ真常住にして是れ無為法なり。頼耶識は是れ生滅法にして有為の所収なり。但だ名の別なるのみに非ずして、体も亦異なり有り、と。……蔵識と頼耶と各の体を別かつの執とは天親菩薩所立の義なり。

又人執云、如来蔵者是真常住是無為法。頼耶識者是生滅法有為所収。非但名別、体亦有異。……蔵識頼耶各別体執天親菩薩所立之義。（二九〇右上）

つまり、人によっては誤解して「如来蔵は無為法であり、アーラヤ識は有為法であるから、両者は名が異なるばかりでなく、体としても全く別である」と主張するものがあるが、それは大きな誤解であり、それを主張するのは世親であると言うのである。これは言外にアーラヤ識の本体は如来蔵であると言っていることに他ならない。従って、『密厳経』によればアーラヤ識の本体は如来蔵であるとして、法蔵は、

阿頼耶は体殊ならずと雖も随縁して相別の所以に名別なるを況う。故に経中に蔵識と頼耶の二名の差別を説くなり。

況阿頼耶体雖不殊随縁相別所以名別。故経中説蔵識頼耶二名差別。（同右上〜下）

と説くのである。つまり、アーラヤ識と如来蔵は、体は別ではないと言っても、本体（如来蔵）と随縁という関係なのであるから、全同と言うわけにもいかず、それで経中には二つの名称を説くのだと言うのである。そして、如来蔵という無為法が縁に従って有為法となっているのであるから、この関係を「如来蔵随縁」とか「如来蔵、自性を守らず」と言うのである。そしてこうした理解を根拠づける経説として、本節一の④⑤に示した経文が特別な意味を持ったのである。

三　法蔵の「心」理解と『密厳経』

以上によって、『密厳経』とそれに対する法蔵の理解の核心がほぼ明らかになったと思う。そこで、次に、そうした『密厳経』理解が法蔵の思想展開の中でどのような役割を担ったかという点を検討しておきたい。

法蔵の著作の中心は言うまでもなく『華厳経探玄記』であるが、その『探玄記』巻一三の十地品第六現前地では、『華厳経』十地品所説の「一心作」を釈して、「十重の唯識」を述べる。

㈠　相見倶存唯識

㈡　摂相帰見唯識
㈢　摂数帰王唯識　}大乗始教
㈣　以末帰本唯識
㈤　摂相帰性唯識
㈥　転真成事唯識
㈦　理事倶融唯識　}大乗終教
㈧　融事相入唯識
㈨　全事相即唯識
㈩　帝網無碍唯識　}別教一乗

（大正35・三四六c～七a）

の十である。㈠～㈢が大乗始教、㈣～㈦が大乗終教、㈧～㈩が別教の分斉として示されている。第六門の転真成事唯識では、

謂く、如来蔵自性を守らず、随縁して八識王数相見の種現を顕現す。

謂如来蔵不守自性、随縁顕現八識王数相見種現。（大正35・三四七a）

と初めに定義して、次に『楞伽経』と『密厳経』（本節一の④⑤に挙げた文）を引用して、「勝鬘経、宝性論、起信論、皆此の義を説く」と言う。つまり、これまで検討してきたような『密厳経』に基づく如来蔵理解を「如来蔵不守自性」と言い、「如来蔵随縁」と解して、『勝鬘経』をはじめとする如来蔵系経論をこの思想によって一括りにして理解するのである。そして、この『密厳経』の経文は、『法界無差別論疏』や『入楞伽心玄義』などの如来蔵系経論

を注釈するに際しては、重要な教証として何度も引かれている。

まず、『法界無差別論疏』では、四宗判の第四を「馬鳴・堅慧等の宗」と称して、『楞伽経』『起信論』に続いてこの文を引き、

是の如き等の文、皆如来蔵随縁して衆生と作るを明かす。

如是等文、皆明如来蔵随縁作衆生也。（大正44・六八b）

と結論づけているのである。また、『入楞伽心玄義』では、「諸識の本末を明かす」中の第三に「識体真妄門」を示して、第八識を生滅有為とする『瑜伽論』等の説と如来蔵随縁所成を説く『密厳経』の説を挙げて、第八識の体が真如であると結論づける箇所に、⑤の経文を引いているのである。[36]『入楞伽心玄義』は、おそらく法蔵最後の著作であったはずであるから、『密厳経』の④⑤等の経文が法蔵にとっては如何に重要なものであったかを推察することができる。

そして、『探玄記』のこの段落が「転真成事」と名づけられていることにも、特別な注意を要すると思う。「真が転じて事を成ず」という意味であろうが、「真」に対する概念は言うまでもなく「妄」であり、「事」に対する概念は「理」である。そして、第七門は「理事倶融」と名づけられており、第八門以降の別教の内容は第七門を基点として展開していると見られるから、第六門の「転真成事」は、真妄論から理事論への転換点であると言うことができる。この「真が転じて事を成ず」という理解が、如来蔵（＝真心）が随縁して諸法を成ず（＝事）ということの意味に他ならない。そして、「理事」が法蔵教学の中心的な課題であることを思えば、この『密厳経』をよりどころとする如来蔵随縁思想が法蔵教学の出発点となったことは、充分に想像することができるのである。

更に第七門「理事倶融」の内容にも注目すべき点がある。なぜなら、そこにも『起信論』解釈分冒頭の「一心法

に依りて二種の門有り。一は心真如門、二は心生滅門なり[37]」の文と、『勝鬘経』自性清浄章の自性清浄心を説く文の取意である「不染而染、染而不染[38]」の文を引用するので、第六門に引用される経論と重複している。それ故、法蔵は、その中に「転真成事」と「理事倶融」の切断面を見出していると言えよう。第六門が、「転真成事」と称されるのは、「如来蔵不守自性」という概念に象徴されるように、「真心」が条件に従って（＝随縁）有為法となっているということを表わしている。これは「如来蔵随縁」と言っても同じである。ところがこの「理事倶融」門は、注意深く定義づけを読んでいくと、次のようになっている。

謂く、如来蔵挙体随縁して諸事を成弁す。而して其の自性は本より不生滅なり。

謂如来蔵挙体随縁成弁諸事。而其自性本不生滅。（大正35・三四七ａ）

この「挙体」という言葉は、法蔵がしばしば使うものであるが、「全体として」とか「絶対的に」といった意味の言葉であり、如来蔵随縁を如来蔵の方から見るのではなく、所成の「諸事」において見ることを意味している。それ故に、『起信論』を引用しても第六門に該当するような「海波の喩え」ではなく、一心に真如と生滅の二面がある点が引用されているのである。『勝鬘経』の「不染而染、染而不染」の文も法蔵の引用意図は『起信論』と同じである。つまり、第六門と第七門では、同じように如来蔵随縁を対象とするのであるが、如来蔵の方から諸法を見て「随縁」と解するか、諸法の方から如来蔵を見て「染浄不二」と解するかの違いがあるのである。

そして、『法界無差別論疏』『入楞伽心玄義』の四宗判を釈する箇所には『勝鬘経』の名を挙げていない。この『勝鬘経』を挙げないという事実は、それが必然的な取り扱いであるとすれば、法蔵の如来蔵理解が進化したことを意味するものと考えられる。つまり、元の如来蔵随縁思想から、『起信論』の一心説や『勝鬘経』の「不染而染、染而不染」を別立てしたことを意味すると考えられるからである。このように考えると、法蔵が提雲般若の『法界無差別論』に出会って、改めてアーラヤ識を説かない如来蔵説に触れたことが、その大きなきっかけであったと推察されるのである。『無差別論疏』では「不守自性」を説かずに「如来蔵随縁して阿頼耶識を成ず」と説く。[39] ここに至って、アーラヤ識説は如来蔵説に完全に融会され、『勝鬘経』が説く如来蔵説は「理事倶融」として、『密厳経』などは「転真成事」の所説として、区別されたのではないだろうか。そして、このような理解が「相即相入」の華厳縁起を開いていくことになったのである。

小結

初めにも述べた通り、『大乗密厳経疏』は、一読すれば明らかなように、極めて簡略な注釈しかなされていない。しかし、これまで検討してきたように、そこに述べられた「如来蔵不守自性」の思想は、法蔵の思想形成の中心をなすものであったと言い得るのである。如来蔵説とアーラヤ識説を矛盾なく理解することは、法蔵以前の仏教者の共通の課題であった。法蔵は、地婆訶羅の『密厳経』の翻訳に出会ってこの点への見通しを得たに違いない。先にも述べたように、『密厳経』は如来蔵とアーラヤ識を重層的に説く後期大乗経典である。しかし、成立史的な面を度外視して経の文言のみに注目するならば、如来蔵とアーラヤ識の思想史の上では、おそらく初期に位置づけられるであろう『楞伽経』と重なって見えたことであろう。法蔵が、しばしば教証として『密厳経』と『楞伽経』を併記するのは、[40] この間の事情を物語っていると思われる。如来蔵とアーラヤ識の問題とは、浄影寺慧遠の時代には『勝鬘経』と『楞伽経』と『起信論』をどのように統一的に理解するかということであった。そして慧遠は「依持と縁起」という概念を創案して、なんとか理解しようと努めたのであった。[41] 智儼の時代には、そこに『摂大乗論』と玄奘将来の唯識説が重なる。そして『捜玄記』の法界縁起説が智儼の出した最初の回答である。[42] 法蔵はこうした流れを継承したはずである。法蔵は、地婆訶羅に出会う以前、既に『華厳経』と唯識思想と如来蔵系の経論を深く学んでいた。そうでなければ、『華厳経』の欠文を補うことなど気がつきもしないし、『密厳経』に注釈する必要性も無かったであろう。おそらく法蔵は、唯識説は『起信論』によって融会されるという思想を『密厳経疏』以前から持っていたと思われる。その点は『密厳経疏』が『起信論』をよりどころとして書かれていることから推測できる。更に、『起信論義記』と『密厳経疏』を比べてみれば、どう見ても内容的に『義記』の方が後の著作であると考えられるから、「如来蔵随縁」説は、法蔵が『密厳経』によって得た視点であったに違いない。そして、この理解が如来蔵を説くその他の経論を理解する軸となったのである。また、その中から『起信論』の「一心二門」と『勝鬘経』の自性清浄章を「理事倶融」として選び出したことが、別教の「事事無礙思想」へと展開していくきっかけとなったと推察されるのである。この「転真成事」から「理事倶融」への展開は、同時代の大学者であった復礼の批判に応えて見出されたものであった可能性も存する。この点は、『探玄記』の成立時期などにも問題が及ぶので、節を改めたいと思う。

第二節　復礼の『真妄頌』から透視されること

法蔵は、則天武后が政治的な実権を握った、いわゆる武周期に活躍した。法蔵は武周期に来朝した外来の翻訳三蔵の訳場で活躍したために、後代「翻経大徳」と称されたが、この翻経という点から言えば、武周期に最も活躍した人は復礼であった。復礼は、後になって学派と把握されるような教学を打ち立てなかったために、法蔵のようには扱われてこなかったが、武周期に最も重きをなした人であったに違いない。それは、彼が地婆訶羅(43)（?―六八七）・提雲般若[44]（生卒年不詳）・実叉難陀[45]（六五二―七一〇）・義浄[46]（六三五―七一三）といった当時の名だたる翻訳三蔵の訳場に全てかかわっていたことから推測することができる。そして法蔵も提雲般若以下の訳場に深くかかわっていたから、この二人は密接な関係にあったことが想像される。はるか後の資料であるが、復礼が「華厳経・起信論を学んでいた」と伝えるものもあり[47]、この点で法蔵と復礼との思想的な関係が注目される。

復礼の伝記等に関しては、いくつかの先行研究があり、今日知ることのできることは既に整理されている[48]。現在残された主な著作は、『十門弁惑論』であるが、それを見る限りでは、法蔵との思想的な関係を想像できるような点は存在しない。例えば、法蔵の華厳教学の中心思想は、法界縁起を「理・事」の観点によって明らかにすることであるが、『十門弁惑論』の中にはそうした視点は全く見ることができない。「理・事」の用例としては、わずかに第五顕実得記門おいて『涅槃経』所説の善星比丘の真化を論じて、

凡そ化の理為るや、必ず当に真に混ずるを以て妙と為すべし。真妙の事為るや、自然に化に似るを以て恒と為す。

凡化之為理、必当以混真為妙。真（妙）之為事、自然以似化為恒。（大正52・五五三b）

と述べる例を見るのみである。ここでは、真身と化身の関係を理と事の観点から述べているのであって、法蔵が言うような教学的なものではなく、「理と事」という言葉の本来の意味に従った理解が述べられているのみである。このほかにも「理」もしくは「事」という言葉を用いる箇所があるが、特に注意を要するような点は存在しない。このように『十門弁惑論』に法蔵の教学的な影が見られないのは、『十門弁惑論』が著わされた永隆二年（六八一）は法蔵の太原寺時代の中頃に当たり、未だ法蔵が頭角を現す以前であったからかもしれない。

しかし、現在残された今一つの著作である『真妄頌』は、太原寺時代の法蔵の華厳教学の中心が真妄論であるだ

けに、それとの関係が注目される。このような関心から、復礼の『真妄頌』を吟味して彼が天下の学士に何を問うたのか考察し、法蔵の教学との関係を考えることが本節の目的である。

一　『真妄頌』は何を問うているのか

復礼の『真妄頌』は、現存しないが処々に引用されている。それらについては既に先学によって整理されているので、それに従うことにしたい(49)。本節では、後に関説するようないくつかの理由によって、宋代の永明延寿が『宗鏡録』巻第五に引用するものによって論を進めていくことにする。そこには次のようにある。

（復礼法師、天下の学士に真妄偈を問うて云く）
真の法性は本浄なり、妄念は何に由りて起こるや、
真従り妄の生ずること有らば、此の妄安んぞ止むべけんや、
初無くんば即ち末無し、終有れば始有るべし、
始無くして終無きこと、長懐するも茲の理に懵《くら》し、
願くは為に玄妙を開き、之を析して生死を出でしめよ。

（復礼法師、問天下学士真妄偈云）
真法性本浄、妄念何由起、
従真有妄生、此妄安可止、
無初即無末、有終応有始、
無始而無終、長懐懵茲理、

願為開玄妙、析之出生死。（大正48・四四〇b）

この問題提起に対して、後世数名の仏教者が返答している。(50) その中でも特に注目されたのが、澄観と宗密の見解であり、『宗鏡録』はこの二人の所説を続けて引用している。

澄観の意見は、「真性から妄法が生ずる」というのは、衆生が真に迷うから妄念が生ずるのであって、真を悟れば妄念は止むのである、というものである。つまり、衆生の迷悟によって真妄を分けると言うのである。また最後の「始無くして終無きこと、長懐するも茲の理に懵《くら》し」は、法相宗の所説になぞらえて述べたものであり、質問の要点は前半にあると言う。また、宗密は澄観の応答を基に更に深く言及している。宗密によれば、大乗の経教には㈠法相宗、㈡破性宗、㈢法性宗の別があり、復礼の質問は㈢法性宗に対してのものであり、法相宗・破性宗には関係がない。法相宗は「一向に妄有り断ずべし、真有り証すべしと説く」、破性宗は「一向に真に非ず、妄に非ず、凡無し、聖無しと説く」から、この二宗は理解しがたいことはない。それ故、復礼の質問は法性宗に対してなされたものであるとする。そしてこの点に関して次のように言う。

勝鬘経に云く、衆生の自性清浄心は煩悩に染せらるること無し。不染にして染、染にして不染、皆了知すべきこと難しと云う。復礼は正しく此の義を問うなり。

勝鬘経云、衆生自性清浄心無煩悩所染。不染而染、染而不染、皆云難可了知。復礼正問此義。（同c）

つまり、宗密は『真妄頌』を『勝鬘経』などに説かれる如来蔵思想の理解に関する質問と受け止めたのであり、自性清浄心は本来煩悩とは無関係なのに、「不染而染、染而不染」と説かれることが理解できないというのが復礼の疑問なのだと言うのである。さらに宗密は、こうした復礼の質問に対して、多くの人は「本来煩悩は存在しないのである」と答えるのみで、これは破性宗からの立場を主張しているだけであるから十分ではない、また「真が妄を生ずる」と考えるから、妄が窮尽しないのではないかと恐れるのである、と指摘して、結論的に次のように言う。

是の真は妄を生ぜず。妄は真如に迷いて起るなり。妄は本より自から真なりと知れば、真妄即ち止むを知る。

不是真生妄。妄迷真（如）起。知妄本自真、知真妄即止。（同前）

ここに妄法の始終があるのであり、迷悟の自覚によって真妄を分けるとする視点は、基本的に澄観と同じである。しかし、復礼の質問は「妄念は何に由りて起こるや、真従り妄の生ずること有らば、此の妄安んぞ止むべけんや」と問うているのである。これまで処々に指摘したように、『勝鬘経』はどのような文脈においても妄念・妄法の生滅を説くことはない[51]。これは宗密が指摘する通りである。また、宗密がここで引用する『勝鬘経』の文は、法蔵が『起信論義記』以来一貫して用いる趣意の文であり[52]、『勝鬘経』の所説を法蔵が解釈した文である。このような事実を踏まえて改めて『真妄頌』を見るならば、それが直接『勝鬘経』を指しているのではなく、『勝鬘経』を「不染而染、染而不染」と理解し、如来蔵（＝真）が随縁して阿頼耶識（有為法＝妄法）を生ずるとした、初期の法蔵の如来蔵理解を指すものではないかということが推測されるのである。

二　法蔵の「如来蔵縁起」とはどういうことか

法蔵が、多くの自著の中で如来蔵系の経論に限ってのみ四宗判を説いて、「如来蔵縁起宗」を主張していることは、前節において述べた通りである。具体的には『起信論義記』『大乗法界無差別論疏』『入楞伽心玄義』の三である。そのうち、『入楞伽心玄義』に説かれるものは、他の二つと名称が異なるが、内容は全く同じである。今は復礼の『真妄頌』から得たヒントを参考に、改めて必要な点に言及する。

そこで、改めて『起信論義記』等に説かれる四宗判の「如来蔵縁起宗」の所説を検討してみたい。『起信論義記』『大乗法界無差別論疏』『入楞伽心玄義』の三が、この順序で著わされたことは確実である。そして、『起信論義記』が法蔵の太原寺時代の著作であり、『入楞伽心玄義』が法蔵最後の著作であると考えられることから、四宗判は法蔵の生涯にわたる中心思想であると言うことができる。そして、四宗判はそれぞれの著作の玄談に相当する箇所に説かれており、『起信論義記』の所説が最も丁寧であることは容易に知ることができる。おそらく『大乗法界無差別論疏』『入楞伽心玄義』の玄談は、一般的な問題を『起信論義記』に譲っているのであろう。

玄談は、法蔵の仏教観を述べる箇所であるから、そこには法蔵の思想の展開を読み取ることができるに違いない。法蔵は常に玄談を十門によって構成するが、四宗判は、「教の分斉を顕わす」(『入楞伽心玄義』は「教の差別を顕わす」とする)と名づけられた段落に示されている。「教」とは、言うまでもなく仏教の真実が具体的にどのように説かれているかを意味するのであり、これには大小・権実・一乗三乗と様々な形態がある。これに対して「宗」とは、「教」によって表わされる真実に段階的な区別があることを意味している。これは如来教化の過程の問題であり、決して優劣を問題にするものではない。法蔵は、仏の教説によって示される意味に、四の区別を見たということなのである。改めて『起信論義記』によって四宗判を示しておこう。

現今東流の一切経論は、大小乗に通ず。宗途に四有り。一は、随相法執宗。即ち小乗諸部是れなり。二は、真空無相宗。即ち般若等の経、中観等の論の所説是れなり。三は、唯識法相宗。即ち解深密等の経、瑜伽等の論の所説是れなり。四は、如来蔵縁起宗。即ち楞伽密厳等の経、起信宝性等の論の所説是れなり。

現今東流一切経論、通大小乗。宗途有四。一随相法執宗。即小乗諸部是也。二真空無相宗。即般若等経、中観等論所説是也。三唯識法相宗。即解深密等経、瑜伽等論所説是也。四如来蔵縁起宗。即楞伽密厳等経、起信宝性等論所説是也。

(大正44・二四三b)

主張の構造はそれほど難解なものではない。つまり、小乗・大乗のうち、大乗教によって表わされる意味を三に分類したのである。中観と唯識と如来蔵の三である。そして『義記』は、この後、理と事の関係によって四宗の内容を解説するのであるが、その中で如来蔵縁起宗を解説して「如来蔵随縁して阿頼耶識を成ず」と言うのである。古来より様々な議論を巻き起こしたのは正しくこの主張であり、復礼の『真妄頌』も、根本的にはこの点に関する問題を指摘しているのである。

この法蔵の「如来蔵縁起」、または「如来蔵随縁」という思想を検討するためには、㈠如来蔵思想とは何か、㈡それが「縁起」思想とどう関係するか、という二つの視点から検討することが必要であり、その上で、それを法蔵がどのように解したかを解明しなければならない。先に指摘したように、宗密の理解は「真は妄を生ぜず」という立場からの応答であったが、それだけでは法蔵の主張の意味や背景を検討したことにはならないのである。そこでここでは、法蔵の主張に正当性があるのか否かという点からではなく、どのような背景と意味を持つものなのかという関心で考察を進めていきたい。

『義記』は、何らかの形で「如来蔵」を説く経論を、ひとしなみに「如来蔵縁起」という概念で括っているようである。しかし経典の所説を詳細に検討してみれば、同じく「如来蔵」という用語を用いていても、『勝鬘経』に説かれるものと、『楞伽経』や『大乗密厳経』に説かれるものとでは、内容的にずいぶん異なっている。この点についてては、これまで処々において指摘した通りである。(53)『勝鬘経』に説かれる「如来蔵」は、あくまで出世間を言語化したものであり、従って世間法の生滅を問題にする阿頼耶識とは、本来関係を持つことがない。しかし、「如来蔵」という用語がいつもこのような文脈で用いられてきたかといえば、決してそうとは言い切れないのである。同じく「如来蔵」を説く経典であっても、そこには他の思想との交渉やそれ自身の深まりによる教理の展開があったはずである。『勝鬘経』『楞伽経』『起信論』などの関係も、このような視点から考察すべきである。

「如来蔵縁起」「如来蔵随縁」が具体的にどのようなことを表わすのかは、『起信論義記』や『大乗法界無差別論疏』の四宗判の中ではあまり言及されていない。従って随文解釈を追って検討しなければならないのであるが、『入楞伽心玄義』に説かれるものは、他の二書と少し異なっている。『入楞伽心玄義』には随文解釈が存在しないので、詳細に検討することはできないが、「如来蔵縁起宗」を「実相宗」と言い換えて次のように解説する。


四は、実相宗なり。前教中の所立の法相を会す。皆如来蔵縁起に依りて実に称いて顕現せざること莫し。金の厳具と作るが如し。此れは楞伽及び密厳等の経、起信宝性等の論に説けるが如し。

四実相宗。会前教中所立法相。莫不皆依如来蔵縁起称実顕現。如金作厳具。如此楞伽及密厳等経、起信宝性等論説。

（大正39・四二六c）


基本的には他の二書と同じであるが、如来蔵縁起を解説して一つの譬えを挙げているのである。「無垢の金が細工を経て様々な飾り物となるようなこと」であると言うのである。この譬えは、『起信論義記』や『大乗法界無差別論疏』には引用されず、更に『入楞伽心玄義』は法蔵最晩年の著作であるから、則天武后に対する説教でよく知られた「金師子」を意味するものとの理解も成り立つ。しかしながら、この譬えは直接的には『大乗密厳経』の末尾に説かれるものである。そして『大乗密厳経』は、地婆訶羅の訳であり、法蔵とは密接な関係があったと推察されることは前節で示した。そこで次に『大乗密厳経』に関する問題を整理しておきたい。

三 『大乗密厳経』について

第一節で述べたように、『大乗密厳経』には、地婆訶羅訳と不空訳とが存する。不空訳には代宗帝による御製の

序があり、この経典をどのような経典として見ていたかを窺うことができる。そこには、

是れ、泉もて識浪を静め、珠もて意源を清め、頼耶能変の端を窮め、自覚湛然の境を照らさんと欲す。深く心極に詣ずるは其れ唯だ是の経なり。

是欲泉静識浪、珠清意源、窮頼耶能変之端、照自覚湛然之境。深詣心極其唯是経。（大正16・七四七b〜c）

とある。つまり、『大乗密厳経』は阿頼耶識の窮極を明らかにして、衆生の本来の姿を示そうとするものであるというのである。この指摘の通り経は全三巻から成るが、初めに如来の境界を「密厳仏国」と提示し、中間にはその密厳仏国に入るための様々な課題を開示し、最後に「阿頼耶微密品（不空訳では阿頼耶即密厳品）」を説いて阿頼耶識の窮極が密厳仏国に他ならないとする。そして「如来常住恒不変易」を常に念じ修することが如来蔵であると説いたり、[54]『維摩経』と酷似する譬えを挙げたり、[55]三性説や末那識を説くなど、[56]唯識思想の体系が確立した後に成立した後期の大乗経典であると考えられる。地婆訶羅がこの経を翻訳した年次については、諸経録に記載されていない。しかし、地婆訶羅の訳経は高宗の永淳二年（六八三）から則天武后の垂拱三年（六八七）の間であったと考えられるから、[57]正しく法蔵の前半期である太原寺時代に相当する。法蔵が地婆訶羅から多くのことを学んだことは既に先学によって種々指摘されているのでここでは省略するが、地婆訶羅の訳経と思想は法蔵の教学の草創に重大な影響があったはずである。

法蔵が四宗判を説く際に引用したのは、わずかに「金と厳具」の譬えのみである。しかし、『入楞伽心玄義』の第九門「義の分斉を明かす」段では、さらに十に分けた第三門の識体真妄門において、次のように経文をそのまま引用して立論している。

三に識体真妄門とは、有るが説かく、此の第八識は業等の種子に従りて、体を弁じて生ず。是れ異熟識なり、

生滅有為なり。瑜伽等の説の如し。有るが説かく、是れ如来蔵随縁の所成なり。金の環釧と作るが如し。密厳経に云く、如来清浄蔵と世間阿頼耶とは金と指環と展転して差別無きが如し。

三識体真妄門者、有説、此第八識従業等種子、弁体而生。是異熟識、生滅有為。如瑜伽等説。有説、是如来蔵随縁所成。如金作環釧。密厳経云、如来清浄蔵世間阿頼耶如金与指環展転無差別。（大正39・四三一b）

法蔵の「如来蔵縁起」「如来蔵随縁」という思想は、この『大乗密厳経』の所説に基づくものなのである。ここに引かれる『大乗密厳経』の文は、『法界無差別論疏』にも引かれており、そこでは法身と衆生の関係を表わす教説として位置づけられている。なおこのことについては後に関説したい。

次に、『大乗密厳経』の当該の所説を検討しておきたい。経には、法蔵が引用する文の直後に次のような一文がある。

譬えば巧みなる金師の　浄好の真金を以て　指の厳具を造作して　以て指を荘厳せんと欲す　其の相衆物に異なれば　説きて名づけて指環と為すが如し。

譬如巧金師　以浄好真金　造作指厳具　欲以荘厳指　其相異衆物　説名為指環。（大正16・七四七a）

これは一見すると、先の文を繰り返すのみであり、何でもないことを言っているように思われがちであるが、実は極めて重要なことを述べている。先の文で「金と指環と展転して差別無」しと言うのは、「金」という存在が「指環」という存在に変化したと言うのではなくて、「浄好の真金」が指を飾る形のものとなったので、それを「指環」と名づけたのであると言っているのである。これは決して金と指環という二つのものの相即関係を言っているのではない。指環は、あくまで本来を意味する金が特定のある状態を示していることを言語化したものである、ということを、はっきりと示しているのである。つまり、世間の一切法はあくまで言語によって他と区別されることによって成り立っていると言っているのである。従って、出世間（金）と世間（指環）の間には言語化という問題があることが、注意されているのである。金と指環の関係でこれを言えば、それが「金である」と言うときには既に「金」以外のものから区別されているのであって、既に世間的な存在なのである。従って、法蔵が言うように金と指環の関係を問題にするときは、どこまでも世間内の問題と言うべきなのである。この点は『般若経』以来、大乗仏教では常に課題とされてきたことであった。

法蔵は、このような出世間と世間との問題を「真と妄」「本と末」の関係で論ずる。例えば、『入楞伽心玄義』では、先に挙げた文の後で、有為法としての阿頼耶識と真如の関係を会通して、㈠法に約す、㈡教に就くとに分け、㈠については、

(1)　摂本従末門……有為生滅（つまり法相宗の所説）
(2)　摂末帰本門……如来蔵平等一味（『勝鬘経』等の所説）
(3)　本末無碍門……『起信論』の和合識
(4)　本末倶泯門……形奪両亡理事無寄（華厳の教説を指すか）（大正39・四三一b）

とする。如来蔵と阿頼耶識を本と末と解することで、本来、出世間を意味していた如来蔵や真如を、世間の領域と別なるものではないとして取り込んだのである。その際、如来蔵や真如という言葉が本来表わそうとしている出世間と、世間化された意味とが共存することになるので、これを「不変・随縁」と言ったのである。如来蔵や真如といった言葉は、それがたとえ言語内的に表わされたものであっても、本来は出世間を意味するものである。この言語化の問題にはあまり注意を払わずに、前半の教説に従ってこの問題を法蔵は、「縁起・随縁」と理解したのである。

さらに『大乗密厳経』には次のような所説もある。

十地・花厳等　大樹と神通と　勝鬘及び余の経は　皆此の経従り出ず。此の経は最も殊勝にして　衆経の能く比する莫し　仁主及び諸王　宜しく応に尽く尊敬すべし。

十地花厳等　大樹与神通　勝鬘及余経　皆従此経出。此経最殊勝　衆経莫能比　仁主及諸王　宜応尽尊敬。（大正16・七二九c）

この中の「大樹」とはおそらく『大樹緊那羅王所問経』[58]を指し、「神通」は『方広大荘厳経』[59]のことであろう。これらが何を意味するかは今は不明であるが、他の大乗経典が『大乗密厳経』をよりどころとするものであると主張していることは間違いない。法蔵が『勝鬘経』の如来蔵説をも如来蔵縁起と理解していく根拠が、こうした教説にあったであろうことは容易に想像されるのである。

四　法蔵の如来蔵随縁説と『起信論』

最後に『起信論義記』に関する問題に言及しておきたい。『起信論』が、法蔵以降の中国・朝鮮・日本の仏教に大きな影響を及ぼしたことは事実である。しかしながら、法蔵以前に『起信論』が時代の中心的課題を担っていたかといえば決してそうではない。『起信論』は、南北朝期の終わりに訳出された当初より[60]、隋から法蔵の時代まで、他の論書に比して決して盛んに行われたわけではないのである。この点は、例えば『続高僧伝』や『宋高僧伝』などの記述を確かめることによって確認できるが[61]、概括的に言うならば、隋以前の仏教学の中心は『十地経論』であり、隋代は『摂大乗論』であった。その後は玄奘の翻訳した唯識系の経論が中心であった。確かに『起信論』には、法蔵以前の註釈がいくつか存在するが、それらは決して時代の中心に位置していたとは言えないのである。法蔵の師であった智儼ですら、『摂大乗論』を基盤にして教学を展開しているほどである。このような事実から見れば、法蔵の『起信論』に対する並々ならぬ関心は、むしろ時代から突出していると言った方がふさわしいように思われる。このような法蔵の『起信論』に対する関心は一体どこから生まれてきたのであろうか。

法蔵の教学的課題が、唯識教学の三乗真実を止揚して、改めて「一乗真実」を明らかにすることにあったことは事実であろう。[62]しかし、そのヒントを『起信論』の所説から直接得たのであろうか。こうした点に考えが及ぶとき、法蔵が『起信論』を釈するに際して、あらかじめ「真如の不変・随縁[63]」という概念を前提にしている点が改めて疑問となる。なぜなら、『起信論』は、「衆生心」を立論の基盤として、そこに真如と生滅を見ることによって論を進めるのであって、真如を立論の基盤とするのではないからである。従って『起信論』を、初めから「真如の不変・随縁」によって解釈するためには、何らかの『起信論』以外の発想が必要であると思われるのである。

法蔵は、『法界無差別論疏』の法身と衆生の関係を論じる箇所において、例によって四宗の立場、つまり㈠小乗、㈡龍樹提婆宗（中観）、㈢無著世親宗（唯識）、㈣馬鳴賢慧宗（如来蔵縁起）を挙げて、㈣においては「如来蔵が随縁して衆生と作る」ことを明かし、それを説く聖教として、『楞伽経』『起信論』『大乗密厳経』の三を示している。[64]ここに引かれる『起信論』の文は、心生滅門「本覚」段の「本覚随染」に説かれる、いわゆる「海波の譬喩」である。[65]つまり、海が波となっているように如来蔵が衆生となっているということを、「海波の譬喩」によって示そうとしているのである。しかし、『起信論』の所説はそのようなことを問題としているのではない。なぜなら、「本覚随染」段が主として言いたいことは、迷いの衆生にあっても「本覚」が智浄相と不思議業相という二つの作用として用くということであり、その譬えとして「海波の譬喩」が説かれているのである。そして、譬えを結んで、海波において水の湿性が不変であるように、衆生においても智性は不変である、というのがこの段落の結論なのである。法蔵は、その結論部分を引用せず、海と波との譬喩と理解し、如来蔵と衆生の関係と見たのである。このような解釈は、既に存在する特定のコンテクストによって『起信論』の所説を解釈した結果であると考えられる。ちなみに、『起信論義記』の当該の箇所の註釈は、

真心、熏に随いて全に識浪と作る。故に心相無し、然るに彼の識浪は是れ真に非ざる無し。故に無明の相無し。

真心、随熏全作識浪。故無心相、然彼識浪無非是真。故無無明相。（大正44・二六〇b）

とあって、明らかに如来蔵随縁によってこの箇所を釈している。

そして、『法界無差別論疏』は、この『起信論』の引用の後、『大乗密厳経』を引用して結論として次のように言う。

是の如き等の文は、皆如来蔵随縁して衆生を作すを明かすなり。広く此の義を釈して多門を成立す。密厳疏中に具さに説けるが如し。

如是等文、皆明如来蔵随縁作衆生也。広釈此義成立多門。如密厳疏中具説。（大正44・六八b）

つまり、如来蔵縁起については『大乗密厳経疏』において既に詳細に論じたとして、ここではこれ以上言及しないのである。

『大乗密厳経疏』は、地婆訶羅と関係があった太原寺時代の成立と考えられる。つまり法蔵の生涯の極めて早い時期の撰述であったと考えられる。法蔵は、『勝鬘経』の註釈を残していないので、正確には了解できないが、『探玄記』十重唯識では、この問題を第七「理事俱融」として、第六の「転真成事」と区別していたことは既に述べた通りである。法蔵は、一時代前の浄影寺慧遠らが統一的な理解に苦慮したことを受けて、『勝鬘経』『楞伽経』『摂大乗論』『起信論』と唯識教学の諸経論などを学びながら如来蔵と阿頼耶識の関係を考え、それを基に『華厳経』

と華厳教学の研究を重ねていただろう。そうした中で、地婆訶羅の来朝に遇い、まず『華厳経』についての疑問を晴らすと同時に、『大乗密厳経』に触れ、この経から如来蔵と阿頼耶識に関する新たな視点を得たのであろう。法蔵が『起信論』を釈するにあたって、「如来蔵随縁」「不守自性（自性を守らず）」や「真如の不変・随縁」を基盤とすることは、以上の証左であると言えよう。

小結

法蔵は、証聖元年（六九五）から聖暦二年（六九九）にわたって、実叉難陀と『新訳華厳経』の翻訳を行っているが、この訳場の中心は主に復礼であった。『新訳華厳経』の翻訳は則天武后の肝煎りによって実現したのであるが、『宋高僧伝』は、則天武后が華厳の十玄・六相などの重要な教理について理解できず、しばしば法蔵を招いて具体的な教導を受けていたことを記している[66]。そして、武后は、翻訳の終了した聖暦二年十月八日に法蔵に命じて『新訳華厳経』を講ぜしめたのであるが、その経典翻訳中の内道場における講義が『華厳金師子章』[67]である。『金師子章』は、宮中にあった金の師子像を例にして華厳の教理を説いたものとされ、全十章から成る。その第一章は「明縁起」と題され、金は無自性であるから工巧の縁によって金の師子が出来るのであり、それを「縁起」と説くとしている[68]。つまり、金が金師子となることが縁起であるというのである。そして、金は無漏性であり、金師子は有漏性であるから、そこには断絶があり、この断絶を法蔵は「自性を守らず」と説くのである。こうした法蔵の主張はまさしく、『大乗密厳経』に対する彼の理解そのものである。それは、これまで考察してきたように、『大乗密厳経』や『起信論』の所説とは基本的に異なっているが、法蔵が様々に思索してきた結論であった。

このように考えてくると、「真妄頌」が「真より妄の生ずること有らば」と言うのは、こうした法蔵の『大乗密厳経』をよりどころにした如来蔵理解（如来蔵縁起・如来蔵随縁）を暗に批判したものと見ることができるであろう。それ故、この点は法蔵の思想を受け継いだ澄観や宗密によって異なる視点からの返答がなされなければならなかったのであると考えられる。

第三節　如来蔵随縁思想の深化

一　問題の所在

法蔵の思想的な立場は、一般に、縁起論であるとか法界縁起にあるとか、「事事無礙」にあると考えられている[69]。これらの見解の一つ一つは、決してそれが誤りだというわけではない。それにもかかわらず、華厳教学とは一体どういう思想かと問われたとき、なんとなく落ち着きが悪いのは何故であろうか。それは、「同別二教判」や「五教判」などの華厳教学の中心的な教理と、如来蔵思想の位置づけを示した「四宗判」との関係が、今一つ明確になっていないからであるように思われる。

『起信論』や法蔵の如来蔵縁起宗の思想に関しても、これまでにずいぶんと多くの先学によって研究が積み重ねられてきた[70]。ここでは、これらの先行する研究によりながら、著者自身の前述のような問題意識によって『起信論』と法蔵の関係を考察したい。

前節で触れたように、真妄論が理事の問題に展開し、それが華厳教学の縁起論の基盤となったと考えられるのであるが、それは如来蔵思想とアーラヤ識とを如何に矛盾なく理解するかという葛藤の歴史であったと言える。それについて法蔵はどのような理解に至ったのであろうか、それを知りたいのである。またその過程にあって、智儼の時代にはそれほど重視されたようには見えない『起信論』が、法蔵に至って俄然大きな役割を持つようになったのは一体なぜか、という点を明らかにしたいのである。第四章で述べたように、『起信論』自身が大乗仏教思想史の上で特に注目すべき論書であった。それを華厳教学の中で特に取り上げる意味は一体どこにあったのかを明らかにしたい。そして、法蔵の『起信論』理解と「如来蔵縁起宗」という言葉がどのようなことを表わすのかを明確にすることによって、法蔵教学の原点を解明するための一助としたいのである。この点をより積極的に表現するならば、教理用語によって語られる事柄の背後にあった思想的な葛藤を現代人として頷きたいというのが、最も大きな研究動機であるということに他ならない。「如来蔵縁起宗」という概念は、法蔵が明らかにした「四宗判」という教判の中に説かれている。[71]「四宗判」が、華厳教学の他の教判とどのような関係にあるのかということは、法蔵の教学を考察するにあたって重要な問題である。しかしながら、これは後の課題として、本節ではひとまず「四宗判」と「如来蔵縁起宗」という思想の解明を当面の課題としたい。

さて、既に触れたように、法蔵が「四宗判」を説くのは、『大乗起信論義記』『大乗法界無差別論疏』『入楞伽心玄義』の三書に限られている。吉津宜英博士の研究では、これら三書は、『義記』→『無差別論疏』→『心玄義』の順で書かれたと推定されており、更に、それら一々の典籍についてのもう少し詳しい撰述年代の推定もなされている。[72]それらを踏まえながら、本節で特に注目したいのは、これら三書が法蔵の著作全体に占める位置と、それらが書かれなければならなかった思想的な背景である。

二　『起信論義記』以前の思想史的な背景

これまで処々に述べてきたように、『起信論』の如来蔵説は、二つの点で特別な意味を持っている。第一は、如来蔵を説く他の経論との関係から見た場合に、『起信論』は、如来蔵を説きながら同時にアーラヤ識を説いているが、微妙な表現によって同時に両者を説く矛盾を避けている。[73] この点で『宝性論』『勝鬘経』『不増不減経』とは異なった文脈を持っているのである。第二に、そうした『起信論』の特殊性を地論学派の人々は理解できなかった点である。なぜなら、当時の地論学派の仏教者にとって『起信論』は、最初から『摂大乗論』や『宝性論』との重層性が問題であったからである。[74] そのような状況からは、『摂大乗論』と『起信論』の立場の違いや、『宝性論』と『起信論』の立場の違いを発見することは、決してできないと思われる。

今、このような『起信論』の如来蔵説の持つ課題と、中国人の如来蔵理解史あるいは『起信論』理解史を簡単に振り返りながら、その中に法蔵を置くことによって『起信論義記』が持った思想的な課題を浮き彫りにしてみたい。初めにインド仏教の教理史の展開の上に如来蔵思想を置いたとき、それはどのような思想であると見ることができるか。この点に絞って流れを振り返っておきたい。

ブッダの成道の内容である縁起説は、阿含経典の時代には次のような形で定型的に説かれた。[75]

此れ有る時彼れ有り、此れ生ずるより彼れ生じ、
此れ無き時彼れ無く、此れ滅するより彼れ滅す。

この中には一切法の成立に関する根本的な問題が重層的に説かれている。これについては既に先学によって、「これを時間的継起の関係に理解すべきではなくして、論理的条件の関係に理解すべきである」[76] との鋭い指摘がなされており、この指摘にヒントを得て、縁起説を「共時的な関係」と「通時的な関係」と見るべきであるという筆者の考えは、第三章・第四章などにおいて提示した通りである。[77] このうち共時的な関係とは、縁起の型の中の「此れ有る時彼れ有り、此れ無き時彼れ無く」という関係であり「〜に依りて〜有り」と説かれるものである。これは「親

と子の譬喩」によって語られるような関係のことである。また、相依相待の縁起と言われるのもこの関係である。次に、通時的な関係とは、縁起の型の中で「此れ生ずるより彼れ生じ、此れ滅するより彼れ滅す」と説かれるものである。これは「種子と芽の譬喩」によって語られるような関係である。因果の縁起とか因縁生滅と言われるものがこれに当たり、経典の中ではしばしば「～に依りて生じ滅す」と説かれる関係である。「因果」というと、人間の常識ではそこに時間の観念を入れて理解してしまうのであるが、そこに仏教を大きく誤解していく下地がある。むしろこの因果関係の中から時間が出てくるのであり、因果を時間的に理解してはならないというのが、先の指摘の本意である。これを時間的ではなく、常に論理的な構造として理解するためには、因果について必ず「互いに因果となる」という概念を用いればよい。しかし、こうした考えは、大乗になってようやく明確になったようで、アビダルマ仏教の時代には時間的経過関係に解されたようである。[78]本節ではこの問題を扱うことが本旨ではないのでこれ以上の詳述は避けるが、『般若経』が「空」を説くことによって縁起の生命を回復しようとしたところに象徴的に表われているように思われる。龍樹が、『中論』帰敬頌に、

そのような縁起を説示された、正しく覚った者（ブッダ）にもろもろの説法者のなかで最もすぐれたひととして私は敬礼する。（三枝充悳訳[79]）

として、「空」の思想が「縁起」の異なる表現であることを明示するのが注目される。

このような流れにおいて、中期大乗経典が生まれたのは、どのような事情があったのだろうか。この点は、近年の唯識学研究・如来蔵思想研究によって明らかにされている。それは「空」が虚無的に理解されたために「有」的な表現をとって「縁起」を説き直す必然性があったということである。おそらく、これらの最も原始的な表現は『大乗阿毘達磨経[80]』であったと思われるが、この点については後に論ずることにしたい。如来蔵思想が『般若経』

の空思想の延長上にあり、それを一歩進めた表現であることは、例えば、『勝鬘経』の「如来蔵はこれ如来の境界なり[81]」「如来法身の煩悩を離れざるを如来蔵と名づく[82]」「空如来蔵・不空如来蔵[83]」といった表現の中に確認することができる。そして注意しなければならないのは、この中では如来蔵と一切法の関係が常に「依りてある」縁起で説かれており、決して「依りて生ずる」縁起では説かれないということである。一方、後にアーラヤ識を一切種子識と体系化するように、唯識系の経典は「依りて生ずる」縁起の新たな表現に努めたのである。

このようなインドにおける必然的な教理の展開を全く知らないままに、中国人は中期大乗経典を受け入れなければならなかった。それを象徴的に表わすのは、北魏時代における『十地経論』の訳出をめぐってなされた論争である。

『高僧伝』によれば、菩提流支と勒那摩提は『十地経論』の「自体本来空　有不二不尽」というたった一言の表現をめぐって論争したとされる[84]。そしてこの解釈が地論学派を二分するようなことになり、当時の仏教界に大問題を引き起こしたとされてきた。この一言に一体どれほどの意味があったのだろうか。

「自体本来空　有不二不尽」は、『十地経論』の文脈では金剛蔵菩薩が如来の境界を示す箇所であり、「自体空をどのように受けとめるべきか」ということが問題になる場面で説かれる言葉である[85]。つまり、「自体空」は、言語表現や人間の認識の向こう側の問題とすべきか、手前の問題とすべきか、という課題である。有名な「指月の譬喩[86]」で言えば、「月」の立場に立って論ずべき問題なのか、「指」の立場に立って論ずべき問題なのかということである。これについて、勒那摩提は、「本来空」を「定・不二・不尽」と解して、如来の禅定中、つまり通常の言語認識を超えた立場（つまり月の立場）に立って論ずべき問題であるとした。一方、菩提流支は、「本来空」は言語によって「有」と表現され得るとした。だから「煩悩身中に如来蔵有り[87]」といった使い方をしてもよいことになる。

本来、「空」といっても言語によって表現されたものであるから、世俗諦に関して用いる用語（つまり、あくまで教説は月を指す指なのであって、決してそれ自体が月を意味するのではない）であって、決してそれ自体が勝義諦なのではないから「有」と言ってもよいとしたのである。

このように、この一言は、仏教における勝義諦をめぐる根本的な問題だったのである。そして、勒那摩提は、『宝性論』などを訳して、如来蔵がそのまま如来の智慧の内容であり法身であるという立場を表現しようとしたのである。一方、菩提流支は、両者の立場が重層する『楞伽経』を、如来蔵はアーラヤ識であると読み込むことのできるような経典として訳出したのである。このような背景を考慮に入れると、如来蔵とアーラヤ識を同時に説きながら、厳密に阿梨耶識と如来蔵の立場を訳し分けている『起信論』は、決して当時の中国人によって創作し得るものなどではないし、菩提流支にも勒那摩提にも翻訳できなかったのではないかと想像されるのである。

このようなインド的な事情をおそらく理解できないままに、中国人のアーラヤ識研究と如来蔵研究が始まったものと思われる。その典型的な例を浄影寺慧遠の思想の中に見ることができることは、第五章で論じた通りである。[88]慧遠にとって、前述のような展開を経て言語化され、更に様々な状況の中で漢訳された『勝鬘経』『十地経論』『楞伽経』『起信論』などは、いずれも同じように文字によって表現されたものであり、従ってそれらを平面的に扱わざるを得なかったはずである。当然のことながら、慧遠は矛盾に当面し、「依持（依りてある）」「縁起（依りて生ずる）」という視点を立てて会通しようとした。[89]これは当時の中国の仏教者としては大変な見識であり、驚くほどの探求心であると言えるが、両者を第八識の内容として会通したために、「如来蔵が諸法の因である」ということになってしまったのである。[90]

このような慧遠の立場から出発したのが智儼であった。智儼は、この両者を相対化する立場として性起思想と出

会い、これら全体を『捜玄記』において「法界縁起」として体系化した。それは、

法界縁起——凡夫染法
　　　　　　　　縁起一心門
　　　　　　　　依持一心門
　　　　　菩提浄分（性起思想）

という内容を持ったものである。(91) 従って、本来から言えば依持門と菩提浄分は同じ立場に立つものなのであるが、これまでの歴史的ないきさつから、全体を性起思想によってまとめる立場には立たず「法界縁起」という新たな概念を用いたのである。従って、『起信論』の基本的な立場がここで言う法界縁起の立場に相当するのであるが、智儼においては『摂大乗論』に出会ったことが問題の中心を占めており、『起信論』に対する明確な態度は表現されなかったのである。

三　法蔵における『起信論義記』撰述の思想的な課題

このように見てくると、法蔵のなすべき課題は、智儼の思想を受けて、如来蔵が法界縁起と本来的に異なるものではないことを論証することであったと言えよう。従って、純粋にこの問題を明らかにしようと思えば、『宝性論』あるいは『勝鬘経』などの注釈を著わすべきなのであろう。しかし、太原寺時代の法蔵にとって如来蔵とアーラヤ識の重層性は、既に与件であった。なぜなら、もともと如来蔵とアーラヤ識は中国においては伝統的に一体のものと理解されてきたからであり、時代は更に法相宗の最盛期であったからである。太原寺時代の法蔵が、智儼の思想を展開させるために『起信論』の注釈を書かねばならない必然性がここにある。従って、このような文脈から

考えてみると、『起信論義記』が「四宗判」を掲げて法相宗の位置づけを明らかにし、「如来蔵心」の立場からアーラヤ識を融会しようとすることは、よく首肯できるところである。その際に、地婆訶羅から聞いた戒賢・智光の空有の論争が大きなきっかけになったことは言うまでもない。なぜなら、今当面の課題の一つとなっている「識の有」について、それは「空」と論争するような質を持ったものであり、それ故「空」と「有」を止揚するものではないと考えられるからである。こうして、空・有を超えたところに如来蔵を見ることになる。このようにして成り立ったのが、「四宗判」であると言える。従って法蔵における『起信論義記』の撰述は、本来一体であった如来蔵阿梨耶識において、アーラヤ識のみを説く法相唯識と中観思想とを別立したという意味を持っているのである。この場合に注意しなければならないことは、如来蔵がまだ本来の意味で用いられてはいないということであり、諸法の因としての如来蔵心といった概念が本書の中心を占めているということである。[92]『義記』のこうした立場から言って、玄談のみに「如来蔵随縁して阿頼耶識を成ず[93]」と説かれる点が奇異に感じられるが、この点は、前述のように義湘に宛てた書簡に本書が「両巻」とあることなども合わせて『起信論義記』の成立そのものを検討しなければならない。

このような『起信論義記』の如来蔵思想を原点に帰らしめたのは、法蔵の思索の歴史の中で言えば、『無差別論』との出会いであったと思われる。『無差別論』の成立そのものについては、本節では直接触れ得ないが、現行の本書は「菩提心」を十二の観点から論究したもの[94]で、主な内容は『勝鬘経』と『不増不減経』を合糅したものであると言うことができる。この点で、当時既に訳されて充分に知悉されていたであろう『宝性論』などと全く同じ立場に立つものである。この書が法蔵にとって新たな視野を開くことになったのは、如来蔵を説くにあたってアーラヤ識との関係を一切含まないことであったに違いない。この点は、振り返ってみれば、もともと『勝鬘経』や

『宝性論』の立場だったのであるが、前述したような如来蔵とアーラヤ識を一体のものと考える中国的な思想史の流れの中で、それを見抜くことができなかったのであろう。それ故『無差別論』を注釈する法蔵は、『宝性論』『勝鬘経』を大いに引用して、如来蔵思想の顕揚に努めるのである。また、『無差別論疏』には、『起信論義記』がしばしば用いるような「如来蔵不守自性」といった表現がない。「如来蔵随縁」という考え方が『無差別論疏』の中心となっているのである。

前節三で触れたように、「如来蔵不守自性」という概念は、『探玄記』十重唯識の第六門転真成事唯識の立場に当たり、真が妄になるとする見方である。それに対し「如来蔵随縁」という概念は、そこに「不守自性」を見るか「挙体随縁」を見るかによって、第六門と第七門とを分けるという意味が存在するのであった。それを「挙体随縁」と見れば第七門の理事倶融唯識の立場となり、「不染而染　染而不染」とも表現されるところの、「理」において「事」を見、「事」において「理」を見ようとすることで、事事無礙の一乗別教への転換点に当たるものであった。それ故、この『無差別論疏』が、法蔵の思想形成にあたって真妄的な「不守自性」の如来蔵理解から理事無礙の如来蔵へと転換せしめ、法蔵の別教一乗無尽縁起思想を形成せしめるための、分水嶺となったのであると思われる。法蔵が『無差別論疏』を著わしたすぐ後に、義湘にこの書を送ったのは、このような意味だったのではなかろうか。

従って『無差別論疏』を著わした後の法蔵の関心から言えば、このような立場からの『華厳経』の注釈を明らかにすることと、『十巻楞伽経』の訳し直しが大きな課題であったに違いない。実叉難陀訳とされる『七巻楞伽経』は、如来蔵とアーラヤ識の関係が問題になっていないところでは「阿頼耶識」という用語を使う(95)が、両者の関係が問題になるところでは、「蔵識」という用語を用いて如来蔵と阿頼耶識の立場の違いが明瞭になるように工夫されている。[96] このような事実の背後には、法蔵の並々ならぬ情熱があったに違いない。

小　結

以上、法蔵を軸とした如来蔵理解の歴史をほぼ概観し得たと思う。そこで最後に、本節の主たる関心である法蔵の「如来蔵縁起宗」という概念について結論をまとめておきたい。

『起信論義記』の「如来蔵随縁」説は、先に述べたように『探玄記』十重唯識の第六転真成事唯識に相当し、これを表わす中心的な概念は、「如来蔵不守自性」という言葉であった。これを出発点として、法蔵の如来蔵理解の展開を考察してみたい。

法蔵が、『起信論義記』→『無差別論疏』→『心玄義』の順で撰述したことはほぼ間違いない。すると、これらの著作の間には如来蔵説に関して明らかに思想的展開がある。それは一体どのような意味を持つのであろうか。この点を踏まえながら、もう一度『起信論』の所説に戻ってみたい。『起信論』の如来蔵説が本来、智儼の法界縁起と同じ立場にあることは、本節第三段の考察によって明らかであると思う。その際に、『起信論』の立論では、衆生心に心真如門と心生滅門とが立てられている。[97] 従って、三性説で言えば、依他起性を立場としていることになる。ところが法蔵は、これを心真如の立場、つまり円成実性から体系化しようとした。これは『起信論義記』では「如来蔵心」とか「真心」または「真如」という用語を根拠にして生滅法が語られていることに相当する。従って法蔵の立場からは、『起信論』のように心生滅門と心真如門との関係が問題となるのではなくて、衆生心と心生滅門との関係が問題であることになる。これは『起信論』の表現では「如来蔵によりて生滅心有り」に相当し、これをどのような概念によって表現するかということが教学的な課題になるであろう。この点は、既に竹村牧男博士によって、法蔵と慧遠の如来蔵縁起説を比較した場合、法蔵は「如来蔵縁起ということを如来蔵の現象界への起動においてよりも、如来蔵と現象界の不二において直ちに捉える」ところに特徴があると指摘されている通りである。[98]このような法蔵の課題を考えると、それが「如来蔵随縁して阿頼耶識を成ず」という意味で「如来蔵縁起宗」と表現されなければならない事情が首肯できる。

そして、法蔵にとって出発点であった如来蔵阿梨耶識からアーラヤ識的な面と如来蔵的な面が少しずつ分離していったのが、それ以降の展開である。それ故、法蔵にとっての「如来蔵」は、既にあった『勝鬘経』や『宝性論』の所説へ戻っていくことになったのである。それが「如来蔵不守自性」という表現から「不染而染　染而不染」という表現への展開である。「不守自性」という見方には通時的な面がある。しかし、如来蔵を通時的に見ることは本来の意味ではないのである。従ってこのような観点から、「如来蔵随縁」や「如来蔵縁起」という言葉の意味を通時的に解してはならないのであるが、こうした点を法蔵が理解したのは『法界無差別論』に触れて以降であったと考えられるのである。「如来蔵」を通時的に見ることは、如来蔵を諸法の因と見ることである。しかしながら、如来蔵を説く文献に、如来蔵と諸法が交互因果であるといった表現は決して見ることができない。そうである以上、如来蔵はどのような場合においても「如来蔵によりて諸法あり」という共時的な関係で見なければならないのである。このように見てくると、法蔵の探求は、縁起思想のインド的な展開を遡って明らかにしていったものと見ることができるように思うのである。

註

（1）　智儼における「理」と「事」の課題については、『十地経論』の六相説の理解について重要な前提となっていたことを、第六章第一節において明確にした。この点によって、智儼が杜順の教えを強く受けていたことが推察される。なぜなら、杜順の『法界観門』は、全編が「理」と「事」の考察によって成り立っているからである。この問題については、結章で具体的に論ずる。

（2）吉津宜英『華厳一乗思想の研究』（大東出版社、一九九一年）一三一～一三三頁参照。

（3）この点について、吉津前掲書は「（法蔵の）西太原寺時代の後半（六八四―六八七）か、あるいは魏国西寺時代（六八七―六九〇）の著作で、多分西崇福寺時代（六九〇～）のものではあるまい」（一三六頁）とするが、大竹晋氏は非常に詳細な検討を加えて、結論的に「本書は地論宗最後期の著作であって」「法蔵の真撰ではない」としている。その主な理由としては、『法界無差別論疏』などの法蔵の著作に特徴的な「如来蔵随縁して衆生と作る」といった記述が見られず、心識説なども「本覚真心・妄識心・分別事識の心」などを基本としていることなどを挙げている（大竹晋『唯識説を中心とした初期華厳教学の研究――智儼・義湘から法蔵へ――』付論四「『大乗密厳経疏』の著者問題」、四七七～五〇〇頁）。これはもっともな指摘であるが、次のような理由によって首肯できない。第一点は、確かに『密厳経疏』の所説は、『法界無差別論疏』に比べて稚拙であり、古い時代の思想表現である。大竹氏はこの点を以て『密厳経疏』の真撰を疑うわけであるが、本書で述べてきたような法蔵の思想的な歩みにおける『無差別論』との出会いと『無差別論疏』の撰述の意味を考えるとき、そこには如来蔵と阿梨耶識を重層的に理解してきた真妄論から、如来蔵を阿梨耶識と区別する思想への転換があったのである。それ故、大竹氏が指摘するような『密厳経疏』の特徴は、法蔵の最初期の思想を表わすものと考えられる。更に大乗経論の発展史から見れば、『密厳経』は、明らかに『勝鬘経』『涅槃経』『解深密経』などの中期大乗経典の次の世代に属するものであり、『起信論』などと親近性を持つ経典である。つまり法蔵は、如来蔵思想と阿梨耶識思想の思想史的展開から見れば、もっとも後期のものに最初に出会い、その本質的な意味を晩年に至って理解したと言えるのである。この点が『無差別論』と出会うことによって明確になった重要な問題なのである。このことを本章において具体的に明らかにしていく。

（4）吉津註(2)前掲書第二章第二節「法蔵の伝記について」参照。
（5）以下の記述について、『宋高僧伝』は『開元釈教録』などの記述を編集していると思われるので、主として『開元釈教録』の地婆訶羅の項（巻第九、大正55・五六三c～四a）、提雲般若の項（同・五六五b）、実叉難陀の項（同・五六五c～六b）、及び『大唐大薦福寺故大徳康蔵法師之碑』（閻朝隠撰、大正50・二八〇b～c）を基に作成した。また寺院名の変遷については、小野勝年『中国隋唐長安・寺院資料集成』（法藏館、一九八九年）二六〇～二六七頁によった。また則天武后の年号の西暦換算については注意しなければならない問題があるが、本節の文脈には直接影響がないので、考慮に入れなかった。
（6）法蔵自身が『無差別論疏』に、

余は以て敏ならざるも、猥りに徴召を蒙る。既に翻訳に預かりて宝聚を観るを得。

余以不敏、猥蒙徴召。既預翻訳得観宝聚。（大正44・六一c）

と記すことによる。
（7）『開元録』は、実叉難陀の将来について、

天后、仏日を明揚し大乗を敬重す。華厳旧経の処会未だ備わらざるを以て、遠く于闐に斯の梵本有るを聞きて使を発して求訪せしむ。並びに訳人を請う。実叉、経と同じく帝闕に臻る。

天后、明揚仏日敬重大乗。以華厳旧経処会未備、遠聞于闐有斯梵本発使求訪。並請訳人。実叉、与経同臻帝闕。（大正55・五六六a）

とする。つまり、実叉難陀は旧訳華厳経の不備を補うために于闐から招聘されたのである。この背景に、

摩耶夫人より後弥勒菩薩の前に至るまでに八九紙の経文を闕く所あり。

従摩耶夫人後至弥勒菩薩前所闕八九紙経文。（『探玄記』巻第一、大正35・一二二c）

といったことを知っていた法蔵の意思が働いていたかどうか、推測の域を出ないが興味深い問題である。
（8）『唐大薦福寺故寺主翻経大徳法蔵和尚伝』（大正50・二八〇～）。この点については、木村宣彰「智顗と法蔵――

その伝記にみられる異質性――」（『仏教学セミナー』第六一号、一九九五年）参照。
(9) 例えば、坂本幸男「賢首大師の書簡について」（『大乗仏教の研究』大東出版社、一九八〇年）、神田喜一郎「唐賢首大師真蹟「寄新羅義湘法師書」考」（『神田喜一郎全集』第二巻、同朋舎、一九八三年）などがある。
(10) 神田前掲論文一一二頁参照。
(11) 『円宗文類』巻第二二（続蔵一・一〇三・四二三左上）、国訳については神田前掲論文一〇二頁による。
(12) この点についてはは従来あまり議論されておらず、吉津博士は、
『起信論疏両巻』が『義記』であることは言うまでもない。（吉津註(2)前掲書、五三一頁）
とするのみである。
(13) 大正39・四二五c。
(14) 『心玄義』は冒頭に科文を十門挙げて、第十門に「十随文解釈」（大正39・四二五c）とするが、実際には第九門義理分斉で終わっている。
(15) 六九一年に、新羅の義湘に宛てた法蔵の書簡である『寄海東書』には、既に『探玄記』（両巻未成）、『五教章』、『起信論義記』、『十二門論疏』、『無差別論疏』などの名を挙げている。この書簡については、註(9)参照。
(16) 『宋高僧伝』巻第二（大正50・七一九a）。
(17) 『華厳経探玄記』巻第一（大正35・一二二c）。
(18) 戒賢・智光の論争については『探玄記』巻第一（大正35・一一一c）に記す。このほかにも、インドで用いられた仏具のこと（『探玄記』巻第一、大正35・一二一a）、菩提道場に巨大な仏塔があったこと（『探玄記』巻第一八、大正35・四五二c）など、様々なことを地婆訶羅から聞いたことを記している。
(19) 『開元録』巻第九（大正55・五六三c〜四a）によって地婆訶羅の訳経年次を考察すると、最も早いものが永隆元（六八〇）年、最も後のものが垂拱元年（六八五）である。また法蔵の『華厳経伝記』巻第一（大正51・一五五a）によれば、垂拱三年（六八七）に没したことを記すことから推測される。

(20) 続蔵一・三四套所収。
(21) 大正16巻所収。
(22) 大正16・七二四c。
(23) 第五章第一節参照。
(24) 第六章第三節参照。
(25) 大正12・二二二b～c。
(26) 続蔵一・三四・二七八右上～右下。
(27) 『密厳経疏』に引用される諸経論は次の通り。
『仏性論』(二五一左下)
『中辺分別論』(二五一左下)
『解深密経』(二五一左下、二五八左上、二八二左上)
『楞伽経』(二五二右上、二八二左上、二八九右下)
『勝鬘経』(二五二左下、二七八右上、二七八左上、二八四左下)
『仏地論』(二五四右上)
『摂論』(二五七左上、二八二左上、二八四右下)
『維摩経』(二六〇右下、二八五右下)
(28) 第六章第二節の「摂末従本門」の所説を参照せよ。
(29) 第五章第一節、第六章第三節参照。
(30) 大正32・五七七b。
(31) この点については、本章第二節参照。
(32) 『勝鬘経』自性清浄章には、

如来蔵にして客塵煩悩・上煩悩に染ぜらるとは不思議如来境界なり。何を以ての故に。刹那の善心は煩悩の所染に非ず、刹那の不善心も亦煩悩の所染に非ず。
如来蔵而客塵煩悩上煩悩所染不思議如来境界。何以故。刹那善心非煩悩所染、刹那不善心亦非煩悩所染。（大正12・二二二b）
とあって、刹那滅の染、不染心は煩悩の影響を受けることができないという意味であるが、法蔵は、これを如来蔵自性清浄心の出世間性と解したわけである。

(33)『勝鬘経』空義隠覆真実章には、
世尊よ、不空如来蔵とは恒沙を過ぎたる不離不脱不異の不思議仏法なり。
世尊、不空如来蔵過於恒沙不離不脱不異不思議仏法。（大正12・二二一c）
とある。

(34)『密厳経疏』では「不守自性」という用例は次の一例のみである。
後の〔若し復た〕の下は、随縁転変して自性を守らざるなり。
後〔若復〕下、随縁転変不守自性。（二七六右下）
この文は、『密厳経』分別観行品に、陶匠が泥によって瓶を作ることを例に挙げて、
若し復た兼ねて用うれば　余色も泥の作なり　火の焼熟し已りて　各雑色生ず
若復兼用　余色泥作　火焼熟已　各雑色生（大正16・七三七a）
とある箇所を釈したものである。法蔵が「不守自性」という概念によって独自の思想を展開するのは、『起信論義記』以降であると思われる。なおこの点については、本章第二節の註(90)等参照。

(35)大正12・二二二b。

(36)大正39・四三一b。

(37)大正32・五七六aの取意。

(38) 法蔵が説く「不染而染、染而不染」は、法蔵の『勝鬘経』理解の核心であると思われるが、それは自性清浄章の次の文、

自性清浄心にして染汚有りとは了知すべきこと難し。二法有りて了知すべきこと難し。謂く、自性清浄心は了知すべきこと難し。彼の心の煩悩の為に染ぜらること亦了知し難し。

自性清浄心而有染汚難可了知。有二法難可了知。謂自性清浄心難可了知。彼心為煩悩所染亦難了知。（大正12・二二二c）

の取意であると考えられる。

(39) 大正44・六一c。

(40) 『探玄記』巻第一三（大正35・三四七a）、『法界無差別論疏』（大正44・六一c）、『入楞伽心玄義』（大正39・四二六c）などに共通して見ることができる。

(41) 第五章第一節参照。

(42) 第六章第三節参照。

(43) 紀伝は『宋高僧伝』巻第三、大正50・七一九a〜。

(44) 紀伝は『宋高僧伝』巻第三、大正50・七一九b〜。

(45) 紀伝は『宋高僧伝』巻第三、大正50・七一八c〜。

(46) 紀伝は『宋高僧伝』巻第一、大正50・七一〇b〜。

(47) 『景徳伝灯録』巻第四「杭州鳥窠道林禅師」章（大正50・二三〇b）。

(48) 一色順心「復礼法師の伝記とその周辺」（『仏教学セミナー』第三九号、一九八四年）に、まとめて述べられている。

(49) 鎌田茂雄『中国華厳思想史の研究』（東京大学出版会、一九六五年）第二部第六章第三節「真妄論に対する澄観の見解」（五二五〜五三七頁）に詳しく述べられている。

(50) 鎌田前掲書五二八頁参照。
(51) 第五章第一節「浄影寺慧遠における「依持」と「縁起」の問題」参照。
(52) 例えば、「勝鬘の中に、不染而染、染而不染等とは、此れは生滅門に約して説くなり。（勝鬘中、不染而染、染而不染等者、此約生滅門説也。）」（大正44・二五一c）とある。
(53) 『勝鬘経』の如来蔵思想の基本的な意味については、第三章第二節三「「如来蔵有り」とはどういうことか」において、如来蔵思想における『勝鬘経』と『楞伽経』の違いについては、第五章第一節二「『勝鬘経』と『楞伽経』の如来蔵説」ほか、『大乗密厳経』の所説の検討は、前節一「『大乗密厳経』の所説に関して」において論じた。
(54) 大正16・七二四c。
(55) 例えば、密厳会品における金剛蔵菩薩（この菩薩名は『十地経』を想起させる）の質問（大正16・七二四b〜c）など。
(56) 大正16・七二九a〜b。
(57) 『宋高僧伝』巻第三（大正50・七一九a）によって、地婆訶羅が儀鳳四年（六七九）に経典翻訳を上表したこと。『開元録』巻第八（大正55・五六三c）によって、最初の翻訳が永淳二年（六八三）であったこと。『華厳経伝記』巻第一（大正51・一五五a）によって、垂拱三年（六八七）に卒したことを知ることができる。
(58) 鳩摩羅什訳、大正15巻所収。
(59) 地婆訶羅訳、大正3巻所収。
(60) 『起信論』に対する本書の基本的な立場は、第四章第二節「『起信論』中国撰述説否定論」参照。
(61) 柏木弘雄『大乗起信論の研究』（春秋社、一九八一年）第二章第二節二「摂大乗論と起信論」（二〇三〜二〇四頁）参照。
(62) 木村宣彰「法蔵における『大乗起信論義記』撰述の意趣」（『関西大学東西学術研究所紀要』第二八号、一九九五年）参照。

(63) 大正44・二五五c。
(64) 大正44・六八b。
(65) 大正32・五七六c。
(66) 『宋高僧伝』巻第五（大正50・七三二a）。
(67) 大正45巻所収。
(68) 大正45・六六八b。
(69) 例えば華厳教学の泰斗である湯次了栄の『華厳大系』（国書刊行会、一九七五年）によれば、第四編「教理」は、第一章が唯心縁起論、第二章が一真法界、第三章が十玄縁起論という構成となっている（『華厳大系』四〇一頁以下）。そのほかにもこうした問題を論考したものは枚挙にいとまがない。詳しくは、鎌田茂雄『華厳学研究資料集成』（大蔵出版、一九八三年）五六一頁以下参照。
(70) 例えば、「如来蔵縁起」という考え方をめぐっては、竹村牧男「如来蔵縁起説について――『大乗起信論』との関係を含めて――」（『平川彰博士古稀記念論集　仏教思想の諸問題』春秋社、一九八五年）、如来蔵思想と縁起説との関係については、藤田正浩「初期如来蔵系経典と縁起思想」（前掲『平川彰博士古稀記念論集』所収）、また法蔵の四宗判については、吉津宜英『華厳禅の思想史的研究』（大東出版社、一九八五年）第一章第三節「十宗と四宗」などを参照。
(71) 『大乗起信論義記』巻上（大正四四・二四三b）、『大乗法界無差別論疏』（大正44・六一b〜c）に四宗判を記す。また法蔵の四宗判の教理的な内容や三書における四宗判の変遷などについては、吉津註(70)前掲書第一章第三節「十宗と四宗」などを参照。
(72) 吉津註(2)前掲書第二章第三節「法蔵の著作について」参照。四宗判を説く三書の撰述順については、同書一四三頁参照。
(73) この点については、第四章第一節「縁起思想の展開から見た『起信論』の縁起説」参照。

(74) この点については、第五章第一節「浄影寺慧遠における「依持」と「縁起」の問題」参照。
(75) 舟橋一哉『原始仏教思想の研究』（法藏館、一九五二年）第二「阿含における縁起説の二面について」六三頁参照。
(76) 舟橋前掲書六二頁参照。
(77) 第四章第一節「縁起思想の展開から見た『起信論』の縁起説」参照。
(78) 舟橋註(75)前掲書六二頁参照。
(79) 三枝充悳『中論――縁起・空・中の思想（上）』（第三文明社・レグルス文庫一五八、一九八四年）八五頁。
(80) 『摂大乗論』がアーラヤ識の根拠として示す『大乗阿毘達磨経』の、

無始時来界　一切法等依
由此有諸趣　及涅槃証得（玄奘訳、大正31・一三三b）

の偈頌を、『究竟一乗宝性論』は如来蔵の根拠として、

無始世来性　作諸法依止
依性有諸道　及証涅槃果（大正31・八三九a）

と言うことによる。ちなみに法蔵はこの点を『無差別論』によって気づき、

此れは是れ阿毘達摩大乗経の頌なり。彼の論（＝宝性論）は勝鬘経を引きて此の頌を釈す。総じて是れ如来蔵もて所依止と為すなり。唯識・摂論は阿頼耶識に約して釈す。故に知んぬ、二宗は不同なり、と。

此是阿毘達摩大乗経頌。彼論引勝鬘経釈此頌。総是如来蔵為所依止。唯識摂論約阿頼耶識釈。故知、二宗不同也。（大正44・六七c）

と釈して、唯識法相宗と如来蔵縁起宗の違いを確認している。
(81) 大正12・二二一b。
(82) 大正12・二二一c。

(83) 同前。

(84) 『続高僧伝』巻第七の道寵伝に、
「天竺の梵僧菩提留支、初めて十地を翻ずるに紫極殿に在り。勒那摩提は太極殿に在り。各の禁衛有りて言を通ずることを許さず。其の所訳を校ずるに浮濫有るを恐るればなり。永平元年より始めて四年に至りて方に訖る。之を勘讐するに及んで、惟の云く、有不二不尽、那の云く、定不二不尽。一字の異なりと為すのみ。
天竺梵僧菩提留支、初翻十地在紫極殿。勒那摩提在太極殿。各有禁衛不許通言。校其所訳恐有浮濫。始於永平元年至四年方訖。及勘讐之、惟云、有不二不尽、那云、定不二不尽。一字為異。（大正50・四八二b～c）
とある。この点については、里道徳雄「慧光伝をめぐる諸問題」（『大倉山論集』第一一輯、一九七四年）参照。

(85) 大正26・一三三a。

(86) 『大智度論』巻第九、大正25・一二五b。

(87) 『大薩遮尼乾子所説経』巻第九、大正9・三五九b。

(88) 第五章第一節「浄影寺慧遠における「依持」と「縁起」の問題」参照。

(89) 同前。

(90) 『義記』においてもこうした点が完全に払拭されているわけではない。例えば「如来蔵心に二義を含む（如来蔵心含於二義）」（大正44・二五一b）と言ったり、「梨耶心の体、自性を守らず、是れ生滅の因なり（梨耶心体、不守自性、是生滅因）」（同二六四b）と言ったり、「良に以んみるに真心、自性を守らず。熏に随いて和合して一に似、常に似る（良以真心、不守自性。随熏和合似一、似常）」（同二五五c）と言う。これらが『大乗密厳経』に基づく解釈であることは明白である。

(91) 『大方広仏華厳経捜玄分斉通智方軌』巻第三下（大正35・六三a～b）。この問題については第六章第二節「『捜玄記』の法界縁起思想」参照。

(92) 諸法の因としての如来蔵心を表わす概念が、「如来蔵自性を守らず（如来蔵不守自性）」というものであり、法蔵初期の著作である『密厳経疏』から連続すると考えられるのである。なお、『密厳経疏』の「不守自性」については、本章第一節二「法蔵撰『大乗密厳経疏』の思想的な特徴」参照。

(93)　大正44・二四三c。

(94)　『無差別論』の冒頭に、

菩提心を略して説くに十二種の義有り。是れは此の論の体なり。諸の聡慧の者は応に次の如く知るべし。所謂る、果の故に、因の故に、自性の故に、異名の故に、無差別の故に、分位の故に、無染の故に、常恒の故に、相応の故に、義利を作さざるが故に、義利と作るが故に、一性の故に。

菩提心略説有十二種義。是此論体。諸聡慧者応如次知。所謂、果故、因故、自性故、異名故、無差別故、分位故、無染故、常恒故、相応故、不作義利故、作義利故、一性故。（大正31・八九二a）

とある。

(95)　例えば、大正16・五九四bなど。

(96)　その典型的な例を三本の『楞伽経』によって示してみよう。

・『楞伽阿跋多羅宝経』（四巻楞伽、求那跋陀羅訳）

大慧、若《シ》無《クバ》二識蔵名一、如来蔵者則《チ》無《シ》二生滅一。（大正16・五一〇b）

・『入楞伽経』（十巻楞伽、菩提流支訳）

大慧、若《シ》如来蔵阿梨耶識《ノ》名為《サ》レ無《ト》者、離《テ》二阿梨耶識《ヲ》一無《ク》レ生無《シ》レ滅。（大正16・五五六c）

・『大乗入楞伽経』（七巻楞伽、実叉難陀訳）

大慧、若《シ》無《ク》三如来蔵《ニ》名《クルコト》二蔵識《ト》一者、則《チ》無《シ》二生滅一。（大正16・六一九c）

とあるように、如来蔵とアーラヤ識の関係が説かれている。『十巻楞伽経』では如来蔵阿梨耶識が無いならば諸法の生滅は成り立たないという意味となっている。また『七巻楞伽経』では基本的に『四巻楞伽経』の所説と同趣旨であるが、如来蔵において蔵識（＝アーラヤ識）的な側面が無いならば、如来蔵に生滅の側面は無く不生不滅の面のみであるという意味となっている。
(97) 大正32・五七五c。
(98) 竹村註(70)前掲論文二三七～二三八頁。

結章　法界縁起思想の確立

——杜順・智儼から法蔵へ——

華厳教学は、唐代の賢首大師法蔵によって大成されたと見ることができる。その法蔵は、従来の祖統説では第三祖に数えられる。この伝統にはいくつかの点で疑問が投げかけられている。[1] しかし結論的に言えば、第二祖とされる智儼と杜順の間には、教学とまで言えるかどうかはわからないが、密接な関係があったことは否定できない。[2] 杜順は禅師と言われるように、ある種カリスマ的な実践的仏教者であったと思われる。従って、杜順の思想がそのまの形で法蔵が組織したような華厳教学に展開するとは考えにくい。また、智儼の思想を考えるとき、伝統的な地論学派の教学と摂論宗・法相宗の教学のみからは、どうしても考えることのできない問題がある。それは華厳教学のアイデンティティーに関する問題であり、この点を考慮に入れるとき、杜順の『法界観門』が非常に大きな存在として浮かび上がってくることは、第六章において明らかにした通りである。特に『捜玄記』の法界縁起説が法界証入のための「所依の観門」であるとされたことは、杜順の『法界観門』との深い結びつきを想像させるのである。『法界観門』は仏の境界である「法界」をどのように体得するかを明らかにしようとしたものであり、その中で「法界」を「理」と「事」によって様々な観点から考察している。つまり、仮に、華厳教学の中心思想が法界縁起であるとすると、法界縁起とは全ての物事を「事」と「理」との関係によって解きほぐそうとするものであり、それを大成したのは法蔵であるが、智儼にも杜順にも法界縁起に関する言及があったことになるのである。

ここでは、こうした観点から、「事」と「理」に関する思想という意味での法界縁起を華厳教学の原点に据えて、その意味内容を考察してみたい。そうした関心を以て、問題をこのように絞ってみると、華厳教学は法蔵を分水嶺として考えることができるのではないということが予想される。

本章ではまず、華厳教学の中心思想である法界縁起とは、一体どのような内容を持つものなのかという点を解明したい。法蔵の法界縁起思想とは、「事」と「理」との関係によって仏教の真理を明らかにしようとするものであるが、その場合の「事」「理」という概念はどのような内容であるのか。そして、仮に、それらに中国の古典的な概念との相違があるとすれば、その相違はどのような背景によるものであろうか。これらの諸点を明らかにするのが本章の目的である。

第一節　「理」と「事」の法界縁起

I　『五教章』の理と事

法蔵における華厳思想の展開は、大きく前半期と後半期に分けて考えることができる[3]。前半期とは、長安の太原寺において得度した後、同寺に留まって師である智儼の思想を敷衍しようと『五教章』などを著わしていた時期である。後半期とは、勅命によって主に証義として翻訳三蔵の訳場に参加し、従来の自己の思想を深めていった時期であり、『大乗法界無差別論疏』『入楞伽心玄義』などがこの時代の主な著作である。法蔵の著作の撰述時期に関しては細かい論証が必要であるが[4]、ここではそれが本来のねらいではないから、扱う著作の前後が明確になっていれば本質的に問題ないと考えられる。そこで問題を、仮に『五教章』『探玄記』『入楞伽心玄義』に限れば、この三書は今挙げた順に書かれたであろうことはほぼ間違いない。そこでまず、『五教章』には法界縁起はどのように説かれているのかを見てみよう。なお『五教章』にはテキストに関する異なりがあるが、本章の問題関心には抵触しないので、ここでは触れないことにする[5]。

『五教章』で「理」と「事」の問題を集中的に論ずるのは、「義理分斉」である。「義理分斉」は、華厳教学の縁起論を四つの観点から論じた、いわば論文のような内容を持っている[6]。この四つの観点はいずれも智儼の章疏の中に散見されるものであるから、それを体系組織化したことに法蔵の独自性があると言える。その中でも華厳教学独自の縁起説について言えば、「十玄縁起無礙法門義」と「六相円融義」が注目される。

「十玄縁起」は、華厳教学の縁起観を十の観点から重層的に表わしたものであり、基本的には智儼の思想を祖述したものであるが[7]、およそ次のような組織によって語られる。

法界縁起　一、究竟の果証を明かす（十仏自境界）　a
　　　　　二、縁に随い因に約して教義を弁ず（普賢境界）
　　　　　　　ア、喩を以て略示す　b
　　　　　　　イ、法に約して広く弁ず　c

よく知られた「一即一切　一切即一」[8]は、この中のaにおいて説かれており、bでは「十銭の譬喩」[9]、cにおいて「重重無尽の縁起」[10]が縦横に説かれている。しかしながら、cにおいても頻繁に「一」と「一切」の関係や「事」と「理」の関係が力説されており、「十仏の自境界」は、「一即一切　一切即一」によっても説くことができないということが中心のようである。今は、法界縁起における「事」と「理」の関係を明らかにすることが目的であるので、cの所説を中心に考えていきたい。

この段落は、まず「立義門」と「解釈門」を立てる。これは『起信論』[11]によったものであるが、立義門に次のような十の相対する概念が挙げられることが注目される。すなわち、「教義、理事、解行、因果、人法、分斉境位、師弟法智、主伴依正、其の根欲に随いて示現す、逆順体用自在[12]」の十であり、これも智儼に従ったものである。[13]立義門とは、いわば立論の前提となるカテゴリー論に相当するから、法蔵が法界縁起をどのように理解していたのかを知るためには重要な問題である。しかしながら『五教章』はこれ以上の説明はしないので、「理」と「事」の問題については智儼の考えを参考にしてみよう。

第二に理事とは、三乗教弁の若きは異事に即して異理を顕す。諸経の異事を挙げて異理に喩うが如し。此の宗の若きは事に即して是れ理なり。入法界等の経文の如し。是れ、体実即ち是れ理、相彰即ち是れ事なり。

第二理事者、若三乗教弁即異事顕異理。如諸経挙異事喩異理。若此宗即事是理。如入法界等経文。是体実即是理、相彰即是事。(『華厳一乗十玄門』、大正45・五一五c)

つまり、智儼は「体と相」が「理と事」に当たるというのである。そこでこの「体と相」の関係がどのようなことであるかが最も大切な問題となるのであるが、この点は後に詳述することにしたい。『五教章』ではこのような「理と事」という概念が法界縁起説の前面に出ているわけではない。『五教章』が法界縁起を力説する場合の重要な概念は「重重無尽」といった用語であり、「理事無礙」とか「事事無礙」といった用例はほとんど存在しない。わずかに一カ所「理事無礙門」という用例があるので、それを検討しておこう。それは次のような文である。

此の甚深縁起一心は五義門を具するに由る。是の故に聖者は随いて一門を以て衆生を摂化す。一は、摂義従名門、小乗教に説けるが如し。二は、摂理従事門、始教に説けるが如し。三は、理事無礙門、終教に説けるが如し。四に、事尽理顕門、頓教に説けるが如し。五に、性海具徳門、円教に説けるが如し。

由此甚深縁起一心具五義門。是故聖者随以一門摂化衆生。一摂義従名門、如小乗教説。二摂理従事門、如始教説。三理事無礙門、如終教説。四事尽理顕門、如頓教説。五性海具徳門、如円教説。（大正45、四八五b）

これは、所詮差別の「心識差別」に説かれる文である。ここには『勝鬘経』の如来蔵なども心識の一環として説かれており、この時期の法蔵の「心」についての了解がよく知られるのである。当時の中国仏教思想の流れの中に置かれた法蔵の位置を考慮に入れるならば、『楞伽経』や『起信論』や『勝鬘経』や唯識説を、同じように仏によって説かれた教説として横一線のものとして理解しようとし、如来蔵とアーラヤ識、法界縁起と性起思想の関係をどのように考えるかが、法蔵の当面する課題であったに違いないと思われる。従って、前述のように「理」という根拠においてこれらの当面する如来蔵とアーラヤ識の問題を整理し、全体を自体空としての「法界」と見ようというのがこの文の意味である。ここでは抽象的な縁起観が問題となっているのではなく、様々な経論に根拠として説かれる如来蔵もしくはアーラヤ識をどう見るかという場面で、「理事無礙」という用語が用いられているのである。つまり、前述の「体」としての「理」が一切法の根拠として考えられているのである。この一切法の根拠は如来蔵系の経典では「如来蔵」、唯識系の経典では「アーラヤ識」と説かれることを指している。このように『五教章』では、「理」と「事」の問題は、それ自身が華厳の究極の縁起説を語るものとは説かれていないのである。

Ⅱ　『探玄記』における理と事

次に法蔵の前半期を代表する『探玄記』の所説に注目してみよう。『探玄記』は、法蔵が智儼門下の義湘に一連の自著を送った際には、二巻分が未完成であったという。[14] この時どの部分がどのような理由で未完成であったのか、詳細はよくわからない。しかし、状況的に言って、『探玄記』が『五教章』と『入楞伽心玄義』との間に書かれたことは疑いない。そして、『探玄記』になると「理事」に関する教説が多少散見されるようになる。それも『五教章』のような用法ではなく、「理」と「事」によって法界縁起を表わそうとした文脈で取り上げられる。こうした例を見ておこう。

無分斉の理は既に性を改めずして而も全く是れ事なり。是の故に一事に理を摂して皆尽くさざること無く、余の事も理の如く一事中に在り。理に際限無く分かつべからざるを以ての故に、一事の処に随いて皆全摂せらるるなり。是の故に一の中に常に一切有り。

無分斉理既不改性而全是事。是故一事摂理無不皆尽、余事如理在一事中。以理無際限不可分故、随一事処皆全摂也。是故一中常有一切。（『華厳経探玄記』巻第一、第五能詮教体の中の第七事融相摂門、大正35、一一九b）

この中では「理」は分節不可能な全体性と捉えられている。その「理」が自性を全く変化させることなしに個々別々の「事」となっているというのである。そして、こうした「理事」の用例が、法蔵の法界縁起の最も具体的なものであると考えられている。[15] この点は後に例を示すが、今はもう少しこの言葉の前後を確かめておきたい。この文は、既に示したように、『探玄記』玄談十門の第五門「能詮の教体を弁ず」と名づけられる一段の第七番に示されたもので、第六には「理事無礙門」がある。理事無礙門では、

一に謂く、一切の教法、体を挙げて真如として事相の歴然差別を礙《さ》えず。二に真如、体を挙げて一切法と為りて一味として湛然平等なるを礙《さ》えず。

一謂、一切教法、挙体真如不礙事相歴然差別。二真如、挙体為一切法不礙一味湛然平等。（大正35、一一九a）

と言う。前者は具体的な一々の教えが全て真如そのものでありながら、その具体性を壊すことがないこと、後者は本体としての真如が現実的な一切法となりながら、その本体性を失うことがないということである。それ故、一切法（事）と真如（理）の相即関係を表わすものであるから、この「理」と「事」の相即関係を「理事無礙門」と言ったのである。従って先の「事融相摂門」とは、「事」と「事」の相即関係を言ったものと解することができる。また第五門「能詮の教体を弁ずる」門は、「浅より深に至る」と最初に全体が示されているので、「理事無礙」より「事融相摂」の方がより深い立場であることになる。従って後の時代にはこれを「事事無礙」と言ったのであるが、[16]法蔵はそこまでの表現はしていない。『探玄記』にはこのように「理事無礙」という表現はあるが、「事事無礙」という表現は未だ存在していない。そして更にこれより深い第八門以降があるのであるから、「事事無礙」が究極であるというのでもない。このように、体系化された教理として表現されていないだけで、該当する思想がなかったわけではないことが、以上によって明らかになるだろう。では、この「理事無礙」「事融相摂（＝事事無礙）」が「能詮の教体」に説かれているという事実は、一体どのような意味を持つのであろうか。

そこで次に、この「能詮の教体」と第六門の「所詮の宗趣」の関係を整理しておきたい。能詮と所詮とは、言語学で言うところの「シニフィアン（意味するもの）」と「シニフィエ（意味されること）」の関係に相当する。[17]では、「所詮の宗趣」を法蔵は一体どのように考えているのだろうか。この点に関して『探玄記』は非常に明解であり、諸師の意見を挙げた後で「因果縁起理実法界」であると言い、更に経名の大方広が「理実法界」に相当し、仏華厳が「因果縁起」に当たると言うのである。[18]これによれば、「法界縁起」という概念がこれらを要約した表現であることが確認できるであろう。そして更に、それは「所詮の宗趣」であるということになる。このように考えてくると、「法界縁起」と「理事」という用語の関係は全く同じことを表わしているのではなく、表わされること（法界縁起）と表わすもの（理・事）の関係において見なければならないことが明らかになるであろう。

Ⅲ 『入楞伽心玄義』における理と事

次に法蔵晩年の著作である『入楞伽心玄義』について検討を加えておく。『入楞伽心玄義』は、実叉難陀訳の『七巻楞伽経』に対する注釈である。実叉難陀と法蔵は則天武后を介して非常に緊密な関係にあり、『七巻楞伽経』の訳出には法蔵の大きな意志が働いていたと考えられる。この点については第七章第三節で考察した通りであるが、[19]ここで重要なことは、如来蔵とアーラヤ識の関係である。法蔵にとって、両者はもともと一体の関係にあることが理解の出発点であった。それが提雲般若の『大乗法界無差別論』を知ることによって、本来異なる思想であることを知った。[20]これは法蔵にとっては非常に大きな出来事であったと思われる。それ故、如来蔵をアーラヤ識的に理解して翻訳された菩提流支の『十巻楞伽経』を、如来蔵とアーラヤ識の区別が明解になるような翻訳として完成することは、とても大きな意味を持つことになる。そしておそらく翻訳と並行して書かれたであろう注釈は、冒頭に「随文解釈」を掲げながらも、本文ではそれを欠いて未完成のものとなっている。[21]これが一体どのようなことを意味するのか、直ちには理解しがたいが、本書が法蔵最晩年の書であることを意味するのではないかと考える有力な根拠である。そのような意味で本書の理事説を見ていきたいと思うのである。

既に述べたように、『心玄義』は玄談に相当する部分だけであるが、それは『探玄記』と同じように十門から成っている。そして更に同じように、第五門と第六門は、「能詮の教体」と「所詮の宗趣」となっている。[22]『楞伽経』は、『華厳経』のように「事事無礙」を説くわけではないので、法界縁起を表わすものとは見なされていないが、「能詮教体」で次のように述べることが注目される。

真性に二義有り。一には随縁の義、二には不変の義なり。経に云く、不染にして染、染にして不染なりと。是れは此の二義なり。

真性有二義。一随縁義、二不変義。経云、不染而染、染而不染。是此二義也。（大正39・四二八ｂ）

そしてこの「真性」については、第六門で、

所立に亦三あり。一には万法唯心もて通じて三病を治す。二には唯一真性如来蔵法、三には不動の真性を以て諸法を建立す。

所立亦三。一万法唯心通治三病。二唯一真性如来蔵法、三以不動真性而建立諸法。（同・四二九ｂ）

とするから、「如来蔵」を指していることがわかる。この点は、前半期の著作であれば、『起信論義記』が同様なことを述べるのにあたって「真如に二義」[23]を立てるから、両者の間には明らかに思想的な展開が認められる。また、前半期の著作は如来蔵とアーラヤ識とを重層的に理解して「如来蔵心」[24]と見るような概念を中心としているから、『心玄義』が「如来蔵性」と言うことの背景には、思想的な変化があったに違いない。おそらくこの転換をもたらしたのは、提雲般若と共に訳した『大乗法界無差別論』との出会いであったに違いない。『大乗法界無差別論』は、如来蔵を説くがアーラヤ識には一切言及しない。おそらくこの点は、法蔵にとっては大きな驚きであったに違いなく、その真義を提雲般若に納得するまで尋ねたであろう。法蔵は『無差別論疏』で、

謂く、此の宗は如来蔵随縁して阿頼耶識を成ずるを許す。即ち、理は事に徹するなり。依他縁起無性同じく如なるを許す。即ち事は理に徹するなり。理事交徹を以て空有倶に融す。双じて二辺を離るるが故に云うなり。

謂此宗許如来蔵随縁成阿頼耶識。即理徹於事也。許依他縁起無性同如。即事徹於理也。以理事交徹空有倶融。双離二辺故云也。（大正44・六一ｃ）

と注釈して、如来蔵とアーラヤ識をはっきり区別する視点を持ったのである。法蔵の著作には前後期を通じて「如来蔵随縁[25]」という思想があるが、その如来蔵が、アーラヤ識的な面を重ねているか否かは、非常に大きな問題である。「縁起」から「空」へ、そして「空」から「如来蔵・アーラヤ識」へという展開は、インドにおいては必然的なものであった。しかしながら、中国ではそれらの思想的な背景や時間的な前後関係などは全く理解されないままに、翻訳を通して教理のみが受容された。そこに、地論学派や摂論学派などの人々が当面した困難な問題があったのである。外来のインド三蔵と接することで、法蔵は、こうした問題を整理する切り口をもらったに違いない。そして法蔵が到達した見解は、インドにおいて必然的に展開した中期大乗仏教の重要な教理を結論から遡るようにして解明していったことになると言うことができる。

以上によって、本章で明らかにしようとする問題の概要を示し得たであろう。華厳教学の中心の問題は法界縁起であり、それは「理」と「事」の関係によって説かれる。これは一体何をどのように明らかにし、どのような意味で仏教なのか。法蔵にとっては、これらは研究の出発点であったに違いない。しかし我々にとっては、法蔵には与件であった課題そのものを明らかにすることが華厳教学研究なのであると思う。

第二節　華厳教学における「事」の概念

前段では、法蔵の法界縁起説における「理」と「事」との関係を整理した。そこで明らかになったのは、次のような点である。

法蔵の思想には一貫して「法界縁起」という概念がある。それは『華厳経』によって表わされる仏の境界を意味するもので、決して人間の認識世界を問題にするものではない。『探玄記』が「所詮の宗趣」を法界縁起であるとすることとの意味はこの点である。そして「理」と「事」という概念はそれを表わすものであって、法界縁起の前提となるものであるということである。これについては、次のような疑問が起こってくる。つまり、仏の境界とは、「理」がそれに相当するのか、「理と事の関係が無礙である」ことがそれに相当するのか、という問題である。仮に「理」がそれに相当するというのであれば、一切の言説は意味がないということになるし、「理と事の関係が無礙であること」が仏の境界に当たるというのであれば、あらゆる言葉を尽くさなければならないことになるであろう。「法界縁起」という概念が具体的にどのようなことであるのか、人間の認識活動とどのような関係にあるのか。本章の直接的な関心はこのことにある。そこでここでは、法蔵によってまとめられるに至った、「法界縁起」を表わすものである「理」と「事」について、まず「事」とは一体どのようなことなのか、この点から明らかにしていきたい。

まず、従来の伝統的な華厳教学研究における「事」の扱いについて振り返っておきたい。

この四種法界はそのままが無尽法界であり一真法界であって分離すべきものでなく、ただ法界の真相をしばらく四種の観点から説いたものである。すなわち現象として見たのが事法界であり、実体として見たのが理法界であり、……(26)

これは、伝統的な華厳研究の、比較的入門的な書物からの引用である。「法界縁起」を澄観の「四種法界」説(27)から説いているので、このような表現になっているが、法蔵の思想を語る場合にも全く同じ概念が示されてきた。(28)要するに「事」は具体的な諸現象であり、「理」は実体とか本体であるというのである。「事」が現象であるということは領けないでもないが、本体とか実体というのは一体どのようなことなのだろうか。この点がよく理解できない。

また別の解説を見てみよう。

法界縁起論は宇宙の万有たる塵塵法法の一一が、みなこれ尽く法界の実体なりと見るのである。すなわち法界縁起現前のありのままの一一の存在を肯定し、塵塵法法みなこれその体なりとして、一塵といえども法界からその存在を否定し得ないことを強調する、これいわゆる事法界であって、差別の現象をあるがままに考察した見方である。[29]

専門用語としてはなんとか理解できないこともない。しかし、日常の生活言語で言うとどういうことなのか、ほとんど理解できない。つまり、わかったようでわからないのである。思考の言語と生活の言語との乖離を感じないではいられない。仏教とは思考の中にあって生活とは無関係なものなのだろうか。それとも生活の中に成り立つものであるのだろうか。仮に生活の中に成り立つものであるなら、生活語として理解できるものでなければならないであろう。従来から華厳教学は難解な哲学であると言われるのは、この辺に理由があるのではなかろうか。

このように旧来の伝統的な華厳教学研究の解説によっては、少なくとも筆者は充分な理解を得ることができない。そこで、直接、華厳教学の祖師の思想によってこの点を考えてみたい。しかしながら、法蔵の著作の中には「事」そのものを定義している箇所が見当たらない。そこでこの点を法蔵の思想を支えている智儼の教学を通して具体的に考えてみたい。

法蔵は自著の『華厳経伝記』の中で、智儼が『十地経論』の「六相義」を研究して「立教分宗」したと述べている。[30]『十地経論』の六相義と智儼の思想との関係については、第六章第一節で詳しく述べた通りである。『十地経』の六相説とは、金剛蔵菩薩が禅定に入った後、仏の加護を受けて、いよいよ十地の教説をこれから説こうとする場面[31]を注釈したもので、この菩薩がこれから説く一切の十句には全て六種の差別があるというのである。その中で「事を除く。事とは謂わく陰界入等なり」と説かれることが注目される。この文の理解をめぐって様々な立場があることも先に述べた通りである。「陰界入」とは、五蘊・十八界・十二入のことであるから、一切法を表している。従ってここで「事を除く」というのは、この六相の説が、具体的に縁起している一切諸法に関するものではなくて、定中の真実を言語表現する場合の問題という意味である。『十地経論』では、仏の悟りである「自体本来空」を言語化すること自体がもともと問題[32]であったから、金剛蔵菩薩が教説を説くにあたって、このような点が指摘されたのである。また別の箇所ではもう少し具体的に、次のように述べている。

中に於いて善決定とは是れ総相なり。余は是れ別相なり。同相とは善決定なり。異相とは別相の故に。成相とは是れ略説なり。壊相とは広説の故に。

於中善決定者是総相。余者是別相。同相者善決定。異相者別相故。成相者是略説。壊相者広説故。（大正26・一二七a）

ここで言われているのは、「総相」とは特定の言葉が何事かを決定して他から区別されて何らかの意味が成り立つこと、「別相」とは特定の言葉がそれ以外の言葉から限定されることで成り立つこと、「同相」とは同義語、「異相」とは総相に対する別相の関係を同義語に当てはめたもの、「成相」とは特定の言葉が成り立つのはその背景を省略して深く吟味しないことによる、「壊相」とは特定の言語を深く吟味してみると常識的な意味が壊れてしまうこと、といったことである。

言葉というものは、既に何らかの意味を持って実体として存在していると見るのが人間の通常の考え方である。我々は通常、「事物そのもの」を知ることはできない。なぜなら事物は既に名前がつけられ、何らかの意味を持ったものとして体系づけられているからである。そこでは、一定の秩序が保たれているのであるが、この秩序が仏智から見れば虚妄に組み立てられた分別の世界そのものなのである。従って、定中の知見が人間的な言語世界に開かれることは、本来無限定なことを限定することであり、その限定を一旦破壊して再構築することによってのみ本当のことが伝わる可能性がある、という構造を持っている。従って『十地経論』が、世俗的な言葉についてこのような知見を持つのは当然といえば当然なのである。

そこでこの問題についての智儼の『捜玄記』の記述を見てみよう。

六義と六相共に成ずとは六相に二義有り。一には理に順ず、二には事に順ず。此の二義の中、順理の義は顕にして順事の義は微なり。……知る所以は、因縁生の果法は迷を起こせば義顕かなり。此が為に論主は別して六相を将いて照して理に入らしむ。……問う、何を以て但だ総別の六義は理に順ずること増なることを得て事を取らざると知ることを得るや。答う、論主は事は六相を具せざることを簡ぶ。唯義に約して弁ず、故に知るなり。

六義六相共成者六相有二義。一順理、二順事。此二義中、順理義顕順事義微。……所以知、因縁生果法起迷義顕。為此論主別将六相照令入理。……問何以得知但総別六義得順理増不取於事。答論主簡事不具六相。唯約義弁、故知也。（大正35・六六b）

この文章は、縁起法について、どうして『十地経論』は「理」に順じて説くのか、縁起法とは本来具体的な「事」に関して説くべきものではないのかと自問して、それに答える形で示されたものである。そして、世親は具体的な一つ一つの諸法を問題とするのではなく、本来的な意味から弁じているからであると自答しているのである。つまり、問題点の設定について、智儼は初めから『十地経論』とずれているのである。『十地経論』の「事を除く」を真理の言語表現に関する問題とは理解しないで、事に対する「理」についてのものであると解しているのである。言語と存在物の関係については後に詳述したいと思うが、智儼のこのような六相理解が後の華厳教学の方向性を決定づけることになったことは言うまでもない。

ちなみに法蔵は、『五教章』を結ぶにあたって「六相偈」を作っているほどであり、この問題についての注目度を推察することができる。(33) 智儼のこうした理解の背景には『十地経論』を読むに際して、あらかじめ相当強力な「理事」の視点がなければならないことが明らかであろう。

第六章第一節で述べたように、このような智儼の理解は地論学派の伝統の中には全く存在しないものであった。浄影寺慧遠は、

此の六は乃ち是れ諸法の体義なり。体義は虚通して旨として在らざる無し。義は遍在すと雖も事は隔てて之れ無し。是を以て論に言く一切の十句は皆六相有りて、事を除く、事とは謂わく陰界入等なり、と。陰界入等は彼此相望するに事別にして隔礙ありて斯の六を具さず。所以に之を除くなり。若し事相を摂すれば、以て体義に従いて、陰界入等の一一の中に皆無量の六相門を具するなり。

此六乃是諸法体義。体義虚通旨無不在。義雖遍在事隔無之。是以論言一切十句皆有六相、除事。事謂陰界入等。陰界入等彼此相望事別隔礙不具斯六。所以除之。若摂事相、以従体義、陰界入等一一之中皆具無量六相門也。（『大乗義章』、大正44・五二四a）

と述べている。これは慧遠が『十地経』の六相を一門を立てて解釈する箇所の中に説かれる一文である。文意は明瞭である。六相は個々の事物に関して説いたものではなく、それらの「体義」に従って説いたのであるということである。六相説を縁起法に関する所説と見る点では智儼と共通するが、それを智儼のように「理」の立場で理解するわけではない。また別の資料には地論宗の六相理解に関して次のような記述もある。

又、地論人の如きは六相義を用いて以て衆経を釈す。謂く、総相、別相、同相、異相、成相、壊相なり。

又如地論人用六相義以釈衆経。謂総相、別相、同相、異相、成相、壊相。(『中論疏』、大正42・一三六a)

これは、隋代の吉蔵が紹介する地論師の六相理解の例である。「衆経を釈す」と言っているから、経典の言葉を六相を以て解釈していたのであろう。そうだとすればこれは『十地経論』に沿った見解というべきであり、慧遠とも智儼とも共通しないことになる。このように見てくると、智儼が六相説を理事の視点で読み込んでいくことは、智儼以前の地論教学の伝統に則さないものである点が明瞭となるであろう。

このような視点に立ってみると、杜順の『法界観門』が縁起法を「理事」の視点から様々に解釈していることが、非常に重要な意味を持ってくるのである。従来から、華厳宗の祖統説に関して、杜順と智儼の間の問題をどのように解するかについては様々な意見があるが[34]、こうした視点から智儼と杜順の関係を問題にした意見は、寡聞ながら、かつて聞いたことがない。

そこで次に、杜順の『法界観門』における理事の用例を考えてみたい[35]。『法界観門』は現在では散逸して伝わらない。近年の研究によって宗密の著作からの復元がなされているので、それを用いて考えることにする[36]。『法界観門』は非常に小部の典籍であるが、その構成は次のようになっている。

第一真空観法(般若経に説かれる色と空との関係)

理事無礙観第二

一、理遍於事門

二、事遍於理門(此の全遍門は、情を超え見ること難し。世喩の能く況うるに非ず。全大海の一波中に在りて而も海の小なるに非ざるが如し。一小波の大海に匝《あまね》くして而も波の大なるに非ざるが如し)

三、依理成事門

四、事能顕理門
五、依理奪事門
六、事能穏理門
七、真理即事門
八、事法即理門
九、真理非事門
十、事法非理門

此の上の十義は、同一縁起なり。理に約して事に望めば、則ち成有り、壊有り。即有り、離有り。事を理に望めば顕有り、穏有り。一有り、異有り。逆順自在にして無障無礙にして、同時に頓起す。

周遍含容観第三

一、理如事門
二、事如理門
三、事含理事無礙門
四、通局無礙門
五、広狭無礙門
六、遍容無礙門
七、摂入無礙門
八、交渉無礙門

九、相在無礙門
十、普融無礙門

（木村清孝『初期中国華厳思想の研究』〈註（1）〉三三一頁以下、本節の論旨に必要な「理」と「事」に関する部分のみを取り上げた。なお傍線と（　）は筆者による）

「理」と「事」が全面的に依用されていることは了解できるが、これだけの文言では、その内容までは知ることができない。ただ、理事無礙観の第二門で理事の関係を「世喩の能く況うるに非ず」としながら「全大海の一波中に在りて而も海の小なるに非ざるが如し。一小波の大海に匝くして而も波の大なるに非ざるが如し」と言う点が注目される。この海波の譬喩が『華厳経』によるものなのか、それとも『楞伽経』『起信論』などによるものなのかは、これだけでは限定できないが、杜順における理事の理解を探る上で大きな手がかりであると言えよう。また、周遍含容観の第三門は「事含理事無礙門」とあるから、これは「事」の中に「理事無礙観第二」を摂しながら、以下の八門の初めとなっており、その八門はいずれも「～無礙門」と称されているから一まとまりのものと考えられる。とすれば、ここから後は、いわゆる「事事無礙」を表わしていると考えることができよう。このように見ることができるとすると、杜順の『法界観門』は次のような意味を持った典籍であるということになる。つまり、「第一真空観法」は、『般若経』に説かれる色と空との関係を明らかにしたものであり、この理解の延長に「理事無礙観第二」があるとすると、空理と色法との関係を「理」と「事」と見て、それを『起信論』や『楞伽経』といった中期大乗仏教思想の中で説かれる海波の譬喩に援用したものである。そしてその先に「周遍含容観第三」が位置づけられ、内容は「事事無礙」に相当すると考えられるのである。

このように考えてくると、能詮の教体としての「理事」の問題は智儼教学以前から存在すると言うことができる。

ただ「教学」といったような意識が杜順にあったかどうかは疑問であるし、これがそのまま智儼や法蔵の法界縁起と同一であると言うわけにもいかないので、やはり法蔵が言うように、「宗」としては智儼の『捜玄記』に始まると見るべきであろう。しかしながら、その智儼の教学の原点である六相理解について『法界観門』は非常に大きな影響力を持っていたと考えられるのである。

そこで最後に、智儼の六相理解の具体的な内容を通して華厳教学における「事」の概念を明らかにしておきたい。この問題にヒントを与える『捜玄記』の記述については、次のようなものを挙げることができるであろう。

一中多とは、一数の中に十を見るが故に。多中一とは、十数の中に一を見るが故に。又、一即多とは、一数は即ち多にして一を見ざるが故に。多即一とは、多数は即ち一にして多を見ざるなり。

一中多、一数中見十故。多中一者、十数中見一故。又一即多者、一数即多而不見一故。多即一者、多数即一而不見多也。

（大正35・二七b）

この「一中多・多中一」とか「一即多・多即一」という言葉は、智儼の『一乗十玄門』をはじめとして法蔵の初期の著作にも盛んに用いられる用語である。『一乗十玄門』は、「一乗縁起自体法界義を明す[37]」という基本的な立場に立って、まず「十銭の譬喩」を挙げ、次に十門に分けて論述するという構成を持っている。この「十銭の喩」の中に「一中多・多中一」とか「一即多・多即一」といった内容が説かれるのであるが、その内容と意味については第六章第一節で詳しく論じた通りである。また『一乗十玄門』は現行の大蔵経にある「智儼撰承杜順和尚説」の撰号をめぐって偽撰説が出されたこともあったが、一応、内容的に『捜玄記』に近いと考えられている[38]。従って、智儼の法界縁起という観点から見れば、「理事」と「一多」は同じことを表わしていると考えてもよいのではなかろうか。そうすると、「事」とは人間の一般的な認識における最も基本的な概念である「一」を表わしていることになる。もともと「事」とは「人間の動作一般を表す[39]」とされるように抽象的な概念である。もっとも、行為一般に関して「一」と言えば、それは一回という意味であり、それほど理解しにくいことではない。しかし、「一中多・多中一」とか「一即多・多即一」における「一」という表現は極めて抽象的な内容を持っているように思われる。一個でもなく一回でもない抽象的な「一」、これは具体的な事柄を通して人間が言語によって獲得する抽象的な概念であるが、いったんこの概念が出来上がると、あらゆる認識の基本として自明なこととされる。従って、あらゆる事柄は「一」を基本として始まっていくのである。おそらく『十地経論』の言う総相とはこのようなことであろう。そして、それは数学的に言うならば「そのものを含む集合の性質[40]」と言われるが、仏教的に表現すれば「縁起法」ということになるであろう。およそ、人間の認識によって把握され得るあらゆる単位の基が「一」なのである。そうであるなら、「一」は混沌の中から言語によって表現され特定されて初めて一つの単位となり、それ以外と区別されることによって成り立つのであるから、『十地経論』の「六相」は、「事」に当てはめることによってこそ本来の意味が全うできるのではないのだろうか。「一中多・多中一」とか「一即多・多即一」ということも含んで、必要な検討を経た上で、もう一度この問題を明らかにしたいと思う。

第三節　華厳教学における「理」の概念

次に華厳教学の中心的な概念である「理」について考えていきたい。第二節で明らかにしたように、智儼は、『十地経論』の六相義を真理の言語表現に関するものとは見ないで、現実的な縁起法に関する問題と見た。従って『十地経論』では、本来不可説なるものを言語化する場合の問題であった六相義が、華厳教学の中では具体的な存在物の縁起的な構造を表わすものと解されることになったのである。そのような見方を成り立たせた背景として、智儼の思想の与件には明らかに杜順の思想があったと考えられる。しかしながら杜順の思想を具体的に解明することは極めて困難である。何しろ、杜順作と伝えられる『五教止観』は、どのように見ても智儼以前のものとは考えられないし、『法界観門』は極めて簡素な表現に徹しているからである。しかしながら、智儼における六相義の転釈が華厳教学の始原であるとするならば、その智儼の背景としての杜順の思想の解明は、華厳教学の何たるかを明らかにする場合には不可欠の問題となる。従ってここでは、このような問題意識を含みながら、華厳教学における「理」の概念とその背景について考察を進めていきたい。

初めに前段と同じく従来の華厳教学研究ではこの問題はどのように説かれているか、点検してみよう。

理法界とは万有の理体、実体を呼ぶ名称なり。夫れ現象界は前に云う如く差別無窮なるものなり。之に反して実体、本体は無差別平等絶対無限不生不滅不増不減の意味を有するものなり。即ち彼の差別の現象は主観客観共に虚妄なるが故に非真非実なりと云うべく、既に非真非実なるが故に無体なりと云うべし。（湯次了栄『華厳大系』四二八～四二九頁）

非常に抽象的な言葉に終始し、具体的にどのようなことを表わしているのかほとんど理解できないが、「理」が全ての物事の「本体、実体」を表わしていることは読み取ることができる。しかし、全ての物事の本体、実体とは、一体どのようなことなのであろうか。この説明では現象界の一つ一つの出来事は「差別性」として、また本体は「無差別性」と説明されている。無差別な本体とは一体どのようなことなのだろうか。またそれは、中国の伝統的な考え方に沿ったものなのだろうか。

そこで、まず中国における伝統的な「理」の概念について確認しておこう。「理」の辞書的な意味については、

例えば、

本義は玉をおさめ磨くこと。……転じて広く治め正す義とし、又玉の紋目の義より転じてミチスジ、コトワケ等の義となる。(『大字典』一四八六頁)

とか、

物事のすじ目。語源的には玉をよく磨いてそのすじ模様を美しくあらわすことをいう。道理、義理、条理を意味し、治める、正す、通す、法でさばく、分かつ、などの意に用いる。(『中国思想辞典』四一六頁)

といった意味であることが確認できる。つまり、現象的な「事」との関係で言えば、事を事たらしめる原理あるいは法則ということである。そこには決して先に引用したような差別的な「事」の全体性とか本体性といった概念を見ることはできない。また、中国仏教形成期における代表的な中国思想の一例として、中国哲学の側面からは次のような指摘もなされている。

理は、それが貫いていることによって、物が「…である」「…になる」ところの法則性とでもいうべきものであり、決して物を「…であらしめ」「…せしめる」ところの根源的存在ではないのである。(41)

以上、検討範囲が狭いが、このように考えてみると華厳教学における「理」の概念は中国的な伝統に則るものではないことが明らかになるであろう。従って、華厳教学における「理」の問題の解明は、杜順・智儼の思想を検討することが唯一の手がかりということになる。

そこで、改めて『法界観門』の微妙な表現を慎重に検討して、杜順と智儼との接点を考察したい。『法界観門』の構成については本章の第二節で示した通りである。ここでは、その中から杜順の「理」に関する理解が示される箇所を抜き出して検討を加えることにする。

『法界観門』は、「第一真空観法」「理事無礙観第二」「周遍含容観第三」の三段から成るが、問題を「理」に絞ったときは、「理事無礙観」が中心になる。そして「理事無礙観」は、第二の「事遍於理門」の後にやや長文の解説があり、後は各章とも少々の解説の後、末後に結文を記して終わっている。この、第二「事遍於理門」の後のやや長文の解説の要点は、次のようなものである。

此の全遍門は、情を超えて見ること難し。世喩の能く況うるに非ず。全大海の一波中に在りて而も海の小なるに非ざるが如し。一小波の大海に匝《あまね》くして而も波の大なるに非ざるが如し。(42)

つまり、「理」と「事」の関係を海と波の譬喩によって解説しようとするのである。この冒頭の二門は、「理」と「事」の関係が「遍（それぞれが相手に対して全体的な関係）」であることを明らかにしようとするものである。ここで注目されるのは、「理」については「能遍の理、性に分限無し(43)」とか、「所遍の理、要ず分限無し(44)」と言われ、「事」については「所遍の事、分位差別あり(45)」とか「能遍の事、是れ分限有り(46)」と言われる点である。つまり「理」は全体性を、「事」は個別性を表わすのである。そして、このような「理の全体性」は、本章の第一節で明らかにしたような法蔵の「理」の概念にそのまま通ずるものである。ところが『法界観門』では、このような全体性を表わす「理」は、それ以後の各章では全く用いられていない。第三門以下では、「理」と「事」の関係は一貫して「水」と「波」との関係で語られており、全体性ではなく「波」の本来性、あるいは本質性が問題となっているのである。そして、全体的な「理」を表わすときには「大海と波の譬喩(47)」を用い、本質的な「理」を問題とする場面では「水と波の譬喩(48)」を用いるのである。これは実に巧みな構成であるが、この全体性と本質性が同じことを表わしているとは到底考えられない。従って、『法界観門』の「理」の概念には二つの意味があると言わねばならないのである。では、このような二重性は一体何を根拠とし、どのようなことを表わしているのか考えてみたい。

諸経論において、「海波の譬喩」あるいは、「水波の譬喩」を述べるものは比較的多い。よく知られたものには、『楞伽経』『起信論』などがある。このほか『唯識三十頌』『成唯識論』『瑜伽論』などにもこの譬喩がある。『唯識三十頌』以下は、玄奘訳であるから、杜順は参照していないが、問題の性質上、一応検討を加えておきたい。『唯識三十頌』では、前五識と第八識の関係が「濤波の水に依るが如し(49)」と説かれる。これは、前六識が「根本識に依止し、五識は縁に随いて現(50)」ずることを譬えたものである。また『瑜伽論』は同様に第八識と七転識との関係を「譬えば、水浪の暴流に依止するが如し(51)」と言う。これらの教説に従えば、これらの例えの主語は常に「波」の方であり、そしてそれは転識である。つまり、これは「海が波を生ずる譬え」あるいは「海と波との関係を問題にする譬え」ではないのである。あくまで現実的な個々別々の人間の認識とアーラヤ識との関係を譬えたものなのであって、決してこの点を逸脱して解釈してはならないのである。

次に『楞伽経』によってこの問題を考えてみよう。杜順の時代の『楞伽経』ということになれば、求那跋陀羅訳の『四巻楞伽』と菩提流支訳の『十巻楞伽』とが考察の対象になる。『四巻楞伽』と『十巻楞伽』では、如来蔵と阿梨耶識の関係について立場が大きく異なっている。そこで、ここでは唯識思想との関係が薄いと考えられる『四巻楞伽』に依りながら、適宜『十巻楞伽』を参照することとしたい。『四巻楞伽』では「海波の喩」は、二つの文脈の中で用いられている。第一は、次に述べるような、阿梨耶識と転識の関係の中においてである。

蔵識海、常住にして　境界の風に動ぜられて
種種諸識の浪　騰躍して転じて生ず
蔵識海常住　境界風所動　種種諸識浪　騰躍而転生（大正16・四八四b）

ここでは、認識の対象である境界を縁として転識が生ずることによって蔵識（阿梨耶識）と転識の関係が述べら

れている。一見すると前述の『三十頌』などの教説と同じように見える。しかしながら、根本的な点において両者は異なっている。それは、『三十頌』などは転識を問題としてその所依に言及しているのに対し、『四巻楞伽』は阿梨耶識を問題として転識に及ぶという文脈になっている点である。いわば、末から本に向かう（『三十頌』の立場）か、本から末に向かうか（『四巻楞伽』の立場）の違いである。従って、同じような譬喩を用いても論理の方向が全く逆であることに、特に注意しなければならないのである。『四巻楞伽』における「海波の喩」の第二の例は、如来蔵と阿梨耶識の関係を問題にする文脈の中で用いられるものである。

名づけて識蔵と為す。無明住地に生ぜられ、七識と倶なり。海浪の如し。

名為識蔵。生無明住地、与七識倶。如海浪。（大正16・五一〇b）

ここで「識蔵」と言っているのは『四巻楞伽』独特の表現であり、多少了解しにくい。『四巻楞伽』では、如来蔵と阿梨耶識は、無為法と有為法の別があるものの、両者を不一不異の関係とする。その不一不異の状態を「識蔵」と言うのである。従って識蔵の状態から抜け出せば、それは「如来蔵」と言われるのである。ちなみに如来蔵を積極的に阿梨耶識として読み込んでいこうとする『十巻楞伽』では、これを「如来蔵阿梨耶識」と表現している(52)。その識蔵の状態における識蔵と転識との関係が、海と浪のようなものであると言われているのである。ここでも、本来的なものから現実的なものを位置づけようとしていることが先の用例と共通する。

いずれにしても『楞伽経』の海波の譬喩は、如来蔵または阿梨耶識と七転識の関係を、本から末に向かって表現しようとしていることが明らかになるであろう。そして、この点を明らかにするために、唯識系の経論のような「水波の譬喩」ではなくて「海波の譬喩」が用いられていることに特徴があるのである。

次に『起信論』の用例を検討しておきたい。『起信論』には次のように説かれている。

大海水の風に因りて波動して、水相風相の相い捨離せざるが如し。而して水は動性に非ず、若し風の止滅すれば動相則ち滅す。湿性は壊せざるが故に。

如大海水因風波動、水相風相不相捨離。而水非動性、若風止滅動相則滅。湿性不壊故。（大正32・五七六c）

この所説は、心生滅門の「本覚随染」段に説かれるものである。ここでは平等法身である本覚と具体的な存在である生滅心（＝衆生）との関係が問題になっている。これまでの『三十頌』や『楞伽経』の用例と比較して、ずいぶんと緻密な譬喩になっていることが了解できる。

ここでは、生滅心が波であるとは説かれていない。「波動」とあるように「大海水」の動揺しつつある状態と押さえられている。まずこの定義によって、生滅心と法身とを二つに立てる見方を拒否している。そして「波動」は、「水相」と「風相」とが縁起することによって成り立っているとしながら、「水相・風相」という具体的な状態は、それらの本質である「動性・湿性」とは区別されている。このように、「相」と「性」を使い分けることによって具体性と本来性を区別しているのである。従って、『起信論』のこの譬喩の中には、まず、「波」を大海水の波動している状態と解することで生滅心と法身との量的な不二の関係を表わし、次に、「波」において動性と湿性という概念を用いて生滅心と法身との質的な不二の関係を表わしているのである。

以上、唯識系論書から『楞伽経』→『起信論』と見てくると、「海波の譬喩」と「水波の譬喩」とが、異なったことを表わしていることが明らかになるであろう。唯識系論書に説かれる「水波の譬喩」と『楞伽経』に説かれる「海波の譬喩」では、譬えようとしている主体が異なる。そして、『楞伽経』と『起信論』では「波」の捉え方が基本的に異なっているのである。

この点を『法界観門』の「理」の概念における二重性と重ねたとき、どのようなことが言えるだろうか。まず、

『法界観門』の「理」の概念に特徴的な「能遍の理、性に分限無し」といった全体性を表わす面が、これらの「海波の譬喩」における「海」から来たことは、ほぼ間違いないであろう。それ故、杜順の「理」の概念の背景には『楞伽経』もしくは『起信論』が存在していると考えられる。しかし、『楞伽経』は波と水の関係には言及しないから、これは別のところから来たのであろう。また、唯識系の論書や『楞伽経』では、この譬喩は本識と転識との関係を表わすものであって、一切法とその根拠との関係を意味するものではなかった。更に『起信論』では、波はあくまで「波動」とされていて、スタティックな状況の中での波と水が問題にされていたのではなかった。このように消去法で考えてくると、譬喩としては『起信論』の所説に大いに関係があると言えるが、その理解に関しては、いずれの経論とも共通しない杜順独特の思想であるように思われる。それ故、この点は段落を改めて最後に考えてみたいと思う。

このような海波の譬喩に基づいて、杜順独自の全体性を表わす「理」の概念が形成されたのではないかと思われるのである。その一方で、『般若経』などに基づく「真理」あるいは「法則」的な概念も取り込んで成り立ったのが、杜順の「理」なのである。このような杜順の思想は、智儼にどのように受け継がれたのだろうか。

そこで最後に、華厳教学の事実上の開祖である智儼における「理」の問題を考えておきたい。既に第六章において、六相説をめぐる『十地経論』の所説と智儼の理解のずれについては関説したので、ここでは智儼の思想的な特徴に問題を絞って考えていきたい。智儼は『捜玄記』において『十地経論』の六相を釈して、六相には二つの意味があるとした上で、次のように言う。

因縁生の果法は迷を起こせば義顕かなり。此れが為に論主は別して六相を将いて照して理に入らしむ。

因縁生果法起迷義顕。為此論主別将六相照令入理。（大正35・六六b）

この引用文は、智儼の六相理解の本質を明らかにするものであると思われるので、第六章でも既に関説した通りである。もともとは、因の六義や四縁と六相はどのように違うのかを問題にしている場面での所説である。そしてここでの智儼の主張は次のようなことである。つまり、因縁所生の法は、通常の認識の中では「意味」が立てられて全体から分節されたものとされてしまうので、本質が明らかにならない。そこで世親は六相を明らかにして「理」に参入させるのである、といったことである。また、この文のすぐ後に問答を設けて、

問う、何ぞ以て但だ総別の六義は理に順ずること増なることを得て事を取らざると知ることを得るや。答う、論主は事は六相を具せざることを簡ぶ。唯だ義に約して弁ず、故に知るなり。

問何以得知但総別六義得順理増不取於事。答論主簡事不具六相。唯約義弁、故知也。（同右）

と言うことによれば、ここでの「事」が先の引用文中の「因縁生の果法」を指すことは明らかである。これらの引用文から見えてくる智儼の「理事」観は、人間の分別によって成り立つ具体的な個々の事象は物事の本質ではなく、「六相」を解してそのものの本質を見なければならない、といったことになるであろう。従って、この『捜玄記』の用例からは、杜順のような「無分限の理」といった概念を見ることはできない。また、『捜玄記』は、十地品の第六現前地において、法界縁起を明かす際に「一心」という概念を軸として展開している。[53] この「一心」は『起信論』[54]や『楞伽経』[55]などに説かれる概念であり、仮に智儼が杜順の理事説をそのまま継承するのであれば、「理」という概念を基にしながら「理事」の関係によって説くのがふさわしい場面であると言える。このように考えてみると、智儼は、杜順の「理事」説をそのままの形で継承しているのではないということが明らかになるであろう。

このような観点に立って『法界観門』と『一乗十玄門』とを比較した場合、智儼が明らかに杜順の説に従っているのは、「一即多」「一中多」という「一」と「多」の概念によって法界縁起を表わそうとする態度であることに容

易に気がつく。そして第六章でも考えたように、『一乗十玄門』では、「理事」という視点は、いくつかのカテゴリーの中の一つであり、[56]「理事」説が主張の前面に立っているのではない。このように考えてくると、華厳教学における智儼の思想史的な位置が明確になる。つまり、智儼はもともと杜順の教えを受けていたが、「無分限の理」と『華厳経』とを結びつける視点として『十地経論』の六相説に出会い、それを法界縁起として組織したが、その中心は「無分限の理」ではなく「一心」であった。本節で考察したように、「無分限の理」という概念の背景に、「海波の譬喩」を用いる『楞伽経』などがあったとすると、唯識系の論書である『摂大乗論』を深く学んだ智儼にとっては、そのままの形では受け入れることのできない考え方であったに違いないのである。

第四節　法蔵の「理事無礙」の法界縁起について

以上によって、草創期から大成期の華厳教学における法界縁起と「理事」の問題についての見通しを得ることができた。杜順の『法界観門』と智儼の教学の間には、共通する点と共通しない点とが存在する。そして、智儼と法蔵との間にも共通する点としない点とがあり、法蔵自身の中にも『五教章』と『探玄記』とでは共通しない面があるのである。そこで本節では、『探玄記』における「無分斉の理」という概念に基づく「理事無礙」という表現を法蔵の縁起観の最終的なものと考えた上で、そこに至る思想的な背景とその内容を考察していきたい。

まず、法蔵が考える華厳教学の出発点は、智儼の「六相」理解であった。『十地経論』の六相説の立場は、真理の言語表現に関する問題であったが、智儼はこれを一々の縁起法の本性に関するものであると見た。その背景に杜順の「理事」説があったことは、既に明らかにしてきた通りである。また、智儼は『捜玄記』十地品の第六地で法界縁起を表わすにあたって、これは「所依の観門」であると言う[57]。所依の観門とは、衆生がそれを修して真理に至る道筋のことを意味するのであるから、立論の基本は衆生の側にあると言える。そこで、仏の智慧と衆生の立場とを仮に果と因とすると、ここから明らかになってくる智儼の基本的立場とは、「従因向果」であると言うことができる。これは華厳教学が本来「従果向因」であると言われていることと矛盾するようであるが、決してそうではない。あくまで「果」としての仏智を明らかにしようとしている点では「従果向因」なのであるが、言語表現を介して表わされる側と表わす側との違いがあると言えばいいのか、シニフィアンとシニフィエの関係におけるシニフィアンを基本とするというような意味である。

つまり、既に述べたように、『探玄記』によって明らかにされたような「無分斉の理」によって法界縁起を明かそうとする法蔵の立場は、「意味されるもの」の側から法界縁起を言語化しようとしていることに相当する。これに対し、智儼は法界縁起を「意味するもの」の側に立って理解し、衆生から仏智に向かって真理を明らかにしようとしていると言えるのである。

この点は、「一即多」と「一即一切」の違いを丹念に検討してみれば明らかになるであろう。『五教章』の「十玄縁起無礙法門義」が、智儼の『一乗十玄門』を受けて書かれたものであることは言うまでもない。しかし詳細に検討してみると、重要な点で共通しない点があることも否めない。例えば、『五教章』は冒頭で法界縁起に二門を挙げる箇所で、「十仏の自境界」を釈して、

初の義とは、円融自在にして一即一切一切即一なり。其の状相を説くべからざるのみ。

初義者、円融自在一即一切一切即一。不可説其状相耳。(大正45・五〇三a)

と言う。『一乗十玄門』も基本的には同趣旨のことを述べるのであるが、

言う所の果とは、謂く自体究竟寂滅円果なり。十仏境界にして一即一切なり。

所言果者、謂自体究竟寂滅円果。十仏境界一即一切。（大正45・五一四b）

とするのみで、「一切即一」という点は示していない。『五教章』は、このほかにも「一即一切」をいくつかの箇所で説いているが、いずれの場合も「一即一切」と「一切即一」は並行して用いられている。[58] しかし、智儼は「一切即一」という点を示していないのである。これは見過ごされがちな点であるが、本節の文脈から言えば非常に重要な問題である。また、智儼は「一即多」「多即一」という視点を、『捜玄記』においても『一乗十玄門』においても力説しているから、「多即一」と「一切即一」とは別のことを表わしていると考えなければならないのではないだろうか。智儼は、『一乗十玄門』で、「一多相容不同門」を釈すにあたって「是は理に約す」と述べているから、[59] この相違は、「理」の概念の相違に基づくものであるかもしれない。そこでまず、智儼の「一」と「多」が表わす問題について検討を加えておこう。

『一乗十玄門』は、縁起法を明らかにするにあたって、一つの譬喩を前面に立てている。有名な『華厳経』巻第十夜摩天宮菩薩説偈品の「数法の十」の譬えである。[60] そしてそこに異体・同体の二門を立てた上で、「一中多・多中一」と「一即多・多即一」を説くのである。この「中」と「即」とがどのような違いを持つのか、この点について『一乗十玄門』の中では解説されていないが、第六章第一節で考察した通りである。また本章の第二節で関説した通り、『捜玄記』の中では次のように述べている。

一中多とは、一数の中に十を見るが故に。多中一とは、十数の中に一を見るが故に。又、一即多とは、一数は即ち多にして一を見ざるが故に。多即一とは、多数は即ち一にして多を見ざるなり。

一中多、一数中見十故。多中一者、十数中見一故。又一即多者、一数即多而不見一故。多即一者、多数即一而不見多也。

（大正35・二七ｂ）

この所説によれば、「一即多」の方は、現実的に「多」であることを問題にしているのであって、その時には「一」との関係を問題にしているのではなく、「一」は「多」の本来性として問題になるだけである。一方、「一中多」は、現実的な「一」の中に本来的な「十」を見て、両者の関係を問題にしており、「一」が「一」に留まらずに「十」に変化していくような点を「一」に立って問題にしているのである。縁起によって成り立っている全ての存在は、一瞬たりとも留まらない、いわゆる「無常」なるものである。それ故に、縁起法を論理的に明らかにしようとすれば運動もしくは変化として論じなければならないことになる。また変化しつつあるものの存在的な構造を明らかにしようとすれば、時間的な経過を一切考慮に入れずに連続する物事をある時点で切断した両断面の構造の中で関係を明らかにしなければならない。仏教が縁起説を説くにあたって、

A

此れ有る時彼れ有り、 此れ無き時彼れ無く、

此れ生ずるより彼れ生じ、 此れ滅するより彼れ滅す。

B

という定型句を用いてきたのには、このような背景があったと思われる。[61] なぜならこの文には、A＝同一時間内の共時的関係（相依相待の縁起、第三・四章などでは「～である系縁起」と呼んできた）とB＝通時的関係（因果の縁起、同様に「～になる系縁起」と呼んできた）という両面がある。[62] 共時的関係とはソシュールが言うように「物事の状態・構造」を明らかにすることであり、通時的関係とは「物事の運動・変化・歴史」を明らかにすることである。[63]

このように縁起の定型句の中には二重の意味があるのである。そして、このような観点から見れば、智儼の言う

「即」は、この共時的な関係によって縁起法を明らかにしようとしたものであり、「中」は、通時的な関係によって縁起法を明らかにしようとしたものであることが了解できる。これをまとめれば次のようになるであろう。

一中多　↓　一が多になるような「一」

多中一　↓　多が一になるような「多」

一即多　↓（本来的には「一」であるが）現実的には多である。

多即一　↓（本来的には「多」であるが）現実的には一である。

このような点から見れば、『一乗十玄門』に説かれる一多の縁起は、縁起の内容を実に的確にまとめたものであると言うことができる。そしてこの場合、「一」が「多」との関係の中で押さえられていることに特に注意しなければならない。なぜなら、「一」という概念そのものが「多」との関係の中から生まれるからである。「一」は、分別によって「一」と把握されることによって「一」となるが、何事かを一と分節することは全体を「一」とそれ以外（「多」）に分けることだからである。この場合に何事かを「一」と限定するにあたって、言語がその役割を果すことは言うまでもないであろう。つまり言語によって何事かが特定の「一」として把握されることによって、「一」と「多」が出現するのである。

数学者の指摘によれば、このような「一」にはおよそ三つの意味があるとされる。第一は、全体あるいは混沌から立ち上がって独立した存在。第二は、基数（個数）としての「一」、空間的には一個、時間的には一回と数えるために基本となる数。第三は、序数としての「一」、最初、はじめ。そして第一の「一」は混沌または全体と対立し、第二の「一」は二・三・多と対立し、第三の「一」は次、後と対立する、と言われている。(64) この点を押さえてみると、智儼の言う「一多」は、どこまでも人間の現実的な認識世界の中の問題であることが了解できるであろう。

そして分別を超えた「十仏自境界」を表わす場合であっても「一即一切」とは言うものの「一切即一」とは言わないから、この場合でも人間の認識が基点となっていることが了解できる。智儼が法界縁起を「所依の観門」と位置づけるのは、このような意味なのである。

これに対し、法蔵は、智儼の思想に全面的によりながら『五教章』に「一切即一」という視点を導入している。これは同じように「十仏自境界」を表わす立場に立ちながらも、「十仏」の方から真理を説こうとすることに他ならない。これは同じように言語化された経典をよりどころとして法界縁起を明らかにしようとするにあたって、智儼とは根本的に立場を異にしていると見るべきであろう。そしてこの点は、法蔵の独自な発想であると考えられる。なぜなら、同じように智儼の思想を継承しながら、新羅の義湘は「理理相即」を主張しているからである。[65]「理理」と言うからには、法蔵のような「無分斉の理」といったことを言うものではない。個々の「事」における本来性を表わすのであって、華厳の縁起においては、あらゆる物事は融通しているということを主張しているのである。この義湘の「理理相即」説は、智儼が言うような人間の認識における「一」を一歩進めて、イデア化したものであると見ることができよう。しかし法蔵の基本的な立場は現実的な「一」ではなく「一切」の方にある。これによっても、法蔵の主張の独自性が首肯されるであろう。

以上の諸点を形式的に表現するならば、「無分斉の理」という視点は、「一多」の縁起を相対化して、「十仏の境界」から「一多」の縁起を明らかにするための視点として見出されたものであると言うことができる。このような「無分斉の理」という思想は、おそらく第三節で明らかにしたところの「海波の譬喩」などをもとにして考え出されたものであると思われるが、それはもともと一切法とその本体を問題にするものではなかった。海波の譬喩を説く『楞伽経』では、あくまで本識（アーラヤ識）と転識との関係を譬えたものである。本識は一切種子識とも呼ばれ、それを所依にして諸識が生ずると説くのであるから、この文脈に従う限りでは、これは因果の縁起を表わすものであり、通時的な縁起の中で説かれるものである。これに対し、法蔵が理事無礙によって説こうとすることは、理によって事が生ずるといったことではない。あくまで同一時間内における具体的なことと全体的なものとの関係である。従ってこれは共時関係の縁起であり、「相依相待」の縁起である。

そしてついでに添えるならば、法蔵において通時的な縁起関係を表わす概念は「随縁」であり、初期には「真如の随縁」[66]、後期には「如来蔵（心性）の随縁」[67]と表現されたのである。この「随縁」という思想も誤解されやすいものであるが、決して時間的な経過を問題にしているのではない。連続変化する物事をある断面で切ったとき、二つの切り口が現われるが、その二つの切り口に何らかの異なりがあったとき、それを変化とか運動と呼ぶのであり、その異なりの間に時間と空間という概念が出現するのである。「随縁」という概念は、変化することを表わしているのであり、時間的に先行する何事かを表わしているのではない。この点を誤解すると、真如、あるいは如来蔵が、時間的に諸法に先行する本体のようなものであると誤解されてしまうのである。アーラヤ識と転識は通時的な縁起において、如来蔵思想は共時的な縁起において、本来説かれてきたのである。この点を混同してはならないのである。

『五教章』においては未だ「無分斉の理」という視点から「理事無礙」と整理されて説かれるわけではないが、そのように整理されていく萌芽をはっきりと見て取ることができる。そして『探玄記』に至って「無分斉の理」に基づく「理事無礙」の法界縁起が主張されるのである。法蔵は、義湘に宛てた書簡に示したように、もともと師智儼の思想を祖述することを自分の課題としていた[68]。その過程の中で「無分斉の理」という主張がなされたのである。「無分斉の理」という視点のみから見れば、法蔵の主張は杜順の『法界観門』に戻ったかの如き観がある。しかし、法蔵と杜順の直接的な思想的関係を裏づけるような資料は、寡聞にして見ることができない。では、この点は一体何に基づいているのであろうか。改めて『探玄記』の所説を見てみよう。

一に謂く、一切教法、体を挙げて真如にして、事相の歴然として差別あるを礙げず。二に真如、体を挙げて一切法と為りて、一味湛然平等を礙げず。前は即ち、波は水に即して動相を礙げざるが如し。後は即ち、水は波に即して湿体を失わざるが如し。

一謂、一切教法、挙体真如、不礙事相歴然差別。二真如、挙体為一切法、不礙一味湛然平等。前即、如波即水不礙動相。後即、如水即波不失湿体。（大正35・一一九ａ）

これは、能詮教体門の「理事無礙」段の所説であるが、ほぼ前段で考察した『起信論』の譬喩によって真如と事相との関係を説いている。そしてこの直後に「理事混融無礙」と言っているから、真如が「理」、事相が「事」を意味していることはほぼ間違いない。その上で、ここで特に注目しなければならないことは、『起信論』があくまで「波動」という運動変化の中で、これらの点を説いていたことである。(69) ところが法蔵は、それをスタティックな状態の「波と水」という二つの概念の間の問題として言及しているのである。そしてこの後に、こうした教えは『維摩経』の中で説かれていると言っている。(70) これはおそらく『維摩経』の「入不二法門品」(71)を指していると思われるが、「不二」という視点に立って『起信論』の譬喩を解釈したのである。『維摩経』の「不二」という視点は、「縁起」を共時的な関係の中で明らかにしたものであるから、本来「〜である」という文脈の中で理解されなければならない問題である。従って、法蔵が「体を挙げて一切法と為りて」という通時的な関係をこの中に読み込むことは、本来あるべき文脈を逸脱した読み方であるということになる。つまり、法蔵は、『起信論』が運動変化を前提にした上で、その中で共時的な問題として明らかにしたことを、最初から通時的に理解し、それによって生ずる矛盾を真如の超越性と理解したようである。この点をより具体的に言うならば、例えば『維摩経』の教説ならば、「波と水は不二である」という言い方になるであろう。これに対して法蔵は、波と水の存在を前提にした上で「波と水は不二であって、しかも波の運動性は阻害されない」と主張していることになるのである。既に明らかにしたように、智儼の「即」と「中」の縁起によれば、「即」の立場では波を見ているときには水を見ず、水を見ているときには波を見ないことがその意味であったから、この点でも、最初から両者を前提とする法蔵の「理事無礙説」は縁起説を逸脱していると言わねばならない。

このように考えてくると、法蔵の言う「理」の立場は、人間の認識世界において問題にされた「縁起」を説くものではないと言わなければならないことが明らかになるだろう。そしてこの立場をどのように考えるか、つまり法蔵自身が言うように不可説なる「十仏自境界」を言語化したものであると見るべきなのか、それとも言語化されたことを前提とした形而上学的なものなのか、が大きな問題となるのである。この問題を解いていく鍵は、法蔵が言語と存在物との関係をどのように理解していたのか、ということにある。先の引用文でも、前半は「一切教法」と真如との関係を問題にし、後半では「一切法」と言っている。一切教法とは言語に関する問題を表わしていると理解できるし、一切法は諸存在に関する問題を表わしていると理解できる。それ故、先の引用文は、一つのことを両側から言っているだけなのか、それとも異なったことを問題にしているのか、この点を明らかにするような糸口を見つけなければ、法蔵の「理」の概念を本当の意味で解明したことにはならないのである。

法蔵に至る華厳教学の流れにおいて、法蔵が「法界縁起」と呼ぶものを、杜順以来一貫して求めていたことは否定できない。この意味で、杜順を華厳宗の初祖とすることに何の問題もない。智儼の思想の最も基礎的なものは杜順によって形成されたと考えられるからである。その上で、地論・摂論・法相唯識などの教学が重なって智儼の思想が出来たのである。真理の言語化についての問題であった『十地経論』の六相説を諸存在に関するものと見たことには、言語と存在に関する重要な展開があったと言える。そしてこの点は、法蔵の理事説にも大きな影響を及ぼしているのである。「海波の譬喩」「水波の譬喩」を複合的に取り入れた法蔵の「理」の概念は、「波」において、海でも水でもあるような内容となっている。従って、波を「波動」と捉える『起信論』と、言語によって意味づけされたスタティックな「波」を基本にする法蔵との間には、基本的な立場の違いがある。それは「縁起」における通時的な立場と共時的な立場の違いである。そしてこの点は、如来蔵思想とアーラヤ識思想の立場の違いや、中観思想と唯識思想の立場の違いを理解していくための重要な鍵であると言える。本来共時的な縁起を説く如来蔵を通時的に理解すれば、サーンキャの説く転変論と同じような思想になってしまうだろう。その典型的な例としては、浄影寺慧遠の理解を挙げることができる。浄影寺慧遠のアーラヤ識理解は、この問題を整理できずに結果として矛盾している。

このような背景の中から出てきたのが智儼であり、彼は『十地経論』の六相を縁起法に関するものと理解して現実的な立場から仏の境界を明らかにしようとしたのである。智儼の時代は既に『摂大乗論』を深く学び得たし、何よりも法相教学の隆盛が時代的な問題であった。それ故、智儼が通時的な面から縁起説をまとめようとしたことは大いに頷けるのである。しかし智儼の時代では、まだ『楞伽経』の如来蔵阿梨耶識と唯識の阿頼耶識がどのように切り結ぶかは、はっきりとしていなかった。法蔵は、このような問題を引きずったまま『華厳経』の一乗思想によって仏教を体系化しようとしたのである。従って『五教章』や『起信論義記』の所説の中には、如来蔵を通時的に解している場面が少なくない。法蔵の思想を理解しようとする場合にこの点が、イデア的に見えるのであろう。その一方で「一即多　多即一」という共時的な縁起を説くのが仏の自境界であるとする智儼の立場も受け継いでいるので、これらをどのように整理するかが、法蔵の大きな課題であったに違いない。法蔵の到達した結果から言えば、通時的な縁起を説くものを「如来蔵縁起宗」と確定することによって、『華厳経』は共時的な縁起を説くものとして理解していけばよいことになったのであろう。共時的な縁起とは、「相依相待」であるから、その中で「依」ということを介して「能依・所依」が問題となり、海波・水波の譬喩がイメージされたのではなかったのだろうか。おそらく、このような背景から「理事」が取り出され、法蔵の「理事無礙」という概念が生まれたのであると考えられる。法蔵は後半生、外来三蔵と行動をほとんど共にしている。その中で、如来蔵とアーラヤ識の立場の違いをはっきり知って、自己の立場にますます大きな確信を得たに違いない。

智儼の法界縁起説は法界証入のための「所依の観門」であるとされたのに対し、「理事」説を基盤とする法蔵の法界縁起説では、「理事」が「能詮の教体」であり、「法界縁起」は「所詮の宗趣」であるとされた。「能詮の教体」とは、言語化するもの（＝シニフィアン）、「所詮の宗趣」とは、それによって表わされる内容（＝シニフィエ）ということである。これらは、両者が不可離であることによって意味が形成されるばかりでなく、シニフィアンは他の全てのシニフィアンとの形式的な関係の中で（仏＝ブツは、「ブ」と「ツ」が相互に連関しながら独立していることによって成り立っているということ）、シニフィエは他のシニフィエから形式的に対他することによって（仏は、仏以外のものから区別されることによって他と異なる意味が生まれるということ）、成り立っている。そのような言語表現の基本構造を問題にするのは『十地経論』の六相説であったが、それが縁起法を説明するものでもあるということに気づいて成立したのが、華厳の法界縁起思想である。

つまり、認識における言語とモノの調和である。おそらく、モノの本であり、同時に言語の本であることを発見するによってこうした思想が成り立ったと考えられるが、それが「一」という概念だったのではなかろうか。何事かを「一つ」と理解し、名称を付けて呼ぶ、ここからありとあらゆる差別的事象が生じるのである。法蔵が、「重々無尽」というのは、このシニフィアンとシニフィエのそれぞれが対他関係において成り立ち、両者の結合によって、この世界である事象的世界が成り立っているということを表わしているのであろう。その上で、こうした言語―モノ的世界でないものが「一切」としての仏の智慧の世界であり、それを表わすものが『華厳経』であるというのが「別教一乗」の意味であろう。法蔵が智儼の『捜玄記』に発見したのは（＝別教一乗無尽縁起）、以上のようなことであったと考えられるのである。

註

（1）華厳宗の祖統説については、三祖説、五祖説、七祖説、十祖説などの立場の違いがあるが、五祖説が一般的な見方であろう。その中、初祖杜順と智儼の関係については、初祖杜順否定説（石井教道）、智儼初祖説（鈴木宗忠）、智正初祖説（境野黄洋）などの諸説がある。この諸説の背景には、『法界観門』の撰述をめぐる問題があり、いずれも澄観以降の偽撰であるとの立場に立っている。これらについては、木村清孝『初期中国華厳思想の研究』（春秋社、一九七七年）第二篇第一章「杜順から智儼へ」の注（1）（三六五頁）に言及されている。これに対し本書は、以下に述べるように『捜玄記』の先に『法界観門』的な理事説（必ずしも『法界観門』が杜順の真撰であると主張するものではない）がなければ、智儼→法蔵と相承された華厳教学が基本的に成り立たないことを結果的に論証しようとするものである。

（2）第六章第二節「『捜玄記』の法界縁起思想」、及び本章第二節、第三節参照。

（3）第七章第一節「法蔵の『密厳経疏』について」参照。

（4）法蔵の著作と撰述年代については、吉津宜英『華厳一乗思想の研究』（大東出版社、一九八五年）一三〇～一四五頁参照。
（5）『五教章』のテキストに関する諸問題については、吉津前掲書第三章第二節「『華厳五教章』のテキスト論」参照。
（6）『五教章』の義理分斉は、「三性同異義」「縁起因門六義法」「十玄縁起無礙法門義」「六相円融義」のそれぞれ独立した四つの課題によって構成されている。このうち、前半の二門は法相宗の縁起説を華厳の立場から会通したものであり、後半の二門は華厳独自の教理的課題を解明したものである。
（7）この点についても、吉津博士は『捜玄記』との教判上の非共通性によって『一乗十玄門』は法蔵以降の偽作であるとし（吉津註（4）前掲書第一章第二節「智儼の著作」参照）、石井公成博士は杜順説を疑いながらも『捜玄記』との共通性を指摘している。この点は、石井公成『華厳思想の研究』（春秋社、一九九六年）第一部第二章第三節「『一乗十玄門』の諸問題」参照。このうち教判上の非共通性については、本書第二章第二節「華厳同別二教判の本質的意味」、同じく第六章第二節「『捜玄記』の法界縁起思想」を参照。また法蔵が師智儼に対して、
　和尚（＝智儼）の章疏は、義豊かにして文簡なるを以て、後人をして多く趣入し難からしむるを致す。
　以和尚章疏、義豊文簡、致令後人多難趣入。（『寄海東書』、続蔵一・一〇三・四二二左上）
と評することから窺えば、「十玄縁起」のオリジナリティーは法蔵よりも智儼に帰すべきであると考えられる。
（8）大正45・五〇三a。
（9）同右五〇三b。
（10）同右五〇五a。
（11）『大乗起信論』は、五分によって構成されており、その第二と第三が「立義分」と「解釈分」である（大正三二・五七五b）。
（12）大正45・五〇五a。
（13）『一乗十玄門』（大正45・五一五c）。
（14）『寄海東書』に、「華厳探玄記二十巻両巻未成」（続蔵一・一〇三・四二二左上）とある。

(15) 例えば、旧来の伝統的な華厳教学研究の代表的なものである湯次了栄『華厳大系』(国書刊行会、一九七五年)第二章「一真法界」(特に四二六～四三四頁)等参照。
(16) 例えば、澄観撰『大方広仏華厳経疏』巻第三(大正35・五二〇b)など。
(17) 例えば、立川健二・山田広昭『現代言語論』(新曜社、一九九〇年)の「ソシュール」の項(三〇～四七頁)など参照。
(18) 大正35・一二〇a。
(19) 第七章第三節「如来蔵随縁思想の深化」参照。
(20) この点についても第七章第三節参照。
(21) 『入楞伽心玄義』は、冒頭に十門の科文を掲げて「十随文解釈」(大正39・四二五c)とするも、実際には第九門義理分斉で終わっている。
(22) 第五能詮教体(大正39・四二七b)、第六所詮宗趣(大正39・四二八b)。
(23) 大正44・二五五c。
(24) 例えば、「一如来蔵心に二義を含む」(大正44・二五一b)とある。
(25) 先に述べた『無差別論疏』の所説とほとんど同じ文が『義記』の玄談(大正44・二四三b～c)にある。この点は一体どのような理由によるのか、今後の課題である。
(26) 湯次了栄『華厳学概論』(龍谷大学出版部、一九三五年)九七頁。
(27) 例えば、澄観の『華厳法界玄鏡』巻上には、
然して法界の相要は唯三有るのみ。然も総じて四種を具す。一に事法界、二に理法界、三に理事無礙法界、四に事事無礙法界なり。

然法界之相要唯有三。然総具四種。一事法界、二理法界、三理事無礙法界、四事事無礙法界。(大正45・六七二c)

とある。この四種法界説は、澄観の『華厳経疏』『演義鈔』の多くの場面に説かれており、澄観の基本思想となっている。
(28) 例えば、湯次註(15)前掲書には、「四種法界の淵源する所、杜順の『法界観門』にあるや明らかなり」(四二六頁)とある。同書は華厳教学の法界縁起思想を解説するにあたって、はじめから四種法界説を前提としている(四二六〜四三四頁)。
(29) 湯次註(26)前掲書九八、九九頁。
(30) この点については、序章「本書の問題意識」で法蔵の『華厳経伝記』を引いて解説したので、参照。
(31) 正確に言うと、十地の法門の説主である金剛蔵菩薩に対して、諸仏が自利利他の為に十地の法門を説くように加する場面を解釈する中の文である。
(32) 『十地経論』の訳出をめぐって、勒那摩提と菩提流支が「定不二不尽」と「有不二不尽」をめぐり論争したことが、『続高僧伝』巻第七道寵伝(大正50・四八二b〜c)に記されている。この問題については、第七章第三節「如来蔵随縁思想の深化」の中で触れた。
(33) 大正45・五〇八c〜九a。
(34) 註(1)参照。
(35) 『法界観門』の撰述問題に関する本書の基本的立場についても、註(1)参照。
(36) 木村註(1)前掲書第二篇第一章「杜順から智儼へ」参照。
(37) 大正四五・五一四a。
(38) 註(7)参照。
(39) 『支那文を読む為の漢字典』(山本書店、一九四〇年)八頁「事」の項の解説による。
(40) 野崎昭弘『一語の辞典　二』(三省堂、一九九八年)三頁。
(41) 中嶋隆蔵「郭象の思想について」(『集刊東洋学』二四号、一九七〇年)

(42) 木村註(1)前掲書、第二篇第一章第二節「『法界観門』をめぐる問題」に収められた復元テキストの三三五頁。
(43) 第一理遍於事門の中の文（同前、三三五頁）。
(44) 第二事遍於理門の中の文（同前）。
(45) 第一理遍於事門の中の文（同前）。
(46) 第二事遍於理門の中の文（同前）。
(47) 第二事遍於理門の譬喩（同前）。
(48) 第三依理成事門の中の譬喩（同前、三三七頁）。
(49) 『唯識三十論頌』の第一五頌（大正31・六〇c）。
(50) 同前。
(51) 『瑜伽師地論』巻第六三（大正30・六五一b）。
(52) 『十巻楞伽経』の如来蔵阿梨耶識の用例については、例えば大正16・五五六cなど。なお『楞伽経』の如来蔵と阿梨耶識の関係については、第三章の註(63)参照。
(53) 『捜玄記』の該当箇所は、大正35・六二c～三c。この問題については、第六章第二節「『捜玄記』の法界縁起思想」で既に述べた。
(54) 『起信論』の解釈分顕示正義段には、「一心法に依りて二種の門有り（依一心法有二種門）」（大正32・五七六a）とある。
(55) 『十巻楞伽経』巻第一に、
寂滅とは名づけて一心と為す。一心とは名づけて如来蔵と為す。
寂滅者名為一心。一心者名為如来蔵。（大正16・五一九a）
とある。ただし『四巻楞伽経』には該当する文は存在しない。この点については第三章の註(62)参照。
(56) 『一乗十玄門』（大正45・五一五c）参照。

(57) 『捜玄記』巻第三下に、「今、所依の観門は一に非ず（今所依観門非一）」（大正35・六三c）と結論づけるのによる。なお、この問題については第六章第二節「『捜玄記』の法界縁起思想」で述べた。
(58) ここに挙げた用例以外では、大正45・四八一a、四八五b、五〇五a。
(59) 大正45・五一七b。
(60) 大正9・四六五a。
(61) この点については、舟橋一哉『原始仏教思想の研究』（法藏館、一九五二年）第二「阿含における縁起説の二面について」六一～六四頁参照。
(62) 縁起における共時と通時の視点については、第四章第一節「縁起思想の展開から見た『起信論』の縁起説」で述べたほかに、第三章以下の処々でこの問題に触れている。
(63) 立川・山田註(17)前掲書の「ソシュール」（三〇頁以下）及び「共時態と通時態」（四〇頁以下）の項参照。
(64) 野崎註(40)前掲書、「一」の誕生（五～一七頁）の項参照。
(65) 『華厳一乗法界図』には次のようにある。
若し別教一乗に依らば、理理相即するなり。亦事事相即するを得、亦理事相即するを得、亦各各相即せざるを得、亦相即するを得。
若依別教一乗、理理相即。亦得事事相即、亦得理事相即、亦得各各不相即、亦得相即。（大正45・七一四b）
なお、義湘の理理相即説については、石井公成註(7)前掲書第一部第三章第四節「理理相即説の形成」（二五五頁以下）参照。
(66) 『大乗起信論義記』巻中本に、「真如に二義有り。一に不変の義、二に随縁の義なり（真如有二義。一不変義、二随縁義）」（大正44・二五五c）とある。
(67) 『大乗法界無差別論疏』に、「此の宗（如来蔵縁起宗）は如来蔵随縁して阿頼耶識を成ずと許すなり（此宗許如来蔵随縁成阿頼耶識）」（大正44・六一c）とある。なお、この文は第一節に示した通り。また法蔵の如来蔵縁起の概念については、第七章第三節「如来蔵随縁思想の深化」を参照のこと。

(68)『寄海東書』に、次のようにある。

和尚（＝智儼）の章疏は、義豊かにし文簡なるを以て、後人をして多く趣入し難からしむるを致す。是を以て具さに和尚の微言妙旨を録し、勒して義記を成す。

以和尚章疏、義豊文簡、致令後人多難趣入。是以具録和尚微言妙旨、勒成義記。（『円宗文類』巻第二二、続蔵一・一〇三・四二二左上）

(69) 前節の『起信論』の用例の検討（五〇九頁以下）を参照。

(70)『探玄記』巻第一の該当箇所には次のようにある。

当に知るべし、此の中の道理も亦爾り。是の故に理事混融無礙にして唯一無住不二法門なり。維摩経中に盛んに斯の義を顕すなり。

当知、此中道理亦爾。是故理事混融無礙唯一無住不二法門。維摩経中盛顕斯義。（大正35・一一九a）

(71) 法蔵の文意から見て、観衆生品の「文殊師利よ、無住の本より一切法を立つ（文殊師利、従無住本立一切法）」（大正14・五四七c）の文と入不二法門品の所説（大正14・五五〇b～c）の趣意であると考えられる。

参照文献

青木　隆「天台行位説形成の問題――五十二位説をめぐって――」（『早稲田大学大学院文学研究科紀要』別冊第一二集〔哲学・文学篇〕、一九八六年）
――「中国地論宗における縁集説の展開」（『フィロソフィア』第七五号、一九八八年）
――「天台行位説に関する一、二の問題」（『印度学仏教学研究』第四一巻第二号、一九九三年）
――「敦煌出土地論宗文献『法界図』について――資料の紹介と翻刻――」（『東洋の思想と宗教』第一三号、一九九六年）
――「天台大師と地論宗教学」（『天台大師研究』祖師讃仰大法会事務局天台学会、一九九七年）
――「地論宗の融即論と縁起説」（荒牧典俊編著『北朝隋唐　中国仏教思想史』法藏館、二〇〇〇年）
荒牧典俊「北朝後半期仏教思想史序説」（荒牧典俊編著『北朝隋唐　中国仏教思想史』法藏館、二〇〇〇年）
安藤俊雄『天台学――根本思想とその展開――』（平楽寺書店、一九六八年）
石井公成「智儼の性起説」（『フィロソフィア』第六七号、一九七九年）
――『華厳思想の研究』（春秋社、一九九六年）
――「『一乗十玄門』の諸問題」（『華厳思想の研究』春秋社、一九九六年）
石田徳行「欧陽頠・紇と仏教――真諦との関係を中心に――」（『仏教史学研究』第二二巻第一号、一九七九年）
一色順心「復礼法師の伝記とその周辺」（『仏教学セミナー』第三九号、一九八四年）
井筒俊彦『意識の形而上学――『大乗起信論』の哲学――』（中央公論社、一九九三年）
伊藤瑞叡「六相説の源泉と展開（上）」（『仏教学』第一三号、一九八二年）
宇井伯寿『宝性論研究』（岩波書店、一九五九年）
――『仏教汎論』（岩波書店、一九六二年）
――「真諦三蔵伝の研究」（『印度哲学研究　第六』岩波書店、一九六五年）
江田俊雄『朝鮮仏教史の研究』（国書刊行会、一九七七年）
横超慧日「元暁の二障義について」（『東方学報』東京第一一冊、一九四〇年）
――「中国仏教に於ける大乗思想の興起」（横超慧日

著『中国仏教の研究　第二』法藏館、一九五八年）
――（編）『北魏仏教の研究』（平楽寺書店、一九七〇年）
――「北魏仏教の基本的課題」（横超慧日編『北魏仏教の研究』平楽寺書店、一九七〇年）
――『中国仏教の研究　第二』（法藏館、一九七一年）
横超慧日・村松法文（編著）『新羅元暁二障義』（平楽寺書店、一九七九年）
大竹　晋『唯識説を中心とした初期華厳教学の研究――智儼・義湘から法蔵へ――』（大蔵出版、二〇〇七年）
小谷信千代「和辻博士の縁起説理解を問う――釈尊の輪廻説と縁起説――」（『仏教学セミナー』第七六号、二〇〇二年）
小野勝年『中国隋唐長安・寺院資料集成』（法藏館、一九八九年）
鍵主良敬「十地経論における阿梨耶識と自性清浄心――地論宗心識説成立基盤への一考察――」（『大谷学報』第四四巻第四号、一九六五年）
――「智儼における性起思想の一特質」（『大谷大学研究年報』第三九集、一九八六年）
梶山雄一「僧肇に於ける中観哲学の形態」（『肇論研究』第二篇研究篇、法藏館、一九五五年）
柏木弘雄『大乗起信論の研究』（春秋社、一九八一年）
加藤　勉「天台大師の撰述における引用経論の問題」（『大正大学大学院研究論集』第六号、一九八二年）
鎌田茂雄『中国華厳思想史の研究』（東京大学出版会、一九六五年）
――『中国仏教思想史研究』（春秋社、一九六八年）
――（編）『中国仏教史辞典』（東京堂出版、一九八一年）
――「『十門和諍論』の思想史的意義」（『仏教学』第一一号、一九八一年）
――『華厳学研究資料集成』（大蔵出版、一九八三年）
神田喜一郎「唐賢首大師真蹟「寄新羅義湘法師書」考」（『神田喜一郎全集』第二巻、同朋舎、一九八三年）
木村清孝「『法界観門』撰者考」（『宗教研究』第四一巻第四輯、一九六八年）
――『初期中国華厳思想の研究』（春秋社、一九七七年）
木村宣彰「智顗と法蔵――その伝記にみられる異質性――」（『仏教学セミナー』第六一号、一九九五年）
――「法蔵における『大乗起信論義記』撰述の意趣」（『関西大学東西学術研究所紀要』第二八号、一九九五年）

金　知見（編著）『均如大師華厳学全書』下巻（後楽出版、一九七七年）
三枝充悳『中論――縁起・空・中の思想（上）――』（第三文明社・レグルス文庫一五八、一九八四年）
坂本幸男『華厳教学の研究』（平楽寺書店、一九五六年）
――「地論学派に於ける心識観――特に法上・慧遠の十地論疏を中心として――」（坂本幸男『華厳教学の研究』平楽寺書店、一九五六年）
――（訳）『華厳経探玄記　二』（『国訳一切経』経疏部六、大東出版社、一九三七年）
――「賢首大師の書簡について」（坂本幸男『大乗仏教の研究』大東出版社、一九八〇年）
――「教判史上の誕法師」（『大乗仏教の研究』大東出版社、一九八〇年）
――「華厳同別二教判の起源について」（『大乗仏教の研究』大東出版社、一九八〇年）
佐々木功成「安楽集の六大徳に就て」（『真宗研究』第二号、一九二七年）
里道徳雄「慧光伝をめぐる諸問題」（『大倉山論集』第一一輯、一九七四年）
――「慧光伝をめぐる諸問題（二）」（『大倉山論集』第一三輯、一九七八年）
――「地論宗北道派の成立と消長――道寵伝を中心とする一小見――」（『大倉山論集』第一四輯、一九七九年）
志賀浩二『大人のための数学①　数と量の出会い　数学入門』（紀伊国屋書店、二〇〇七年）
新藤晋海「霊弁述華厳経論新発見分の紹介㈣」（『南都仏教』第一二号、一九六二年）
高雄義堅「道綽禅師とその時代」（『宗学院論輯』第三一号、一九七六年）
高崎直道「真諦訳・摂大乗論世親釈における如来蔵説――宝性論との関連――」（『結城教授頌寿記念　仏教思想史論集』大蔵出版、一九六四年）
――『如来蔵思想の形成』（春秋社、一九七四年）
高峯了洲『華厳孔目章解説』（南都仏教研究会、一九六四年）
竹村牧男「如来蔵縁起説について――『大乗起信論』との関係を含めて――」（『平川彰博士古稀記念論集　仏教思想の諸問題』春秋社、一九八五年）
立川健二・山田広昭『現代言語論』（新曜社、一九九〇年）
崔鉛植「新羅見登の活動について」（『印度学仏教学研究』第五〇巻第二号、二〇〇二年）
東国大学校・仏教文化研究所編『韓国仏書解題辞典』（国

書刊行会、一九八二年）
内藤龍雄「『法経録』について」（『印度学仏教学研究』第一九巻第一号、一九七〇年）
長尾雅人『摂大乗論　和訳と注解　上』（講談社、一九八二年）
中嶋隆蔵「郭象の思想について」（『集刊東洋学』第二四号、一九七〇年）
成川文雅「地論師の六相説」（『印度学仏教学研究』第八巻第二号、一九六〇年）
――「地論宗南道派に於ける二系譜」（『印度学仏教学研究』第九巻一号、一九六一年）
新田雅章「天台教学と縁起の思想」（『平川彰博士古稀記念論集　仏教思想の諸問題』春秋社、一九八五年）
野崎昭弘『一語の辞典　一』（三省堂、一九九八年）
服部仙順「六大徳相承説に就いて」（『浄土学』第八輯、一九三四年）
日野泰道「華厳に於ける六相説の思想史的考察」（『大谷学報』第一一八号、一九五三年）
平川　彰『大乗起信論』（仏典講座22、大蔵出版、一九七三年）
――『法と縁起』（『平川彰著作集』第一巻、春秋社、一九八八年）
――（編）『如来蔵と大乗起信論』（春秋社、一九九〇年）
深浦正文「経録の研究（中）」（『龍谷学報』第三一四号、一九三六年）
福士慈稔『新羅元暁の研究』（大東出版社、二〇〇四年）
藤田正浩「初期如来蔵系経典と縁起思想」（『平川彰博士古稀記念論集　仏教思想の諸問題』、一九八五年）
舟橋一哉『原始仏教思想の研究』（法藏館、一九五二年）
古田和弘「中国仏教における勝鬘経の受容と展開」（『奥田慈応先生喜寿記念　仏教思想論集』平楽寺書店、一九七六年）
牧田諦亮「宝山寺霊裕について」（『東方学報』京都第三六冊、一九六四年）
松本史朗「如来蔵思想は仏教にあらず」（『印度学仏教学研究』第三五巻第一号、一九八六年）
――「『涅槃経』とアートマン」（『前田専学博士還暦記念論集　〈我〉の思想』春秋社、一九九一年）
丸山圭三郎『言葉とは何か』（夏目書房、一九九四年）
村田常夫「地論師の教判について」（『大崎学報』第一〇八号、一九五八年）
――「地論師の教判に於ける頓教論」（『印度学仏教学研究』第七巻二号、一九五九年）

――「天台の十如と華厳の六相」（『大崎学報』第一一〇号、一九五九年）
望月信亨『講述大乗起信論』（冨山房百科文庫、一九三八年）
安井広済（訳）『梵文和訳入楞伽経』（法藏館、一九七六年）
山口益・他『仏教学序説』（平楽寺書店、一九六一年）
結城令聞「隋唐の中国的新仏教組織の一例としての華厳法界観門について」（『印度学仏教学研究』第六巻第二号、一九五八年）
――「隋・西京禅定道場釈曇遷の研究――中国仏教形成の一課題として――」（『福井博士頌寿記念　東洋思想論集』福井博士頌寿記念論文集刊行会、一九六〇年）
――『唯識学典籍志』（大蔵出版、一九六二年）
――「華厳の初祖杜順と法界観門の著者との問題」（『印度学仏教学研究』第一八巻第一号、一九六九年）
湯次了栄『華厳学概論』（龍谷大学出版部、一九三五年）
――『華厳五教章講義』（百華苑、一九七五年）
――『華厳大系』（国書刊行会、一九七五年）
吉津宜英「大乗義章八識義研究」（『駒澤大学仏教学部研究紀要』第三〇号、一九七二年）
――「慧遠の仏性縁起説」（『駒澤大学仏教学部研究紀要』第三三号、一九七五年）
――「浄影寺慧遠の教判論」（『駒澤大学仏教学部研究紀要』第三五号、一九七七年）
――「法蔵の四宗判の形成と展開」（『宗教研究』第五三巻第一輯、一九七九年）
――「華厳教判論の展開――均如の主張する頓円一乗をめぐって――」（『駒澤大学仏教学部研究紀要』第三九号、一九八一年）
――「「縁起」の用例と法蔵の法界縁起説」（『駒澤大学仏教学部研究紀要』第四〇号、一九八二年）
――『華厳禅の思想史的研究』（大東出版社、一九八五年）
――『華厳一乗思想の研究』（大東出版社、一九九一年）
織田顕祐『大般涅槃経序説』（東本願寺出版部、二〇一〇年）
――「「因中説果」と「因中有果」との違い――『起信論』理解の中心点――」（『東アジア仏教学術論集』第四号、二〇一六年）

初出一覧

序　章　「真妄から理事へ——法蔵の智儼観——」（『仏教学セミナー』第四七号、一九八八年）を大幅に改変

第一章

第一節　「華厳一乗思想の成立史的研究——地論宗教判史より見た智儼の教学——」（『華厳学研究』第二号、一九八八年）、「華厳一乗思想の成立史的研究——『捜玄記』玄談を通してみた智儼教学の位置及び背景について——」（『真宗教学研究』第一二号、一九八八年）

第二節　（同右）

補説Ⅰ　「敦煌本『摂大乗論抄』について」（『印度学仏教学研究』第三八巻二号、一九九〇年）

補説Ⅱ　「道憑の五時判について」（『印度学仏教学研究』第三六巻一号、一九八七年）

第二章

第一節　「華厳同別二教判の成立について」（『大谷大学大学院研究紀要』第一号、一九八四年）

第二節　「『華厳経』と声聞——『捜玄記』に華厳同別二教判は存在するのか——」（鎌田茂雄博士古稀記念会編『華厳学論集』大蔵出版、一九九七年）

第三章

第一節　「中国仏教における縁起思想の理解——「縁起」と「縁集」をめぐって——」（『仏教学セミナー』第七九号、二〇〇四年）

第二節　「大乗仏教における「有」の論理」（『仏教学セミナー』第五六号、一九九二年）

第三節　「菩提流支訳出経論における如来蔵の概念」（『印度学仏教学研究』第四一巻二号、一九九三年）

第四章

第一節　「『起信論』の縁起説」（『大谷学報』第七三巻四号、一九九四年）

第二節　「『起信論』中国撰述説否定論」（『南都仏教』第八一号、二〇〇二年）

第三節　「草創期中国華厳学派における起信論の受容について」（『大谷大学真宗総合研究所研究紀要』第二号、一九八五年）を改変

第五章

第一節　「浄影寺慧遠における「依持と縁起」の背景について」（『仏教学セミナー』第五二号、一九九〇年）

第二節　「地論宗の法界縁起説」（『東海仏教』第五三輯、二〇〇八年）

第六章

第一節　「『十地経論』の六相説と智儼の縁起思想――地論から華厳へ――」（金剛大学校仏教文化研究所編『地論思想の形成と変容』〈韓国〉金剛大学校外国語叢書二、国書刊行会、二〇一〇年）

第二節　「『捜玄記』の法界縁起説」（『仏教学セミナー』第六一号、一九九五年）

第三節　「智儼の阿梨耶識観」（『仏教学セミナー』第三六号、一九八二年）

第七章

第一節　「法蔵の『密厳経』理解について」（『大谷学報』第八五巻二号、二〇〇六年）

第二節　「復礼の『真妄頌』と法蔵の「縁起」理解」（『禅学研究』特別号、禅学研究会、二〇〇五年）

第三節　「『起信論』の如来蔵説と法蔵の如来蔵縁起宗について」（『仏教学セミナー』第七〇号、一九九九年）を改変

結　章　「華厳法界縁起の研究」（『大谷大学研究年報』第五二集、二〇〇〇年）を補正

あとがき

本書は、二〇一三年三月に、大谷大学から博士（文学）の学位を授与された学位請求論文「華厳教学成立に関する思想史的研究」を修正・整理したものである。論文は、大谷大学の兵藤一夫教授を主査とし、ローズ・ロバートF教授、大内文雄教授、駒澤大学の吉津宜英教授の各氏を副査として審査が実施された。口述試問の席上、種々の点にわたる課題をご指摘いただいたので、それを修正し文章も若干改めた。審査をご担当いただいた各氏に対し、深く感謝申し上げる次第である。特に、兵藤教授からは再三にわたって、「私の定年までに何とかしなさい」という強い要請を受けた。それがなかったならば、生来怠惰な私が学位請求論文を提出することなど到底できなかったに違いない。甚深の感謝を申し上げる次第である。

手元にある冊子ファイルによると、学位請求論文をまとめようとして、それまでに書いた論文の整理を始めたのはちょうど十年前の二〇〇六年九月である。それ以降、学位請求論文の欠を補うため新たに執筆した論文は二本のみであるから、まとめる作業に大変手間取ったことになる。また学位論文に組み込んだものの中で最も早く書いた論文は修士論文の一部を再編集して学会誌に載せて頂いたものであるから、およそ三十年以上も前のことである。我がことながらあまりにも遅々とした歩みで内心忸怩たるものがある。大谷大学には「研究と調査報告とはきちんと区別せよ」という伝統があって、調査報告とは異なる自分自身の研究目的とは一体何であるのか、その事自体をずいぶん模索していたように思う。それが本当の意味で自分の中に了解できたのは、まだほんの最近のことのように思われる。

私は一九七三年に大谷大学文学部に入学した。学部学生の時代は、恩師鍵主良敬先生のゼミに所属し、『大乗起信論』を拝読した。『起信論』は学部の学生には全く歯が立たなかったが、仏教大系版の『大乗起信論』を参考書として、法蔵・元暁・慧遠と一応読み進めたが、読めば読むほど混乱したことをよく覚えている。二年目のゼミでは、真諦訳『摂大乗論』を学んだ。それが縁となって、アーラヤ識思想に興味をもち、修士課程に進学し、一年目は同級生らとともに『成唯識論』を新導本で読み始めた。一方、佐々木教悟先生のゼミに所属し、そこでは『菩薩瓔珞本業経』を学んだ。佐々木先生は戒律の大家だったが、新たに入った中国仏教専攻の学生に配慮してテキストを決めたと後でお聞きした。一年間、それなりに必死に『成唯識論』に向かい合ったと思うが、いざ修士論文の題目を決めるとなると全く五里霧中の状態だった。

そんな時、一人の先輩の下宿でひょんなことから智儼の存在を知った。智儼が玄奘・基の法相唯識に批判的な見方を持っているということだった。自分が『成唯識論』を全く理解できないこともあって、一体智儼という人は何をどのように批判しているのだろうかという関心で、『捜玄記』『五十要問答』『孔目章』などの書物を一夏かけて丹念に読んだ。当時はまだ、大谷大学図書館所蔵の和本・写本などを比較的簡単に借りることができたのが幸いした。智儼の思想の全体は全くわからなかったが、唯識思想に対する批判の中心を何とか読み取って修士論文をまとめることができた。

またその間に、鍵主先生の恩師山田亮賢先生を通して中国の華厳教学、特に法蔵の思想に触れることができた。山田先生は、「浄眼洞」と称する学仏道場をご自宅で実施されていて、毎週金曜日の夜、そこに通って『華厳経探玄記』の講読を中心に、仏教の本質に関わるご講話を末席で拝聴させていただいた。山田先生は大学では『五教章』などを講義されたが、和本の『冠注五教章』がテキストであり、私にとっては音読するのが精一杯という有様だった。そうした様々なご縁をいただいたお陰で、中国仏教の華厳思想の研究を志すようになったのである。

当時の文学部はまだ論文博士が中心の時代だったから、学生時代に博士論文に向けて自分の研究を志向するということは全くなかったが、博士後期課程を満期退学した頃から華厳教学成立に関する問題を強く意識するようになったと思う。そのきっかけは、畏友安藤文雄氏との交流を通してである。安藤氏とは出身大学こそ違ったが、同じ年の生まれだったこともあり、いつの間にか親しく話すようになった。真宗学徒である彼の課題は、日本仏教における法然の「浄土宗独立」の意義を思想的に明確にすることだった。そのためにまず、明恵高弁の『摧邪輪』を勉強するための自分専用のノートをパソコンで作ったりしていた。その情熱には鬼気迫るものがあり、いつでもどこでも会えば彼は、その話ばかりしていた。そうした彼の発想にヒントを得て、智儼の思想を地論教学の方から考えてみようと思いついたのである。それまでの華厳思想の研究は、おおよそ法蔵によって体系化された華厳教学を大家が解説した研究書で勉強するというのが標準的なものだった。私はそうした大家の解説が全く理解できず、自分が頷くことのできる華厳思想研究を探していたのだと思う。それから約三十年以上の時間があっという間に過ぎてしまったのである。

今回、恩師鍵主良敬先生からは本書の序文をいただくことができた。学問的・人生的な面で今日私が在るのは、大谷大学に入学して最初に先生に出会ったことが決定的である。また、私を華厳研究に導いてくださった「ひとりの先輩」とは、一色順心先生である。その一色先生はつい最近、二〇一六年六月六日に命終された。大谷大学を同年三月末で定年退職された直後のことだった。また、畏友安藤文雄氏は一九九八年三月七日、山田亮賢先生は一九九七年一月十三日にそれぞれ命終された。また、副査に当たられた吉津宜英先生は、試問の帰り際に「織田さん、これは何があっても本にしなさいよ」と言われたが、私にとってはそれが遺言となってしまった。本書のあとがきを書くように言われて、真っ先に頭に浮かんだのはこうした学問的な出会いを通して、本書が成り立っているということだった。

しかし考えてみれば、こうした学問的な事柄は日々の日常的な生活の上で成り立っている。この点では、一人の社会人としては全く非常識な人間であったに違いない私を支えてくれている家族の協力がなければ、本書は成り立たなかっただろう。また、寺院に生まれたことを恨んで八つ当たりばかりする私を黙って見てくれていた両親、特に父親の「大谷大学というところがあるが知っているか」の一言がなければ、恩師に出会うこともなかったに違いない。その父親は、「ありがとうございました」の一言も言えないうちに、一九九六年五月十四日にあっという間に命終してしまった。その後、周囲の様々な意見によって結局、弟が住職を継承することとなり、母親を含めて自坊を護ってくれている。そのお陰で、私は大学業務と自分の研究に専念することができた。こうして思い起こせば一つひとつのご恩は数えることもできず、それによって今が成り立っていることをはっきりと自覚することができる。今となっては面と向かってお礼を言うこともできない多くの方々に心の中でお礼を申し上げたい。また、直接会ってお礼申し上げるべき方々に対しては、まず書中をもってお礼を申し上げ、その上でこれからの歩みによって謝意を表現して行きたいと考えている。

本書の出版にあたっては、法藏館編集長戸城三千代氏による再三の督促、さらに編集部の今西智久氏の懇切丁寧な編集作業に依るところが大である。また論文データの整理や校正に当たっては、大谷大学講師戸次顕彰氏の全面的な協力を得た。戸次氏の献身的なサポートがなかったならば本書が陽の目を見ることはなかったと言っても決して過言ではない。また大谷大学大学院博士後期課程の森山結希君には論文データの整理等を助けていただいた。さらに概要の翻訳は、悟灯氏（浙江大学ＰＤ研究員、中国語）、小河寛和氏（東国大学校博士課程、韓国語）、ローズ・ロバートＦ教授（英語）にお願いした。いずれの方々にも改めて感謝申し上げる次第である。

最後に、本書は二〇一六年度の大谷大学学術刊行物出版助成を受けることで上梓が可能となった。この点は、大谷大学当局に深くお礼を申し上げたい。

二〇一七年二月

織田　顕祐

織田顕祐（おだ　あきひろ）

1954年、愛知県生まれ。77年、大谷大学文学部仏教学科卒業、85年、同大学大学院文学研究科博士後期課程満期退学。博士（文学）。現在、大谷大学文学部仏教学科教授。専門は、仏教学（特に東アジア仏教の思想史的研究）。
著書に『大般涅槃経序説』（東本願寺出版部、2010年）、『ブッダと親鸞――教えに生きる』（共著、東本願寺出版部、2004年）、『初期華厳思想史』（韓国語、韓国：仏教時代社、2007年）などの他、論文多数。

華厳教学成立論

二〇一七年二月二五日　初版第一刷発行

著　者　織田顕祐
発行者　西村明高
発行所　株式会社　法藏館
京都市下京区正面通烏丸東入
郵便番号　六〇〇-八一五三
電話　〇七五-三四三-〇〇三〇（編集）
〇七五-三四三-五六五六（営業）

印刷　立生株式会社／製本　新日本製本株式会社

ISBN 978-4-8318-7394-1 C3015

索　引

〈凡例〉

・　用語は、文脈上重要なものを採録し、以下の項目に分類して五十音順に配列し、見出し語とした。

　件　名……1頁

　人　名……12頁

　典籍名……14頁

・　同内容の異なる見出し語について、検索容易な見出し語にまとめたものがある。

・　（　）は、見出し語の説明である。

・　→　は、本索引中の見出し語を指示している。

・　↔　は、同一典籍が別れて所在することを示している。

件　名

ア行――

カ行――

サ行——

タ行——

ナ行——

ハ行——

マ行——

ヤ行——

ラ行――

人名

ア行――

カ行――

マ行――

ヤ行――

ラ行――

ワ行――

典籍名

ア行――

カ行――

サ行――

タ行——

ナ行——

ハ行——

マ行——

ヤ行——

ラ行——

Abstract of *The Establishment of Huayan Thought*

Introduction: The Aim of this Volume

The aim of this volume is to clarify why Zhiyan 智儼 is considered to be the founder of Huayan philosophy. This derives from the fact that, in his *Huayanjing zhuanji* 華厳経伝記, Fazang 法蔵 declared that Zhiyan "established the teachings and discriminated the sect" in writing his *Souxuanji* 捜玄記. Moreover, Fazang defined this text's contents to be "Limitless Dependent Origination of the One Vehicle of the Distinct Teaching" (*biejiao yisheng wujin yuanqi* 別教一乗無尽縁起). The aim of this volume is to consider the essence of Huayan philosophy from the perspectives of "One Vehicle of the Separate Teaching" (*biejiao yisheng* 別教一乗) and "Limitless Dependent Origination" (*wujin yuanqi* 無尽縁起).

Chapter One: Background of the Huayan One Vehicle Thought

This chapter examines the doctrinal background of the concept that Fazang calls "One Vehicle of the Distinct Teaching". Zhiyan was a disciple of Zhizheng 智正 of the Nandao 南道 lineage of the Dilun 地論 school but he was also heir the doctrines of the Shelun 摂論 school. Moreover, the *Souxuanji* is said to have been written under the influence of the Huiguang's 慧光 *Huayanjingshu* 華厳経疏. This chapter discusses these earlier strands of thought that lie in Zhiyan's background. Among the tenet classifications of the Nandao lineage of the Dilun school, the most prominent were those that classified the Buddhist teachings into the sudden, gradual and perfect teachings and the Mahāyāna and Hīnayāna teachings. Huiyuan and Zhiyan considered the Mahāyāna/Hīnayāna scheme to be the ultimate classification. However, Zhiyan did not rely on it. Instead he used the tripartite sudden/gradual/perfect tenet classification in writing the

Souxuanji. I showed that this is because he wanted to clarify the position of the "One Vehicle of the Distinct Teaching" which is distinct from the teaching of the Three Vehicles.

Chapter Two: The Establishment of the Huayan One Vehicle Doctrine

Huayan thought emerged with the development of the idea that there exists a One Vehicle teaching that is distinct from the teaching of the Three Vehicles. In addition, Zhiyan further developed the idea that there exists a commonality and distinction within the One Vehicle teaching. This later comes to be known by the name of the "Huayan Identical and Distinct Tenet Classification". In this chapter, I discuss how this tenet classification developed from the *Souxuanji* to the *Kongmuzhang* 孔目章. At the same time, I showed that the Identical and Distinct teachings found in the *Souxuanji* should not be confused with the Huayan Identical and Distinct Tenet Classification (*tongbieerjiao* 同別二教) since this text does not deal with the issues within the One Vehicle.

Chapter Three: Background to the Huayan Dependent Origination by *Dharmadhātu*

To elucidate Fazang's theory of the Limitless Dependent Origination, I clarified the process whereby the term dependent origination came to be accepted in China. On the basis of this examination, I showed how concepts that appeared with the development of Mahāyāna Buddhist thought, such as emptiness/*nihsvabhāva*, *tathāgatagarbha*, Buddha-nature and consciousness-only, are related to each other. This provides the basis for the subsequent analysis concerning both the issues faced by the Dilun school and the doctrines of Zhiyan who gained independence from the Dilun school.

Chapter Four: Issues Surrounding the *Awakening of Faith in the Mahāyāna*

This chapter treats how the *Awakening of Faith in the Mahāyāna* (hereafter *Awakening of Faith*) is related to Huayan thought. There are many unresolved issues surrounding the *Awakening of Faith*. Concerning these issues, I clarified the reason why the teaching of the *Awakening of Faith* was misunderstood, reviewed the research concerning the translation of the *Awakening of Faith* and discussed Zhiyen's and Wonhyo's 元暁 interpretations of the *Awakening of Faith*. I showed that the reason why the *Awakening of Faith* is often misunderstood is because it uses dependent origination in two different ways: as a synchronic relation of mutual dependence and as a diachronic cause-and-effect relationship. I also found that Zhiyan does not place all that much importance on the *Awakening of Faith*. From this, it can be known that the way in which to come to terms with the *Awakening of Faith* is an issue that postdates Fazang.

Chapter Five: The Doctrine of Dependent Origination in the Dilun School

In the sūtras of the middle period of Mahāyāna Buddhism, the two aspects of dependent origination—those of the synchronic relation of mutual dependence and the diachronic cause-and-effect relationship—developed into the concepts of *tathāgatagarbha* and *ālayavijnāña*. Due to existence of sūtras such as the *Laṅkāvatāra Sūtra* that superimposed these two concepts into one concept, Huiyuan 慧遠 of Jingyingsi 浄影寺 tried to systematize their complex relationship using the notions of *yichi* 依持 (mutual dependence) and *yuanqi* 縁起 (dependent origination). Moreover, already by this age, concepts such as Dependent Origination by *Dharmadhātu* (*fajie yuanqi* 法界縁起) and *yuanji* 縁集 had appeared. By investigating these notions, I clarified the significance that the Dilun doctrines of dependent origination had for the *Souxuanji*.

Chapter Six: Zhiyan's Doctrine of Dependent Origination by *Dharmadhātu*

Fazang states that the *Souxuanji* is the result of Zhiyan's research into the theory of the six marks found in the *Daśabhūmika Sūtra*. This chapter clarifies the meaning of this statement. The theory of the six marks concerns the linguistic expression of reality. Zhiyen interpreted this a referring to the principle (that is to say, the principle as opposed to phenomena), read into them three perspectives (synchronic relationship, diachronic relationship and holistic relationship) and constructed a concept which he called "Huayan One Vehicle Dependent Origination" (= Dependent Origination by *Dharmadhātu*). I also showed that the reason why the theory of Dependent Origination by *Dharmadhātu* is found in the section of the *Souxuanji* clarifying the worldly truth in the sixth stage of the Chapter on the Ten Stages, is because it can serve as the basis (= the gate of contemplation on which one relies) upon which humans can enter reality. Moreover, in view of the fact that the doctrine of dependent origination concerning the worldly truth was further developed thanks to Xuanzang's 玄奘 new translations, I have shown how Zhiyan deepened his thought as a result of these new translations.

Chapter Seven: The Formative Process of Fazang's Doctrine of Dependent Origination by *Dharmadhātu*

In this chapter, I divided Fazang's life into two: the early phase (the period of his stay at Taiyuans: 太原寺) and later phase (the period when he worked with translators of Buddhist texts) and investigated the contents of his major works. I arranged his writings chronologically as follows: *Dasheng miyanjingshu* 大乘密厳経疏, *Dasheng qixinlun yiji* 大乘記信論義記, *Huayanjing Tanxuanji* 華厳経探玄記 (hereafter *Tanxuanji*) and *Rulengqie xinxuanyi* 入楞伽心玄義. Based on this chronology, I scrutinized the development of his thought. In his early phase, he characterized the *tathāgatagarbha*

thought as "not adhering to self-nature", but in his later phase, he expressed it as "arising following conditions with its entire substance". I have shown that this change resulted from his encounter with Tiyunboruo's 提雲般若 *Fajie wuchabielun* 法界無差別論. In terms of the history of thought, the *Dasheng miyanjing* is one of the later Mahāyāna Buddhist texts, so it can be said that Fazang's investigation of the true meaning of *tathāgatagarbha* thought flowed upstream from downstream. It is also possible to say that this resulted in the deepening of the theory of Dependent Origination by *Dharmadhātu*.

Conclusion: The Establishment of the Doctrine of Dependent Origination by *Dharmadhātu*

Here I treated the content of Fazang's doctrine of Dependent Origination by *Dharmadhātu* based on the concepts of principle and phenomena in the following order: *Wujiaozhang* 五教章, *Tanxuanji* and *Rulengqie xinxuanyi*. In this way, I showed how Fazang's thought differed from those of Dushun 杜順 and Zhiyan. A characteristic feature of Fazang's doctrine of Dependent Origination by *Dharmadhātu* lies in the fact that he attempted to express linguistically the realms of the ten Buddhas. This differs greatly from Zhiyen who characterized it as the "the gate of contemplation on which one relies". This was the result of Fazang's inquiry into the concept of "oneness" which is both particular and totality.

《華嚴教學成立論》概要

序章　本書問題的意識

本書的目的是想理清智儼始創華嚴教學的意圖。如此考慮的緣由是法藏在《華嚴經傳記》中，引用了智儼撰述的《搜玄記》所主張的“立教分宗”。於是法藏針對“立教分宗”又提出了“別教一乘無盡緣起”說。因此，本書的目的是從“別教一乘”與“無盡緣起”兩方面來解明華嚴教學成立的本質。

第一章　華嚴一乘思想的背景

解明了法藏所說的“別教一乘”概念的思想背景。智儼是地論宗南道派智正的弟子，同時又繼承了攝論學派的思想。然而《搜玄記》又是受慧光的《華嚴經疏》影響的情況下所寫成的。如此這樣，想理清成為智儼背景的先驅思想的內容。地論學派的教相判釋是以漸、頓、圓三教判與大乘小乘判為主。雖然慧遠、智正等已經有最終判釋的大乘小乘判，但是智儼沒有依據他們的判釋，而是依據派祖慧光的漸、頓、圓三教判來著寫《搜玄記》。那緣由是三乘教為了解明別“華嚴一乘”的立場。

第二章　華嚴一乘思想的成立

三乘教是理解別一乘教的視點，成為華嚴教學的始創。智儼又進一步地發展了一乘教內的共通性和別異性的觀點，從此之後就被稱為“華嚴同別二教判”的思想。理清了從《搜玄記》開端到《孔目章》為止，在這之中是如何發展。同時也考察清楚了在《搜玄記》所說的同別二教，此中雖然沒有提及一乘

教內的問題，但也不能混同地理解為華嚴同別二教判。

第三章　華嚴法界的背景

為了解明法藏的“無盡緣起”的思想，首先理清“緣起”的用語在中國有著什麼樣的定義，以及那形成的過程。在這之上，伴隨著大乘佛教思想的發展而登場的“無自性空”、“如來藏”、“佛性”、“唯識”等諸多概念，它們相互之間有著什麼樣的關係。此點的解明作為理解地論學派的課題與從那開始獨立出來的智儼思想的基礎研究。

第四章　圍繞《大乘起信論》的問題

此章考察了《大乘起信論》與華嚴教學有著什麼樣的關係。提出了對於《大乘起信論》種種疑問。關於此點，解明了《大乘起信論》所說的為何被誤解的理由。整理了關於《大乘起信論》被譯出的疑問，也理清了智儼和元曉對《大乘起信論》的受容。那結果就是《大乘起信論》是區別地使用共時的相依相對的緣起和通時的因果關係的緣起，這種混同成為誤解的原因。考察清楚了智儼對《大乘起信論》并不是那麼重視，基於此點明確了華嚴教學中《大乘起信論》的受容是在法藏以後的課題。

第五章　地論學派的“緣起”思想

在緣起方面，共時的相依相對關係和通時的因果關係是從中期大乘經典的“如來藏”和“阿賴耶識”中發展出來的。因此，針對此點在《楞伽經》等經典中反復地重說，淨影寺慧遠對如此複雜的關係就以“依持”和“緣起”的概念來處理。時至今日，“法界緣起”、“緣集”等概念依然被使用著。對如此等內容檢討后，清楚地知道了地論學派的緣起思想對《搜玄記》有著什麼樣的意

義。

第六章　智儼的法界緣起思想

法藏的《搜玄記》是對《十地經》六相說的研究結果。考察了針對此點有著什麼樣的意義。六相說是關於真理言語表現的問題。智儼針對六相說，用“理事”的“理”來理解。在此之中，共時的關係和通時的關係作為全體的觀點來領會，構築了“華嚴一乘的緣起（＝法界緣起）”的概念。於是清楚地知道《搜玄記》的法界緣起說是以十地品第六地的世俗諦，非常明了地指出世俗諦包含有人悟入真理依據（＝所依的觀門）的意思。根據玄奘的新譯，世俗諦的緣起思想更上一層地發展；在這之中進一步地考察清楚了智儼是如何再深化自己的思想。

第七章　法藏的法界緣起思想的形成過程

詳細考察了法藏的生涯和主要著作的內容，以及其思想的展開。把他的生涯分成前半生（太原寺時代）和後半生（翻譯三藏從事時代），將他的著作的順序定為《大乘密嚴經疏》→《大乘起信論義記》→《華嚴經探玄記》→《入楞伽心玄義》。他在前半生對如來藏思想是以“不守自性”來表現，到了後半生則轉成“舉體隨緣”。考察了其轉變的原因是由於遇到了提雲般若的《法界無差別論》。在思想史上《大乘密嚴經》是相當于後期大乘經典，可以說法藏是從下流開始追溯到上流，探求如來藏思想的真意。於是可以說這是帶來法界緣起的深化。

結論　法界緣起的確立

根據法藏的“理和事”的法界緣起思想的內容，依次地考察了《五教章》

→《探玄記》→《入楞伽心玄義》，理清了杜順、智儼的思想是如何被深化的。法藏的法界緣起思想的特徵是把十佛自境界言語化后的特徵，這與智儼以“所依觀門”的法界緣起有著很多不同，那就是像有個別、有全體那樣，以“一”的概念來探求的結果。

『華嚴教學成立論』概要

서장 본서의 문제 의식

이 책의 목적은 지엄(智儼)이 화엄 교학을 창시했다고 하는 의미를 밝히는 데에 있다. 그렇게 생각하는 근거는 법장(法藏)이 『화엄경전기(華嚴經傳記)』에서 지엄의 『수현기(捜玄記)』 찬술을 "교를 세워 종을 나눈다"고 한 것에 의한다. 그리고 법장은 그 내용을 "별교일승무진연기(別教一乘無盡緣起)"라고 논하고 있으므로, "별교일승"과 "무진연기"의 양면에서 화엄교학 성립의 본질을 해명하는 것이 본서의 목적이다.

제1장 화엄일승사상의 배경

법장이 말한 "별교일승"이란 개념의 사상 배경을 해명한다. 지엄은 지론남도파 지정(智正)의 제자였지만, 섭론학파의 사상도 계승하고 있다. 또 『수현기』는 혜광(慧光)의 화엄경소에 영향을 받아 쓰여졌다고 한다. 이러한 지엄의 배경이 된 선구사상의 내용을 밝힌다. 지론학파의 교상판석은 점돈원삼교판(漸頓圓三教判)과 대승소승판(大乘小乘判)이 대부분이다. 혜원이나 지정 등의 대승소승판이 최종인 것이지만, 지엄은 그들에게 의하지 않고, 파조(派祖) 혜광의 점돈원삼교판에 기초하여『수현기』를 저술하였다. 그 이유는 삼승교와는 다른 "화엄일승"이라는 입장을 명확하게 하기 위해서였다는 것을 해명하였다.

제2장 화엄일승사상의 성립

삼승교와 다른 일승교가 있다고 말하는 관점을 얻은 것이 화엄교학의 창

시가 되었지만, 지엄은 그 위에 일승교 안에서 공통성과 별이성(別異性)이라는 관점을 발전시켰다. 이것이 후에 "화엄동별이교판(華厳同別二教判)"이라고 불리는 사상이다.『수현기』를 시작으로 하여『공목장』에 이르기까지, 그것이 어떻게 전개하였는지를 밝혔다. 동시에『수현기』에서 설명한 동별이교는 일승교 안에 있는 문제를 다루지 않기 때문에, 화엄동별이교판과 혼동하면 안 된다는 것을 밝혔다.

제3장 화엄법계연기의 배경

법장이 "무진연기"라고 한 사상을 해명하기 위해, 우선 "연기"라는 용어가 어떻게 정착했는가 그 과정을 밝혔다. 이 위에서, 대승불교의 사상 발전에 동반하여 등장하는 "무자성공", "여래장", "불성", "유식"이라고 한 모든 개념이 상호 어떠한 관계에 있는가를 밝혔다. 이 점의 해명은 지론교학의 과제와 거기에서 독립하는 지엄의 사상을 이해하기 위한 기초 작업이다.

제4장『대승기신론』을 둘러싼 문제

『대승기신론』이 화엄교학과 어떠한 관계가 있는지를 고찰하였다.『기신론』에 관해서는 여러 의문이 제기되어 있다. 이것에 대하여,『기신론』의 설이 왜 오해되는가 그 이유를 해명하고,『기신론』의 역출에 대한 의문을 정리하고, 지엄과 원효의『기신론』수용을 정리하였다. 그 결과,『기신론』은 공시적인 상의상대(相依相待)의 연기와 통시적인 인과관계의 연기를 나누어 사용하고, 이 혼동이 오해의 원인인 것. 지엄은『기신론』을 그다지 중시하지 않았다는 것이 밝혀진다. 이 점에서 화엄교학의『기신론』수용은 법장 이후의 과제임이 명확하게 된다.

제5장 지론학파의 "연기" 사상

연기에서 공시적인 상의상대관계와 통시적인 인과관계는, 중기 대승경전에서는 "여래장"과 "아라야식"에서 발전하였다. 이것을 여러번 설명하는 『능가경』 등도 존재하였기 때문에, 정영사 혜원은 이것들의 복잡한 관계를 "의지"와 "연기"라는 개념으로 정리하려고 하였던 것이다. 또 이미 이 시대에는 "법계연기", "연집" 등의 개념도 나타나 있다. 이들의 내용을 검토하여 지론교학의 연기사상이 『수현기』에 대하여 어떠한 의의를 가지는지를 명확하게 하였다.

제6장 지엄의 법계연기사상

법장은 『수현기』가 『십지경』 육상설(六相說)의 연구 결과라고 한다. 그것은 어떠한 의미인가를 밝혔다. 육상설은 진리의 언어표현에 관한 문제이다. 지엄은 그것을 "이사(理事)"에서 "이(理)"로 이해하였고, 그 중에서 공시적인 관계와 통시적인 관계와 전체적 관점을 읽어내어, "화엄일승의 연기(=법계연기)"라는 개념을 구축하였다. 그리고 『수현기』의 법계연기설이 십지품 제6지의 세속제를 밝히는 부분에서 설명되어 있는 것은, 인간이 진리에 들어가기 위해 처한 곳(=의지하는 관문)이라고 하는 의미를 가진 것에서임을 명확히 하였다. 더욱이 현장의 신역에 의해서 세속제의 연기사상은 더욱 발전하였지만, 그 가운데서 지엄은 어떻게 자기 사상을 깊게 하였는가를 밝혔다.

제7장 법장에서 법계연기사상의 형성 과정

법장의 생애를 전반(태원사 시대)과 후반(번역삼장 시대)으로 이분하고, 주요한 저서의 내용을 정밀하게 조사하였다. 저술의 순서를 『대승밀

엄경소』→『대승기신론의기』→『화엄경탐현기』→『입능가심현의』로 정하고, 사상 전개를 정밀하게 조사하였다. 전반에서는 여래장연기사상을 "자성을 지키지 않는다" 고 표현하고 있지만, 후반에 이르면 "거체수연(擧體隨緣)" 이라고 표현하게 된다. 그 실마리는 제운반야(提雲般若)『법계무차별론』과의 만남에 있었던 것을 밝혔다. 사상사로는『대승밀엄경』은 후기 대승경전에 해당하기 때문에, 법장은 하류에서 상류로 거슬러 올라가듯이 여래장사상의 진의를 탐구했다고 할 수 있다. 그래서 이것이 법계연기의 심화를 가져 왔다고 말할 수 있다.

결장 법계연기사상의 확립

법장의 "이(理)와 사(事)" 에 의한 법계연기사상의 내용을『오교장』→『탐현기』→『입능가심현의』라는 차례로 고찰하고, 두순(杜順)・지엄의 사상이 어떻게 깊어져 가는가를 밝혔다. 법장의 법계연기사상의 특징은 십불자경계(十佛自境界)를 언어화하려고 한 점에 특징이 있고, 법계연기를 "의지하는 관문" 으로 본 지엄과 크게 다르다. 이는 개별이기도 하고 전체이기도 한 "일(一)" 이라는 개념을 탐구한 결과였다.